Ochotskisches Meer

Sachalin

⊙ Juschno-Sachalinsk

Hokkaido

2290 ︿

2520 ︿

Amur

Seja

Komsomolsk am Amur ⊙

RUSSLAND

Amur

Heihe Aihui (Aigun)

⊙ Blagoweschtschensk (Hailanpao)

Birobidschan

⊙ Chabarowsk (Boli)

Kleiner Xingan

Songhua

Ussuri

Sichote-Alin

Jiangchuan

Jiamusi

Mishan

Chankasee

...har

Daqing

Linkou

Harbin ⊙

Pingfang

Mudanjiang

Ussurijsk

⊙ Wladiwostok (Haishenwai)

Hunchun

Yanji

Fangchuan

Changchun ⊙ (Xinjing)

2744 ︿

Tumen

Japanisches Meer

Changbai-Gebirge

Shenyang (Mukden)

Valu

NORDKOREA

Dandong

JAPAN

Golf von Bohai

Pjöngjang ⊙

Dalian (Dalnij)

Lüshunkou (Port Arthur)

⊙ Seoul

Gelbes Meer

SÜDKOREA

Sören Urbansky

An den Ufern des Amur

Sören Urbansky

An den Ufern des Amur
Die vergessene Welt zwischen China und Russland

C.H.Beck

Mit einer Karte

© Verlag C.H.Beck oHG, München 2021
www.chbeck.de
Umschlaggestaltung: Rothfos & Gabler, Hamburg
Umschlagabbildung: Alte und neue Eisenbahnbrücke
über den Songhua in Harbin, China,
© Davide Monteleone/laif
Satz: Janß GmbH, Pfungstadt
Druck und Bindung: Pustet, Regensburg
Gedruckt auf säurefreiem, alterungsbeständigem Papier
Printed in Germany
ISBN 978 3 406 76852 1

myclimate

klimaneutral produziert
www.chbeck.de/nachhaltig

Meinen Eltern gewidmet

Inhalt

Einleitung

52. Breitengrad

Marschbefehl an die sowjetische Grenze. Der Rekrut ist blutjung, ein Mongole mit ehrlichem Gesicht. Arslan heißt er und steckt in einer zu weiten Uniform der Volksbefreiungsarmee. Sein größter Feind heißt nicht Iwan und steht auch nicht da drüben, auf dem Wachturm jenseits des Stacheldrahts. Arslans größter Feind ist die Einsamkeit auf diesem abgelegenen, trostlosen Posten.

Nein, schlafen kann ich nicht auf diesem russischen Nachtflug. Stattdessen starre ich auf den Bildschirm schräg über mir, auf dem dieses chinesische Melodram mit Arslan läuft. Fünfeinhalb Stunden braucht die Aeroflot-Maschine von Moskau nach Irkutsk, so wie von der einen an die andere amerikanische Küste, und doch überfliegt man gerade mal die Hälfte Russlands. Ich mache noch immer kein Auge zu. «Rotwein?», frage ich die Stewardess bettelnd. «Njet! Kein Alkohol in der Economy.» Immerhin lächelt sie. Irgendwo über dem Ural müssten wir gerade sein. Das schwarze Loch, in das ich hinabblicke, als ich die Fensterblende hochschiebe, bietet keine Orientierung.

Oben auf der Mattscheibe beschattet Arslan durch ein Fernrohr den Turm jenseits des Stacheldrahtverhaus, meldet minutiös, was die sowjetischen Wachen so treiben. Ich habe keine Kopfhörer. Es bleibt ein Stummfilm mit mäßigen Untertiteln. Als Arslan die Demarkationslinie nach sowjetischen Spionen durchkämmt, stößt er im Strauchwerk auf einen Umschlag. Adressiert an Sergej, den sowjetischen Rekruten auf dem anderen Turm, aber der Steppenwind hat ihn nach China geweht. Arslans Vorgesetzter öffnet den Brief, findet das Foto einer barbusigen Russin und klärt seinen Untergebenen über das Wesen des fremden Volkes auf: «Schau doch selbst, so verdorben und korrupt sind sie, die sowjetischen Revisionisten. Ihre Soldaten verlieren sämtliche Moral. Wie wollen sie mit Bildern von nackten Frauen den Krieg gewinnen?»

Doch Arslan denkt nicht im Freund-Feind-Schema des Offiziers. Er zeichnet Sergej Botschaften in den Schnee, schiebt den Liebesbrief unter dem Stacheldraht hindurch. Zwischen dem chinesischen Mongolen und dem russischen Sowjetsoldaten wächst allmählich eine heimliche Freundschaft. Und im heißen Steppensommer heiratet Sergej die Schönheit aus dem Umschlag – hoch oben auf seinem Wachturm.

Habe ich die Uhr eigentlich schon umgestellt? Sechs Stunden eilt Irkutsk Deutschland voraus – im Winter sind es sogar sieben. Auf dem Bildschirm ebenfalls Zeitumstellung – rund vierzig Jahre vorwärts in unsere Gegenwart: Eine russische Offizierin reist in die chinesische Grenzstadt Manzhouli. Vor abendroter Hochhauskulisse, die sich, einer Fata Morgana gleich, aus der Steppe erhebt, taucht sie in Sergejs Vergangenheit ein, sucht jenen Arslan, der ihren Vater während der eisigen Konfrontation zwischen China und der Sowjetunion mit ihrer Mutter zusammenbrachte. Dieser chinesische Film traut sich, selbst das dunkelste Kapitel der Beziehungen beider kommunistischer Weltmächte im zwanzigsten Jahrhundert hellpudrigvollbusig zu zeichnen. Eine Romanze zweier Giganten: *Latitude 52.* Ich habe Nackenstarre.

52. Breitengrad. In chinesischen Ohren mag dieser Filmtitel aus dem Jahr 2012 nach Arktis klingen, dabei liegt selbst Schleswig-Holstein nördlicher. Russen können nur schmunzeln: beinahe subtropisch. China und Russland, fremde Nachbarn, seit über drei Jahrhunderten immerhin. Das Zarenreich war die erste europäische Macht überhaupt, mit der China Ende des siebzehnten Jahrhunderts einen Vertrag unterzeichnete. Russland schickte Missionare, trank Tee, hatte bald die besten Sinologen. Dann schnappte ein übermütiger Generalgouverneur nach chinesischen Ländereien, so groß wie Frankreich und Deutschland zusammen, bis heute gehören sie zu Russland. Nach dem russischen Bürgerkrieg wuchs die mandschurische Stadt Harbin zur größten russischen Diasporagemeinde an und machte sie zur chinesischen Stadt mit dem höchsten Ausländeranteil. Stalin wurde Maos *significant other*, nachdem Chinas oberster Revolutionär die Volksrepublik ausgerufen hatte. Seine Partei, die Kommunistische Partei Chinas, war 1921 mit sowjetrussischer Hilfe gegründet worden. Welch eine Schicksalsgemeinschaft. Als Arslan das russische Liebespaar verkuppelte, war der «ältere Bruder» längst Chinas Erzfeind geworden. Nach Perestroika und dem Massaker auf dem Platz des Himmlischen Friedens dann die Millionen-Dollar-Frage, die sich die gesamte Pekinger Nomenklatura stellte: Warum ist die Sowjetherrschaft zusammengebrochen? Und, wichtiger: Was können wir aus dem Scheitern Russlands lernen?

Von Arslans unwahrscheinlicher Freundschaft abgesehen sind das alles Fragen der politischen Zentren. Dabei fliege ich durch die sibirische Nacht hindurch den 52. Breitengrad entlang in die russisch-chinesische Peripherie. Tausende Kilometer von Moskau und Peking entfernt ist es ein Zwischenland. Was ist mit den Menschen, die entlang des 52. Breitengrads leben? Lassen sich ihre Schicksale überhaupt in hergebrachte nationale Kategorien pressen? Arslan und Sergej, Grenzgänger im ehemaligen Niemandsland zweier Giganten, das längst wieder ein Land für jedermann geworden ist.

*

Diese Weltgegend hat mich nicht mehr losgelassen, seit ich kurz nach dem Abitur zu meiner ersten Überlandreise von Berlin nach Peking aufbrach. Immer wieder habe ich die Gründe und Abgründe zwischen den mongolischen Steppen im Westen, der sibirischen Taiga im Norden, dem Pazifik im Osten sowie dem chinesischen Kulturland südlich der Großen Mauer durchstreift. Die hier geschilderte Reise mäandert im Wechsel der Jahreszeiten vom Baikalsee den Amur hinab und all seine Nebenarme hinauf bis an das Ufer des Japanischen Meers. Genau genommen bestand sie aus mehreren Etappen. Meine Ostern 2019 begonnene Reise von Irkutsk direkt nach Wladiwostok war die letzte.

Den Halbkosaken Iwan, die russische Schaffnerin Wera, meinen chinesischen Kommilitonen Yunpeng, den es nach Afrika verschlug, und manch andere Menschen, von denen einige nicht ihren richtigen Namen in diesem Buch lesen wollen, traf ich bereits als Sprachstudent in Harbin und während meiner Forschungen in Archiven und Bibliotheken in Hailar, Tschita oder Blagoweschtschensk. Das Pauken von Schriftzeichen und das Warten auf Dokumente ließen viel Zeit für Streifzüge durch die nicht minder spannende Welt jenseits der Vokabelkarten und Aktendeckel. Die Schicksale der Menschen sind kleine Mosaiksteine jener großen Geschichte dieses von Imperialismus, Kaltem Krieg und Nationalismus gezeichneten Teils der Welt, der sich noch immer zu formieren scheint.

1. Promenade durch das Paris Sibiriens

Irkutsk

«Aufwachen! Schau hierher!» Kurz vor acht Uhr morgens schnauzt mich jemand aus dem Tiefschlaf. Ehe ich begreife, dass es sich bei der auf meine Stirn gerichteten Pistole um ein Fieberthermometer handelt, misst die resolute Frau die Temperatur von Passagier 14 E, drei Sitzreihen hinter mir. Ich muss doch eingenickt sein. Keiner der Passagiere hat H5N1. Die Maschine ist vogelgrippefrei, wir dürfen aussteigen. Doch seit wann messen die Russen die Körpertemperatur auch auf Inlandsflügen?

Die Tauben auf dem Platz vor dem Flughafen von Irkutsk verschlafen diesen kühlen Sonntagmorgen. Von irgendwoher läuten die Kirchenglocken das Osterfest ein, es tönt dumpf und fern. Hier beginnt also meine Reise entlang den Bruchzonen der Imperien, meine Expedition durch, ja durch was eigentlich? Nordostasien? Ein komischer Begriff. Klingt konstruiert. Was gehört dazu, was nicht? Russland als das größte Land der Erde ist Teil davon, genauso wie China, der bevölkerungsreichste Staat. Japan sicher auch. Aber was ist mit der Koreanischen Halbinsel? Und die Mongolei, zählt die eigentlich auch dazu? Wer entscheidet das überhaupt? Nordostasien erscheint mir plötzlich viel größer als die Summe seiner Teile. Ich reibe meine roten Augen, marschiere ein Stück, dann schaukelt mich ein betagter Tramwagen in Schrittgeschwindigkeit ins Zentrum von Irkutsk. Gleichgültig reißt die Schaffnerin einen Fahrschein von der Rolle ab.

Mittags treffe ich Wiktor in seinem Büro in der Universität. Großgewachsen, wirkt er doch klein neben den Papierstapeln auf seinem Schreibtisch. Selbst die Stühle sind mit Büchern überladen. Die Scheiben vor den durchhängenden Bücherregalen reflektieren die milchige Frühlingssonne. «Und, was hast du in den letzten Jahren so getrieben?» Wiktor wartet meine Antwort nicht ab, stattdessen drückt er mir sein neuestes Buch in die Hand. Das ist unter Wissenschaftlern in Russland Usus, da die Auflagen niedrig und die landesweite Distribution von Publikationen unzuverlässig ist. Irgendwie sind akademische Drucksachen in Russland graue Literatur geblieben, früher aus politischen, heute eher aus ökonomischen Gründen.

«Wann warst du gleich zum letzten Mal in Irkutsk?», will Wiktor von mir wissen, «ich zeig dir, was sich alles nicht verändert hat.» Er lacht schallend, so wie früher. Am Ostersonntag 2019 – zehn Jahre nach meinem letzten Besuch – hat sich in der Stadt tatsächlich erstaunlich wenig getan. Freilich, die dröhnende Popmusik, der Sound der ersten nachsowjetischen Dekaden, ist aus den Straßen verflogen. Lautsprecher plärren keine russischen Volkslieder, keine sowjetischen Chansons und keinen postsowjetischen Hip-Hop mehr vor jedem noch so kleinen Laden. Stattdessen ist die Uferpromenade herausgeputzt, hier und da strahlen ein paar frisch getünchte Fassaden. Die Staatsanwaltschaft hat einen prunkvoll-geschmacklosen Neubau am Angara-Ufer bezogen – keiner müht sich zu kaschieren, wo das Geld sitzt.

Im Sommer 2009, während die Studenten ausgeflogen waren und sich die halbe Stadtbevölkerung auf ihre Datschen verabschiedet hatte, schlenderten Wiktor und ich schon einmal an Kirchen vorbei und durch kleine Parkanlagen dieser hübsch daherkommenden alten Stadt. Die Trolleybusse summten auch ohne Fahrgäste, und Springbrunnen plätscherten gegen die Hitze an. Hier und da zeigte Wiktor auf ein Gebäude oder eine der unzähligen Skulpturen, von denen es in Irkutsk noch mehr gibt als anderswo in Russland: natürlich für Lenin, aber auch für die Dekabristen und die Frauen der

Dekabristen, von denen noch die Rede sein wird, für einen Veterinär und für Touristen.

Zehn Jahre später und dreißig Grad kühler passieren wir eingeschossig-erdversunkene Holzbauten, die ihren Verfall mit Fassung zu tragen scheinen. Schiefe Fenster schielen mich an. Ihre blauen Läden kratzen auf dem Trottoir, so tief sind manche der Häuser in den sibirischen Morast eingesunken. Vom Bäckereikombinat zieht der Duft frischen Brotes herüber.

«Du wirst sehen, hier gibt es keine großen Umbrüche – Uferpromenade und Staatsanwaltschaft hin oder her. Irkutsk ist nicht Krasnojarsk, erst recht nicht Wladiwostok.»

«Liegt nicht gerade darin der Reiz der Stadt?», wende ich ein.

«Du hast den verklärten Blick eines Europäers», entgegnet Wiktor. «Aber ich habe früher selbst so nach Osten, nach China, geschaut. Herabgeschaut. Wenn wir das, weswegen du hier bist, nur besser schützen würden!»

Der Feiertag trägt ein Übriges zur trägen Stimmung bei. Die letzten Schneereste sind zwar weggetaut, doch an den Bäumen sprießen noch nicht einmal Knospen. Nur an einigen Häuserwänden prangen bereits auf Plakaten die orange-schwarzen Georgsbändchen, das russische Symbol des Kriegsgedenkens. Bis zum Jubiläum des Sieges über Hitlerdeutschland sind es noch knapp zwei Wochen.

Auf der Straße begegnen wir kaum Menschen. Nur vor der Dreikönigskathedrale an der Uferpromenade der Angara warten Kirchgänger auf Einlass. Die Verhaltensregeln sind auf Russisch, Englisch und Chinesisch angeschlagen: Keine Nutzung von Mobiltelefonen und Kameras, keine knappen Röcke. China kommt also immerhin auf Hinweisschildern vor.

Vom Turm durchbricht ein stetiger, doch unregelmäßiger Glockenschlag die Stille. Zur Läuteanlage dieses Ensembles aus sibirischem Barock und russischem Klassizismus führt eine schmale Stiege hinauf. Die Stufen aus dem frühen achtzehnten Jahrhundert sind ausgetreten. Popen gehen sie täglich hinauf. Den weltlichen

Kirchgängern ist der Zutritt zum Turm nur am Ostersonntag gestattet – dann dürfen sie die Glocken läuten.

Oben peitscht mir kalter Aprilwind entgegen. Durch die Glocken hindurch ist der Blick frei auf die Angara, die schnell das klirrende Eiswasser des Baikalsees durch die Stadt trägt, als sei auf dem Weg zur Karasee, zum Polarmeer besondere Eile geboten. Das gegenüberliegende Ufer der Angara ist bis heute nur spärlich bebaut. So geht der Blick beinahe wie vor dreieinhalb Jahrhunderten, als Kosaken hier von ihren Wehrtürmen über das Wildnispanorama wachten, in die noch graue Landschaft. Unten, am Fuß der Kirche, singt eine Trachtengruppe sibirische Volkslieder gegen die Aprilbrise an. Dahinter droht die ewige Flamme zu erlöschen, die an jene Sibirier in den Rängen der Roten Armee erinnert, die auf den Schlachtfeldern des Zweiten Weltkriegs starben – vom mandschurischen Harbin im Osten bis zu den Seelower Höhen im Westen. Frische Nelken leuchten auf dem Marmor, davor schieben junge Kadetten Wache.

In unmittelbarer Nachbarschaft reckt die Erlöserkirche, Irkutsks ältester Sakralbau und das älteste erhaltene Steingebäude Ostsibiriens, ihre goldene Nadel in den silbrig verhangenen Himmel. Der neugotische Turm der katholischen Kirche daneben erinnert an die einst bedeutende polnische Diaspora. Nach zwei Aufständen 1831 und 1863 hatten die Zaren Nikolaus I. und Alexander II. Tausende Polen ins ostsibirische Exil verbannt. Wie viele andere Gotteshäuser war die Kirche zu Sowjetzeiten geschlossen. Doch seit 1978 ist sie ein Konzertsaal – ausgestattet mit einer Orgel der Potsdamer Firma Alexander Schuke. Europa scheint überall zum Greifen nah.

Hier ist sie also, die Keimzelle der alten sibirischen Stadt, am Zusammenfluss von Irkut und Angara. Weniger als sechs Jahrzehnte nachdem der Kosaken-Ataman und Entdecker Jermak 1582 im Auftrag der durch Salzhandel reich gewordenen Unternehmerdynastie der Stroganows den Ural überschritten und damit die russische Eroberung weiter Teile Nordasiens eingeleitet hatte, reichte das Russische Imperium bereits bis an den Pazifik. Russland wurde früher

Pazifik- als Ostsee- oder Schwarzmeermacht. Mal stoßend, mal tastend drangen Kosaken gen Osten vor. Die Truppen des Zaren sicherten mit Forts und Handelsposten ihren sibirischen Expansionsweg: 1587 Tobolsk, 1604 Tomsk, 1632 Jakutsk und schließlich 1651, nach dem Sieg über die mongolischen Burjaten, Irkutsk. Bereits vier Jahre zuvor hatten Kosaken den Pazifik erreicht und in Ochotsk das erste Küstenfort errichtet. Nur zwei Jahrhunderte später herrschte das Russische Imperium über ein Sechstel der Landmasse der Erde. In den Weiten Eurasiens erwachte das russische Sendungsbewusstsein, ähnlich wie Amerikas nicht minder von der Gier nach Gold und Pelzen und vom Hunger nach Freiheit getriebene Expansion nach Westen als göttlicher Auftrag, als Manifest Destiny erklärt wurde. Doch auf die Nachfahren Jermaks wartete am Endpunkt ihrer Expansion kein Kalifornien. Vielleicht ist das der Grund, weshalb die russische Frontier vergessen ist, selbst vielen Russen ist sie kaum vertraut.

Die Angara, der einzige Strom, der aus dem Baikal abfließt, verbindet Irkutsk mit dem See- und dem Flusssystem des Jenissej. Irkutsk war Kreuzung des «Sibirischen Trakts» mit den Flüssen und anderen Landverbindungen, die nach Jakutsk in den hohen Norden sowie in die Steppen Dauriens führten, ein Gebiet, das heute Transbaikalien heißt. Seit Ende des siebzehnten Jahrhunderts zogen russische Handelskarawanen auf dem Weg nach China durch Irkutsk, beladen mit Pelzen – dem weichen Gold Sibiriens –, und kehrten mit Tee und feinen Stoffen aus dem Reich der Mitte zurück.

Wiktor und ich marschieren, die Kragen hochgeschlagen, zum Kirow-Platz. Ein paar Menschen arbeiten dort auch am Ostersonntag: Männer graben Rabatten um, Frauen streichen die über den langen Winter vom Rost zerfressenen Zäune kesselschwarz. Hier, auf dem zentralen Aufmarsch- und Paradeplatz, ist Irkutsk plötzlich ganz Sowjetunion: Das wuchtige Haus der Räte überragt die Stirnseite. «Bis 1938 stand dort die Kasaner-Kathedrale, ein Juwel im russisch-byzantinischen Stil. Sie war Sitz der Diözese Irkutsk. Heute Regionalverwaltung», seufzt Wiktor. Aus gleicher Zeit stammt der

Neubau der Staatsbankfiliale. Gegenüber der Bank steht – ebenfalls auf dem Fundament einer Kirche – das nach dem Krieg gebaute Verwaltungsgebäude der Firma Vostsibugol. Geduldig setzt Wiktor seine Einführung fort. «Achte auf die strenge Symmetrie der Säulen und Türmchen. Ein Paradebeispiel des sowjetischen Monumental-klassizismus.» Das Hotel «Angara» rundet das sozialistische Ensemble ab – eine schlichte Betonscheibe aus den späten sechziger Jahren.

*

Jenseits des sowjetischen Architekturfirnis, in einer vom Kirow-Platz abgehenden Seitenstraße, stolpern wir förmlich in den Reichtum sibirischer Handelsdynastien und merken: Das alte Irkutsk ist eigentlich eine Stadt aus Holz. Noch im frühen neunzehnten Jahrhundert gab es nur ein paar Dutzend Steingebäude in der Stadt, nämlich Villen reicher Kaufleute und Sakralbauten. Nicht Ziegel, sondern Lärchen und Fichten waren allseits verfügbares Baumaterial, das zudem besser vor Kälte im Winter isoliert. Gut gepflegt halten Holzbauten Jahrhunderte. Doch der große Brand von 1879 vernichtete zwei Drittel dieser Häuser. Wie zur Mahnung überragt bis heute der Feuerwachturm das Zentrum.

Nun stehen wir vor einem der äußerst eklektischen Zeugnisse aus Ziegeln und Sandstein: dem Haus des Kaufmanns und Goldminenbesitzers Isaj Fajnberg, heute Adresse der Provinzbibliothek. Ein sorgfältig gemauerter Davidstern leuchtet noch immer sechszackig unterhalb des Eckturms. Das von Fajnberg ursprünglich bewohnte Holzhaus war, wie so viele andere, den Flammen zum Opfer gefallen. Wie andere Kaufleute betätigte sich Fajnberg als Mäzen, der an vielen öffentlichen Projekten, auch am Bau des Schauspielhauses, beteiligt war. Nebenan steht das im pseudorussischen Barock gebaute Haus Alexander Wtorows. Zu Sowjetzeiten tummelte sich hier die Jugend. «Ein Prachtbau! In der ganzen Union gab es wohl keinen prunkvolleren Palast der Pioniere», schwärmt Wiktor. Wtorow war mit dem Verkauf von Textilien zum reichsten sibirischen Händler aufgestiegen. Ein Stück weiter, auf der Karl-Marx-Straße, die vor der Oktoberrevolution einmal treffender Große Straße hieß, weitere Villen und Stadthäuser, in denen bis zum Bürgerkrieg Läden, Restaurants, Versicherungsgesellschaften, Zeitungsredaktionen und Bankfilialen untergebracht waren. «Um die Jahrhundertwende wähnten die Menschen in Irkutsk sich in Europa, nicht umsonst gilt die Stadt als das Paris Sibiriens», so Wiktor. Eine staubige Patina bedeckt den einstigen Glanz. Die Betriebsamkeit, sie ist verflogen.

Das goldene Zeitalter der Irkutsker Handelsdynastien begann schon Anfang des achtzehnten Jahrhunderts mit den Sibirjakows und Trapeznikows und erhielt nach Aufhebung des staatlichen Exportmonopols für Pelze im Jahr 1762 zusätzlichen Auftrieb. Noch Anfang des neunzehnten Jahrhunderts gingen drei Viertel der nach China exportierten Pelze durch die Kontore der Irkutsker Kaufleute.

Diesen ungeheuerlichen Steigflug verdankt Irkutsk seiner segensreichen geographischen Lage. Sie machte Irkutsk zur Stadt mit Sibiriens größter Händlergemeinde und zu einem zentralen Umschlagplatz zwischen Europa und Asien, selbst nach Amerika. Die Dependance der Russländisch-Amerikanischen Kompagnie wickelte hier ihren Pelzhandel zwischen dem Nordpazifik und China ab. Ein Goldrausch am Fluss Lena bescherte der Stadt ab dem Jahr 1843 einen zusätzlichen Kapitalzufluss. «In keiner sibirischen Stadt gibt es Läden mit derart auserwählten Luxusgütern, vornehmem Geschmack und so elegante Droschken. Nirgends sonst sah ich eine – wie soll ich sagen – so exquisite und agile Gesellschaft, die Manifestation eines erlesenen Sinns für Literatur, Wissenschaft und die schönen Künste.» Wiktor zitiert den Ethnographen und Publizisten Pawel Rowinskij, der 1875 diese Zeilen schrieb.

Wir biegen in die Timirjasew-Straße ein. Doch selbst dieses Ensemble aus von den Flammen verschonten alten Lebkuchenhäusern mit all ihren aufwändigen Schnitzereien an Traufen, Türen und Veranden ist heute bedroht. «Denkmalschutz alleine erhält noch kein Haus. Holz braucht ständig Pflege. Früher fehlte das Geld», schimpft Wiktor, «und heute fehlt uns der Verstand.»

In einigen Querstraßen sind zwar Holzhäuser eingerüstet, doch fehlt es an einem Gesamtkonzept. Das 130. Viertel ist so ein kitschiges Ensemble, durch das sich eine Fußgängerzone schlängelt. Links und rechts Hipster-Geschäfte und durch Vintagelampen in mattes Licht gehüllte Cafés. Schlimmer als Vernachlässigung oder Kommerzialisierung sei indes die Gentrifizierung mit dem Streichholz: «Immer wieder legen kriminelle Investoren Feuer. Neubauten sind einfach billiger», meint Wiktor. «Und wenn die Stadt keine Baugenehmigung erteilt, hält das Grundstück nach dem Brand als Parkplatz her.»

*

Wiktor führt mich zu Russlands ältester aktiver Synagoge, die in der Karl-Liebknecht-Straße steht. Sie wurde Anfang der 1880er-Jahre gebaut, nachdem die Stadtverwaltung die Organisation einer jüdischen Gemeinde gestattet hatte. Offiziell durften Juden damals nur im sogenannten Ansiedlungsrajon im Westen des Imperiums leben. Doch als Händler wie die Fajnbergs, vor allem aber als Sträflinge und Verbannte gelangten Juden auch nach Ostsibirien. Um die Jahrhundertwende war jeder zehnte Bürger der Stadt ein Aschkenase. Ende des neunzehnten Jahrhunderts zogen viele Tataren aus der Wolgaregion zu, die sich hier ein besseres Leben erhofften; ihnen verdankt Irkutsk die ebenfalls in der Liebknecht-Straße gelegene Moschee.

«Irkutsk war nicht nur das Handels- und Verwaltungszentrum Ostsibiriens, mit Kaufleuten aus Moskau, Nowgorod und Kasan, mit Juden, Polen und Deutschen, dem einen oder anderen Franzosen. Es war auch das kulturelle Herz der Region. Bereits Ende des achtzehnten Jahrhunderts hatte die Stadt ein Museum, eine Druckerei sowie zahlreiche Bildungseinrichtungen: ein theologisches Seminar und ein Gymnasium mit Klassen in Mandschurisch, Mongolisch, Chinesisch und Japanisch.» Wiktors Augen strahlen, ehrlich begeistert. «Die erste öffentliche Bibliothek, gegründet 1782, war ein Unikat der russischen Provinz, kostenlos zugänglich für alle Stadtbewohner.» Die Ursprünge des Theaters gehen ebenfalls auf das späte achtzehnte Jahrhundert zurück. «Nach Tula und Charkow war Irkutsk die dritte Stadt jenseits der russischen Metropolen, die überhaupt eine Bühne hatte.» Die 1851 gegründete Sibirische Abteilung der Russisch Geographischen Gesellschaft wurde Ausgangspunkt zahlreicher wissenschaftlicher Expeditionen und Fundament der Wissenschaft in der Region.

Doch wer verstehen will, weshalb Irkutsk das intellektuelle Zentrum Sibiriens war, der sollte ein eher schmuckloses blau-weiß getünchtes Herrenhaus unweit des Zirkus besichtigen. Umgeben von Ställen, einer Scheune und Gesindehäusern beherbergt das zweigeschossige Gebäude das Dekabristen-Museum. Jene «Dekabristen» genannten Offiziere, die im Dezember (russisch *dekabr*) 1825 dem gerade gekrönten Zaren den Treueschwur verweigert hatten, erwiesen sich als Glücksfall für die kulturelle Entwicklung Ostsibiriens. Nikolaj I. schickte viele von ihnen ins sibirische Exil. Die meist hochgebildeten Adligen suchten in der Verbannung den Kontakt zur lokalen Gesellschaft. Sie gaben Impulse für die Stadtplanung, Landbewirtschaftung und Bildung in der Region. Und sie leisteten einen zentralen Beitrag zur Erforschung der Ethnographie, Geographie und Natur Sibiriens. Die von ihnen aufgeworfenen «sibirischen Fragen» waren der Nährboden des sibirischen Regionalismus – einer politischen Bewegung, die im späten neunzehnten Jahrhundert gegen den russischen Kolonialismus in Sibirien opponierte. Ihr Wortführer Nikolaj Jadrinzew betonte in seinem Monumentalwerk *Sibirien als Kolonie* die vorgeblichen Eigenheiten der Sibirier im Vergleich zu ihren russischen und ostslawischen Vorfahren – insbesondere kulturelle Unterschiede wie die Liebe zur Freiheit und die Eigeninitiative. Diese Autonomiebestrebungen flammten im russischen Bürgerkrieg, in dem Irkutsk besonders hart umkämpft war, und nach dem Zerfall der Sowjetunion wieder auf.

Einer der bekanntesten Dekabristen war Fürst Sergej Trubezkoj, durch dessen Haus Wiktor und ich nun streifen. Trubezkojs Ehefrau Jekaterina war ihrem Mann in die Verbannung gefolgt, erst nach Nertschinsk und später nach Irkutsk. Mit ihrer Solidarität und ihrem bewussten Verzicht auf ein luxuriöses Leben galt Jekaterina Trubezkoja wie auch Maria Wolkonskaja vielen Zeitgenossen als Ideal einer russischen Frau. Maria engagierte sich im örtlichen Krankenhaus und machte ihre eigenen vier Wände zu einem informellen Zentrum des städtischen Kulturlebens. Bälle, musikalische Soiréen, Debattenabende – eine europäische Insel inmitten der asiatischen Wildnis. Spuren dieses «Pariser» Lebens finden wir heute lediglich noch im Museum in den Wohnhäusern der Trubezkojs und Wolkonskijs.

Das Ende der Stadt der Lebemänner und Stubenmädchen, das Ende der Salons und rauschenden Feste war radikal: Mit dem Bürgerkrieg, besonders aber nach Einmarsch der Wehrmacht in der Sowjetunion, als der Staat hastig ganze Fabriken aus Frontgebieten nach Sibirien evakuierte, wurde Irkutsk zu einer sozialistischen Industriestadt der Arbeiter und Ingenieure, der Paraden und der Massenalphabetisierung. Die neue Generation baute nach Kriegsende die gigantischen Wasserkraftwerke von Irkutsk und stromabwärts entlang der Angara. Bei Bratsk versanken hinter der damals größten Staumauer der Welt einhundert Dörfer sowie Tausende Hektar wertvoller Ackerfläche. Als nach dreizehnjähriger Bauzeit alle Turbinen ans Netz gingen, war genügend Elektrizität für die Aluminiumwerke von Bratsk und Irkutsk und andere energieintensive Industrien verfügbar. Schon bald schuftete jeder zweite Berufstätige in Irkutsk in der Schwerindustrie. Die Einwohnerzahl verdreifachte sich auf sechshunderttausend Menschen in den sieben sowjetischen Jahrzehnten – und verharrt seither auf diesem Niveau.

Als Wiktor vor dem Museum aus den Statistiken zitiert, ertappe ich mich bei dem Gedanken an die Prophezeiung Michail Lomonossows, jenes großen Dichters und Wissenschaftlers der Aufklärung, dass Russlands Macht mit Sibirien wachsen, das Land reicher werden würde. Doch reich woran? Das Leben in Irkutsk spielt sich heute vor allem in den Trabantenstädten ab, deren Wohnblöcke auf den umliegenden Hügeln im Kontrast zu den Prunkbauten im

Zentrum stehen. Die brutale Industrialisierung hat zahllosen anderen sowjetischen Städten die russische Seele geraubt, hier blieb der historische Stadtkern weitgehend unberührt – sehen wir vom Alphabet der sozialistischen Straßennamen ab: Gagarin, Kirow, Lenin, Liebknecht … Partisanen, Pioniere, Proletarier …

Wiktors eigene Familiengeschichte liest sich wie ein Spiegel dieser radikalen Entwicklung. Seine Vorfahren väterlicherseits lebten als Bauern seit dem achtzehnten Jahrhundert in der Region Irkutsk. Seine Mutter, in Belarus geboren, überlebte die Blockade Leningrads und zog nach dem Krieg nach Irkutsk. Der Weg zurück in ihr belarussisches Heimatdorf blieb ihr versperrt: «Das war ausgelöscht. Ich weiß nicht einmal, wie meine Großeltern mit Vornamen hießen. Meine Mutter sprach nicht darüber.» Wiktor, Jahrgang 1949, wuchs in einem kleinen Dorf nordwestlich von Irkutsk auf. Er studierte Geschichte an der Irkutsker Staatlichen Universität, promovierte 1976 in Moskau und kehrte dann als Professor an seine Alma Mater zurück. Eine sowjetische Bilderbuchkarriere.

*

«Komm», beharrt Wiktor, «wir gehen noch schnell nach Schanghai», als wir hinter dem historischen Feuerwachturm auf den Zentralmarkt von Irkutsk einbiegen. «Du interessierst dich doch für allerlei chinesische Spuren.» Seine Augen blitzen durch die dicken Brillengläser. Als Historiker mit anthropologisch geschultem Blick sucht Wiktor in der nachsowjetischen Gegenwart die Renaissance der Zarenzeit. Schanghai, das sehe ich jetzt, ist ein eher überschaubarer Basar. Ein paar Frauen bieten auch am Feiertag Dill aus dem Gewächshaus feil, etwas weiter zapft jemand schon frischen Kwas aus einem Tankwagen, obwohl der Sommer noch ferne Zukunft ist. Ein Chinese aus der südlichen Küstenprovinz Fujian verkauft statt edlem Zobel Kunstpelzmäntel und Plastikschlappen. «Brauchst du ein Telefon?», fragt mich ein Mann am Nachbarstand in gebrochenem Russisch, während er Handyschutzhüllen in einer Glasvitrine arran-

giert. Wir steigen durch die kargen Relikte der chaotischen postsow-
jetischen Marktwirtschaft. In den Wendejahren sprossen überall in
Sibirien, ja selbst in Moskau, asiatische Basare wie Pilze nach einem
Spätsommerregen empor. Sie trugen klingende Namen wie «China»,
«Schanghai» oder «Mandschurei» – wie schon zur Zarenzeit.

Einer der größten Basare entstand 1992 jenseits des Feuerwach-
turms auf dem Gelände einer bankrotten Schuhfabrik. «Vor zwanzig Jahren noch war Schanghai ein wahres Babylon», sagt Wiktor,
«mehrere Tausend Chinesen, Koreaner, Vietnamesen, Russen, Tad-
schiken und Kirgisen trieben hier Handel. Die Qualität der Produkte war oft schrecklich, aber der Preis stimmte.» Dank seiner zentralen Lage, billiger chinesischer Massenware und den anspruchslosen
Konsumgewohnheiten der Kunden sei die hektargroße Budenfläche
das Zentrum des gesamten Versorgungssystems der Region gewesen. «An Wochenenden reisten Zwischenhändler selbst aus dem
fernen Ulan-Ude und Tschita an.»

Wiktor hat den Markt damals oft aufgesucht. «Täglich gab es
Schlägereien, und Hygiene war ein Fremdwort. Specknackige Secu-
rity-Angestellte pressten den Händlern Schutzgeld unter dem Vorwand fehlender Dokumente ab.» Er zeigt auf ein verwaistes Holzhaus, das mit tief ausgesägten Ladenfenstern an diese Zeit erinnert.
«Die umliegenden Häuser beherbergten illegale Warenlager, Kantinen, Cafés, öffentliche Toiletten, Friseursalons, Bordelle und Billard-
hallen. Selbst eine unterirdische Arena für Hundekämpfe gab es.»

Wiktor beäugt misstrauisch einen Mann, der uns zu folgen
scheint. Er hat noch immer diesen sowjetischen Augenwinkelblick.
Ich muss an die Bilder einer Nachrichtensendung in Russlands «Ers-
tem Kanal» Mitte der nuller Jahre denken. Daran, wie Milizionäre
medienwirksam ein illegales Schlaflager nahe dem Basar aushoben.
Schlimmer als die Bilder war der Kommentar des Moderators: «Die
Chinesen hausen hier wie Kakerlaken. In Kellern! Unter der Erde!»
Als die Stadtverwaltung 2006 den Markt liquidierte, wichen die
Händler auf ein Dutzend offene Flächen im Zentralmarktgebiet
aus – der Volksmund nannte das Areal «Groß-Schanghai».

Obwohl die wilden Handelsplätze inzwischen fast vollständig aus dem Stadtbild verschwunden sind, haben die Märkte für Wiktor dennoch das Leben der Sibirier nachhaltig verändert: «Durch die Basare war China plötzlich in russischen Städten wieder präsent. Von heute auf morgen waren sie ein Teil der täglichen Routine der Bewohner. Ob man dort einkaufen ging oder nicht, war ein Statement, das den sozialen Status von Menschen markierte. Und wer hatte zuvor schon mal einen Chinesen gesehen? Heute ist China längst wieder ein fester Bestandteil unseres Lebens.»

Doch inzwischen hätten chinesische Touristen die Händler abgelöst. Siberia Airlines bediene täglich Peking. «Irkutsk gilt Chinesen aber nur als ein Transitpunkt auf dem Weg zum Baikalsee», schränkt Wiktor ein. «Sie landen am Flughafen und bleiben, wenn überhaupt, für eine Nacht. Die meisten Chinesen fliegen ohnehin direkt nach Europa weiter: Drei Tage Moskau, drei Tage Sankt Petersburg. Das war's.» So ist China – obwohl historisch für Irkutsk wichtig –, abgesehen von ein paar Lautsprecherdurchsagen in Supermärkten und Hinweisschildern vor Kirchen, auffallend abwesend.

Irkutsk scheint anders als zu seiner Blütezeit ein Opfer seiner geographischen Lage, ein Schatten seiner selbst, ein vergessenes Paris: Im Westen boomt Krasnojarsk – strategisch viel näher an Europa gelegen. Im so fernen Osten ist es ein Steinwurf bis nach China. Dort hängen die Städte Blagoweschtschensk, Birobidschan und Chabarowsk wie an einer Perlenkette am Grenzfluss Amur aufgereiht, gefangen zwischen China im Süden und der unermesslichen Taiga im Norden. Dort ist jeder auf sich allein gestellt – eine Nachtzugfahrt von der nächsten nennenswerten Siedlung entfernt. Und Irkutsk klemmt irgendwo dazwischen und ist sich und seiner Umgebung von Industriestädten entlang der Angara genug. Die Frontier hat sich schon lange weitergeschoben. Irkutsk, das Zentrum Ostsibiriens, scheint, obwohl es östlicher als Singapur liegt, mit Asien nicht verschwistert, doch auch mit Europa ist die Stadt höchstens verschwägert.

2. Die durstigen Chinesen vom Baikalsee

Chuschir – Kultuk

Am nächsten Morgen ist die österliche Ruhe passé. Eine nicht enden wollende Kolonne von Kleinbussen schiebt sich auf meinem Weg ins Zentrum an mir vorbei, verbleit meinen Atem. Am Zentralmarkt, dem ehemaligen Schanghai, gehen die von den Russen Marschrutkas – ja, da steckt das deutsche Wort Marschroute drin! – genannten Sammeltaxis zum Baikalsee ab. Viereinhalb Stunden braucht der Kleinbus für die knapp dreihundert Kilometer bis in das Dorf Sachjurta. In Sachjurta legen die Fähren nach Olchon ab, wenn der Baikal nicht vereist ist. Olchon ist die mit Abstand größte Seeinsel. Unterwegs ödet die Landschaft karg, bergig, apriltraurig. Birken liegen wie erloschene Zündhölzer kreuz und quer auf den Hängen. Später Neuschnee muss die Bäume unter ihrem Blattwerk im vergangenen Frühsommer erdrückt haben. Seit einigen Jahren ist die Chaussee fast durchgehend asphaltiert. Über die Schotterabschnitte braust der Fahrer dennoch mit der Geschwindigkeit eines Surfers, der auf einer Welle reitet.

Winzig sah der Baikal auf meiner Landkarte aus. Doch das lag nur daran, dass der sibirische See von Russland ganz umschlossen ist. Jetzt, in Sachjurta, wo der Blick auf den Baikal frei ist, muss ich jenen Geophysikern recht geben, die behaupten, dass hier ein neuer Ozean geboren wird, weil seine Ufer ganz allmählich auseinanderdriften.

Vor zehn Jahren noch pendelte im Sommer lediglich ein hölzernes Fährboot mit einer Kapazität von zwei Autos zwischen Sachjurta und Olchon. Inzwischen queren in den eisfreien Monaten drei größere Fähren die schmale Durchfahrt zwischen dem Festland und der Insel. «In der Ferienzeit, wenn Touristen die Seeufer überrennen, stauen sich die Wagen dennoch den Berg hinauf», berichtet eine Frau, die vor mir am Anleger steht. Heute ist keine Fähre am Pier. Sobald der See im Januar zufriert, führt eine Eisstraße auf die Insel. «Im Winter schieben die Chinesen ihre Rollkoffer übers Eis. Wie auf dem Flughafen», erzählt die Insulanerin mir noch, während sie den Kragen ihres zebragemusterten Anoraks nach oben schlägt. Zu Sowjetzeiten sei Olchon nur unter Einheimischen aus den Regionen Irkutsk und Burjatien beliebt gewesen, und das auch nur während der Sommerferien. Jetzt kämen Touristen aus aller Welt, selbst bei Eis und Schnee. Weil sich im März bereits zwei große Risse gebildet haben, endet unsere Fahrt am Fähranleger. Heute bleiben neben dem Irkutsker Sammeltaxi nur wenige Fahrzeuge an der Kaimauer hängen, eines mit chinesischem Kennzeichen.

Obwohl wenig los ist, dauert es, bis ich einen Platz im einzigen Luftkissenboot ergattere, das heute zwischen Sachjurta und Olchon verkehrt. Wie jedes Jahr in der Übergangszeit – vor Weihnachten und um Ostern – ist die Insel ziemlich abgeschnitten. Gerade ein Dutzend Passagiere findet in dem dröhnenden in Flecktarn gehaltenen Ungetüm Platz. Der Fährbetrieb beginnt erst wieder nach den Maifeiertagen.

Am anderen Ufer wartet schon Sergej. In seinem rundlichen sowjetischen Minivan schaukelt er zwei Belgier und mich schweigend zum Anwesen von Nikita Bentscharow in Chuschir, immer die tiefen Furchen der Sandpiste im Blick, die so etwas wie die Hauptstraße der Insel sein muss. Ich klemme im Fond, und mir ist übel. Unter der Sitzbank des Kleinbusses steckt ein Kanister. In der Nase sitzt mir der Duft meiner ostdeutschen Kindheit. Es ist dieser süßliche Geruch vom Kerosin der Militärkolonnen, die über die Landstraßen der Altmark dröhnten. Immerhin siebzig Kilometer misst die einzig permanent besiedelte Baikalinsel von einer Spitze zur anderen. Olchon bedeutet in der Sprache der Burjaten «trocken». Recht haben sie. Tatsächlich bedeckt Steppenvegetation die sanften Hügel. Nur am Horizont steht borealer Nadelwald. Öde ist das Eiland aber keineswegs.

Bentscharows Anwesen erreichen wir nach einer Stunde Fahrzeit. Seine Herberge war das erste Inselhotel überhaupt. Ein wüster Stilmix aus in die Landschaft gepurzelten Holzhütten und Jurten. Jetzt, kurz nach Ostern, sind die Zeltdisco am Strand und der Souvenirstand weiter oben verwaist. Laut Aushang an der Rezeption gibt es Kochkurse – im Sommer. Am frühen Abend essen die Angestellten im Speisesaal. Die Köche, die Putzfrauen, der Hausmeister – sie alle stammen aus dem Dorf und scheinen froh über die Arbeit, die sie bei Nikita gefunden haben. Außer zwei Professorinnen von der Sorbonne und mir gibt es keine Kundschaft.

Im Abendblau schlendere ich durch das laternenlose Chuschir. Im Dorf sollen anderthalbtausend Menschen leben – knapp zwei Drittel der Inselbewohner. Mich erinnert Chuschir an eine verwaiste Western-Filmkulisse. Die sandige Hauptstraße wäre etwa fünf Spuren breit, wenn sie denn Markierungen hätte. Gesäumt wird sie von kleinen Holzgebäuden. Vor den wenigen jetzt geöffneten Restaurants räuchert der berühmte Omul vor sich hin. Der Fisch zählt auf Olchon zu den Grundnahrungsmitteln. Zwei in Rentnercamouflage gekleidete Ehepaare schleichen mir entgegen. Der Mann mit dem Anglerhut echauffiert sich in breitestem Sächsisch über den von zwei postsowjetischen Investitionsruinen und einem korrodierten Bauwagen eingerahmten Dorfteich: «Und das nennt sich Lenin-Straße, wo in der Mitte diese Kloake steht?» Eine hagere Kuh quert teilnahmslos den Sandweg und hinterlässt einen dampfenden Fladen.

Ich flüchte ans Seeufer und bestaune die beiden Schamanka-Felsen. Unweit von Bentscharows Herberge überragen sie wie gigantische Stoßzähne den schleichend tauenden See. Ein paar Möwen hüpfen von Scholle zu Scholle. Bunte Tücher umhüllen die dürren Stämme der wenigen Kiefern davor, als würden diese frieren. Felsen,

Bäume, Flüsse – alles scheint hier von Geistern bewohnt. Und die Kommunikation mit der Geisterwelt übernehmen die Schamanen. Frauen dürfen die heiligen Felsen nicht betreten – es sei denn, sie bitten den Burjaten-Gott Burchan hinterher um Vergebung. Überhaupt hat Burchan hier eine große Bedeutung, nach ihm ist auch der Hausberg der Insel benannt.

Am nächsten Morgen treffe ich die Sachsen wieder – sich aus dem Weg zu gehen, scheint auf dem Eiland ein Ding der Unmöglichkeit. Wir haben uns für die gleiche Inselrundfahrt angemeldet. So erkunde ich eingepfercht zwischen den beiden Ehepaaren im gleichen mausgrauen kerosinparfümierten Uasik 452, der mich gestern abgeholt hat, den Norden der Insel. Für das Rentnerquartett aus Grimma ist Olchon ein verklärter Sehnsuchtsort der Einfachheit und Rückständigkeit. Den Burjaten hingegen, die noch immer die Mehrzahl der Insulaner stellen, gilt die Schamaneninsel als Heiligtum, als Heimat voller Herausforderungen.

Sergej, der wieder am Steuer sitzt, ist auf der Insel geboren. Heute ist er etwas gesprächiger. Bis vor ein paar Jahren noch arbeitete der zähe Sibirjak als Fischer. Nur im Sommer fuhr er Touristen über die Insel. Jetzt, seit halb China den Baikalsee als Reiseziel entdeckt zu haben scheint, sei die Fahrerei sein Haupterwerb. «Ich habe schon ein bisschen Chinesisch gelernt», behauptet Sergej. Das stimmlose «h» im chinesischen «Wie geht's dir?» kratzt russisch wie bei «Churschir» aus seinem Mund.

Ich frage nach dem Ursprung seines Heimatdorfs. «Churschir wuchs ab den späten dreißiger Jahren um die Fischfabrik herum. Sie war der Brötchengeber, unser ein und alles. In jeder Familie hat jemand entschuppt, ausgenommen, filetiert. Im Sommer halfen alle mit. Der Fischgestank verfolgte mich überallhin, bis aufs Sofa, steckte in meinen Kleidern und in allem, was ich aß. Sogar die Zahnpasta schmeckte nach Fisch», räumt Sergej ein, nur um einen Satz später zu behaupten, dass er den Geruch vermisse.

Es gab eine Zeit, und sie ist noch gar nicht so sehr lange her, da lebten doppelt so viele Menschen in der rasch zusammengeschusterten eingeschossigen Arbeitersiedlung von Chuschir. Sie hatten noch nicht einmal Strom. Bis in die sozialistischen Bruderländer exportierte die Fabrik den Omul, die berühmte Felchenart des Baikalsees, die in großer Tiefe gefischt wird. Mit der Privatisierung und dem stark dezimierten Bestand ging es bergab. Und dann kam das Fangverbot. Der Fisch stank vom Kopf: «Der neue Eigentümer lebte auf dem Festland. Auf dem Papier arbeiteten wir zwar noch in der Fabrik, doch der Fang stammte längst aus dem Pazifik. Wir verpackten nur noch in Konserven. Und jeder fischte für sich.» Der Betrieb ging Bankrott, kurz darauf brannte die Verarbeitungshalle nieder. So verkaufen die Bewohner heute im Sommer ihren schmalen Fang direkt an die Besucher, im Winter bringen sie ihn illegal übers Eis aufs Festland.

Wir schaukeln gen Norden und fahren in Charanzy ein. Links leuchtet grell das Eis des Kleinen Meers, das sich zwischen das karge Eiland und das bergige Westufer des Sees schiebt. In diesem Weiler leben gerade zwölf Familien. Eine deutsche Rentnerin verbringt hier jedes Jahr ihre Sommerfrische, wenn das Wasser des Sees in Ufernähe kühl statt kalt ist, verrät Sergej. Viele der alten Holzhäuser stehen verlassen da. Die Jugend zieht es aufs Festland, in die Städte.

Doch selbst hier beobachte ich einen zaghaften Aufschwung. Überall auf der Insel stehen neue Ferienhäuser und Herbergen. Warum? «In Sibirien sagen wir, die Touristen sind unser neues Öl. Seit der Jahrtausendwende steigt die Zahl der Besucher», antwortet Sergej leicht zögernd, «doch gerade in den letzten Jahren gibt es eine neue Dynamik.» Nach dem Zerfall der Union hätten sich vor allem deutsche und japanische Rentner auf die Insel verirrt. Unter den Japanern seien viele ehemalige Kriegsgefangene gewesen. Aber sie sterben wohl langsam aus.

Und die Chinesen? «Seit die Krim wieder uns gehört, kommen sie», erwidert Sergej mit seinem Bass. Die Annektierung der Schwarzmeerhalbinsel und der Konflikt im Donbass hätten den Rubel auf Talfahrt geschickt. Seither seien Reisen nach Russland für viele Chinesen erschwinglich. So kämen sie, organisierte Rentnergruppen ebenso wie Couchsurfer. Und noch etwas unterscheide sie von den Japanern, Deutschen und Russen: Sie kämen im Sommer wie im Winter. «Noch vor zwei bis drei Jahren machten alle Herbergen auf der Insel Winterpause. Jetzt sind viele ganzjährig geöffnet.» Um das chinesische Neujahrsfest herum stammten neun von zehn Touristen auf Olchon aus China.

«Einige führen sich so auf, als gehöre ihnen der See», schimpft Sergej. Er sieht den Zustrom von Touristen aus der Volksrepublik skeptisch. Manch nationalistisch gestimmter Chinese würde ihm wahrscheinlich zustimmen – und Sergej an die Krim erinnern. Denn einst erstreckte sich das Tributgebiet des chinesischen Kaiserreichs bis an die Ufer des Baikal, den man im alten China «nördliches Meer» nannte.

Doch die wenigsten Chinesen kommen mit historischen Argumenten an den See. Sie kommen mit Geld. Ihr Geld rettet das wirtschaftliche Überleben vieler Insulaner. Und doch gefährden sie es. «Kaum eine Kopeke bleibt auf der Insel», klagt Sergej. Es gibt tatsächlich viele Probleme. In dem ehemals beschaulichen Dorf Listwjanka auf dem Festland steht bereits ein halbes Dutzend illegaler chinesischer Hotels. Auf Olchon gibt es bislang nur eine illegale Herberge. Das Modell sei immer das gleiche: ohne Lizenz, auf dem Papier von einem Russen betrieben, doch der wahre Eigentümer ein Chinese.

Sergej hat sich mit den Schwarzbauten abgefunden. Auch die Chinesen, die Grundstücke kaufen und brach liegen lassen, um sie irgendwann an wohlhabende Landsleute weiterzuveräußern, regen ihn nicht auf. Was ihn stört, ist der hermetische Wirtschaftskreislauf, der die Einheimischen ausschließt: «Sie schlürfen ihre Nudelsuppe beim Chinesen und lassen sich von chinesischen Austauschstudenten über die Insel führen. Als Feigenblatt reist manchmal ein offiziell akkreditierter Guide mit, der Touren auf Litauisch oder in irgendeiner anderen exotischen Sprache anbietet, aber kein Wort Chinesisch spricht. Selbst ihre Fahrer bringen sie mit!» Mir fällt das chinesische Souvenirgeschäft von Chuschir wieder ein. In der Auslage burjatische Götterfiguren, Schamanenklunker und allerlei anderer in China hergestellter Tinnef zu Wucherpreisen. Selbst Ostseebernsteinketten gibt es dort. Bezahlt wird – am russischen Fiskus vorbei – mit Alipay.

«Der Baikal ist so groß wie Belgien. Mehr als eine Woche braucht eine Jolle, um seine über zweitausend Kilometer Uferlinie abzusegeln. Aber in gewisser Weise ist der See auch ganz klein. Es gibt nur einige wenige Zugangsstraßen. Die Touristen tummeln sich in Sljudjanka, Listwjanka, Chuschir. Die Orte kannst du an einer Hand abzählen.» Sergej deutet aufs andere Ufer. Der Nationalpark könne den See nicht vor zu vielen Menschen schützen: Die Natur leide, besonders auf Olchon, wo es weder Müllentsorgung noch Kanalisation gibt. «Doch wer möchte sich heute mit China anlegen?»

Wir zuckeln weiter entlang der Küste des Kleinen Meeres. Eine Melange aus Weiß, Ocker und Grau schimmert durch die beschlagenen Fensterscheiben. Hin und wieder ein Farbtupfer: flechtenbestandenes Geröll, hölzerne Totems, eingewickelt in bunte Bänder. Dünen schieben sich ins Inselinnere hinein, so als wollten sie die Nadelbäume zurückzudrängen. Das Vieh steht ganzjährig auf den Weiden. Selbst im Januar und Februar fällt das Quecksilber kaum unter zwanzig Grad minus – das ist für Sibirien vergleichsweise mild.

Wir erreichen das Dorf Pestschanaja. Zur Rechten mahnen die sandverwehten Gerippe alter Lagerbaracken. Dort füllten seit den späten dreißiger Jahren Strafgefangene Fisch in Konserven ab. Ihr Fang ging an die Front. Sicher, auf der Kolyma war das Leben noch härter. Hier büßten keine «Politischen». Puderzucker gleich überdeckt der Sand der Dünen die bittere Vergangenheit. Auf den schmalen Häftlingspfaden tummeln sich im Sommer Touristen.

Je weiter wir nach Norden fahren, desto schlechter die Piste. Im Sommer sei sie wie Treibsand, sagt Sergej, ohne Allrad keine Chance. Wir passieren die «Drei Brüder» genannten Felsen an der Steilküste. Der Legende nach sind es die drei renitenten Söhne des Inselhausbergs. Am Wegrand, in einer Senke, duckt sich das schlanke Haus einer Hirtenfamilie, daneben eine primitive Wetterstation. Dann erreichen wir Choboj, die Nordspitze der Insel.

Ein sanft ansteigender Weg führt zur Felsspitze hinauf, zu einem Farb- und Lichtspiel. Ich muss mich darauf besinnen, dass ich auf einen See und nicht auf ein Meer blicke, so weit erstreckt sich der Horizont. Trotz der schneegepuderten Berge sind die beiden Ufer kaum auszumachen – knapp achtzig Kilometer ist der Baikal an seiner weitesten Stelle breit. Wie strenge Linien durchziehen große Risse seinen Eispanzer. Ich kneife die Augen zu, so grell blendet die zugefrorene Decke in der Sonne. Am Ufer singen Eisschollen im Wellengang. Gen Süden bleiblaues Wasser – der Winter zieht sich unaufhaltsam nach Norden zurück.

Mit den vier Rentnern aus Grimma und zwei Studenten aus Xiamen teile ich mir den Blick auf die eigentümliche Wasserlandschaft des «nördlichen Meeres», des «reichen Sees». Dieser Brunnen der Erde – tiefer als jeder See und so manches Meer, der ein Fünftel des weltweiten Trinkwassers speichert, dieses biologische Wunder mit der ältesten Seefauna, darunter die weltweit einzigen Süßwasserrobben –, heute gehört er ein paar Sachsen, Chinesen und mir.

*

Ich habe diese Bilder noch im Kopf, als ich ein paar Tage später weiter gen Osten fahre auf der Transsib, Richtung China. Ich blättere in einem Katalog zur Pariser Weltausstellung des Jahres 1900, während der Zug das südliche Seeufer passiert: «Rentierschlitten eilen an uns vorüber, russische Beamte jagen auf kleinen Steppenpferden in die Jurtendörfer, und dann breitet sich plötzlich das offene Meer vor unseren Augen aus, während die eisbedeckten Berge allmählich im Hintergrund verschwinden.» Der Katalog beschreibt voller Bewunderung das Panorama der sibirischen Wildnis hinter dem Baikalsee. Nur wenige Minuten vom Eiffelturm entfernt, vor dem Russischen Pavillon der großen Länderschau, bildeten sich lange Besucherschlangen. Im Inneren der Ausstellungshalle standen Luxuswaggons der Compagnie Internationale des Wagons-Lits aufgebockt, hinter denen ein großes Wandelpanorama mit europäischen und asiatischen Landschaften zirkulierte. Um ein authentisches Reisegefühl zu vermitteln, ruckelten die räderlosen Wagen dank einer speziellen Mechanik. In nur einer knappen Stunde Fahrzeit erlebten die Reisenden der *Exposition universelle* im Zeitraffer und auf verschiedenen Leinwandebenen die Reise auf der Großen Sibirischen Bahn bis nach China.

Während das staunende Publikum die potemkinsche Kulisse der sibirischen Eisenbahnfahrt im Ausstellungssaal am Trocadéro betrachtete, liefen die Bauarbeiten in der eurasischen Weite auf Hochtouren. Verkehrsexperten, Topographen, Ingenieure und Politiker arbeiteten unermüdlich an der Verwirklichung dieser transkontinentalen Landverbindung, auf der ich jetzt nach Osten rolle. Heute, weit über ein Jahrhundert später, ist Sibirien auch jenseits des Horizonts hinter dem Zugfenster ein fester Bestandteil Russlands – wirtschaftlich, kulturell, politisch und sozial. Wäre Sibirien ein unabhängiges Land, so wäre es flächenmäßig noch immer der größte Staat der Erde. Die Region zwischen Ural und Pazifik, die mehr als drei Viertel der russischen Landmasse umfasst, bleibt dünn besiedelt. Bis heute ist sie Heimat eines einzigartigen ethnokulturellen Amalgams. Und dann gibt es da noch die unglaubliche Vielfalt der Natur jenseits von gefrorener Tundra und endlosem Birkenwald. Sibirien, dieser schlafender Riese, diese noch immer weitgehend ungenutzte Vorratskammer, ist gesegnet mit Gold, Kohle, Nickel, Eisenerz, Öl, Gas, Holz und Wasser. Sibirien, so scheint es, ist ein Ort der Vergangenheit und der Zukunft – doch was ist mit der Gegenwart?

Ich mache Halt in Kultuk. Touristen kennen dieses größere Dorf, vielleicht auch Städtchen, am Südufer des Sees als Station der alten Baikalbahn. 1904 als Teilstück der Großen Sibirischen Bahn gebaut, ersetzte die kostspielige, da unwegsame Strecke den temporären Fährbetrieb, der die beiden Schienenstränge nach Europa und zum Stillen Ozean an den Ufern des Sees verband. Heute schlummert die alte Baikalbahn nur noch als eine vergessene Zweigstrecke. Ein Nahverkehrszug schnauft täglich auf den zugewucherten Gleisen hin und her, stoppt lediglich an Bedarfshalten. Die Einsiedler der anliegenden Dörfer versorgt er mit Krämerwaren. An manchen Tagen verkehrt ein Touristenzug mit Sonderhalten an pittoresken Punkten auf dieser historischen Route, eine technische Perle mit all ihren von italienischen Ingenieuren erbauten Felstunneln und Flussbrücken.

Ich bin nicht wegen der Eisenbahnromantik nach Kultuk gereist, sondern wegen Ilja. Wir sitzen im Restaurant «Kedr» und essen Busy, diese großen, mit Schaffleisch gefüllten Teigtaschen, mit der Hand. In der engen, dunklen Gaststube riecht es nach Schnaps und Bier, vermischt mit dem Küchendunst. Draußen steht stumpf der Nebel vor dem Fenster, das letzte Tageslicht kriecht grau in das kleine Wirtshaus hinein. Ilja ist Politologe und lebt in Irkutsk. In Kultuk hört er sich zum AkwaSib-Skandal um. 2017 hatte die Firma AkwaSib mit einem Investitionsvolumen von anderthalb Milliarden Rubel in Kultuk eine Abfüllhalle errichtet. Die Plastikrohre laufen vor unserer Nase vierhundert Meter tief in den See. Das Problem: Das Unternehmen ist zu 99 Prozent in chinesischer Hand. Das letzte Prozent besitzt eine Russin, die wiederum ihrer Tochter die Direktion übertragen hat.

Die Familie war schon einmal in die Schlagzeilen geraten: Der Mann, der 99-Prozent-Chinese, hatte in den neunziger Jahren in sibirischen Wäldern illegal geschlagenes Holz nach China exportiert. Die Russin sprach man frei, der Chinese saß fünf Jahre ein. Es war die Zeit der Anarchie, und das bedeutete für die Taiga vor allem eines: Kahlschlag. Die staatliche Waldwirtschaft war bankrott. Chinesen übernahmen zahlreiche Forstbetriebe. Das illegal geschlagene Holz landete auf den Baustellen der wirtschaftlich prosperierenden Volksrepublik.

Die Wasserentnahme sei doch nicht minder problematisch als die wilden Rodungen, werfe ich ein. «Von der Anlage geht keine

Gefahr für die Umwelt aus. Es ist nicht der erste Abfüllbetrieb am Baikal», beschwichtigt Ilja, ohne von seiner fleischgefüllten Riesenmaultasche abzulassen. Rund eine halbe Million Liter Seewasser beträgt das geplante Fördervolumen pro Tag – bestimmt für den chinesischen Markt. Die Abfüllanlage entspreche den ökologischen Standards. Doch mit AkwaSib sei es so wie mit der Holzwirtschaft. «Wenn ein Chinese kommt, dann gelten andere Regeln.»

Viele Einwohner von Kultuk sehnten den Bau der Anlage über Monate herbei. Immerhin hundertfünfzig Dorfbewohner sollten Arbeit finden. Ganz zu schweigen von den Steuereinnahmen für die klammen Provinzkassen. Doch Anfang 2019 kippte die Stimmung in Kultuk, im Gebiet Irkutsk und bald in ganz Russland. Plötzlich tauchten negative Posts über die Abfüllanlage in sozialen Netzwerken auf. Russische Sternchen wie der Modedesigner und Sänger Sergej Zwerew brachten sich digital in Stellung: Zwerew, der in Kultuk seine Kindheit verbracht hat, protestierte auf dem Roten Platz. Auf Instagram setzten Zehntausende Follower ein Herzchen. Rasch sammelten Aktivisten Unterschriften, trommelten auf Kundgebungen gegen den bösen Chinesen. Ende März demonstrierten rund dreitausend Menschen in Irkutsk gegen das Werk: «Wir sind für den Tourismus» und «Für einen sauberen Baikal» stand auf ihren Transparenten geschrieben. Fremdenfeindlichkeit unter dem Deckmantel der Ökologie, im vorgeblich anonymen Raum des Internets trat sie ungeschminkter zutage. Besorgte Bürger bangten um ihren «heiligen See». Zu dieser Zeit interessierte sich mit Dmitrij Medwedew auch die föderale Regierung in Moskau für die Angelegenheit, der Gouverneur des Irkutsker Gebiets schaltete die Staatsanwaltschaft ein. Diese stellte eine Reihe von Regelverstößen fest, darunter ein durch Bauarbeiten verschmutztes Seeufer. Die Wasserentnahme hingegen war kein Thema.

Medienwirksam war Oleg Deripaska schon Ende Januar «zum Angeln» an den Baikal gereist – statt nach Davos, wie er auf seinem Instagram-Account lakonisch schrieb. Deripaska ist als Eigentümer von Wasserkraftwerken und Aluminiumfabriken in Bratsk und

Irkutsk einer der größten Unternehmer der Region. Auch dem Oligarchen sagt man nach, er werfe ein Auge aufs Mineralwassergeschäft.

Das seien doch alles Phantom-Ängste, meint Ilja und schenkt mir Bier nach. Die Kellnerin mit weißer Rüschenbluse, unter der sie nichts anhat, stellt uns ungefragt zwei neue Flaschen auf den wachstuchbedeckten Tisch. Viele seiner Studenten hätten Petitionen gegen die Abfüllanlage unterschrieben, aus Furcht, dass Chinesen den See bald leertränken. «Ich war sprachlos und habe sie gefragt: Welches Wasser könnt ihr auf Flughäfen kaufen, wenn ihr in Bangkok, Peking oder Moskau seid? Baikalwasser? Nein, dort stehen Flaschen von Evian oder Perrier in den Regalen. Habt ihr schon einmal von einem Franzosen gehört, der eine Petition unterschrieben hat aus Angst, dass die Quellen von Évian-les-Bains versiegen? Seit fast zweihundert Jahren füllen sie dort Mineralwasser ab. Heute verkaufen die Franzosen es in über hundert Länder.» Die an ihre Mobiltelefone gefesselte Jugend, meint Ilja resigniert, lasse sich leicht manipulieren.

Ilja lehrt an der Staatlichen Universität Irkutsk. Er ist kein China-Spezialist, wie er selbst betont, doch die Nähe zum Nachbarn zieht sich wie ein roter Faden durch sein Leben. Seine Halbglatze macht ihn eher jünger. Aufgewachsen ist er in einem kleinen Dorf am Seja-Stausee im Amur-Gebiet – mehr als hundert Kilometer von der sibirischen Eisenbahnlinie entfernt. Dort hat er die schwierigen neunziger Jahre miterlebt: «Von heute auf morgen stellten die Behörden den Regionalflugverkehr ein. Private Autos gab es kaum, Busse fuhren unregelmäßig. Bei uns im Dorf lebten die Menschen vom Ackerbau und der Waldwirtschaft. Auf den Feldern der insolventen Kolchose sprossen junge Birken. Die wenigen noch bestellten Äcker pachteten zugereiste Chinesen. Da lief nicht alles koscher ab.»

Über ein halbes Jahrhundert lang hatte es faktisch keine Chinesen in der Sowjetunion mehr gegeben. Während des Bürgerkriegs hatten noch Hunderttausende in den Städten Sibiriens und des Fernen Ostens gelebt. Doch mit zunehmender staatlicher Kontrolle über alle Bereiche des Wirtschaftslebens, mit der Deportation während der Jahre des Großen Terrors war ihre Zahl im gesamten Unionsgebiet zu Beginn des Zweiten Weltkriegs auf wenige Hundert gesunken. «Meine Großmutter erzählte mir noch von chinesischen Obstverkäufern, die in ihrer Kindheit durch die Dörfer zogen. Nach dem Zerfall der Sowjetunion waren wir froh, wenn es im Dorfladen Brot oder Haferflocken gab.» Nach dem Abitur 2001 zog Ilja zum Studium nach Irkutsk. Von den fünfundzwanzig Absolventen seines Jahrgangs seien nur fünf im Dorf geblieben. Wer harre schon in einem Ort ohne Poliklinik, ohne Polizei, ohne Schule aus?

Für Ilja ist der AkwaSib-Skandal nicht mehr als eine lehrreiche Fußnote der sibirischen Gegenwart zwischen Russland und China. Ein ideales Beispiel, wie im heutigen Russland Auslandsinvestitionen funktionieren – oder eben nicht: «Die Angst vor China, sie ist historisch tief verwurzelt», fährt Ilja fort und starrt zum Fenster, in dem nun die Nacht steht. «Unternehmer und Politiker schüren sie, wenn chinesische Investitionen dem eigenen Business schaden. Am Baikal sehen wir das – neben der Wasserabfüllanlage – vor allem am Beispiel des Tourismus.»

Der Konflikt hat eine wirtschaftliche, politische und ökologische Komponente, meint Ilja: Ökonomisch betrachtet ist der chinesische Investor Deripaska und anderen zu gut situierten Russen ein Dorn im Auge. Politisch ist es ein Kampf zwischen Stadt- und Provinzverwaltung, zwischen der Kreml-Partei Einiges Russland und den Kommunisten, die den Gouverneur stellen. Beide Lager überbieten sich derweil in anti-chinesischer Rhetorik – mit Blick auf die Gouverneurswahlen. Davon lesen und hören die Menschen in der Region wenig. Im medialen Zentrum steht die Umwelt, sagt Ilja, die Gefahr für Flora und Fauna. So ist Russlands Hinwendung nach Osten für ihn nichts als bloße Rhetorik. Chinesische Investitionen seien nur dann interessant, wenn der Rubel in die Kassen russischer Unternehmer rollt.

Ich fahre weiter. Nur fünfzig Kilometer östlich von Kultuk steht eine gigantische Industrieruine. Die hohen, nachts erleuchteten Schlote am Seeufer erinnern bis heute an die wahren ökologischen Verbrechen am weltweit größten Süßwasserspeicher. Es ist erst ein paar Sommer her, dass selbst den Zugreisenden die vergiftete Luft der Zellulosefabrik in der Nase biss. In den sechziger Jahren des vergangenen Jahrhunderts erbaut, in einer Zeit, als noch der Plan die Wirtschaft diktierte, produzierte das Werk pro Jahr bis zu einhunderttausend Tonnen gebleichten Zellstoff und spuckte Hunderttausende Kubikmeter giftige Abwässer in den See. Mutige Anhänger einer zaghaften nicht-staatlichen Umweltbewegung protestierten schon zu Sowjetzeiten gegen den Giftcocktail aus Dioxinen, Phenolen und organischen Chlorverbindungen – ein landesweites Novum!

An ihrer Spitze stand Walentin Rasputin. Als Vertreter der sogenannten Dorfliteratur gelangte der 2015 verstorbene Schriftsteller mit seinem Roman *Abschied von Matjora* zu Weltruhm. Darin schildert er das Versinken seines Heimatdorfes in den Fluten des Irkutsker Stausees. Seit den siebziger Jahren engagierte sich Rasputin politisch für die Rettung des Baikalsees. Doch erst 2013, als die UNESCO drohte, dem See das Weltnaturerbe-Siegel abzuerkennen, erkalteten die Schornsteine. Inzwischen verrottet die Fabrikruine. Und die Monostadt Baikalsk, die um das Werk gewachsen war, steht vor dem Nichts. Beinahe scheint es so, als sei die Furcht vor dem vermeintlich nicht zu stillenden Durst der Chinesen größer als die vor einem auf ewig vergifteten Brunnen.

3. Lenin und Lamas in Burjatien

Ulan-Ude – Werchnjaja Iwolga – Nauschki

«Schau dir lieber den Iwolginskij-Tempel an», riet Ilja mir zum Abschied am Bahnsteig. Ulan-Ude, die Hauptstadt der russischen Teilrepublik Burjatien, sei eigentlich nicht der Reise wert. Ist das Irkutsker Hochnäsigkeit?

Ilja hatte mich in den Moskau-Wladiwostok-Zug gesetzt, der nach Mitternacht durch das nahe bei Kultuk gelegene Sljudjanka rollt. Der schnarchende und übel riechende Mitreisende auf der Pritsche unter mir ließ mich wenig schlafen während der ohnehin nur fünfstündigen Fahrt. Ich war gerädert. Da half auch der starke schwarze Tee nicht, den mir der Schaffner vor Sonnenaufgang aufbrühte, als er mich weckte: «Aufstehen, ich schließe gleich die Toiletten ab», mahnte er eine halbe Stunde vor Ulan-Ude. Schlaftrunken gab ich das Laken und die Bezüge für Kissen und Decke wieder ab. Nur die kratzige Wolldecke blieb auf der Liege zurück. In Schrittgeschwindigkeit rollte der Zug in den Bahnhof ein, wie überall in Russland so auch hier, hundertfünfzig Kilometer südöstlich des Baikalsees.

Die Erinnerung an meinen Spaziergang durch Irkutsk ist noch frisch, und so bin ich von Ulan-Ude wirklich etwas enttäuscht. Dabei ähneln sich die Biographien beider Städte: 1666 als Überwinterungsstation namens Udinskoje von Kosaken gegründet, 1775 Verleihung der Stadtrechte. Werchneudinsk, wie die Stadt seither hieß, fiel wie Irkutsk den Flammen zum Opfer. Zu Sowjetzeiten war Ulan-Ude Regierungssitz der Burjatischen Autonomen Sozialistischen Sowjetrepublik.

Am Bahnhof nehme ich ein Taxi zum Iwolginskij-Tempel. Der Wagen passiert ein paar spätstalinistische Arbeiterapartmenthäuser und Breschnew'sche Plattenbauten mit durchaus anmutigen Ornamenten, deren Ästhetik einzig Satellitenschüsseln und die nachträglich verglasten Balkone trüben. Eine Ampel später umrunden wir die größte Porträtbüste der Welt. Lenins acht Meter hohes Bronzehaupt überragt den Platz der Sowjets im Stadtzentrum. Irgendwie blinzeln die schmalen Augen der stilisierten Büste ziemlich burjatisch, denke ich beim Blick durch die Heckscheibe. Akkulturation sowjetischer Ikonographie. Gegossen im Jahr 1970, als die Union den hundertsten Geburtstag des Revolutionärs und Gründervaters feierte. Von Ost bis West, von Juschno-Sachalinsk nahe des Pazifik bis zum manchen Deutschen noch als Tilsit bekannten Sowjetsk an der Kaliningrader Ostseeküste errichtete Moskau zum Jubiläumsjahr Lenindenkmäler. Mir kommt der «Nischel» im ehemaligen Karl-Marx-Stadt in den Sinn. Es ist sicher kein Zufall, dass das Haupt des deutschen Philosophen und Kapitalismuskritikers eine Elle kürzer ist als der Bronzekopf Wladimir Iljitsch Uljanows hier hinterm Baikalsee. Bator, mein Fahrer, behauptet, dass Lenins Kopf 1967 auf der Weltausstellung in Montreal vor dem sowjetischen Pavillon gestanden habe, danach aber niemand die Büste haben wollte und sie nur deshalb nach Ulan-Ude abgeschoben worden sei. Welch schöne sowjetische Mär!

Verglichen mit dem wuchtigen Lenin wirkt das Bild des Dalai Lama winzig, das auf dem Armaturenbrett von Bators Taxi klebt. Aus der noch schlafenden Stadt hinaus, durch Waldstücke und aus Holz errichtete Dörfer rumpelt der klapprige Schiguli knapp dreißig Kilometer gen Südwesten. Ich deute auf den lachenden Dalai Lama. Bator erzählt mir, dass er wie viele andere Burjaten erst in den späten achtziger Jahren mit dem Buddhismus und auch wieder mit dem Schamanismus in Berührung gekommen sei. Überhaupt habe der Buddhismus hier die alte Religion nicht verdrängt, sondern absorbiert.

Früher lebte Bator in Ulan-Ude, arbeitete als Luftfahrtingenieur im Hubschrauberwerk und glaubte an die lichte Zukunft. Vor ein paar Jahren, im Ruhestand, zog er mit seiner Frau aufs Land. Und warum sitze er in aller Herrgottsfrühe bereits hinter dem Steuer, will ich von ihm wissen? So bessere er seine spärliche Rente auf, meint Bator, außerdem halte er es zu Hause ohnehin nicht aus: «Wir Burjaten beißen eigentlich spät ins Gras. Gerade die Frauen. Doch sobald sie Mitte fünfzig sind, tun sie so, als würden sie morgen sterben. Dieses ewige Herumjammern. Viele sterben zwanzig Jahre lang! Da fahre ich doch lieber Taxi.»

Es sei der Glaube, der ihn jung halte, meint Bator, und erzählt mir noch von einem Tag im Sommer 1991, an den er sich erinnert, als sei es gestern gewesen: Nach Stationen in Moskau und bei den Kalmücken und Tuwinern besuchte der Dalai Lama auf einer Tournee durch die Sowjetunion auch die Burjaten. Das war anlässlich des zweihundertfünfzigsten Jahrestags der offiziellen Anerkennung des Buddhismus in Russland durch Zarin Elisabeth. Er war bereits das vierte Mal in der UdSSR. «Wir alle sehnten ein Treffen zwischen Gorbatschow und Seiner Heiligkeit herbei. Zwei Friedensnobelpreisträger in unserer Stadt!» Doch die sowjetische Führung habe seinerzeit eine persönliche Begegnung vermieden. Niemand wollte Chinas Regierung provozieren, denn gerade zwei Jahre zuvor hatten beide Länder ihre Beziehungen normalisiert.

Was der Dalai Lama damals gesagt habe, will ich wissen. Es sei ein heißer Juliabend gewesen, holt Bator nun aus, das Stadion von Ulan-Ude sei bis auf den letzten Platz gefüllt gewesen: Burjaten und Russen, unzählige Vertreter buddhistischer Organisationen aus der ganzen Welt standen auf den Rängen. «Von der niedrigen Tribüne konnte ich den Dalai Lama nicht erkennen. Doch an seine Worte erinnere ich mich bis heute: Die Spiritualität sei so tief im menschlichen Geist verwurzelt. Unmöglich sei es, sie zu entwurzeln. Und dann sagte er noch, dass er sich nur so erklären könne, dass Stalin auf dem Zenit seiner Macht den Bau eines neuen Tempels gestattet habe.»

Lange bevor wir das Dorf Werchnjaja Iwolga erreichen, leuchten die Dächer der Tempelanlage dottergelb gegen die am Horizont stehenden Berge. Dem kargen Wuchs des Grases nach zu urteilen, wird die Weihestätte gut besucht. Überall Trampelpfade. Doch jetzt, es ist erst acht Uhr morgens, steht die mit weißgetünchten Holzplanken eingezäunte Anlage wie verwaist in der Landschaft. Ein Abakus zeigt einsam hinter einer Glasscheibe eine Rechnung an, niemand kassiert Eintritt. Von irgendwoher dröhnen dumpf Trompeten und Trommeln. Jemand hat Reiskörner und glänzende Kopekenmünzen an die vier Ecken eines Simses gelegt. Weiße, blaue, orange und gelbe Gebetsfahnen flattern zwischen Tannen. Die streunenden Hunde ignorieren mich.

Schüchtern blinzele ich durch den Spalt einer Tempeltür: Hier sind Burjaten unter sich. Drei Mönche in der Mitte und um sie herum einige Gläubige, die noch früher als ich ins Kloster gepilgert sind. Rings um den Altar sind Milchflaschen, Waffeln, Obst und andere Opfergaben verteilt.

Schon die sozialistische, nur sparsam durch buddhistische Ornamente kaschierte Bauweise erinnert den Besucher daran, dass dieser Sakralbau aus dem letzten Kriegsjahr stammt. Zumal an dieser Stelle nie zuvor ein Gebetshaus stand. Die schlichten Tempel, die Bibliothek, die Stupas, eine Herberge, die kleinen Wohnhäuser der Lamas und die 1991 eingerichtete buddhistische Universität – all dies macht einen eher bescheidenen Eindruck.

Mitte der dreißiger Jahre hatte Stalin alle buddhistischen Gebetsstätten in der Sowjetunion schließen lassen, Lamas wurden ins Exil geschickt oder als «japanische Spione» und «Volksfeinde» in die Straflager getrieben. Es war ein dem Krieg geschuldetes politisches Zugeständnis, als an vielen Orten in der Union Tempel, Kirchen und Moscheen wieder öffneten. Dieser Neubau blieb indes das unionsweit einzige spirituelle Zentrum des Buddhismus.

*

Die Mantragesänge der Mönche brummen in meinen Ohren nach, als ich schon wieder in Ulan-Ude bin. Die Hauptstadt Burjatiens, darin sollte Ilja recht behalten, ist mit ihren gut vierhunderttausend Einwohnern bis heute vor allem eins: ein wichtiger, aber doch eher unscheinbarer Eisenbahnknotenpunkt jenseits des Baikalsees. Hier teilt sich der transkontinentale Schienenstrang in zwei Trassen. Nach Süden geht die transmongolische Linie ab. Gen Osten führen zwei Strecken weiter bis nach Wladiwostok am Pazifik: Eine verläuft auf russischem Territorium entlang des Amur, die andere quer durch die Mandschurei.

Nach einer knappen Woche Aufenthalt biege ich nach Süden ab in Richtung Ulaanbaatar. Hinter Ulan-Ude schlängeln sich die Schienen entlang der Selenga. Zweimal pro Woche verkehrt der internationale Zug zwischen Moskau und Ulaanbaatar, und einmal wöchentlich eilt der durchgehende Express zwischen der russischen und der chinesischen Hauptstadt durch die Mongolei. Die Steppentrasse ist der kürzeste Schienenweg zwischen Moskau und Peking. Gemeinsam von der Volksrepublik China und der Sowjetunion in den fünfziger Jahren gebaut, durchquert die Strecke auf gut eintausend Kilometern Länge die Mongolei von Nord nach Süd. Bis heute ist sie für Menschen wie Güter die zentrale Lebensader des Landes.

Nauschki, russischer Bahnhof an der mongolischen Grenze. Die Breitspur gilt in der Mongolei wie in allen ehemaligen Sowjetrepubliken. Achteinhalb Zentimeter Unterschied zur Spurweite in Europa und China sollten den Übergang zwischen den Eisenbahnnetzen erschweren und so eine schnelle militärische Invasion aufhalten. Heute behindert der zeitintensive Achsentausch an der chinesisch-mongolischen Grenze vor allem den Transitverkehr.

Schon seit zwei Stunden steht der Zug am Perron von Nauschki. Der Waggon bleibt während der russischen Zoll- und Grenzrevision verschlossen. Es ist ohnehin dunkel, und Nauschki erweckt nicht den Anschein, als würde ich etwas verpassen. Nicht einmal eine

Wechselstube gibt es am Bahnhof, warum auch, wenn Transit-reisende eingesperrt bleiben. Selbst stehend pfeift und knarzt der Zug. Irgendwann, längst habe ich das Zeitgefühl verloren, prüft ein Wagenmeister mit seinem langstieligen Werkzeug die Funktions-tüchtigkeit der Bremsen, Achsen und Radlager. Macht sein Klang-hammer ein klares Ping, ist alles in Ordnung. Ein Pong bedeutet Materialermüdung und damit Gefahr.

Verplombt, gestrandet im Nirgendwo, denke ich an Kjachta. Gerade zwanzig Kilometer Luftlinie liegt der historische Grenzort von Nauschki entfernt. Eigentlich wäre Kjachta auf Ulan-Ude als nächste Station meiner geplanten Reiseroute gefolgt. Denn Kjachta gilt den Russen bis heute als Synonym für den historischen Tee-handel mit China. Und welches Getränk ist neben Wodka, Kefir und Kwas in der populären Vorstellung enger mit Russland verbun-den als Tee?

Seit Russland vor einigen Jahren die Reisebestimmungen in Grenzgebiete verschärft hat, brauchen Auswärtige wieder einen Passierschein. Wie schon unter Stalin, ja selbst noch unter Gorba-tschow liegt vor den Staatsgrenzen eine mehrere Kilometer breite Zone, die ohne Genehmigung nur auf direktem Weg passiert wer-den darf. Ich hatte nicht die Muße, beim russischen Inlandsgeheim-dienst in Ulan-Ude einen Ausländerpropusk für den Besuch des Sperrgebiets zu besorgen. So sitze ich in meinem Abteil, trinke Tee und schaue ins Dunkel der Nacht.

Kjachta ist ohnehin ein Ort der Vergangenheit, ein in der Steppe versunkenes Venedig an der Grenze zwischen Russischem Impe-rium und Chinesischem Kaiserreich. Mehr als anderthalb Jahrhun-derte war Kjachta allerdings der einzige Ort, an dem Russen und Chinesen direkten Tauschhandel trieben. Was für die Europäer Kanton (das heutige Guangzhou) war, war für die Russen Kjachta. Es entbehrt nicht einer gewissen Ironie, dass ausgerechnet dieser Ort, dieses einstige Fensterchen nach China, heute verschlossen bleibt.

Schon während der Mongolenherrschaft des dreizehnten Jahrhunderts waren erstmals europäische Missionare nach Ostasien gelangt. Die *pax mongolica* hatte Menschen über den eurasischen Kontinent hinweg eine gewisse Reisefreiheit beschert. Russische Kaufleute handelten mit Indern und Chinesen im zentralasiatischen Buchara. Allmählich geriet der Landweg in Vergessenheit. Erst ab dem siebzehnten Jahrhundert bot sich nördlich der alten Seidenstraßen eine neue Route für die Kontakte zwischen Europa und Asien an. Der Bojarensohn Fjodor Bajkow, Russlands erster China-Gesandter, war 1654 mit größerem Gefolge aus Tobolsk nach Osten gereist. Seine Mission, die Aufnahme diplomatischer Beziehungen mit China, scheiterte indes schon am Protokoll. Bajkow war angewiesen worden, ausschließlich mit dem Himmelskaiser zu verhandeln. Die chinesischen Beamten verlangten jedoch die Übergabe des Zarenschreibens noch vor der kaiserlichen Audienz. Weil keine der beiden Seiten nachgeben wollte, kehrte Bajkow 1657 nach Moskau zurück, ohne den mandschurischen Monarchen gesehen zu haben.

Russland und China fanden dennoch eine gemeinsame Sprache. 1689 legten beide Staaten im Vertrag von Nertschinsk ihre territorialen Streitigkeiten bei. Der Pakt war jedoch mehr als ein bloßes Grenzabkommen zwischen zwei expandierenden Mächten, deren Ränder sich aneinander rieben und die den wandernden Völkern der Grenzregionen einen festen Platz zuzuweisen suchten. Es war der erste Vertrag Chinas mit einer europäischen Macht – ein Abkommen auf Augenhöhe im Unterschied zu den zahlreichen «ungleichen Verträgen», die China mit Russland und anderen Imperialmächten in der Folge noch schließen musste. Weil das Russische oder Mandschurische als Verhandlungssprache die Illusion von Parität zerstört hätte, handelten beide Parteien das Abkommen in lateinischer Sprache aus. Mit Jesuiten als Dolmetschern zeugte der Vertrag nicht nur von Weltoffenheit, sondern war auch ein bemerkenswerter diplomatischer Erfolg zweier höchst neugieriger, intelligenter Herrscher. Für Peter den Großen boten neue Handelsprivilegien die Aussicht auf ein einträgliches China-Geschäft.

Im Gegenzug schützte das Abkommen Kaiser Kangxi vor Kosaken-
einfällen, die das Stammgebiet der Mandschu in einem Moment be-
drohten, als sie ihre Kontrolle über das gesamte chinesische Reichs-
gebiet ausweiteten.

Schon bald nach Vertragsunterzeichnung erreichten russische
Karawanen die chinesische Hauptstadt. Der Folgevertrag von
Kjachta, obwohl nur knapp vier Jahrzehnte später geschlossen, ist in
der Sprache schon spezifischer. Das darin beschlossene «Kjachta-
System» institutionalisierte den staatlichen Warenaustausch in Form
eines Handels an zwei an der Grenze einzurichtenden, exklusiven
Marktplätzen: Kjachta und dem auf chinesischem Gebiet liegenden
Maimaicheng. Bald nach der Vertragsunterzeichnung von 1727
tauschten Russen hier Pelze, Leder und Vieh gegen Tee, wilden
Rhabarber, Ingwer, Seide, Tabak oder das berühmte chinesische
Porzellan ein. Der Handel in beiden Grenzsiedlungen war streng
geregelt. Vor Sonnenuntergang musste jeder Russe, der sich in Maimaicheng aufhielt, nach Kjachta zurückkehren.

Lange nach Sonnenuntergang wartet der Zug noch immer im
Bahnhof von Nauschki. Eine Viertelstunde lang filzen russische
Zöllner sämtliche Ecken und Winkel meines Abteils. Einer schließt
sogar mit einem Vierkantschlüssel die Deckenverkleidung auf, steigt
auf eine Leiter und fahndet mit einer Taschenlampe nach blinden
Passagieren, die sich aus dem Land stehlen wollen. Endlich ist der
Zoll durch, und der Schaffner löscht das Licht – Nachtruhe.

Was ist meine Eisenbahnfahrt nach Ulaanbaatar schnell und
bequem, verglichen mit dem Zeitalter vor der Inbetriebnahme des
transkontinentalen Schienenwegs! Damals waren Reisen von Asien
nach Europa, von China nach Russland und umgekehrt beschwer-
lich, zeitaufwändig, abhängig von den Elementen der Natur. Kaufleute berechneten die Entfernungen für ihre Karawanen noch in
Wochen und Monaten. Der Transport von Tee – dem wichtigsten
Handelsgut Chinas – sowie von Pelzen, Seide und Zucker erfolgte
ebenso wie die Fahrt von Reisenden über den Mitte des achtzehnten Jahrhunderts fertiggestellten «Sibirischen Trakt», jene große

Poststraße, die erstmals Russland mit China durchgehend auf dem Landweg verband.

Der Trakt führte vom Uralgebirge über Tjumen, Tomsk, Krasnojarsk und Irkutsk bis nach Kjachta. Zumindest im Sommer, wenn die Hitze Schlamm in Staub verwandelte, und im Winter, wenn der Morast knochenhart gefror, bot der Weg eine sicherere Passage als vormals die Fahrt auf den sibirischen Flüssen, durch die endlose Taiga und die unwegsamen Steppen. Während der Rasputiza, der Schlammzeit im Frühjahr und Herbst, versanken indes die Fuhrwerke und Karawanen achsentief im Matsch.

Nach Monaten der Überlandreise hatte die Ankunft in der Grenzdoppelstadt für viele Reisende etwas von einer Fata Morgana. Alexander Mitschi, der Mitte der 1860er-Jahre die Grenze zu China erreichte, wähnte sich in Maimaicheng auf einer Insel der Zivilisation mitten in der Wildnis: «Die Straßen verlaufen gerade und sind nach chinesischen Maßstäben breit und ordentlich gefegt. Im Zentrum erhebt sich ein großartiger oktogonaler Turm, von dem bei etwas Wind angestoßene Glasglocken und metallene Klangstäbe angenehm erklingen.» Im Gästehof von Kjachta, auf der anderen Seite der Grenze, feilschten die russischen Kaufleute mit den chinesischen Verkäufern in Pidgin-Sprache um Preise, wogen den Tee gegen Gold und Silber auf.

Als 1860 die russische Regierung die gesamte Grenze zu China für den Handel öffnete und ihre Territorien jenseits des Baikalsees zum Freihandelsgebiet erklärte, sank der Stern des Handelspostens Kjachta. Zeitgleich machte der chinesisch-britische Seehandel der Überlandroute Konkurrenz; der Suez-Kanal ersparte ab 1869 den Klippern das Umschiffen des Horns von Afrika. Die Eröffnung des transeurasischen Schienenwegs zu Beginn des zwanzigsten Jahrhunderts machte dem «Kjachta-System» endgültig den Garaus. Diesen Niedergang beobachtete der russische Oberst und Orientalist Wasilij Nowitzkij, als er 1906 durch den Grenzort kam: «Einen eigenartigen, einen traurigen Eindruck machte dieses alte, erloschene Kjachta auf mich, dieser kärgliche Vorposten russischen Unternehmertums an der fernen, asiatischen Reichsgrenze. Wenn man an den betagten Häusern sibirischer Bauart mit ihren ausladenden Höfen, mit ihren besonders hohen Plankenwänden, mit ihren vielen Diensträumen, mit ihren Spuren eines großen Handelslebens vorüberfährt, hat es den Anschein, als ob irgendetwas Altes, Mächtiges, irgendwelche Spuren einer nimmer wiederkehrenden Vergangenheit aus diesen zugenagelten oder mit schweren Läden verschlossenen Fenstern, aus diesen verwaisten, von Gras überwucherten Höfen schauten.»

Spuren, die sich heute noch in Kjachta finden, stammen aus einer Zeit, als der Grenzhandel bereits seinen Zenit überschritten hatte. Die Auferstehungskirche ist mit der Teebörse und dem Gasthof Teil eines klassizistischen Ensembles. 1838 von der Kaufmannschaft von Kjachta gestiftet, bescheinigt das Gotteshaus Kjachta eine vermögende Vergangenheit, ähnlich deutschen Hansestädten. Weil der imposante Sakralbau, den Kenner einmal die schönste Kirche Sibiriens nannten, nur wenige Meter von der Grenze entfernt steht, zeugt er auch von einem kulturellen Sendungsbewusstsein Russlands an seiner asiatischen Reichsgrenze – damals die erste Verteidigungslinie in der Konfrontation zwischen dem europäischen Christentum und asiatischen Heiden.

Das russische Kontrollregime hat den historischen Grenzort Kjachta verschluckt. Mir bleibt nur die Lektüre der Reiseskizzen all der Mitschis, Nowitzkijs und Stacheews, um mich in diese untergegangene Welt hineinzuträumen. Wie in Russland, so fehlen auch in der Mongolei die Schweißnähte zwischen den Gleisen. Und so schaukelt mich das regelmäßige Schienenrattern hinter Nauschki, schon auf mongolischem Schotterbett, rasch in den Schlaf.

4. Weltpolitik am mongolischen Snookertisch

Ulaanbaatar – Tschojbalsan

Morgens reißt mich das Quaken von Donald Duck vom Bildschirm herab aus dem Schlaf. Neuerdings sorgt in jedem Abteil einer dieser Apparate für Entertainment. Hightech made in China, der Waggon stammt aber noch aus dem VEB Waggonbau Ammendorf. Das Panorama hinter dem Zugfenster mutet wie eine Fortsetzung des angestaubten Zeichentrickfilms an: gelbbraune Grassteppe, flachsfarbenes Strauchwerk, leicht hügeliges Gelände bis zum Horizont, kaum Wege und Pfade unter stahlblauem Maihimmel. Meine Augen suchen vergebens menschliche Spuren jenseits der Bahntrasse. Geographisch erinnert dieser riesige Landstrich an Nebraska, Kansas, Montana, Wyoming, Colorado und die beiden Dakotas und ist fast genauso groß wie diese sieben Flyover-States zusammen. Im am dünnsten besiedelten Staat der Erde teilen sich lediglich drei Millionen Einwohner gut anderthalb Millionen Quadratkilometer Steppe und Wüste. Doch das Land ist auch gesegnet mit Forsten und fischreichen Seen, dazu mit immensen Mineralvorkommen. Ein Großteil der Bevölkerung indes bleibt bitterarm.

Mittags Ankunft in Ulaanbaatar. Badma empfängt mich am Bahnsteig. Neben ihr die halbwüchsige Tochter und Ehemann Timur. Ich sehe sie schon von Weitem im Pulk der Wartenden: Alle drei tragen weiße Daunenjacken.

Badma und ich kennen uns aus Studientagen in Kasan an der

Wolga. Den dritten Stock im Ausländerwohnheim teilten wir uns mit Kommilitonen aus dem Irak, aus Syrien, Nigeria und Vietnam. Ich studierte Russisch und Geschichte, sie irgendetwas Naturwissenschaftliches. Abends saßen wir gemeinsam in der Etagenküche. Oft kochte der «Arzt» – wie wir den Vietnamesen nannten – für uns, während wir auf Schaben-Safari gingen. Auf der Mattscheibe sahen wir, wie amerikanische Soldaten eine Statue von Saddam Hussein in Bagdad stürzten. Niemand mochte Saddam. Doch die *Operation Iraqi Freedom* verurteilte unsere kleine Versammlung der Vereinten Nationen bei Nudelsuppe und Kaffee mit Kardamom einstimmig.

Schon im Auto reden wir wieder über Politik, wie damals. Und über das Klima, das damals irgendwie noch niemanden interessierte. Es geht hinaus aus dem Zentrum nach Norden, die Berge hinauf, wo sandfarbene Zelte allmählich graue Häuser ablösen. Viel sehe ich nicht aus dem Fenster, zu dicht steht der Smog im Kessel. Oberhalb der Dunstglocke, am losen Rand von Ulaanbaatar, wohnt Badmas kleine Familie in einem Ger. So nennen die Mongolen ihre traditionellen mobilen Behausungen. Der bei uns gebräuchlichere Name Jurte ist dem Türkischen entlehnt und bedeutet «Heim».

Badmas Heim kommt mir vor wie eine kuriose Mischung aus Vergangenheit und Zukunft: Der Eingang in das Rundzelt aus Leinentuch und Fellen ist nach strenger Tradition gen Süden ausgerichtet. Am gegenüberliegenden Ende steht der Familienaltar, rechts, auf der östlichen, den Frauen vorbehaltenen Zeltseite, sind Kochgelegenheit und Wasserbehälter untergebracht. Die Filzwände sind mit Wandteppichen dekoriert, daran schmiegen sich die niedrigen, mit bunten Ornamenten bemalten Betten aller Familienmitglieder. Im Fernsehapparat, direkt neben dem Altar, flimmert die Live-Übertragung eines Sumokampfs in Tokio. Daneben blinkt der WLAN-Router. Ihr Mann schleppt das Trinkwasser in Kanistern vom Gemeinschaftsbrunnen ins wohltemperierte Wohnzelt.

Sicherlich, diese Jurte wirkt authentischer als die Zelte der Bentscharow'schen Herberge auf der Baikalinsel Olchon. Doch Ulaanbaatar stellt mein Mongolei-Bild auf den Kopf: urbane Wüste statt Grassteppe, Zweitakter statt Vierbeiner. Nicht weniger verblüffen mich seine Bewohner: Timur zum Beispiel ist Informatiker. Aber natürlich kann er ein Schaf scheren oder ein Pferd satteln, wenn er zu Besuch bei Verwandten ist, irgendwo draußen auf dem Land.

Ich trete vor das Mongolenzelt, auf dessen Dach ein Solarpaneel liegt, und blicke hinab auf die Kapitale. Sozialistische Plattenbauten dominieren die Silhouette. Die Wetterlage hält den Smog in Bodennähe. Überall Kräne. Vereinzelt lugen neue Geschäftshäuser und Wohnkomplexe aus der Smogdecke hervor. Sie tragen klingende Namen wie «Bella Vista». «Wer dort wohnt, ist durch den Bergbau reich geworden», erklärt Badma und deutet ins milchige Tal. «Die Immobilienpreise steigen immer weiter. Im Zentrum kostet der Quadratmeter inzwischen so viel wie in New York oder Moskau.» Im äußersten Westen der Stadt stoßen die Kühltürme und Schornsteine der maroden Heizkraftwerke – brüderliche Geschenke der Sowjetunion – ihren Rauch senkrecht in den Himmel. Umweltverschmutzung kann so anmutig ausschauen. Und als mein Blick in die kahlen Hügelketten schweift, die Ulaanbaatar von Norden wie Süden umschließen, verstehe ich, dass viele Menschen hier wie Badmas Familie leben. Ein bedeutender Teil der Architektur ist nicht aus Stein, Metall und Glas, sondern aus Fell, Holz und Leinen gebaut.

Badma zog schon Ende der neunziger Jahre aus Chowd im Westen des Landes nach Ulaanbaatar. Die Eltern wollten ihr und ihren Geschwistern eine gute Ausbildung ermöglichen. Baumaterialien wie Holz und Stein sind rar im kargen Steppenstaat. Nur wenige Familien können sich ein Haus leisten. So wohnt auch Badma seit ihrer Ankunft in der Hauptstadt in einem der seminomadischen Satellitenbezirke, in denen mehr als jeder zweite Mongole lebt. Badma kniet vor dem Kohleofen und fummelt ein Zündholz aus der Schachtel. «Hätten wir das Geld, würden wir nicht eine Minute zögern und schleunigst in eine richtige Wohnung ziehen.»

Ulaanbaatar selbst kommt wie eine Wegkreuzung aus Vergangenheit und Zukunft daher. Die Geschichte der Hauptstadt des einstigen Nomadenreichs geht bis ins achtzehnte Jahrhundert zurück, nachdem die Herrschaftsresidenz zuvor mehrmals den Sitz gewechselt hatte. Bald war Urga, mongolisch Örgöö, das religiöse und politische Zentrum der Mongolen. Anfang des zwanzigsten Jahrhunderts bestand die Stadt vornehmlich aus Tempeln und Klöstern, Geschäftshäusern chinesischer wie russischer Händler, Konsulaten und auch damals schon: aus Tausenden Gers.

Nach der Revolution im Jahr 1921 und der Ausrufung der Volksrepublik Mongolei, des zweiten sozialistischen Staates der Welt überhaupt, drei Jahre später, als die Stadt ihren heutigen Namen Ulaanbaatar – «Roter Held» – verliehen bekam, setzte ein radikaler städtebaulicher Wandel ein. Während der stalinistischen Repressionen der späten dreißiger Jahre zerstörten die kommunistischen Machthaber beinahe komplett die über einhundert Tempel. Zeitgleich bauten sie eine Stadt nach sowjetischem Vorbild: mit Kombinaten, Kulturhäusern, Schulen und Spitälern.

Nach Ende des Zweiten Weltkriegs skizzierten mehrere Generalpläne die Anlage einer sozialistischen Modellstadt. Irgendwie entging Ulaanbaatar jedoch der Mode der Zuckerbäckerarchitektur, wie sie sich Moskau, Warschau oder auch Peking haben gefallen lassen müssen. Schlicht und gradlinig entstanden fünfgeschossige Wohnhäuser, breite Prospekte und Paradeplätze. Doch der Regierungssitz des Satellitenstaats wuchs stets schneller als die projektierte Einwohnerzahl. Die für 1990 erwartete halbe Million Einwohner war bereits Mitte der achtziger Jahre erreicht. Uniforme Trabantenstädte mit den immer gleichen Gebäudetypen, die seinerzeit wie Pilze aus dem Boden schossen, zeugen bis heute von dieser Entwicklung.

Auch in den Nachkriegsdekaden siedelten zahllose Nomadenfamilien samt ihren Jurten in die Hauptstadt um. Trotz dieser Bevölkerungsexplosion unterbanden die sozialistischen Stadtplaner die Desurbanisierung der Stadt weitgehend. Sie trennten die prekären Zeltsiedlungen räumlich von den festen Wohngebieten. Das vermeintliche Glück des unsteten Lebens im Zelt, das im Kopf mancher westlicher Reisender herumgeistert, kommt angesichts der gegenwärtigen seminomadischen Wohnsituation Ulaanbaatars als deplatzierte eurozentrische Wanderhirtenromantik daher. Das sehe ich auch bei Badma. Ulaanbaatar ist kein Freilichtmuseum, und ein traditionelles Ger findet sich heute nur noch im Nationalmuseum für Mongolische Geschichte oder als Touristenattraktion in einem der Ger-Dörfer außerhalb der Stadt – für zahlungskräftige Reisende ist die Warmwasserdusche inklusive.

Ob sie eine Vorstellung vom alten Ulaanbaatar habe, frage ich. «Nein», entgegnet Badma. «Aber meine Mutter kennt Ulaanbaatar noch als einen Ort, in dem die Jurtenviertel lediglich einen Bruchteil der Stadtlandschaft ausmachten.» Damals seien außer Regierungs- und Diplomatenfahrzeugen kaum Autos auf den Straßen gewesen. Ihre Mutter hatte selbst Mitte der siebziger Jahre in Ulaanbaatar studiert. Inzwischen teilen sich teure, überdimensionierte japanische Jeeps und klapprige koreanische Gebrauchtwagen die Straßen, die alltäglich in einem Verkehrschaos versinken.

Das Idyll der sozialistischen Modellstadt ist Geschichte. Das einstige Lenin-Museum dient heute als Markthalle und Kino, die breiten Boulevards sind mit Schlaglöchern übersät. Nur mit einem Geländewagen lassen sich die Anhöhen, an denen die Stadt mit ihren unzähligen Zeltsiedlungen ausfranst, erreichen. Der beißende Steppenwind fegt hier oben Wohlstandsreste über die unbefestigten Wege. Ein ausgemergelter Terriermischling sucht in herumliegenden Müllhaufen nach Nahrung. Jeden Abend nach Dienstschluss holt Timur seine Frau an der weit entfernten Bushaltestelle ab. «Nachts ist es finster, die Laternen lassen sich hier oben an einer Hand abzählen. Immer wieder gibt es Betrunkene, die Ärger machen», klagt Badma. Viele der sesshaften Nomaden halten auch heute in der Metropole Vieh. Ihre Nachbarn zum Beispiel mästen ein Dutzend Schweine. «Überall hängt der Staub, schlimmer als draußen auf dem Land.»

Seit den neunziger Jahren stellt die rasche Ausbreitung der Ger-

Siedlungen in den Randbezirken der Hauptstadt den Magistrat vor ein ernstes soziales wie ökologisches Problem. Rund zweihunderttausend Gers zählt Ulaanbaatar mittlerweile. Mehr als die Hälfte der Stadtbevölkerung wohnt in diesen Zelten. Bevölkerungswachstum und Landflucht gelten dabei als die größten Herausforderungen. Sechs von zehn Mongolen leben in der Hauptstadt, Anfang der achtziger Jahre war es lediglich jeder vierte.

«Warum fliehen die Menschen in Scharen vom Land?», frage ich Badma, und sie schildert mir als Erklärung die Lebensbedingungen der Landbewohner: «Alle, die hier in den Zeltvierteln leben, sind ehemalige Hirten. Das Versprechen eines neuen Lebens lockt sie in die Stadt. Wüstenbildung, Tierseuchen, Überweidung und extremes Winterwetter vertreiben sie von ihrem Weideland. Erst um die Jahrtausendwende und dann noch einmal vor zehn Jahren fielen dem *Zuud* – dem weißen Tod – Millionen Schafe zum Opfer. Bei Tiefschnee kommen die Tiere nicht an das Gras. In diesen beiden besonders harten Wintern verendete jeweils ein Viertel des Viehbestands an Hunger und Kälte. Manche Familien verloren ihre kompletten Herden.»

Badma zeigt auf ein verblichenes Polaroid-Foto neben dem Familienaltar. Darauf lacht sie, noch ein kleines Kind, irgendwo da draußen. Ein kanadischer Abenteurer habe die Aufnahme gemacht und ihr damals geschenkt. «Heute lebt lediglich noch jeder vierte Mongole von Milch, Fleisch und Wolle. Mit jedem *Zuud* und mit jeder Sommerdürre sinkt ihre Zahl weiter.»

Badma nimmt den Kessel von der Feuerstelle. Vorsichtig gießt sie das siedende Wasser in die bunte Kanne. Rotmetallische Blechhülle, Blumenmuster und Korkverschluss – Thermosbehälter dieser Art fehlten früher in keinem chinesischen Haushalt.

Statistisch gesehen reise jede Stunde eine neue Familie mit ihrem Ger an, erzählt mir Badma. «Auf einem Lastwagen, mitunter per Pferd oder Kamel kommen die Menschen mit ihren fünf Zentner schweren Rundzelten. Sie bauen die Jurten auf, frieden ein siebenhundert Quadratmeter großes Areal ein. Jede Familie hat Anspruch auf Grund und Boden dieser Größe. Wer ein Stück Land umzäunt, lässt es im Kataster eintragen, darf es behalten.» Übermannshohe Bretterzäune umgeben die Parzellen in Badmas Umgebung. Ein paar wohlhabendere Familien besitzen mehrere Zelte, teils haben Nachbarn auch Ziegelhäuser mit Blechdächern auf ihre Grundstücke gestellt. Hinter den Plankenwänden trocknet Wäsche in der schwefelhaltigen Luft, davor verrosten Autowracks. «Die rechtlichen Auflagen sind minimal. Sie gehen auf ein populistisches Gesetz aus den neunziger Jahren zurück. Lediglich unter Hochspannungsleitungen und in Erosionsgräben besteht ein Ansiedlungsverbot», meint Badma.

«Die wilden Siedlungen sind ein ernstes ökologisches und soziales Problem», fährt sie fort, «Hunderte Millionen Dollar wären nötig, um soziale, hygienische und infrastrukturelle Minimalbedürfnisse dieser Slums zu erfüllen.» Weit mehr als die Hälfte der Ger-Bewohner sei arbeitslos. Im bitterkalten Winter bedeckt der beißende Qualm Tausender kleiner Kohleöfen noch stärker als jetzt im Frühling das Tal der Metropole mit einer dichten Rauchglocke. «Unbezahlbar sind die Briketts für viele meiner Nachbarn. Sie verfeuern Rohkohle, Gummi, Kunststoffe – halt alles, was brennt. Fast jedes Kind in der Klasse meiner Tochter hat Atemwegserkrankungen.» Badma schüttelt den Kopf. Diese toxischen Emissionen, die Kessellage und das Verkehrschaos machten Ulaanbaatar zu einer der am stärksten verschmutzten Städte der Erde. «Zumindest in diesem Punkt zählen wir zur Weltspitze: in einer Liga mit Kathmandu, Neu-Delhi und Dhaka.» Doch nicht nur der Feinstaub in der Luft, auch die Böden seien stark kontaminiert, denn in den Jurten-Vierteln dienten beinahe ausnahmslos Sickergruben als Toiletten.

Trotz dieser Probleme ist Badma optimistisch-fröhlich geblieben, so, wie ich sie im Kasaner Wohnheim kennengelernt habe. Über die Jahre haben sich ein paar Lachfalten in ihr Gesicht gegraben. Immerhin, seit einiger Zeit kümmere sich der Staat um die Ger-Distrikte. Einige zentrumsnahe Nomadensiedlungen sind bereits aufgelöst, durch Wohnhäuser ersetzt. Siebzigtausend Familien sollen bald in Hochhauswohnungen umziehen können. Und weiter draußen an der Peripherie, wie hier oben in der Gegend von Badmas Ger, soll der Bau von Kanalisation, Schulen und anderer fundamentaler Infrastruktur den Alltag der Stadtnomaden verbessern. Kein Traum scheint von den Menschen hier intensiver geträumt zu werden als der vom Umzug in ein schlichtes Haus aus Beton. Mitunter ist es die Sehnsucht nach zivilisatorischen Mindeststandards, die verstehen hilft, weshalb nicht jede Stadt auf dieser Welt unbedingt ein ästhetisches Juwel sein muss.

*

Abends bin ich mit Ojuunbold im Zentrum verabredet. Barock verspielte Laternen, wie ich sie aus chinesischen Großstädten kenne, leuchten hier die breiten Prospekte aus. Auf dem Süchbaatar-Platz, benannt nach dem «Helden der Revolution» Damdiny Süchbaatar, verblasst die pastellfarbene Aura einer sowjetischen Provinzstadt im Zeitraffer: Das neoklassizistische Opernhaus versteckt sich heute hinter Hochhäusern aus Stahl und Glas. Auf der anderen Seite des Zentralplatzes residiert im ehemaligen Kindertheater die Börse. An der nördlichen Stirnseite steht der postmodern umgestaltete sowjetklassizistische Regierungspalast, in dem heute der Große Staats-Chural, das Parlament der Mongolei, hinter bombastischen Säulen tagt.

Ojuunbold treffe ich in einem Snooker-Club in einer Seitenstraße des Platzes. Karmesinroter Teppich, schwere Vorhänge, Zigarrenrauch – hier bleiben Herren unter sich. In den neunziger Jahren hat Ojuunbold in Heidelberg in Jura promoviert – ein befreundeter deutscher Professor hatte mir seine Visitenkarte zugesteckt. Seit seiner Rückkehr in die Mongolei hat der Jurist eine Karriere als Diplomat und Rechtsberater in der Präsidialverwaltung hingelegt. Einmal in der Woche trifft er sich mit Freunden zum Snookerspielen. Um den Spieltisch stehen Ministerialbeamte, Diplomaten auf Heimatposten, Abgeordnete. Mir zuliebe sprechen alle deutsch. Hat die

halbe politische Elite des Landes in Deutschland studiert? Ein unter-
setzter Herr mit halbabgedunkelter Brille sächselt besser als ich. In
den achtziger Jahren war er für ein Ingenieurstudium in Leipzig
eingeschrieben.

Beim Klacken der Kugeln und ein, zwei, drei Glas Wodka strei-
ten wir über Geopolitik. Das bedeutet in der Mongolei heute vor
allem eines: Wir reden über China. Mit dem Untergang der Sowjetunion endete auch die Ära als erster Satellitenstaat des großen
Bruderlandes. Ab 1987 zogen die in der Mongolei stationierten
Truppen der Roten Armee ab. Drei Jahre später fanden die ersten
freien Wahlen statt. Seit 1992 heißt die älteste Volksrepublik der
Welt schlicht Mongolischer Staat – eine Demokratie im Herzen
Eurasiens, abhängig von ausländischer Entwicklungshilfe.

Heute prägt die Sandwich-Lage zwischen Russland und China
das Schicksal des Binnenstaates. Auch wenn die Mongolei offiziell
zu beiden sie umschlingenden Riesennachbarn gute Beziehungen
pflegt, muss sie sich ständig politisch, ökonomisch und kulturell
zwischen ihnen positionieren. Noch bis Anfang des zwanzigsten
Jahrhunderts war die Mongolei Teil des chinesischen Kaiserreichs.
Danach geriet sie als erster sozialistischer Bruderstaat ab den zwanziger Jahren unter den Einfluss Moskaus. Lange Zeit pflegte die
Mongolei ausschließlich zur Sowjetunion diplomatische Beziehungen. Moskau kappte die Handelsverbindungen nach China. Doch
dann brach beinahe über Nacht die Wirtschaftshilfe Moskaus und
anderer Ostblockstaaten weg. Seitdem wächst die Abhängigkeit von
China stetig. Um dem zu entrinnen, sucht die politische Elite von
Ulaanbaatar heute nach strategischen Bündnispartnern in Asien,
Europa und Nordamerika.

So wetteifern Weltkonzerne und Großmächte um die unter der
dünnen Schicht Steppenerde schlummernden Rohstoffe. Beschert
der Bergbauboom dem armen Land ungeahnten Wohlstand? Oder
wird die Bonanza es in einer Orgie aus Korruption und Ungleich-
heit auseinanderreißen? Derzeit scheint nur eines gewiss: Chinas
Einfluss nimmt weiter zu. Ein Dutzend neue Übergänge machen

seit den frühen neunziger Jahren die über viereinhalbtausend Kilometer lange Grenze zum südlichen Nachbarland durchlässiger, eine
Grenze, die einst hochmilitarisiert und abgeriegelt war. «Die wirtschaftliche Abhängigkeit von Peking ist unabwendbar. Wir sind kein
gallisches Dorf, sondern Chinas Rohstofflager», zischt Ojuunbold
verbittert und reicht mir das Queue. «Drei Viertel unserer Exporte
gehen jetzt nach China, nach Russland nur ein Prozent. Ein Prozent! Schon heute sieht es düster aus. Die blauen Ameisen sind verschwunden. Heute trägt der Chinese Nadelstreifen.»

Ojuunbold spielt auf die chinesischen Arbeitsbataillone an, die
in ihren blauen Mao-Anzügen in den fünfziger Jahren Brücken,
Straßen und Wohnsiedlungen in der Mongolei errichteten und in
den neunziger Jahren – ohne Mao-Anzüge – erneut zahlreiche Baustellen in Ulaanbaatar bevölkerten. Heute kommt für viele Mongolen der stereotype Chinese wieder als gerissener Kaufmann daher.
Schon die sowjetische Propaganda hatte diese Figur gezeichnet.
Tatsächlich hatten chinesische Spekulanten in der vorrevolutionären
Zeit viele Mongolen in den finanziellen Ruin getrieben. Doch die
Sowjetliteratur machte den chinesischen Kapitalisten zu einem
eindimensionalen Feindbild, einem verschlagenen Mann, der naive
mongolische Hirten ausbeutet.

So mächtig China für das wirtschaftliche Schicksal der Mongolei
inzwischen wieder ist, so auffallend gering bleibt sein kultureller
Einfluss. Radiosender spielen mongolische und englische Musik,
mitunter auch etwas K-Pop, aber keine chinesischen Songs. Glei-
ches gilt für die Filme, die in den Kinos oder im Fernsehen laufen.
Ojuunbolds Tochter lebt in Peking. Dort synchronisiert sie für den
mongolischen Kanal von Radio China International Nachrichten,
Kindershows und Filme: «Sie verdient besser als ich, doch kaum ein
Mongole hört, was der Pekinger Auslandsrundfunk sendet.»

Russland ist nicht mehr der große Bruder wie einst die Sowjetunion. Dennoch besitzt der nördliche Nachbar weiterhin eine starke
kulturelle Strahlkraft – auch jenseits der Spuren aus Beton im Stadtbild von Ulaanbaatar. Viele ältere Menschen sprechen passables

Russisch. Die Jüngeren lernen zwar Chinesisch, doch trinken sie – so wie Ojuunbold und seine Snooker-Clique – eher russischen Wodka als chinesischen Hirseschnaps.

Von Graffiti an Hauswänden bis zu beiläufigen Bemerkungen haben chinafeindliche Ressentiments Konjunktur. Historisch tief verwurzelt ist dieser Hass auf China. Ojuunbold erzählt mir von einem nationalistischen Video, das vor ein paar Jahren durch die sozialen Netzwerke der Volksrepublik geisterte und viele Chinesen schockierte. Mongolische Extremisten hatten chinesische Touristen auf einem heiligen Berg nordöstlich von Ulaanbaatar bedrängt. Dschingis Khan soll dort begraben liegen. Oben auf dem Burchan Chaldun stießen die Mongolen einen der Chinesen zu Boden und zwangen ihn, vor ihnen im Schnee zu knien. Die Mongolen ließen erst von ihrem Opfer ab, als der Mann sich als Blutsverwandter mit chinesischem Pass zu erkennen gab. «Der Grat zwischen Patriotismus und Nationalismus ist schmaler als ein Grashalm. Das vergessen manche meiner Landsleute. Viele halten sich für Nachfahren von Kublai Khan.» Ojuunbold spielt auf Dschingis Khans Enkel und Gründer der Yuan-Dynastie an. «Andere glauben, dass die Chinesen sich bis heute hinter ihrer Mauer verstecken», fährt er fort. So wie Dschingis Khan, der Begründer des Mongolischen Reiches, war der Großkhan zu Sowjetzeiten als Reaktionär gebrandmarkt. Inzwischen ist er wieder eine zentrale Identifikationsfigur der Mongolen.

*

Zu viel Wodka. Verkatert steige ich am nächsten Morgen in den Fernbus, der täglich um halb acht Uhr von einem entlegenen Bahnhof im Osten Ulaanbaatars nach Tschojbalsan abfährt. In meinem Kopf klacken noch die Snookerkugeln. Ojuunbold hatte mir zum Flugzeug geraten. Nun sitze ich in diesem klapprigen Hyundai-Bus, der zu einer Zeit gebaut worden sein muss, als die Jugend noch zu David Bowie und den Eurythmics tanzte, und ärgere mich über meinen Starrsinn. Mit dem Flugzeug durch die Mongolei – wer macht denn so etwas? Stattdessen durchgesessene Polster, doch die Achsen trotzen der unbefestigten Piste. Von der Decke blinkt blau, grün und rot eine Art Diskobeleuchtung. Dazu läuft mongolisches Karaoke. Durchgehend bis ins ganz im Osten der Mongolei gelegene Tschojbalsan. Es werden die längsten Stunden meines Lebens sein.

«Zweimal im Jahr fahre ich von Ojuu Tolgoj nach Tschojbalsan», sagt der Mann auf dem Gangplatz gegenüber. Wir sind nach einer Pinkelpause ins Gespräch gekommen. Meine Sitznachbarin am Fensterplatz macht derweil Kaugummiblasen, lackiert sich ihre Fingernägel metallic-pink und ignoriert uns. Schon gestern habe er den ganzen Tag im Bus gesessen, Ojuu Tolgoj liege ganz im Süden der Mongolei, fährt der Mann fort. Bei einem kleinen Verkaufsstand hatte er sich in der Fahrtpause Fertigessen gekauft, in Alu verpackt. Er reicht mir die Hand. Ganbaatar, sein Name, «eiserner Held». Wie alle Mongolen verwendet Ganbaatar nur seinen Vornamen. Nun riecht auch meine Hand nach kaltem Fett. Insgesamt zwei Tage ist er unterwegs bis nach Tschojbalsan im Osten. Auf dem zerkratzten Handybildschirm zeigt Ganbaatar mir ein Foto seiner drei Töchter in Tschojbalsan. Zuletzt hat er sie vor einem halben Jahr gesehen. Seit 2014 arbeitet er schon als Fahrer in der größten Kupfermine der Mongolei. Der Süden sei heute eine Gegend für Glücksritter oder Menschen wie ihn, die woanders keine Arbeit finden, Menschen die eine Familie durchbringen müssen.

«Wie hat der Rohstoffrausch den Süden verändert?», will ich von Ganbaatar wissen. «Früher war die trockene Landschaft voller Kamele. Es herrschte Menschenmangel. Die abergläubische Furcht vor der Störung der Erdgeister durch den Bergbau war noch groß. Heute fahren Lastwagen in Kolonnen Kohle und Metalle nach China. Am Rand der Minen stehen Wohnblocks, Motels, Friseursalons und Lokale», erzählt Ganbaatar in gebrochenem Russisch. Er stochert noch immer in seiner Assiette herum und schlürft Tee aus einem Styroporbecher. Unter der kargen Oberfläche der Gobi – dieser kaum bewohnbaren Kieswüste, die wie eine Barriere die Weideflächen der Steppe in zwei Teile teilt – lagert das größte nichterschlossene Steinkohlevorkommen der Welt. Zudem schlummern gewaltige Bestände an Kupfer, Gold und Uran sowie reichlich Eisenerz, Wolfram, Silber, Molybdän, Türkis und Seltene Erden unter dem Sand. Doch von der atemberaubenden Entwicklung der neuen Siedlungen im Süden, von den Hunderten Millionen Dollar Exporterlösen und vom rasanten Wachstum des Bruttoinlandsprodukts profitieren vor allem die Snookerspieler in Ulaanbaatar. Sie stellen die Bergbaulizenzen aus. Auch in der Mongolei ist trotz aller Demokratie die Korruption verbreitet. Und so reicht es bei Ganbaatar lediglich für den Bus und ein öliges Fertigessen.

Mein Reisegefährte erzählt mir von seiner jüngeren Schwester. Sie fahre als Grenzhändlerin einmal im Monat mit ein paar Reisetaschen nach China. Bei den Touren verdiene sie doppelt so viel wie er. Ihr Anglistik-Studium hat sie abgebrochen, weil den Eltern das Geld ausging. Meist reist sie mit dem Zug bis nach Zamyn-Üüd, dem mongolischen Endbahnhof an der Grenze zu China. Manchmal aber fährt sie zum Einkauf bis nach Guangzhou oder Hongkong. In Ulaanbaatar verkauft sie die Kleidung weiter an lokale Markthändler. Der Radius der Nomaden von heute reicht dank moderner Verkehrsmittel weiter als früher. Saftiges Weideland finden sie dort, wo die Einkaufspreise niedrig sind.

So erlebt die Mongolei eine Renaissance der Nomadenwirtschaft. Doch die Wanderhirten des einundzwanzigsten Jahrhunderts betreiben keine extensive Viehhaltung mehr. Stattdessen schuften sie in den Minen im Süden des Landes oder versorgen ein ganzes Steppenvolk ohne Zugang zum Meer mit Gütern aus aller Herren Länder. Wer nicht nach der traditionell-nomadischen Subsistenzwirtschaft von Salz, Hammel und Mehl lebt, kauft auf dem Weltmarkt ein: SAK-Bier aus Korea, Gewürzgurken, Schokolinsen und GUT & GÜNSTIG-Kartoffelknödel aus Deutschland, Dosen-Sprotten aus Lettland, Obst und Gemüse aus China.

Spät abends erreichen wir Tschojbalsan, die viertgrößte Stadt des Landes. Nach vierzehn Stunden Kaugummiblasen, vierzehn Stunden Karaoke, einem halben Tag blau-grün-roter Disko genieße ich die kalte, ruhige Abendluft.

Todmüde war ich in einer von Schimmel befallenen Herberge ins schmale Bett gesunken. Beim ersten Tageslicht erkenne ich, dass das wirtschaftliche Zentrum der Ostmongolei nicht mehr als ein Agglomerat staubiger sozialistischer Wohnblocks und verkrüppelter Pappeln in der flachen Steppenöde ist. Die Kleinstadt trägt den Namen des berüchtigten, von Josef Stalin handverlesenen mongolischen Führers Chorloogiin Tschojbalsan, der den sowjetischen Satellitenstaat in den dreißiger Jahren mit eisernem Besen von Lamas, Aristokraten, politischen Dissidenten und anderen «Volksfeinden» säuberte. Seelenlos wie der kommunistische Tyrann Tschojbalsan wirkt die Stadt an diesem Morgen. Eine marode Holzbrücke führt über den Steppenfluss Cherlen. Seit 1931 ist Tschojbalsan Verwaltungssitz der östlichsten mongolischen Provinz Dornod. Doch erst mit dem Aufbau von Wärmekraftwerk, Wollkämmerei und Fleischverarbeitungskombinat ab den späten fünfziger Jahren stieg die Zahl der Einwohner signifikant. Heute leben gut vierzigtausend Menschen über mehrere Mikrorajons verteilt. Seit Mitte der sechziger Jahre, als die Mongolei noch ein sowjetischer Vasall war, stand in Tschojbalsan eine große Garnison der Roten Armee. Nördlich der Stadt gab es zudem eine Mine, in der die Russen Uran abbauten. Die Soldaten lebten in Wohnblocks am Stadtrand, Russen gehörten zum Stadtbild. Als 1992 die Demokratie kam, verschwanden die Russen. Ihr Beton blieb.

Einzig die schneeweiß getünchte Fassade des Museums sticht auf meinem Streifzug ins Auge. Ihr antiker Portikus sieht aus wie ein Prototyp des stalinistischen Standardmuseumsbaus in der monotonen Stadtlandschaft – irgendwo zwischen Magdeburg und Magadan. Auf dem Vorplatz rosten Panzer und allerlei historisches Kriegsgerät in einem Memorialkomplex. Die Ausstellung öffnet erst mittags, aber ich muss weiter. Durch die Glastür werfe ich einen

Blick ins Foyer. Neben dem vergilbten Porträt von Stalin hängt das aufgedunsene Gesicht von Marschall Tschojbalsan. Hier verpasse ich wohl den Besuch eines aus der Zeit gefallenen Paralleluniversums.

5. Das Notstromaggregat am Chalch

Amugulang – Ganjuur – Nuomenhan – Hailar

Durch die Hintertür schleiche ich mich wieder aus der Mongolei hinaus. Seit ein paar Jahren verkehren mehrmals in der Woche ab Tschojbalsan Fernbusse in einige chinesische Grenzstädte. Doch heute, es ist Dienstag, gibt es keinen fahrplanmäßigen Anschluss. Schnell einige ich mich mit Altan auf einen für uns beide gesichtswahrenden Preis für die Fahrt nach China. Er hatte mich vor dem Museum aus seinem Kleinbus angehupt. Chinesen nennen diese Art von Gefährt Brotwagen, da seine Kastenform und leider auch seine Größe an einen Laib Brot erinnern. Erst als die Tögrög-Scheine schon in Altans Brusttasche verschwunden sind, merke ich, dass seinem Brotwagen die Sitzbänke fehlen. Die würden nur unnötig Stauraum wegnehmen, entschuldigt sich Altan gestikulierend. Und den braucht er auf dem Rückweg, denn er will sein Fahrzeug mit Satellitenschüsseln und anderen Waren beladen, die seien in China nun mal viel billiger.

Altan reicht mir ein Schaffell, auf dem ich bis China kauern werde. Nicht mal eine halbe Stunde dauert die Fahrt von Tschojbalsan bis Chawirga, dem leicht zu übersehenden mongolischen Posten an der Grenze zum Nachbarland. Bis vor einigen Jahren war der Übergang lediglich in den Sommermonaten geöffnet. Das kleine, weißgekachelte Gebäude, dessen Dach ein als Jurte stilisierter Turm ziert, steht als einziges Zeichen menschlicher Besiedlung verloren in der Steppe. Die zerfetzten Überreste einer verwitterten Fahne flattern im Wind über dem Gebäude: blau-rot-blau mit dem gelben Nationalornament. Feierlich ist der Abschied nicht.

Vor uns warten bereits zwei Dutzend Kleinbusse und Jeeps mit laufenden Motoren. Altan beobachtet seine Zigarette, das Wachsen der Asche, den blauen Rauch. Dann kaut er nervös auf dem Stummel herum. Ich verstehe sein ständiges Hupen, das ganze Gedrängel in der himmelweiten Steppe nicht. Doch wie alle, so will mein Chauffeur unbedingt vor der Mittagspause noch den Grenzposten passieren. Die Nagelketten sind nicht von ungefähr neben der Straße ausgerollt – ausbrechen aus der Autoschlange geht nicht. Im efeugrünen chinesischen Brotwagen, in dem ich nun schon seit zwei Stunden hocke, vertreibt Altan sich derweil die Zeit mit dem Wechsel von SIM-Karten sowie dem Ausfüllen von allerlei Zollerklärungen und anderen Aus- und Einreisepapieren. Am Straßenrand verkaufen Frauen heißen Tee aus Thermoskannen.

Nach dem Gerangel vor dem eingezäunten Checkpoint folgt das Schubsen im kleinen Grenzabfertigungsgebäude. Die Händler drängen sich durch einen schmalen Metalldetektor. Mit Drohgebärden halten Uniformierte die Handelsreisenden in Schach. Nach nochmaligem Warten im Niemandsland hebt um Punkt zwei Uhr, nach der Mittagspause, ein chinesischer Grenzbeamter den Schlagbaum.

Ein Metallzaun durchschneidet das flache, karge Weideland. Die graubraunen mongolischen Sandwege gehen in pechschwarzen chinesischen Asphalt über. Auf das Schaffell gebettet, passiere ich mit Altan eine unsichtbare Zeitschleuse. Selbst hier in der Steppe empfängt die Volksrepublik die wenigen Grenzgänger pompös. Das graue, dreigeschossige Terminal in Ariha ist überdimensioniert, das Interieur technokratisch kalt: Glas, Metall, Beton, nelkenrote Schriftbanner. In der klinisch reinen Abfertigungshalle herrscht preußische Zucht und Ordnung. Ein kaum volljähriger Soldat der Volksbefreiungsarmee schubst die vielleicht fünfzig wartenden Mongolen zurück in die Schlange, bis sie exakt hintereinander stehen.

Nach weiteren vier Stunden Fahrt erreichen wir Amugulang, meinen ersten Etappenhalt in China. Der Weg dorthin ist gesäumt von Windparks. Die noch verwaisten Mautstationen sind bereits für eine vierspurige Straße ausgelegt. Alle zehn Kilometer ein solarstrombetriebener Mobilfunkmast. Dichtere Intervalle scheinen aufgrund des flachen Terrains und der geringen Besiedlung unrentabel. Unterwegs passierten wir gerade mal drei Siedlungen und rechter Hand einmal einen kleinen Militärflughafen. Und im Norden schimmert der flache Hulun-See wie ein gewaltiger Spiegel in der flachen Steppenlandschaft. Doch von der kindlich-kauernden Perspektive des Schaffells aus schweift mein Blick meist nach oben: ein Himmel so weit und so klar wie auf dem offenen Meer. Wo sonst gibt es das noch in China?

Entfernt am Horizont immer wieder kastanienbraune Mongolenpferde. Einmal kreuzt eine Herde Kühe die Straße. «Warum gibt es hier, anders als drüben in der Mongolei, kaum Schafe?», will ich von Altan wissen. «Schafe und Ziegen waren auch hier früher die Lebensgrundlage der Menschen. Sie aßen ihr Fleisch, verfeuerten ihren Dung und nutzen ihr Fell für Kleidung und Zelte. Doch seit die Regierung das Schlachten von Tieren verboten hat, gehen die Hirten hier neben der Pferdezucht fast ausschließlich der Milchviehhaltung nach. Joghurt und Käse sind halt ein einträgliches Geschäft. Die Milch der Inneren Mongolei schätzt jeder Chinese.»

Stolz fixiert Altan den Horizont, so als spräche er über sein eigenes Land. Selbst Nestlé betreibe in der Region inzwischen Molkereien. Überhaupt tränken Chinesen viel mehr Milch als früher. Ich entsinne mich an Werbespots aus den nuller Jahren, in denen der damalige chinesische Basketballstar Yao Ming für Molkereiprodukte schwärmte. Mit seinen 2,29 Metern war seine Statur eine Projektionsfläche von nationaler Größe.

Auf dem ermüdenden Weg nach Amugulang erzählt mir Altan noch von den feinen kulturellen Nuancen der Mongolen dies- und jenseits der Grenze. Wirtschaftlich gehe es den Mongolen in China viel besser, sie besäßen die größeren Herden, doch hätten sie sich zu stark an die Kultur der Han-Chinesen assimiliert. «Den Deel, den haben sie hier längst abgelegt», sagt Altan über den traditionellen langärmeligen Mantel der Mongolen, der perfekt geeignet für das Leben auf dem Pferderücken ist. Nur in einem seien die Mongolen der Inneren Mongolei traditionsbewusster: Sie schreiben noch immer im vertikalen Schriftsystem, während die Bolschewiki in der Mongolischen Volksrepublik das kyrillische Alphabet eingeführt haben.

Und die Han-Chinesen? Altan winkt ab. Die Unterschiede im Charakter und im Denken seien einfach zu groß. «Geizig sind sie. Sie feilschen um jeden Tögrög.» Altan reibt seinen Daumen an Zeige- und Mittelfingerspitzen, ganz so wie bei uns. Froh sei er, meint mein Brotwagenchauffeur beim Abschied noch, dass er morgen Früh die vorbestellten Baumaterialien und die Satellitenschüsseln kommentarlos abholen könne und nicht mehr feilschen müsse, bevor es zurück nach Tschojbalsan geht. Ich verliere seinen Wagen im Kleinstadttreiben rasch aus den Augen.

Die Mongolen kennen Amugulang als Zuun Choshuu – wie viele Siedlungen in der herben Gegend trägt auch dieser Ort mehrere Namen. Die Einwohner nennen ihn Dongqi. Ende der fünfziger Jahre als Verwaltungssitz des Neuen Linken Barga-Banners gegründet – bis heute heißen die Verwaltungskreise in der Inneren Mongolei Banner –, ist Amugulang immer noch eine Stadt der Pioniere. Zehntausend Einwohner zählt diese einzig nennenswerte Siedlung im Umkreis von vielleicht einhundert Kilometern. Auf Motorrädern kommen die Hirten aus einem Einzugsgebiet von der Größe Thüringens in diese moderne Karawanserei. Mit Reis, Bier und Batterien beladen knattern sie wieder davon, bis sie der Horizont verschluckt. Was bleibt, ist eine Staubwolke auf der verwaisten Straße. Wenige übernachten hier, gehen noch in die einzige Karaoke-Bar weit und breit. Triste Häuserblocks säumen die Durchgangsstraße. Zu beiden Seiten leuchten die Ladenschilder zweisprachig: mongolisch und chinesisch. Han-Chinesen machen gerade ein Viertel der Bevölkerung aus. In der Abenddämmerung reflektieren die gekachelten Häuserfassaden das Blaulicht eines alten VW Jetta, der auf der Chaussee unentwegt Streife fährt. Hinter dem Steuer klemmt ein Polizist im Unterhemd, Zigarette im Mund. Der Staat zeigt Präsenz, doch nicht in Paradeuniform.

*

Am nächsten Tag besuche ich das buddhistische Kloster Ganjuur, zwanzig Kilometer nordwestlich von Amugulang. Ob dort der Schlüssel zu dieser weidewirtschaftlich geprägten Region verborgen liegt, deren Probleme schon seit Jahrhunderten mongolisch-russisch-chinesische Angelegenheiten sind? Den Bewohnern Bargas oder Hulunbeirs, wie dieser tote Winkel am Schnittpunkt der drei Staaten heißt, sagt man nach, sie hätten sich ihren politischen Eigensinn bewahrt.

Für den Weg nach Ganjuur teile ich mir mit vier Männern ein viel zu enges Taxi. Der korpulente Typ neben mir ist auch ein Zugereister. Er hat nicht die hohen Wangenknochen, dieses bestimmende Merkmal eines jeden mongolischen Gesichts. Und er redet zu viel. In der Viertelstunde, die ich neben ihm auf der Rückbank sitze, erzählt er mir und den anderen Mitfahrern, dass er aus der Provinz Hebei stammt, auf Montage hier ist, Stromtrassen baut und für Bayern München fiebert. Kein Gespräch kommt in Gang, so sehr er sich auch müht. Erst als wir ihn auf halber Strecke an seiner Baustelle absetzen, brechen die Mongolen ihr Schweigen. Ihre Abneigung gegen diesen vielleicht dreißig Jahre alten Han-Chinesen war förmlich mit Händen zu greifen.

Im Flimmern der Steppenluft mutet der weiße Stupa, der am Horizont auftaucht, wie ein Bote aus vorimperialer Zeit an. Viel habe ich über Ganjuur gelesen und nach all der Lektüre einen magischen Ort erwartet. Doch mit jedem Meter, den sich das Taxi der Tempelanlage nähert, wachsen die Zweifel: Erst sind es Stallungen eines Viehzuchtbetriebs, danach ist es die khaki getünchte Bunkeranlage mit ihren zugewucherten Schießschlitzen am Eingang des

Areals, die mir den Blick auf die frisch verputzten und karminrot glimmenden Tempelmauern verstellen. Meine Enttäuschung ist groß, als ich aussteige. Denn selbst verglichen mit dem unter Stalin gegründeten Iwolginskij-Kloster bei Ulan-Ude wirkt Ganjuur profan. Grell leuchten die orangen Glasurziegel der überkragenden Sparren über das hohe Mauerwerk hinweg. Sie strahlen mit den frischen Blattgoldverzierungen auf dem Dachfirst um die Wette. Auf einer Wandzeitung neben dem Eingang lese ich, dass vor knapp zwanzig Jahren das Kreisparteikomitee des Neuen Linken Barga-Banners den Wiederaufbau beschlossen hatte. Bereits zwei Jahre später fand die Eröffnungsfeier statt. Ein Tempelbau als kommunistische Leistungsschau. Noch jetzt sieht das Heiligtum so aus, als sei es gestern eröffnet worden. Und es riecht auch so.

Beim Betreten erkenne ich verbindliche Folgemuster: Tempelhalle, Hof, Tempelhalle, und so weiter, seitlich gerahmt von den Unterkünften der Mönche. Doch gerade diese strikte Einhaltung von Konventionen, die glatte Oberfläche, die noch fehlende Patina lassen mich an sterile Kirchenarchitektur im eingeschossigen Vorstadtamerika denken. Die Wandmalereien und Statuen wirken wie von der Stange. Selbst die Samtbezüge der Kissen leuchten so faltenfrei, als habe noch niemand auf ihnen gekniet. Gläubige schlagen hier nicht so leicht Wurzeln. Die Abwesenheit von frommer Laufkundschaft und die hymnischen Gesänge aus der Lautsprecheranlage verstärken die artifizielle Atmosphäre.

Was hatte ich nicht alles über Ganjuurs farbige, spannende Vergangenheit gelesen. Kaiser Qianlong, dessen Regentschaft Historikern als Höhepunkt der Qing-Dynastie gilt, hatte den Bau von Ganjuur im Jahr 1771 befohlen. Sein Name leitet sich von einem Kanon buddhistischer Schriften ab, die die Mönche hier hinter den hohen Mauern einst sammelten. Rasch wuchs Ganjuur zur größten Klosteranlage Bargas. Mehrere Hundert Lamas lebten einst hinter den hohen Mauern. Alljährlich im September, wenn die Nomaden ihr Vieh von den Sommerweiden trieben, pilgerten sie nach Ganjuur. Als im neunzehnten Jahrhundert immer mehr chinesische

Kaufleute mit ihren Karawanen die einzige aus Peking nach Barga führende Handelsstraße frequentierten, mauserte sich diese spirituelle Stätte zum größten Jahrmarkt der Region. Seine wirtschaftliche Blüte erlebte Ganjuur Anfang des zwanzigsten Jahrhunderts. Mongolen verkauften damals jeden Herbst Zehntausende Rinder und Schafe an chinesische wie russische Händler. Mit Hunderten Jurten, unterteilt in chinesische und russische Handelsreihen, sowie mit einem riesigen Pferdemarkt war Ganjuur eine Woche lang zentraler Umschlagplatz für Fleisch, Wolle, Leder und andere tierische Rohstoffe, die von hier in die östlichsten Provinzen des Russischen Reiches und in die Mandschurei transportiert wurden. Und die Armeen Russlands und Chinas frischten in Ganjuur ihre Kavallerieverbände mit jungen Pferden auf.

Lebendes Vieh war das Kapital der Nomaden, Wolle die Dividende auf dieses Kapital. Jungtiere waren entweder Dividende oder Kapitalzuwachs – je nachdem, ob ein Hirte sie bei der Herde beließ oder sie verkaufte. Alte Tiere bedeuteten Kapitalschwund. Doch Owen Lattimore, der große Chronist und intime Kenner der mobilen Völker dieses imperialen Zwischenlandes, wies zu Recht auf die nicht immer marktkonforme Logik der indigenen Viehzüchter hin: «Wenn er es irgendwie vermeiden konnte, verkaufte ein Mongole früher einem chinesischen oder russischen Händler niemals ein Pferd, das jünger als sechs oder sieben Jahre war. Man hielt die Tiere in so riesigen Herden, dass viele an Altersschwäche starben – das war eine Art, seinen Reichtum zur Schau zu stellen, ein Gegenstück zum Aufwand, den man sich in kapitalistischen Gesellschaftsordnungen ‹leistete›.» Im Tauschhandel mit jenem Vieh, das die Hirten entbehren konnten oder wollten, deckten sie sich in Ganjuur bei den zugereisten Kaufleuten mit Dingen ein, welche die karge, trostlose Steppenvegetation nicht hergab.

Chinesische Händler boten Seidenbahnen, Satinjacken, Schuhe, Sättel, Schnupftabakdosen und Tee feil, Russen verkauften Äxte, Kessel, Emailwaren, Schlösser, Wachskerzen und Wodka. Selbst exotische Produkte, wie die unter Mongolinnen beliebten Korallen oder allerlei Muschelschmuck, fanden sich in den Auslagen der Zeltstände wieder.

Damals waren die imperialen Staatsgrenzen noch porös. China und Russland hatten überhaupt erst Anfang des zwanzigsten Jahrhunderts mit der Errichtung von Zollämtern entlang ihrer ausgedehnten Grenze begonnen. Doch mit dem Untergang beider Dynastien brach der Handel drastisch ein. Das staatliche Außenhandelsmonopol der Bolschewiki, zunehmende Grenzkontrollen, Säbelrasseln in der Zwischenkriegszeit und die Veränderung des nomadischen Lebensstils taten ein Übriges. Ein Reiseführer aus dem Jahr 1941 beschreibt das Kloster Ganjuur noch als «typisch mongolische Angelegenheit», das jedoch «inzwischen viel von seiner früheren Bedeutung verloren hat».

Nach Gründung der Volksrepublik im Jahr 1949 machten die chinesischen Kommunisten das, was Chorloogiin Tschojbalsan in der Äußeren Mongolei bereits in den dreißiger Jahren getan hatte: Sie schränkten die Religionsfreiheit ein und beraubten die Lamas ihrer Privilegien. Schon Anfang der fünfziger Jahre zerstörten die neuen Machthaber zahlreiche Tempel. Sie organisierten die Ganjuur-Mönche in Brigaden. In den späten sechziger Jahren vollendeten Rote Garden die brutale Säkularisierung. Die aufgestachelte Jugend zerstörte das Heiligtum bis auf die Grundmauern und führte die Mönche wie Tanzbären durch die Ruinen. Ein einziges Tor der Anlage hat die Wirren der Kulturrevolution – das wohl dunkelste Kapitel in der Geschichte des kommunistischen China – überlebt. Als ich es fotografieren will, herrscht mich ein noch pubertierender Mönch an, dass dies verboten sei. Danach starrt er wieder auf sein Telefon. Er ist der einzige Geistliche, dem ich auf dem Gelände begegne. Ein Dutzend Lamas leben hier wieder, erfahre ich noch von ihm. Für mich bleibt Ganjuur ein rotes, nein ein totes Kloster.

Jenseits der Tempelanlage flimmert die Volkskommune Hongqi im Frühsommerlicht, ihr Name bedeutet «Rote Fahne». Und in der Dorfmitte weht tatsächlich die Flagge der Volksrepublik. Die kleine

Siedlung ist wie Amugulang nicht älter als das kommunistische China. Eingeschossige Barackenbauten stehen hier aufgereiht, manche aus Ziegeln, manche aus Lehm. In den Fensterrahmen klebt Folie statt Glas. Zwischen den Häusern hängt der Geruch der mannshohen Haufen, die überdimensionierten Maulwurfshügeln ähneln. Der Kuhdung, der hier säuberlich gestapelt ist, soll im nächsten Winter die Öfen befeuern. Vieles also deutet auf eine dauerhafte Besiedlung hin. Doch keine Menschenseele, kein Rauch aus den Schornsteinen, kein dröhnendes Motorrad, keine Tiere, und lachende Kinderstimmen schon gar nicht. Stille von allen Seiten.

Aber als ich die ehemalige Volkskommune erreiche, merke ich: Sie ist nicht vollständig verwaist. Unter dem hohen Fahnenmast kauert eine alte Frau, neben ihr hantiert ein Mädchen im Grundschulalter mit Wollfilz. «Lebt ihr ganz allein hier?», frage ich in die Stille hinein und merke sofort, wie platt meine Frage ist. Die warmen braunen Augen der Frau leuchten mich an, doch ihr Murmeln bleibt unverständlich. «Die anderen sind schon auf den Sommerweiden. Vor September kommen sie nicht zurück», übersetzt ihre Enkelin. Naiv erwidere ich, dass die anderen wohl draußen in Gers wohnen. «Nein, nur die chinesischen Touristen drüben an der Trabrennbahn campieren in Zelthotels.» Die Frau deutet auf eine verlassene Pferdesportanlage, die anscheinend nur bei den traditionellen Naadam-Spielen im Juli zum Leben erwacht. Dann wird das Grasland der Barga-Hochebene in der kurzen Saison von Reisegruppen überflutet, die vorzugsweise in Steppenlagern absteigen: in luxuriösen Jurten-Hotels, ausgestattet mit Duftseifen, Haarföhn und Seidenpantoffeln. Jetzt leuchtet das Gras vor der kleinen Tribüne so jungfräulich, als sei dort noch nie ein Pferd vorbeigetrabt. Auf eine mehr als achthundertjährige Tradition reichen die mongolischen Wettkämpfe zurück, bei denen Männer sich in Ringkampf, Bogenschießen und Pferderennen messen.

Ganz selbstverständlich spricht das Mädchen von den «chinesischen Touristen», so als kämen sie aus einem anderen Land. Ihre

Großmutter hat die dramatischen Veränderungen, die der staatlich geförderte Massentourismus mit sich brachte, aus erster Hand erlebt. Obwohl ihr Gesicht kaum Emotionen verrät, hält sie mit ihrer Meinung nicht hinterm Berg: «Hier halten wir Mongolen als Folklore für den Fremdenverkehr her. Weiter oben im Norden sind es die Dauren und Russen», erfahre ich über die junge Dolmetscherin. Der Tourismus sei längst eine unverzichtbare Einnahmequelle. Das Mädchen schaut mich an und fragt: «Was gibt es bei uns schon zu sehen?»

In der Umgebung von Kloster und Volkskommune fehlen die Kühe und Pferde. Das hat seinen Grund: Hier wächst das Gras der Winterweideflächen, nah genug am Dorf, um in der Kälte von Herbst und Winter täglich nach den Tieren zu schauen. So programmatisch der Name dieser Siedlung auch ist, die den Fahnenmast umgebenden Lehmhäuser sind nur ein Teilsieg der sesshaften chinesischen Zivilisation über eine vermeintlich primitivere Gesellschaftsform. Die bestimmende Hand des Fortschritts hat das mobile Leben der Nomaden nicht vollends ausgelöscht. Auf der kurzen Rückfahrt nach Amugulang muss ich an *Der Zorn der Wölfe* von Lü Jiamin (alias Jiang Rong) denken. Der Roman war in China ein Bestseller. Lü erzählt darin aus der Perspektive seines Alter Ego von seinen Jugenderfahrungen als Han-Chinese unter Mongolen. Während der Kulturrevolution wurde er als Schafhirte in die Innere Mongolei verschickt. Diese bittere Erfahrung machte ihn zu einem scharfen Kritiker seiner ethnischen Blutsbrüder. Er geißelt sie für ihre Ignoranz gegenüber der Zerstörung dieses bisher intakten Ökosystems durch ihren technokratischen Kommunismus.

*

Das Frühstückslokal in Amugulang, das ich am nächsten Morgen aufsuche, bietet ausschließlich chinesische Küche. Weniger einseitig als die fleischhaltige Diät der Mongolen: Ölstangen, Tofuhirn genannter Sojabohnenquark, Reisbrei, ein paar kleine Gemüsegerichte.

Einzig bei den Getränken zeigt sich der chinesische Wirt kompromissbereit, denn er bietet auch salzigen Milchtee und vergorene Stutenmilch an. Wie selbstverständlich weist die Speisekarte die Gerichte ausschließlich in chinesischen Schriftzeichen aus. Die mongolische Kundschaft im Séparée mit der Nummer 222 bestellt beim Gastwirt in seiner Sprache.

An der Wand zu Séparée 333 prangt ein nationalistischer Aufkleber: «Diaoyu Inseln – Wir verteidigen das Vaterland, keinen Zoll Erde geben wir her», steht in fettgedruckten Schriftzeichen darauf. Jeder chinesische Pennäler kennt die von Japan kontrollierte und dort als Senkaku bekannte Inselgruppe auf dem Festlandsockel im Ostchinesischen Meer. Taiwan und China beanspruchen diese unbewohnten Felsen ebenfalls. Ein durchaus abstrakter Nationalismus für ein Kleinstadtlokal unweit der mongolischen Grenze. Nur vierzig Kilometer Luftlinie sind es von hier bis zu jenem Ort, an dem 1939 in einem kurzen, aber heftigen Grenzkrieg Tausende Soldaten starben und von dem in Europa vielleicht lediglich ein paar Militärhistoriker oder aufmerksame Leser von Haruki Murakamis Roman *Mister Aufziehvogel* wissen. Das Museum, das an diesen Gebietsstreit erinnert, will ich mir heute anschauen.

Entlang der Landstraße 203, deren komfortablen neuen Asphalt ich schon aus der Mongolei kommend genossen hatte, markieren kreisrunde braune Stellen im noch niedrigen Steppengras am Straßenrand die niedergetretenen Laufflächen angepflockter Tiere. Je weiter ich nach Süden komme, desto unpassender erscheint mir das Wort Grasland. Nur noch spärliche, kurze Halme bedecken hier den Boden, zwischen den Grasbüscheln leuchtet das nackte Erdreich durch. Für den Anbau von Kulturpflanzen ist es vollkommen ungeeignet. Die dürre Vegetation kann nicht einmal die Mägen von Schafen oder Ziegen füllen.

Nach einer knappen Stunde Fahrt mit einer schon morgens lustigen Reisegesellschaft ragt rechter Hand eine Betonfestung aus der eintönigen Landschaft empor. Zwei Dutzend Vertreter von Chinas größter Volksversicherungsgesellschaft haben mich auf diese

Etappe ihres Betriebsausflugs mitgenommen. Ihr Busfahrer lässt mich vor der weitläufigen Anlage aussteigen. Als Fußgänger muss ich keinen Eintritt zahlen. Grußlos winkt mich der Mann im Wärterhäuschen durch. Ohnehin bin ich auch hier der einzige Besucher. Auf meinem Weg Richtung Museumsbau schlägt sich der Wind mit einigen Regenwolken herum und faucht mir ins Gesicht. In dem grauen, fensterlosen Quader, dessen Dachfirst Schießscharten zieren, erzählt China seine ganz eigene Geschichte von einem Grenzkonflikt, bei dem das Land nicht einmal Zaungast war. «Ausstellungshalle für die Reliquien des Nuomenhan-Kriegs» – so steht in großen, schwarzen Schriftzeichen an der Fassade.

«Nuomenhan» ist die Chiffre für eine brutale Schlacht, die sich die Großmächte Japan und Sowjetunion hier im platten Niemandsland zwischen China und der Mongolei, in dem sich keiner wirklich auskannte, von Mai bis September 1939 lieferten. Offiziell stritten die beiden Rivalen damals um den exakten Grenzverlauf zwischen ihren Vasallenstaaten Mandschukuo und der Mongolischen Volksrepublik. Tatsächlich hatte Japans mandschurische Kwantung-Armee an diesem strategisch bedeutungslosen Grenzabschnitt die mongolisch-sowjetische Verteidigungsallianz testen wollen. Eine exakte Demarkierung fehlte, weil niemand sie bis dahin für notwendig erachtet hatte. Noch Anfang des zwanzigsten Jahrhundert trennte der Chalch lediglich zwei mongolische Provinzen des chinesischen Kaiserreichs. Erst nach Gründung Mandschukuos geriet die Grenze zum Streitfall zwischen den rivalisierenden Schutzherren in Tokio und Moskau. Die Querelen betrafen den Unterlauf des Flusses, den ich nicht sehen darf, weil er durchs Sperrgebiet strömt. Im Jahr 1938 beanspruchten die Japaner den Chalch als Westgrenze Mandschukuos, während die Sowjetunion für die Mongolei einen fünfzehn Kilometer breiten Gebietsstreifen am Ostufer reklamierte.

Der sowjetische Sieg, nur wenige Tage vor Beginn des Zweiten Weltkriegs, bezahlt mit Tausenden Gefallenen, überraschte nicht nur Japan, sondern die gesamte Weltöffentlichkeit. Für Stalin wurde er kriegsentscheidend: Monate später holte Japan zu seinem Hauptschlag nicht gegen die Sowjetunion, sondern gegen die Kolonien Frankreichs, der Niederlande und Großbritanniens in Südostasien aus und wenig später sogar gegen die Vereinigten Staaten im Pazifik. Die Sowjetunion blieb von einem Zweifrontenkrieg verschont. Ein kleines, kaum besiedeltes Areal an den Ufern des Chalch wird so zu einem Brennglas, in dem sich die internationalen Verflechtungen in Nordostasien am Vortag des Zweiten Weltkriegs bündeln.

Die Friedensglocke vor dem Museumsbau schweigt. Ich umrunde sie und trete durch den Rahmen der riesigen verrosteten Schiebetür des Gebäudes. In ihrer Ästhetik erinnert sie eher an das Tor einer Lagerhalle. Nur notdürftig schützt ein Drahtnetz den Eingangsbereich vor abbröckelndem Putz. Im Torrahmen sitzt ein Museumsangestellter auf einem Schemel und telefoniert. Ich deute ins Dunkel im Inneren. «Komm später noch mal wieder. Stromausfall», murrt der Mann, ohne aufzublicken. Das dumpfe Geräusch, das ich auf meinem Weg zur Ausstellungshalle immer lauter vernommen und erst für den Standbetrieb eines Panzers gehalten hatte, entpuppt sich als Brummen eines Dieselgenerators. Der Mitarbeiter verschwindet in einer halb unterirdisch neben dem Museumsgebäude versteckten Betonjurte. «Ich brauche noch ein paar Minuten, bis ich die Beleuchtung wieder in Gang bekomme», ruft er mir nach.

Die postmoderne Ritterburg vorerst hinter mir lassend, verschaffe ich mir ein Bild vom Kriegsschauplatz. Unter der Erde verrotten noch immer die Knochen Tausender Mongolen, Japaner und Russen. Jeden Sommer kommen japanische Aktivisten hierher. Sie bergen die sterblichen Überreste von Dutzenden ihrer gefallenen Landsleute und bestatten sie in ihrer Heimat. Meine Suche nach den Spuren der Kampfhandlungen wird geradezu eine archäologische Mission, an einem Ort, der einst mit ausgebrannten Haubitzen, gesprengten Fahrzeugen und abgestürzten Flugzeugen übersät war. Links des Zufahrtsweges lugt ein Panzerturm aus dem Gestrüpp hervor. Am anderen Ende des Areals stehen säuberlich in zwei Reihen zwölf Panzer. Hohl und matt klingt mein Klopfen auf der Karosserie. Unter dem abblätternden Khakibraun scheint beiges Plastik durch.

«Das sind nur Imitate.» Plötzlich steht der Museumsangestellte neben mir, der Wind hatte seine Schritte verschluckt. «Wir haben die sowjetischen Panzermodelle hier aufgestellt. Maßstab 1:1, Kunststoff, Baujahr 2009.» Der Mann trägt ausgetretene Knöchelschuhe, Tarnhosen und einen Cowboyhut, der den Ungetümen der Texaner in nichts nachsteht. Sein Gesicht, hart von einem Leben im rauen Steppenklima, passt zu seiner braunen Schaffelljacke. «Klettere lieber nicht auf die Kanone, letztes Jahr sind zwei Rohre abgebrochen.» Die allermeisten Panzer seien eingeschmolzen worden, fährt er fort. «Euren Stahl konnten wir gut gebrauchen.» Offenbar hält er mich für einen Russen. Ende der fünfziger Jahre, als Mao Zedong im Großen Sprung nach vorn Chinas Rückstand zu den westlichen Industrieländern aufholen und die Übergangsperiode zum Kommunismus deutlich verkürzen wollte, schmolzen Hirten die rostigen Gerippe der Kampffahrzeuge in selbstgebauten kommunalen Hochöfen ein. Ein verhängnisvolles Industrialisierungsfieber wütete im Land, binnen Jahresfrist wollte die kommunistische Staatsführung Großbritannien in der Stahlproduktion übertrumpfen. Überall im Land schmolzen Menschen in primitiven Hochöfen ihr Kochgeschirr und ihre Werkzeuge ein. Hier am Chalch verwandelte man zusätzlich noch ausgemustertes Kriegsgerät in unnütze Schlacke. «Die wenigen verbliebenen Originale stehen weiter draußen. Sie sind längst vom Gras überwuchert», ergänzt der Mann noch und zeigt in den Wind. Mit der anderen Hand hält er seinen Hut fest. Ich könne mir jetzt die Ausstellung ansehen, das Licht brenne wieder. «Bis 2008 gab es nur ein Museum in einer kleinen Hütte im Dorf dort drüben. Das neue wird dir gefallen.»

Obwohl die sowjetische Führung in den dreißiger Jahren vor allem einen Angriff Deutschlands gefürchtet hatte, war die Situation an den asiatischen Staatsgrenzen nicht weniger angespannt gewesen. 1929 hatte Moskau gegen das chinesische Kriegsherren-Regime in der Mandschurei einen kurzen, aber siegreichen Krieg um die Kontrolle einer kolonialen Eisenbahnlinie geführt. Nachdem Japan 1931 die Mandschurei besetzt und 1932 den Marionettenstaat Mandschukuo gegründet hatte, waren Japan und die Sowjetunion plötzlich direkte Nachbarn auf dem Kontinent. Seine militärische Potenz hatte das wirtschaftlich starke Japan gegenüber Russland bereits zuvor mehrfach unter Beweis gestellt: im Russisch-Japanischen Krieg 1904–1905, verheerend für das Zarenreich, und in der sogenannten Sibirischen Intervention aufseiten der Weißen während des Russischen Bürgerkriegs.

Schon kurz nach der japanischen Okkupation der Mandschurei begann das Wettrüsten: Zwischen 1931 und 1941 stieg die Anzahl der an den fernöstlichen Grenzen stationierten sowjetischen Soldaten von dreißig- auf achthunderttausend Mann, Japan verlegte bis 1941 siebenhunderttausend Soldaten nach Mandschukuo. Bis in den Mai 1939 hatten sich die militärischen Spannungen zwischen der Sowjetunion und Japan immer weiter hochgeschaukelt. Gegenseitig provozierten die Rivalen einander mit Luftraumverletzungen, Scharmützeln und anderen Formen eines militärischen Katz-und-Maus-Spiels entlang ihren Grenzen zwischen Sowjetunion und Mongolei auf der einen und Mandschukuo auf der anderen Seite. Den Höhepunkt dieser Spannungen markierte der blutige Konflikt, der Mitte Mai 1939 irgendwo hinter dem grauen Museumsbau ausgebrochen war.

Auslöser war eine kleine mongolische Kavallerieeinheit, die ihr Vieh auf umstrittenem Territorium weiden ließ. Japanische Grenzwachen drängten sie zurück. Rasch eskalierte der Konflikt. Drei japanische Bodenoffensiven erwiesen sich als erfolglos. Die sowjetische Gegenoffensive startete Georgij Schukow, der unterdessen das Kommando der sowjetischen Streitkräfte und der Mongolischen Revolutionären Volksarmee an der mandschurisch-mongolischen Grenze übernommen hatte. Das war am 20. August, nur vier Tage vor Unterzeichnung des Hitler-Stalin-Pakts und weniger als zwei Wochen vor dem deutschen Einmarsch in Polen. Der Sieg der Roten Armee offenbarte ein neues Machtverhältnis in Nordostasien – und darüber hinaus. Nur zwei Tage nach Unterzeichnung des Waffenstillstandsabkommens am 15. September 1939 marschierte die Rote Armee in Polen ein. Die Sowjetunion und Japan einigten sich auf Einflusssphären, die bis zum Sommer 1945 bestehen blieben.

Die Halbwertszeit des Konflikts ist erstaunlich lang, bis in die Begrifflichkeiten hinein. Mongolen und Russen sprechen bis heute von der «Schlacht» am Chalch-Fluss, während der Zusammenstoß in Japan und im Westen als «Zwischenfall» von Nuomenhan, in Anlehnung an ein nahe gelegenes Dorf, in die Geschichtsbücher einging. Das Ereignis des Jahres 1939 feierte der sowjetische Satellitenstaat als einen Sieg der sowjetisch-mongolischen Waffenbrüder über die japanischen Imperialisten. Die Glorifizierung war auch eine Nebelkerze, um von den stalinistischen Säuberungen in der Volksrepublik Mongolei abzulenken.

China hat sich für einen sprachlichen Mittelweg entschieden: Offiziell heißt es «Nuomenhan-Krieg», so wie es an dem hässlichen Museumsklotz steht. Für Chinas amtliche Geschichtsschreibung ist der Konflikt ein delikates Thema, das die Chronisten Pekings in eine ideologische Zwickmühle bringt: 1939 beanspruchte Mandschukuo Territorien, die zur Äußeren Mongolei gehörten. Es waren also japanische Imperialisten, die für die territoriale Expansion des heutigen chinesischen Staatsgebiets ihr Leben ließen. Diesen Umstand ignorierten die Kuratoren der vier Etagen Ausstellungsfläche. Stattdessen wird die sowjetische Armee, allen voran ihr großer Stratege Schukow, der spätere Generalstabschef der Roten Armee und sowjetische Verteidigungsminister, gefeiert. Die einfachen Menschen der Steppe, die gefangen im Strudel geopolitischer Konfrontationen auf beiden Seiten kämpften und starben, fehlen in den Vitrinen und auf den Schautafeln. Sie stehen als Kollaborateure oder Helden im Schatten der Imperien. Und so lobpreist die einzige englischsprachige Schautafel des Museums in krudem Internet-Übersetzer-Englisch einzig und allein die Sowjetunion: «The Nuomenhan War made Soviet Union relaxed about that they shouldn't worry about the failure and could fight against Germany and Soviet Union won Soviet-Germany war.»

Genüsslich zelebriert China an der äußersten Peripherie des Landes, auf dem Gebiet des einstigen japanischen Marionetten-staats Mandschukuo, sein anti-japanisches, von einem Notstrom-aggregat befunzeltes Geschichtsbild. Und so beschleicht mich der Verdacht, dass dies- und jenseits des blutgetränkten Grenzflusses die während des Sozialismus einstudierten Erinnerungsfiguren trotz der Polyphonie der Interessen in trauter Eintracht fortexis-tieren.

*

Nach der Geschichtsstunde im flackernden Licht der Neonröhren müssen sich meine Augen draußen erst einmal wieder an die grelle Sonne gewöhnen. Ich studiere meine Karte: Ein paar Steinwürfe von hier, nur zwei Stunden Fahrt auf der Landstraße 203 weiter Richtung Südosten, ändert sich die Gegend radikal: Vulkanland-schaften, mineralische Quellen und dampfende Bergseen in den dichten Wäldern der südlichen Ausläufer des Großen Xingans. Der Mittelgebirgszug schiebt sich über eintausend Kilometer weit wie ein schützender Riegel von Nord nach Süd zwischen das mongo-lische Hochland und das einer riesigen flachen Schüssel gleichende fruchtbare mandschurische Becken.

Ich biege vorerst nach Norden ab und durchquere die riesige offene Steppenlandschaft ein weiteres Mal. In drei Stunden bringt mich ein kaum eingefahrener Überlandbus von Amugulang durch die Prärie, die sich schier endlos nach Norden zur russischen und mongolischen Grenze zieht, bis ins einhundertsiebzig Kilometer entfernt gelegene Hailar. Süßlich-sentimental säuseln chinesische Popsongs aus dem in der Hutablage eingebauten Lautsprecher. Sopranstimmen besingen das Grasland als die Wiege des Lebens, natürlich auf Chinesisch. Zumindest musikalisch hat Chinas *mission civilisatrice* das raue, zweifarbige Leben zwischen Gras und Himmel in ein weichgezeichnetes Paradies verwandelt.

Das geschäftige Hailar erschlägt mich: Lastwagen, die ohrenbetäubend um Vorfahrt hupen, lautes Menschengewusel, Müllgeruch. Der Bus passiert ein Reiterstandbild Dschingis Khans – nicht einmal der entging der kulturellen Aneignung durch China, egal, wie identitätsstiftend der Herrscher gerade heute für die Mongolen ist. Mit einer Viertelmillion Einwohnern ist Hailar die größte Stadt der nördlichen Inneren Mongolei. Bis Anfang des zwanzigsten Jahrhunderts war es die einzige nennenswerte Siedlung überhaupt in einem Umkreis von vielleicht dreihundert Kilometern. Nomaden durchstreiften die Landschaft. Die mandschurische Qing-Dynastie hatte Hailar 1732 als Garnisonsstadt für ihre Bannertruppen nahe der Reichsgrenze gegründet, nachdem Zar und Kaiser sich auf einen Grenzverlauf geeinigt hatten. Noch im späten neunzehnten Jahrhundert wirkte der chinesische Vorposten auf Reisende deprimierend, erfahre ich in einem Buch des russischen Pferdezüchters Nikolaj Chilkowskij. Vielleicht anderthalbtausend mandschurische Beamte, chinesische Kaufleute und Handwerker lebten damals in den einstöckigen Hofhäusern entlang einer einzigen, an ihren beiden Enden durch Holztore eingefriedeten Straße. Überwiegend waren es Männer, die in den Wintermonaten in ihre Heimat südlich der Großen Mauer zurückkehrten, sofern sie nicht hierher verbannt waren. Statt durch Spuren der Vergangenheit wandle ich in der Nähe der Fußgängerzone, jenseits von Kentucky Fried Chicken und Real Kungfu, durch eine verwaiste, traurige Nachbildung eines Hutong, jener schmalen Gasse, welche die traditionellen nordchinesischen Hofhäuser aus der Kaiserzeit miteinander verband. Doch immerhin, das lokale Bier schmeckt, und in der Fußgängerzone brät neben Fastfood auch ein Hammelspieß überm offenen Holzkohlengrill. An einem Sonnenschirm, der als Galgen dient, hängt ein einstmals schwarz-weiß gescheckter Bock. Ab dem Hals gehäutet, leuchtet rot sein Fleisch, das Blut tropft in eine Emailleschüssel. Routiniert schneidet der Grillmeister wie von einem Gyros-spieß große Stücke ab und schiebt sie über die weiße Glut. Nach dem Mahl falle ich in meiner fensterlosen Zelle in der Pension ge-genüber dem Fernbusbahnhof schnell in einen tiefen Schlaf.

6. Ein Kosakendorf in China

Heishantou – Enhe

Wütend spuckt der Fahrer aus dem Fenster und schmeißt seine Kippe gleich hinterher. Eine Brücke hinter Labudalin sei unpassierbar, flucht er, wissend, dass er bei dem Umweg, den er jetzt nehmen muss, vor Sonnenuntergang keinen Feierabend hat. Ein Jahrhunderthochwasser hat alle Eisenbahnanschlüsse und viele Straßenverbindungen in den Norden der Mandschurei gekappt. Nicht einmal die Busse verkehren mehr nach Fahrplan. Überhaupt wollte ich eigentlich mit dem Zug Chinas wilden Norden erkunden. Seit 1972 ist das möglich. So lange schon hat Mohe einen Bahnanschluss. Stattdessen beginnt die Reise in Chinas nördlichste Stadt an dem staubigen Fernbusbahnhof von Hailar. Die Tage sind inzwischen länger geworden. Schon am Morgen bollert heiß, endlos und lastend der Hochsommer.

Mit ein paar Eiern, zwei Äpfeln und einer Süßkartoffel breite ich mich auf der Rückbank des Busses aus. Die Kassiererin im Busbahnhof hatte mir noch hinterhergerufen, doch etwas mehr Proviant einzupacken. Jetzt geht mein Blick auf die vierspurige Autobahn, die wir nach Westen in Richtung russische Grenze entlangfahren. Nach zwei Stunden Fahrt, kurz vor der Grenzstadt Manzhouli, schert der Bus nach Norden aus. Die schmale Straße führt parallel zur Staatsgrenze, parallel zum Oberlauf des Argun. Der Fluss, der hier seit Jahrhunderten die beiden Länder trennt und gleichzeitig verbindet, schlängelt sich durch ein weites Tal. Mäandernd, oft das Dreifache der linearen Verbindung zurücklegend, fließt der Strom dann langsam gen Nordosten bis zur Mündung in den Amur, am einen Ufer das russische Transbaikalien, am anderen das chinesische Barga. Seitdem Kosaken Mitte des siebzehnten Jahrhunderts bis in die Gebiete jenseits des Baikalsees vordrangen, reiben sich hier die russischen und chinesischen Reiche aneinander.

Bis ins neunzehnte Jahrhundert zeigte der Mandschu-Kaiserhof wenig Interesse an einer aktiven Kolonisierung dieser fernen, von nomadischen Völkern durchwanderten Reichsperipherie – sieht man von der Garnisonsstadt Hailar ab. Die vom Kaiserhof eingesetzten mongolischen Beamten pflegten einvernehmliche Beziehungen zu den Atamanen der Kosakensiedlungen am russischen Ufer des Argun. Dort waren Ortschaften ebenfalls selten, wenngleich häufiger als auf der chinesischen Seite anzutreffen.

«Da drüben, ein russisches Dorf», stupst mich eine Mitreisende wissend an und knackt einen Sonnenblumenkern zwischen ihren Schneidezähnen. Nur schemenhaft erkenne ich die russischen Siedlungen, die sich ans gegenüberliegende Ufer schmiegen, aus dem Busfenster: Abagajtuj, Kajlastuj, Staro Zuruchajtuj. Sie kritzelt ein paar Namen auf meine Karte, die alles andere als russisch klingen. «Schau, ihre Häuser haben keine himmelblauen Metalldächer wie bei uns. Dort ist alles grau.»

Das Kosakendorf Abagajtuj etwa, bald nach der Demarkierung an jener Stelle gegründet, an welcher der Argun zur Staatsgrenze wird, zählte 1895 immerhin siebenhundertvierzehn Seelen. Rasch nahm die Bevölkerung zu, und sie war extrem jung – die Hälfte unter sechzehn Jahre alt. Dies erklärt sich aus der allmählichen Transformation solcher Kosakenweiler: Die militärische Bedeutung der Wehrbauern nahm ab, und den Menschen blieb mehr Zeit für Fischfang, Jagd, vor allem aber für die Zucht von Pferden, Rindern, Ziegen, Schafen und Kamelen auf dem grünen Steppenteppich. Heute indes ist Abagajtuj so menschenarm geworden, dass vor ein paar Jahren selbst die Dorfschule schließen musste.

Bis Anfang des zwanzigsten Jahrhunderts lebten in Abagajtuj und den anderen russischen Dörfern am Argun die Kosaken in ihrer althergebrachten Welt. Im Sommer stellten sie ihr Vieh auf die satten Weiden der Argun-Inseln. Sie entdeckten, dass im Gegensatz zu den kargen Böden in der Heimat die Erde der weiten Täler des Gan, Derbul und Chaul jenseits der Staatsgrenze schwer und fruchtbar war. Zudem boten die Laub- und Nadelwälder auf dem chinesischen Territorium an den Ausläufern des Großen Xingan-Gebirges exzellente Bedingungen für die Holzwirtschaft und die Jagd von Wildschweinen, Damwild, Bären, Zobeln und Füchsen. So zimmerten die Kosaken am chinesischen Ufer Scheunen und Unterstände für die Heuernte im Sommer und Herbst sowie für die Jagd im Winter. Diese ersten bäuerlichen Grenzgänger betrieben oft nur einen Tagesritt von ihren Heimatdörfern entfernt Landwirtschaft. Und allmählich wuchsen aus verstreuten Gehöften kleine Siedlungen heran.

Manchmal sind Flüsse für Staaten Zankäpfel, gerade dann, wenn sich ihr Lauf ändert. Immer wieder haben Hochwasser den Strom des Argun umgelenkt. Hauptarme verkamen zu Nebenarmen, Nebenarme zu Altarmen. Und Flussinseln – beim Blick aus dem Busfenster am Oberlauf ähneln viele von ihnen eher Sandbänken, die bei Hochwasser versinken – lugen mal auf der einen, mal auf der anderen Seite der Grenze hervor. So stritten Beamte von Zar und Kaiser bald erbittert um deren genauen Verlauf. Anfang des zwanzigsten Jahrhunderts verschleppten russische Wehrbauern chinesische Topographen, chinesische Grenzbeamte wiederum stahlen Kosakenpferde, die in ihren Augen illegal auf den Flussinseln weideten.

Nur Wochen vor dem Untergang des chinesischen Kaiserreichs, im Dezember 1911, einigten sich beide Staaten auf einen exakten Grenzverlauf am Argun. Weit mehr als die Hälfte der insgesamt zweihundertachtzig Argun-Inseln fielen an das Russische Reich. Die Prophezeiung des damaligen chinesischen Provinzgouverneurs Zhou Shumo, dass durch seine Unterschrift «die Territorialfrage ein für alle Mal gelöst» sein werde, sollte sich nicht erfüllen. Denn wie nicht nur die Plastikpanzer in Nuomenhan zeigen, sah das zwanzigste Jahrhundert eine Eskalation territorialer Streitigkeiten, die mitunter weit tragischer endeten als mit dem Diebstahl eines Kosakenpferds. Immerhin hat sich in den Hauptstädten seit dem Ende der Sowjetunion ein neuer Pragmatismus durchgesetzt. Denn auch heute versinken manche Sandbänke, anderswo hingegen entstehen neue. So tauschen die russisch-chinesischen Grenzkommissionen auf einigen dieser versandeten Flussarme heute alle fünf Jahre die Hoheitszeichen aus. Anders als noch vor hundert Jahren scheinen inzwischen einträchtige bilaterale Beziehungen wichtiger als die Souveränität über ein paar unbedeutende Inseln.

Heute grasen keine Kamele oder Pferde mehr auf den Flussinseln. Das Grün links der Straße, Richtung russische Grenze, wird maschinell gestutzt. Ein Stacheldraht läuft parallel zum Asphalt, und alle zehn Kilometer steht ein chinesischer Grenzposten. Die kirchturmhohen Observationsstände tragen noch immer ihre historischen Namen: Sanka, Wuka, Qika und so weiter. Streng durchnummeriert, klingen sie nicht tungusisch, wie drüben am russischen Ufer, sondern chinesisch.

Anders als das jenseitige blieb das chinesische Flussufer lange fast unbesiedelt. Mongolen trieben ihre Herden von den Sommer- zu den Winterweideplätzen. Wilde Przewalski-Pferde scherten sich ohnehin nicht um Fragen territorialer Zugehörigkeit. Erst kurz vor dem Untergang des Kaiserreichs schickte Peking energische Grenzschützer. Mit den chinesischen Soldaten kamen junge Männer, die nach Gold suchten. Oder sie jagten Murmeltiere, deren Pelze russische Händler bis nach Paris exportierten. Dort, wo heute die Beobachtungstürme hoch über den Fluss hinausragen, standen einst kleine chinesische Wächterhäuschen. Die Grenzer boten nebenbei auch Lebensmittel und Hirseschnaps feil. Die Kosaken waren treue Kunden, und der billige Hochprozentige berauschte ganze Dörfer – Männer und Frauen, selbst Kinder waren blau. Wen kümmerte das strikte Importverbot von Alkohol, das trotz des Freihandels anderer Waren in der Grenzzone galt, wenn die russischen Patrouillen selbst vom Fusel benebelt waren?

Wir fahren an ersten Getreidefeldern vorbei, sie künden von

fruchtbarem Boden. Dann Heishantou, das erste Dorf auf chinesischer Uferseite, drei Autostunden hinter Hailar. Pause. Ich ignoriere die kalte Süßkartoffel in meinem Proviant und kehre im «Landsmann» ein – so heißt das einzige Restaurant am Ort. Der Wirt stellt mir, ohne dass ich irgendetwas bestellt hätte, ravioliähnliche Maultaschen mit Spinat und Ei auf den Tisch, dazu eine Schale gestampften Knoblauch – das sei doch besser als immer nur Graubrot und Kartoffeln. Erst vor zwei Wochen hat Herr Zhang das kleine Lokal mit einheimischer Küche aufgemacht, erzählt er stolz. Adrett schaut er aus, sein Hemd fällt so ordentlich gebügelt, als sei heute der erste Geschäftstag. An der Eingangstür prangt in roten Schriftzeichen «Neueröffnung». Die Wimpel über dem Eingang leuchten noch in frischen Farben, die sonst oft fettigen Vorhänge zu den Séparées im Restaurant strahlen persilweiß. Selbst ein Weihnachtsposter klebt schon an der Wand. Herr Zhang will alles richtig machen.

Lange Zeit war Heishantou von der Außenwelt abgeschnitten. Der letzte Vorposten an der Grenze zur Sowjetunion. Längst herrscht wieder Tauwetter zwischen beiden Staaten. In Kleinbussen und Jeeps rumpeln Russen aus der Grenzprovinz Transbaikalien auf Einkaufstour durch das Dorf. Sie sind auf ihrem Weg nach Hailar, von wo ich heute Morgen aufgebrochen bin.

Wer denn seine Gäste seien, frage ich den Wirt und blicke über die leeren Tische im Lokal. «Wir leben von der Dorfkundschaft. Doch ab und zu kehren ein paar Russen ein.» Trotz seiner zeisiggrün funkelnden Augen sieht er sich als waschechter Chinese. Dongping, sein Vorname, bedeutet etwa «östlicher Friede». Die Gesichtszüge, sein Auftreten, alles wirkt chinesisch. «Gabeln habe ich für die Russen noch nicht gekauft», lacht Herr Zhang, «aber du brauchst ja keine.» Auf internationale Kundschaft möchte er trotzdem nicht verzichten: «Das Restaurant ‹Landsmann› heißt Sie herzlich willkommen», steht auf dem Eingangsschild neben Chinesisch und Mongolisch auch in Russisch geschrieben. Ich nehme meine Sachen an mich, zahle und wünsche Herrn Zhang viele russische Kunden. Dann mache ich einen Verdauungsspaziergang zur Grenze.

Mit nacktem Oberkörper hält der Krämer vor seinem Laden Mittagsschlaf. Ein Traktor, auf dem drei Leute sitzen, tuckert langsam über die Hauptstraße, auf der sich in Gegenrichtung zwei Staubhosen hinaufkräuseln. Ein Stück die Dorfstraße entlang wirbt ein kleines Hotel mit einem russischen Varieté-Programm um Kundschaft. «Sie müssen China nicht verlassen, um russische Tänze zu sehen», verspricht das Plakat zweideutig. Neben den Schriftzeichen ist auf dem Aushang ein Foto abgedruckt, das wenig Rock und umso mehr nackte russische Damenschenkel zeigt. Anders als in Manzhouli, Heihe und Suifenhe, den drei großen chinesischen Städten an der Grenze zu Russland, trägt das Geschäft mit russischen Tagespendlern und wohlhabenden Chinesen aus dem Landesinneren hier erst zarte Knospen.

Außerhalb des Dorfes überspannt die «Freundschaftsbrücke» den Grenzfluss Argun. Nur Anwohner der beiden Grenzprovinzen und mit russischem Schotter beladene Trucks dürfen den schmalen hölzernen Übergang passieren. Hoch überragt ein mit Stahlseilen gesicherter chinesischer Wachturm den Fluss. In seinem Schatten stehen ein paar Kasernen.

Wer nicht von hier ist und einen Blick aufs Flussufer erhaschen möchte, muss zahlen. Am Checkpoint verlangen Soldaten der Volksbefreiungsarmee zwanzig Yuan, rund zwei Euro fünfzig, Eintritt. Noch einmal fünfzig Yuan kostet die kurze Tour mit einem kleinen Boot – insgesamt rund neun Euro. Das neue Ausflugsschiffchen navigiert nicht weiter als bis zur Flussmitte, genau bis zur Staatsgrenze. Die Bootsfahrt kaschiert nur oberflächlich das strenge Kontrollregime, das hier am chinesischen Ufer gilt. Warnschilder weisen auf das Angel- und Badeverbot hin. Selbst lautes Rufen und Handzeichen Richtung Russland sind strengstens untersagt. Nur ein paar Gänse trauen sich unter dem parallel zum Ufer gezogenen Stacheldrahtzaun hindurch.

Drüben, auf der anderen Uferseite, schlummert das Kosakendorf Staro Zuruchajtuj. Blech und Wellasbest bedecken die geduckten Wohnhäuser und Stallungen der Kolchose. Nur der olivgrüne

Wachturm ist genauso hoch wie sein chinesisches Gegenüber. Anders als in Heishantou käme kein russischer Tourist auf die Idee, sich in dieses von Gott, Zar und Präsident vergessene Dorf zu verirren. Was gäbe es auch schon zu sehen? Selbst für Abenteurer wäre die Reise schwierig, denn Staro Zuruchajtuj bleibt festgesetzt in einer der vielen Grenzzonen Russlands – abgeschottet von innen wie von außen. Anders als am chinesischen Ufer führt keine Straße am Fluss entlang nach Kajlastuj, Abagajtuj und zu all den anderen kollektivierten Kosakenposten. Dorthin gelangt man nur über einen per Schlagbaum gesicherten Weg aus dem Landesinneren, jenseits der Zone. Auf der flachen Uferböschung parkt ein blau-weißes Luftkissenboot des russischen Grenzschutzes, davor liegt eine rostige Klappschute mit Schlagseite im Altwasser. Im Uferschlick um das Gerippe herum haben Fischer Reusen gesetzt. Immerhin: Angeln ist den eingekerkerten Russen erlaubt. Etwas stromabwärts steht knöcheltief eine Herde von vielleicht fünfzig Kühen im Flusswasser und säuft.

Nach dem Spaziergang zur Grenze ist auch die letzte Maultasche verdaut. Mein Bus ist längst über alle Berge. Herr Zhang, der chinesische Wirt mit den grünen Augen, hat mir eine Mitfahrgelegenheit vermittelt. Mit einem Traktor schaukeln wir von Heishantou weiter gen Norden. Immer wieder dreht sich der Fahrer um, seine kupferblauen Augen funkeln mich an. Wang oder Wanja, so viel verstehe ich, heißt er. Ich beschließe, ihn Wanja zu nennen. Das passt besser zu seiner Augenfarbe. Wanja klopft mir auf die Schulter und brüllt etwas auf Chinesisch. Er schüttelt den Kopf und reicht mir seinen Tabakbeutel. Selbstgedrehtes Kraut zwischen den Lippen, die Maschine dröhnt. Wir schweigen. Eine halbe Stunde und sieben Kilometer später springe ich an einer Kreuzung vom tuckernden Bock ab und notiere: «Wanja: stummer Chinese mit blauen Augen, vermutlich emigrierter Kosake dritter Generation.»

Eine neue Chaussee zerschneidet den niedrigen Birkenwald. Am Straßenrand parkt ein Großstadtjeep mit Pekinger Kennzeichen. Touristen machen Selfies. Einer kratzt die weiße Baumrinde an, findet sie wohl exotisch. Die Nachmittagssonne treibt Schweiß auf meine Stirn. Wenn es so weitergeht, gibt es schon die ersten Eisschollen, falls ich den Amur jemals erreichen sollte. Doch schon ein paar erste reife Brombeeren später nimmt mich ein Brummifahrer mit. Mit Kies beladen geht es für ihn zu einer Baustelle weiter im Norden, wo die zwei Spuren Beton der Fernstraße noch eine schmale Sandpiste sind. So muss es gewesen sein, als nach dem Krieg das Interstate-Netz die bis dahin noch gar nicht so Vereinigten Staaten von Amerika verband, ein Land des Schneller – Höher – Weiter, denke ich beim Blick hinab aus der Fahrerkabine. Zwei Jahre noch, dann gehe die Straße bis Mohe, Chinas nördlichster Stadt, erklärt mir der Fahrer. Asphaltieren ginge schneller, doch der Beton vertrage den Frost und die hohen Temperaturschwankungen nun einmal besser. Gäbe es den harten Winter nicht, wäre die Straße im nächsten Sommer fertig. So überwintert der Fahrer in seiner Heimatprovinz Gansu, im Westen Chinas. Das gute Gehalt wird ihn auch im kommenden Sommer wieder in den Norden locken.

*

Die Sonne steht schon tief, als ich Enhe erreiche, ein Dorf im Gebiet der drei Flüsse, wie Russen und Chinesen die Region östlich des Argun um den Gan, Derbul und Chaul nennen. Knubbelige Hügel umgeben Enhe. Die Sprenkel aus Kiefern, Birken, Espen und Erlen der höheren Lagen gehen langsam in saftige Weidewiesen und kleinteilige Felder über, auf denen sich golden Roggen und Weizen wiegen. In der Ferne steht ein Schnitter und bindet Getreide in Garben. So von Weitem betrachtet mimt das russische Dorf in China die Eiche-rustikal-Kulisse eines deutschen Heimatfilms.

Eigentlich will ich erst Quartier beziehen. Doch oberhalb der Landstraße, zwischen all den Mohn- und Butterblumen, den Disteln und der Kamille, lugen die Kreuze eines Friedhofs aus der bienendurchsummten Sommerwiese hervor: «Marija Aleksandrawna Gantscharaw. Gebaren am 23. August 1941», steht auf einem, in das morsche Holz graviert. Dieses und die anderen Gräber voller Schreibfehler. Statt eines «o» ein «a». Gestarben ist die Gantscharaw am 8. September 2004. Gebaren, gestarben, *radilas'*, *kantschalas'*. Wer sind diese Gontscharows, die Rusakows, all jene Menschen, denen das kyrillische «o» abhanden gekommen scheint? Wer sind jene Russen, die so schreiben, wie sie sprechen, nämlich mit dem typischen Akanje in den unbetonten Silben mit «o»? Und die außerdem noch das «Hartheitszeichen» verwenden, das die Bolschewiki nach ihrer Machtergreifung aus dem kyrillischen Alphabet verbannten? Ein paar Gräber weiter neue Fragen: Chinesische Schriftzeichen umspielen auf den Kreuzen und Steinen das Kyrillische. Und dann die Fotos der Toten – wie Amulette hängen sie dort: Gehärtete, klare Blicke. Blonde, einfache Frauen, ihre Männer Chinesen. Es sind die Großeltern der chinesischen Wanjas, mit ihren manchmal blauen oder grünen Augen. «Anastasija Michajlowna Waljabina (Gebiet Tschita) 1900–1957 & Liu Zhang 1890–1943 (Provinz Hebei)», steht auf einem Kreuz geschrieben. Zwischen all den wetterschiefen Einfriedungen und Kunstblumenarrangements, in den Wogen der duftenden Sommerwiese die morsche Holzkapelle. Entkernt harrt sie hier oben aus, innen verkohlt. Doch das Messingdach des Zwiebelturms strahlt mit seinem orthodoxen Kreuz wie ein Rubin im Abendlicht.

Unten in Enhe, jenseits der Landstraße, will ich Station machen. Das gleiche Bild: Nicht nur der Friedhof, auch die durchfurchten Sandwege, in denen knietief das Wasser steht, erinnern hier in vielem an Abagajtuj, Kajlastuj und die anderen entseelten Gemeinden Transbaikaliens – jenseits des Argun. Braunscheckige grasen vor schrägen Zäunen, hinter denen sich alte Blockhäuser verstecken. Irgendwo steht das verrostete Skelett eines betagten Traktors mit Metallspeichenrädern. Karagany nannten die russischen Kosaken vom anderen Ufer einst dieses Dorf, als sie es vor einem Jahrhundert gründeten. Selbst die Höfe, Speicher, Wohnhäuser, die Fensterrahmen mit ihren reichen Schnitzereien ähneln denen auf Fotos alter Kosakensiedlungen am russischen Ufer des Argun.

Am Dorfeingang begegne ich zwei Männern. Noch von Hand

stapelt einer der beiden kegelförmig das Heu – gepresste Rund-ballen gibt es hier noch nicht. Neben ihm ein Motorradfahrer. Im Beiwagen stehen zwei Körbe voller Steinpilze. Ich grüße sie auf Chinesisch. «Kwartira?», fragt der eine, auf seine große Gabel ge-stützt, in akzentfreiem Russisch. Ob ich nach einer Unterkunft suche? «Bist du Iwan?», erwidere ich ebenfalls auf Russisch und merke erst dann, wie windschief diese Frage in seinen Ohren klin-gen muss. Ein Freund in Russland hatte mir empfohlen, beim alten Iwan abzusteigen. «Nein, der verrückte Iwan wohnt dahinten, im ersten Haus hinterm Fluss.»

Auf dem Weg zu Iwans Hof, in der blauen Stunde, komme ich an ein paar Anwesen, an Hühnern, Katzen und Hunden vorbei. Linker Hand stehen zwei verwaiste russische Bauernhäuser. Die Balken vom Wetter ergraut, durch die Dachschindeln schieben sich die Triebe junger Birken. An einer halb aufgestoßenen Eingangstür hängt kopfüber ein Glückszeichen. Es muss schon ein paar Jahre her sein, dass hier jemand das chinesische Neujahrsfest gefeiert hat, denn das rote Papier ist längst verblichen. Ich überquere den Gan, mehr Bach als Fluss. Unter der morschen Brücke schrubbt eine Frau Wäsche im sedimentgesegneten Wasser.

«Du bist der Deutsche, stimmt's?» In der Hofeinfahrt wartet ein Mann auf mich. «Ich bin Wladimir, Iwans Sohn», stellt er sich auf Russisch vor, «nenn mich Wolodja.» Sein Vater ruhe schon. Nur hinreichend Schlaf lasse Menschen gesund altern. Wolodja bit-tet mich auf die Veranda des weißverfugten Holzhauses. «Ich hab schon gehört, dass du kommst.» Gemeinsam mit seiner Frau be-treibt Wolodja einen Homestay. Ferien auf dem Bauernhof. Eigent-lich kostet die Nacht siebzig Yuan, inklusive selbstgebackenem Brot, euterwarmer Milch und eingemachter Heidelbeerkonfitüre zum Frühstück. Einen Besuch in der Sauna, beheizt mit Birkenholz und bei Kerzenschein, gibt es für dreißig Yuan obendrauf. Doch ich bin Gast des Hauses. Nein, von Freunden nehme man kein Geld.

Der Russische Bürgerkrieg und die Kollektivierung trieben Tausende transbaikalische Bauern und Kosaken mit all ihrem Vieh im Sommer durch die knietiefen Furten, im Winter über den zugefrorenen Argun. Hier in Enhe, im ehemaligen Karagany, scheint es fast so, als hätten die Flüchtlinge das alte Russland ein paar Kilometer von hüben nach drüben verpflanzt und eingepökelt. Am Ufer des schmalen Gan stehen heute, wie vor hundert Jahren in Russland, aus Lärchenholz gebaute Blockhäuser. Ihre Fassaden nach Süden ausgerichtet, trotzten sie den vielen politischen Zäsuren des zwanzigsten Jahrhunderts: der chinesischen Revolution von 1911, der Oktoberrevolution 1917, dem sowjetisch-chinesischen Konflikt 1929, der japanischen Okkupation der Mandschurei 1931 und ihrer «Befreiung» durch die Rote Armee 1945, dem Großen Sprung 1958 und der Kulturrevolution ab 1966.

Auf den ersten Blick wirkt Enhe heute noch immer wie ein nach China verpflanztes bäuerliches Stück Sibirien anno 1917. Der sowjetische Geograph Wsewolod Anutschin, den es im Schlepptau der Roten Armee 1945 in diese abgewandte Welt verschlug, hat es in seinem Buch auf den Punkt gebracht: «Das Leben hier unterscheidet sich kaum von jenem in den entlegenen Dörfern Transbaikaliens zur Zeit des Russländischen Imperiums. Diese Region übt auf den Sowjetmenschen einen beinahe musealen Eindruck aus.» Knapp zwei Jahrzehnte nach der Kollektivierung der sowjetischen Landwirtschaft waren Fahrten in das Gebiet für Anutschin und andere Sowjetmenschen Reisen in eine längst untergegangene Zeit.

Noch bis vor einigen Jahren war Enhe ein gottverlassenes Dorf – einen Tagesritt von der Grenze zu Russland entfernt. Elektrifiziert ist es zwar schon seit 1965, doch erreichbar war die Gemeinde bis vor Kurzem nur über eine Schotterpiste. Als ich vor zehn Jahren zum ersten Mal durch die Gegend strich, kamen Touristen – wenn überhaupt – noch einzeln, per Anhalter, mit Rucksack. Ich musste mich durchfragen, wurde neugierig beäugt.

Ich frage Wolodja nach den vielen neuen Häusern im Dorf. «Die Regierung hat die ethnischen Minderheiten seit einigen Jahren für die Tourismusindustrie entdeckt», antwortet er und bestätigt damit meinen Eindruck von der Begegnung mit der Wolle spinnenden Mongolin in der verlassenen Volkskommune nahe dem Kloster Ganjuur. Heute vergebe der Staat Kredite an die Dorfbewohner. Wolodja reicht mir ein Glas Kwas. Von der Veranda blicken wir auf die dreigeschossige, mit künstlichen Baumstämmen verkleidete Herberge «Natascha» neben seinem bescheidenen Quartier. «Mein Nachbar hat Beziehungen, ist in der Partei. Wir backen kleine Brötchen, wir sind keine Kulaken», lacht Wolodja in Anspielung auf die bäuerlichen Klassenfeinde der Sowjetzeit und zeigt dabei seine Zahnlücke. In der Hoffnung auf zahlungskräftige Kundschaft hätten manche Einheimische ihre spartanischen Holzhütten mit Marmorfußböden und moderner Haushaltstechnik ausstatten lassen. Doch auch zaghafte Anzeichen eines Ökotourismus gibt es, erzählt er. Die Jugendherberge ist mit Komposttoiletten und Energiesparlampen ausgestattet.

Wie schon in Heishantou amüsieren sich die Touristen in Enhe bei russischen Tanz- und Musikaufführungen. Selbst *lieba*, wie Chinesen das russische Graubrot *chleb* nennen, können Besucher verkosten. An Wolodja, einem der frühesten Herbergsbetreiber, geht dieser Boom jedoch vorbei. «In den letzten Jahren hatten wir Glück, da kamen Reisegruppen. Nun brausen die Städter mit ihren großen schwarzen Autos vor. Je teurer der Wagen, desto härter feilschen sie um jeden Fen. Wie sollen wir bei zwei Monaten Saison über die Runden kommen?»

Im Schatten der neuen Pensionen mit ihren monströsen Saunahütten wirkt Wolodjas selbstgenügsame Herberge erdversunken. An den Umfriedungen der alten Kosakenhäuser ranken Bohnen, Mais und Sonnenblumen lugen hinter den Planken hervor. Doch das Idyll von Enhe ist längst kein Museumsdorf des vorrevolutionären Kosakentums mehr. Nachts beleuchten solarstrombetriebene Laternen die durch den Sommerregen kaum befahrbaren Wege. Zwei hohe Funkmasten von China Mobile überragen das Dorf. Und über der orthodoxen Kirche weht die Fahne der Volksrepublik, an ihrem Eingang prangt das Staatswappen.

Inzwischen hat es sich bis Peking und Hangzhou herumgesprochen, was für ein seltsames exotisches Volk im hohen chinesischen Norden wohnt. Immer mehr Touristen reisen dorthin, um zu reiten oder frisch gemolkene Kuhmilch zu verkosten. Vor allem aber, um die Menschen zu beäugen, die ein bisschen europäisch aussehen und dennoch perfektes Chinesisch sprechen. Gerade die sozialen Medien haben das Interesse junger Großstädter an den außergewöhnlichen Volksgenossen geweckt. So wie der Influencer Dong Desheng. Der Bauer aus einem Grenzdorf am Amur postet Livestreams auf der Videoplattform Kuaishou und erzählt dort Followern von seinem Alltag: vom eiskalten Winter in Chinas nördlichster Provinz Heilongjiang oder davon, wie ein paar Wiesel jedes Jahr aufs Neue seine Ernte kaputtmachen. Dong Desheng ist ein Chinese in vierter Generation, er spricht kein Wort Russisch. Millionen chinesischer Fans haben die Videos von «Onkel Petrow» schon geklickt und über diesen hellhäutig-blauäugigen Mann mit seinen buschigen braunen Haaren gestaunt, der in perfektem nordostchinesischen Dialekt, mit bodenständigem Humor und ungezügeltem Optimismus über seine kleine Lebenswelt berichtet. So manche Zuschauer da draußen im Netz geraten darüber ins Grübeln, was es heißt, Chinese zu sein.

Iwan ist zu alt für einen eigenen Videokanal. Doch zumindest jeder russische Ethnologe, der etwas auf sich hält, hat von dem alten Mann schon einmal gehört, manche haben ihn schon besucht. Mit seinem Rauschebart und breiten Schnurrbart sieht er ein wenig aus wie Admiral Makarow, der Kriegsheld und Polarforscher. Die Ethnologen kennen Iwan als Iwan Wasiljewitsch. Dabei hieß sein Vater nicht Wasilij, sondern Qu Hongsheng. In China gibt es eigentlich keine Männer, die Wasilij heißen. Laut Iwans Personalausweis ist er Qu Tongmin. Und die Halbrussen, wie die Männer, die ich am Dorfrand traf, nennen ihn Iwan Sumaschedschy – Iwan der Verrückte. Sein Vater soll sehr aufbrausend gewesen sein, und das habe abgefärbt, tuscheln die Alten im Dorf.

Am nächsten Morgen weckt mich tatsächlich ein Hahn. Später

sitze ich in der Stube von Wolodjas beschaulichem Holzhäuschen und frühstücke. Auf der frisch gebügelten Tischdecke finde ich keinen Krümel Brot. Alles ist perfekt angerichtet, instagramtauglich. Doch mir bleibt nur mein Notizbuch. Durch die gehäkelten, von Marienkäfern bevölkerten Gardinen fällt Sonnenlicht auf das Ocker der Holzdielen und die weiß gekalkten Wände. Am anderen Ende des Raumes steht der offene Steinofen, daneben die Wasserpumpe aus Metall. Auf einer Leine trocknen allerlei Kräuter. Kurz wähne ich mich wieder in einem Freilichtmuseum für das Kosakentum aus der Zeit vor 1917, wäre da nicht der elektrische Wasserfall an der Zimmerwand, dessen Geplätscher mich in die Gegenwart zurückholt.

Ich gehe hinaus in den Garten und höre Wanjas Vater, bevor ich ihn sehe. Iwan ruht auf einer Bank im Vorgarten zwischen Kohlköpfen und Radieschen. Barfuß sitzt er da, seine Filzlatschen hat er abgestreift. Irgendjemand aus Peking erkundigt sich bei dem alten Mann nach dem Neuesten. Die Stimme des Anrufers plärrt aus dem Lautsprecher des Telefons. Iwan spricht langsam, antwortet mal auf Chinesisch, mal auf Russisch. Lesen oder gar schreiben kann er keine der beiden Sprachen.

Sein Naturell, das merke ich rasch, hat Iwan nicht von seinem Vater. Leise und mit tiefer Stimme erzählt er mir seine Geschichte, die Geschichte eines einfachen Menschen im geopolitischen Wirbelstrom zwischen Russland, China und Japan. Wir trinken Wasser und essen Heidelbeeren. Iwan hat seinen Gehstock an die Bank gelehnt. Haarkranz und Rauschebart leuchten schneeweiß, das Gesicht ist von der Sonne gebräunt. Seine warmen Augen fixieren mich: «Komm näher», fordert er mich auf und hält einen blassgrünen Hörtrichter an sein linkes Ohr. «Wenn du Fragen hast, sprich Russisch oder Chinesisch. Aber brüll!»

Einmal, Mitte der neunziger Jahre, sei er in Peking gewesen, habe dort den einbalsamierten Mao und die Verbotene Stadt gesehen. Russland hingegen habe er seit seiner Kindheit nicht mehr betreten. Immer der Reihe nach, bitte ich Iwan. «Na gut. Als ich fünf war, flohen wir über den Argun. Die ganze Familie: mein Bruder, meine drei Schwestern, Mutter und Vater, die Eltern meiner Mutter», sagt Iwan fast unhörbar. «Damals kamen viele Russen hierher. Wir ließen uns erst in Dragozenka nieder, das ist das größte Kosakendorf in der Region. Dreißig Werst südlich. Die Chinesen nennen es Sanhe. Heute wohnen dort Dunganen. Damals lebten kaum Chinesen hier, Moslems schon gar nicht. Mein Vater, ein Chinese, war eine Ausnahme. Und wir Kinder gingen noch als Russen durch. Das hat im Dorf niemanden geschert.»

Geopolitik interessiert Iwan nicht. Doch dass die bäuerliche russische Diaspora im Gebiet der drei Flüsse Chaul, Gan und Derbul in den beiden Zwischenkriegsdekaden auf mehr als elftausend Menschen anwuchs, dass vier von fünf Bewohnern des Dreiflüssegebiets russische Vorfahren haben, hat weltpolitische Gründe. In keinem Geschichtsbuch steht etwas über das Schicksal von Menschen wie Iwan geschrieben, ihre eigene Vergangenheit kennen sie aus den Erzählungen der Vorfahren, die nur noch eingerahmt als schwarz-weiße Schatten an den Wänden der Wohnstuben hängen. Diese Erinnerung beginnt mit der Jugend ihrer Väter und Mütter, irgendwann in den Wirren der russischen Revolution.

«War es Liebe auf den ersten Blick?», frage ich Iwan nach seinen Eltern. Er erzählt, dass sein Vater als junger Bursche nach Transbaikalien gekommen sei, da ein Leben im China südlich der Großen Mauer damals kaum Perspektiven bot: «Erst der Untergang des Kaiserreichs. Danach die ewigen Hungersnöte in seiner Heimatprovinz Shandong. Hier im Grenzland suchte er in den Flüssen nach Gold. Das fand er nicht, doch irgendwann traf er auf meine Mutter. Er versprach ihr ein Kleid, so schön, wie sie es in Russland nicht gesehen hat», erzählt Iwan. Sie habe es als einen frivolen Scherz abgetan. «Doch er ist nach Hailar geritten und hat ihr dort ein prächtiges Gewand gekauft.»

Die ersten Russen im Dreiflüsseland, die nach dem Ersten Weltkrieg kamen, waren keine Auswanderer im engeren Sinne. Es waren Kosaken, die seit Generationen auf der chinesischen Seite ihr Heu machten und nun im Winter nicht mehr in ihre russischen Heimatdörfer zurückkehrten. Der Bürgerkrieg wehte Flüchtlinge wie Treibsand aus den Weiten Sibiriens herüber. Viele lebten anfangs in Erdhütten. Die Hoffnung auf baldige Rückkehr in die Heimat starb erst nach ein paar Ernten. Doch es kam noch schlimmer. Während der Kollektivierung beschlagnahmten die Bolschewiki komplette Viehbestände, das weiß ich aus meinen Akten. Mitunter flohen ganze Dörfer. Viele büßten dabei ihre gesamten Herden ein. Iwan erinnert sich an solche Fälle in der eigenen Familie. Anders als Iwans Eltern floh etwa sein Onkel erst im Winter 1933 in einem Treck von insgesamt zwei Dutzend Familien mit Pferdeschlitten über das Eis des Grenzflusses Argun. «Selbstverständlich sahen die Grenzschützer das. Sie schossen. Sie schossen in die Luft. Es waren Menschen wie du und ich. Doch noch am selben Tag holten Uniformierte die Alten ab, die zurückgeblieben waren, und verschickten sie ins Landesinnere», meint Iwan mit brüchiger Stimme.

Während der Kollektivierung, im Schatten des sowjetisch-chinesischen Grenzkriegs im Jahr 1929, verübte die Rote Armee auch Strafexpeditionen gegen die Kosaken in der chinesischen Dreiflüsseregion. Ob er sich daran entsinne, will ich von Iwan wissen. «Ja, grausam. Sie trieben selbst Frauen und Kinder in den Gan. Sie malträtierten all jene, die sich zurück ans Ufer wagten. Kleinkinder packten sie bei den Händen und Füßen und warfen sie zurück ins Wasser.» Die Welt habe kaum Notiz von der Tragödie im chinesisch-sowjetischen Grenzland genommen. Doch die Gräuel hätten die Exil-Kosaken für immer von ihrer Heimat entfremdet.

So mancher Russe hier bejubelte deshalb die Soldaten des Tenno als Befreier, nachdem Japan die Mandschurei ab September 1931 okkupierte. Auch Iwan? «Die Japaner bildeten mich zum Chauffeur aus. Damals lieferten sie uns die ersten Traktoren.» Bis zum Ende des Zweiten Weltkriegs lebten die Kosaken in einem Marionettenkaiserreich von Tokios Gnaden. «Noch in den achtziger Jahren haben wir mit den alten Landmaschinen die Felder bestellt. Einen Keilriemen kann ich noch heute mit geschlossenen Augen wechseln.» Beim Blick auf Iwans raue Hände nehme ich ihm das ab.

Die verklärten Jugendanekdoten, die Iwan mir erzählt, während er von den Blaubeeren nascht, lassen mich an einen japanischen Propagandafilm aus jener Zeit denken. Männer, Frauen und Kinder pausieren in der Mittagssonne auf dem Feld. Das scheinbar idyllische Landleben der Russen flimmert vor meinen Augen. Szenenwechsel: Vorne ein Pferd, dahinter zwei Ochsen. Das Gespann zieht eine Erntemaschine, die ihre Messer über den Acker wirbelt. Szenenwechsel: Ein Gottesdienst, blonde Mädchen mit dicken Zöpfen. Szenenwechsel: Eine Reiterparade der Kosaken. Neben der Trikolore Russlands weht die Flagge Mandschukuos. Immer schnellere Szenenwechsel aus einer Festtagsszene – Tanzpaare, Zuschauer, Akkordeon, Tanzpaare, Zuschauer, Akkordeon. Sie sind, wie Iwans Rückschau, ein schwarz-weiß verzerrter Ausschnitt eines keineswegs bunten Lebens.

So wie der Propagandafilm nur als Fragment erhalten geblieben ist, bleiben auch Iwans Erinnerungen bruchstückhaft. Spätestens seit der blutigen Niederschlagung eines Kosakenaufstands Mitte der dreißiger Jahre muss es selbst dem letzten russischen Exilbauern gedämmert haben, dass die Japaner nicht als Erlöser gekommen waren. Was der Film ausblendet und was Iwan mir gleichfalls verschweigt, sind die hohen Sondersteuern auf Ernteerträge, die erzwungenen Metallspenden für die Rüstungsindustrie und die harte Wehrpflicht, denn die japanische Militärmission stellte alsbald Kosakenbataillone an der Grenze zur Sowjetunion auf.

Das Ende kam jäh: Im Schatten der Roten Armee, die im Spätsommer 1945 die Mandschurei in weniger als zwei Wochen überrollte, folgten die Schergen der politischen Polizei. Die Tschekisten deportierten Hunderte Männer in sowjetische Straflager. «Nur mein Mischblut hat mich vor der Verschleppung bewahrt», behauptet Iwan. Schon im Herbst 1949, nach einer außergewöhnlich reichen Ernte, der nächste Schicksalsschlag: «Die chinesischen Kommunisten verboten russische Namen, manche stahlen unser Vieh.» Iwan spricht leise, doch ich sehe, wie fest er sich an seinen Gehstock krallt. Dennoch sei das Leben bald in ruhigere Bahnen zurückgekehrt, fährt er fort und streicht sich dabei leicht über seinen Schlafanzug, den er auch tagsüber trägt. «Es gab faktisch keine staatlichen Strukturen. Erst später ernannten sie einen Dorfältesten. Einen mit Parteibuch. Irgendwann hatten wir dann die Landkommune und die forstwirtschaftliche Genossenschaft.» All das habe sich Ende der fünfziger Jahre zugetragen, als Mao Zedong in einem wahnwitzigen Kraftakt die Bevölkerung mit brutalen Mitteln zu gewaltigen Arbeitsleistungen zwang und die Landwirtschaft vergesellschaften ließ. Der grotesk verfehlte Wirtschaftskurs – von der Parteipropaganda als «Großer Sprung» gefeiert – trieb Millionen hungernder Chinesen aus den Städten aufs Land, manche bis in die russischen Dörfer am Gan, Derbul und Chaul.

Ich schaue auf die leere Heidelbeerschale und schweige. Iwans Blick aus dem sonnengegerbten Gesicht schweift über den Gartenzaun irgendwohin nach Westen, Richtung Russland. Er greift nach seiner Krücke, will eigentlich schon aufstehen, stellt sie dann doch noch einmal ab. «Kulturrevolution», flüstert Iwan, wechselt ins Chinesische und nutzt statt der fünfsilbigen nur die zweisilbige Kurzform: *wenge*. Er wiederholt das Wort leise und macht zwischen beiden Silben eine Pause: *wen, ge*. In den späten sechziger Jahren seien blutjunge Mitglieder der Roten Garden aus den Städten in die russischen Kosakendörfer eingefallen und hätten ihn wie viele andere aus russisch-chinesischen Mischehen hervorgegangene Dorfbewohner der Spionage bezichtigt.

«Junge Leute waren das, Studenten und Schüler. Milchgesichter, die uns als Mitglieder oppositioneller Cliquen, Angehörige des sowjetischen Geheimdienstes oder – noch schlimmer – Gründerväter einer Mischblutrepublik beschimpften. Hier im Dorf haben sie uns verprügelt und an den Armen aufgehängt. Denen war egal, dass viele von uns bereits hier zur Welt gekommen waren. Wir hatten doch keinerlei Bezug zur Sowjetunion. Meinen Nachbarn haben die Bastarde gehenkt.» Selbst für jene, wie Iwan, die mit dem Leben davonkamen, waren es apokalyptische Zeiten: «Die ewigen Denunziationen säten Misstrauen im Dorf. Wer ist dein Freund? Wer ist dein Feind?»

Ob er damals an Flucht gedacht hat? Ja, viele hätten in die Sowjetunion ausreisen wollen, ein Land, das, obwohl nur wenige Kilometer entfernt, die Jüngeren noch nie betreten hatten. «Wir wollten genauso fort von hier. In den anderen Dörfern das Gleiche. Doch als die Regierung in Peking davon Wind bekam, war alle Hoffnung dahin.»

Iwan erzählt mir noch von einem Jugendfreund, den die sowjetischen Behörden samt Frau und acht Kindern ans andere Argun-Ufer repatriierten. «Er lebt bis heute in Abagajtuj. Er hat uns vor ein paar Jahren sogar mal besucht.» Vor meinen Augen steht wieder dieses alte Kosakendorf mit seinem tungusischen Namen und seinen sowjetisch-grauen Dächern, auf das mich die Frau im Bus aufmerksam gemacht hat.

Was Iwan fehlte, war ein schützender sowjetischer Pass. Ohne die richtigen Papiere und reines russisches Blut war er chancenlos. Doch egal, ob unter dem mandschurischen Marionettenkaiser Puyi oder dem Großen Steuermann Mao Zedong: Die Regime kamen und gingen. Iwan blieb und fuhr seinen Traktor.

«Glaubst du an Gott?», frage ich Iwan durch seinen Hörtrichter. Erst wiegt er seinen Kopf, dann schüttelt er ihn plötzlich energisch. «Das Korn wächst auf dem Feld, es fällt nicht vom Himmel», brummt er trocken. Doch in einer Ecke von Iwans Stube hängt eine Ikone. Und so manche Bräuche überdauerten die Wirren, selbst bei ihm. Einmal im Jahr, am Totengedenktag, den die orthodoxe Kirche neun Tage nach Ostern feiert, schüttet Iwan abends eine dünne Schicht Mehl in den Hausflur. Am nächsten Morgen sucht er nach Fußspuren – im Glauben, die verstorbenen Eltern wiederzusehen.

Auch die Dorfkirche von Enhe steht bis heute. Aus der Ferne sieht sie noch genauso aus wie in dem japanischen Propagandafilm. Doch während der Kulturrevolution verbrannten die Roten Garden die Ikonen und zerschlugen die Glocken. Danach richteten sie einen Klub darin ein. Heute hat im Gotteshaus neben dem Büro des Dorfvorstehers auch das Museum Platz. Es ist ein Potpourri aus ausgestopften Rentieren, antiquierten Landwirtschaftsgeräten und ein paar vergilbten Wandzeitungen, die an das russisch-chinesische Freundschaftsjahr 2008 erinnern.

Anfang der achtziger Jahre lebten gerade noch dreitausend Russen in China, die Mehrzahl in den Kosakendörfern um die drei Flüsse Gan, Derbul und Chaul. Grund für diesen dramatischen Schwund war nicht der Exodus von Exilkosaken in die Sowjetunion oder nach Übersee. Die Repatriierung von Iwans altem Schulfreund blieb die große Ausnahme. Aus Angst vor neuen Repressionen tarnten zahlreiche «Mischlinge» sich damals als Han-Chinesen. Heute ist die Zahl der russischen Minderheit in China auf über fünfzehntausend Menschen angeschwollen, über die Hälfte lebt in den Dörfern östlich des Argun. Denn inzwischen bietet die Zugehörigkeit zu einer der fünfundfünfzig anerkannten Minderheiten Chinas Vorteile wie laxere Geburtenkontrolle oder einen leichteren Zugang zu Hochschulbildung. Ob Menschen wie Iwan also zu den *eluosi*, wie das kleine Volk der Russen in China offiziell heißt, gehören wollten oder nicht, war auch immer Abwägung von Vor- und Nachteilen.

Chinesen in der Mandschurei sprechen gerade heraus, politisch korrekte Sprache ist vielen fremd. Sie nennen die Russen *laomaozi* – «alte Haarige». Trotz des rassistischen Untertons schwingt in diesem Begriff auch die Bewunderung für deren ungewöhnlich dichten Haarwuchs mit. Iwan ist ein *ermaozi* – ein «alter Haariger zweiter Generation», sein Sohn Wolodja ein *sanmaozi*. Der alte und gar nicht so verrückte Iwan und sein Sohn Wolodja sind als *ermaozi* und *sanmaozi* immer Russen geblieben, sie haben die Nationalität nie aus ihrem Personalausweis getilgt.

Wolodja stellt eine neue Schale mit Heidelbeeren auf den Tisch und gesellt sich zu uns. Stolz zeigt er mir seine Identitätskarte. Noch bis vor einigen Jahren hat er Heilkräuter und Gemüse in der Kollektive angebaut, für die sein Vater einst den Traktor fuhr.

«Warst du schon mal in Russland?», frage ich Wolodja. «1992 bin ich zum ersten Mal überhaupt nach drüben gereist, nach Tschita», erzählt er. «Damals gab es plötzlich wieder Kontakte nach

Russland. Aber keiner sprach mehr Russisch! Firmen heuerten selbst einen Analphabeten wie mich als Übersetzer an. Erst war ich ein Jahr lang in Tomsk bei den Holzhauern beschäftigt und danach noch eine Saison in den Wäldern Burjatiens.»

Ich frage Wolodja noch nach der Zukunft der Diaspora, jetzt, wo die Grenzen wieder offen sind und die russische Dorfgemeinschaft in China als exotisches Tourismusziel gilt. «Die Hälfte der Einwohner von Enhe sind inzwischen Han-Chinesen. Wir *sanmaozi* heiraten Chinesen. Und unsere Kinder kommen als Chinesen zur Welt. China ist ihre Heimat. Es sind die Touristen, die uns heute zu Russen machen.» Wolodja klingt resigniert. Anders als bei seinem Vater ist sein Russisch eingerostet. Immer wieder, wenn ihm die russischen Vokabeln fehlen, senken sich die buschigen Brauen über seinen großen Augen und er wechselt ins Chinesische: «Wie viele Jahre schon versprechen sie uns Russischunterricht in der Dorfschule? Passiert ist bisher nichts. Stattdessen sollen wir für die Leute aus Peking und Schanghai Trachtentänze vorführen.»

Iwans Nachbar, der 1968 starb, weil er Russisch sprach, passt nicht in dieses Folklorebild. «Sowjetischer Spion» stand auf dem Schild um seinen Hals, als ihn die Roten Garden durch das Dorf trieben, bevor sie ihn henkten. Die Reisenden aus dem Süden wissen das nicht. Und die es wissen, interessiert es nicht. Sie buchen ein russisches Ferienidyll mit Sauna und Graubrot im Norden Chinas, Kulturrevolution exklusive. Das komplexe Erbe der bäuerlichen Russen in den lieblichen Flusstälern von Chaul, Gan und Derbul stört das Bild von einem China, in dem alle ethnischen Gruppen in perfekter Harmonie leben.

«Nach diesem Sommer mache ich die Pension endgültig dicht», sagt Wolodja noch. Sein eigener Sohn lebt inzwischen in Hailar. Viele Mädchen habe er dort, nur keine Frau. Ihm selbst wächst die Arbeit mit den Touristen über den Kopf. Überall in Enhe, dem alten Karagany, prangen Schilder an den Plankenwänden mit der Aufschrift «zu verkaufen», daneben steht meist eine Handynummer. Wolodja erzählt mir noch von einem Gerücht, das im Dorf seit einiger Zeit die Runde macht. «Karagany soll umzäunt werden. Fremde zahlen dann Eintritt, vielleicht schon nächste Saison. Aber wir sind doch kein Zoo!» Es wäre nicht das erste Dorf, dem in China ein solches Schicksal widerfährt.

«Fahr bloß nicht nach Shiwei», rät Wolodja mir zum Abschied. In meinem chinesischen Reiseführer ist ein Foto von einem Wasserturm abgedruckt, auf dessen Fassade ein russisch-chinesisches Brautpaar gemalt ist. Das Buch weist Shiwei als «Dorf der russischen Minderheit» aus. Es klingt wie eine Warnung.

7. Der Prostituiertenfriedhof am Amur

Moerdaoga – Genhe – Mangui – Mohe – Beijicun

Keine Viertelstunde stehe ich am Ortsausgang von Enhe, und schon mache ich es mir im Fond eines VW Polo bequem. So gut das möglich ist, denn auf der Rückbank stapelt sich jede Menge Computertechnik. Ich nippe an einer eisgekühlten Cola, die mir Chun gereicht hat. Er und sein Beifahrer Wei sind schon über ein Jahr unterwegs. Tagein, tagaus dasselbe: Chun, kräftig und pausbackig, steuert, der blasse, dürre Wei sitzt neben ihm und kündigt Kurven und Kreuzungen an. Nein, die beiden nehmen an keiner Rallye teil. Sie lassen sich gerne überholen. Mit fünfzig Stundenkilometern schleichen sie geradezu über den glatten Asphalt. Letzte Nacht haben sie in Shiwei an der russischen Grenze verbracht, heute fahren sie auf der Landstraße gen Osten nach Moerdaoga.

Plötzlich geht Chun an einer Kreuzung in die Eisen, dreht den Wagen um die eigene Achse und tritt danach wieder aufs Gaspedal. «Nur so können wir die Kreuzungen korrekt fotografieren», erklärt Wei. Auf dem Dach ist eine Kameraanlage installiert. Mit fünf Linsen zeichnet sie ein 360-Grad-Panorama der Straßen des Großen Xingan-Gebirges auf. Tianxun heißt die Firma, für die Chun und Wei arbeiten: Ihr Online-Kartendienst Tencent Maps hat inzwischen das umfassendste Netz von Streetview-Aufnahmen in China aufgezeichnet. Für Google Maps bleiben die Autobahnen, Landstraßen, Gassen und Plätze der Volksrepublik *terra incognita*.

Viel Zeit bleibt den beiden jungen Männern nicht für Chinas kalten Norden. Nur bei heiterem Himmel, maximal bei leichter Bewölkung noch, können sie die Landschaft fotografieren. Bei Dämmerung, Regen oder Schnee lassen sie ihren Polo stehen. Der Winter beginnt Anfang Oktober und dauert bis Ende April. Wenn die ersten Blätter fallen, ziehen sie sich in den Süden des Landes zurück. Oder in eine von Chinas Dutzenden Millionenstädten. «Ständig müssen die neu abgescannt werden, Straße für Straße, zu schnell ändert sich dort alles», sagt Wei und blickt durch den Rückspiegel zu mir.

Wir verlassen das Kosakenland um den Gan, Derbul und Chaul und tauchen in die dichten Wälder des Großen Xingan ein. Sanft geht es hinauf in dieses Mittelgebirge, das sich mehr als eintausend Kilometer von den Steppen der Inneren Mongolei Richtung Norden zu Chinas kältestem Punkt an der Grenze zu Russland erstreckt. «In den Großen Xingan kommen wir vielleicht in zwanzig Jahren wieder. Wald bleibt Wald», erklärt Chun mit einem Lachen. Weder Mobilfunkmasten noch Hochspannungsleitungen verstellen den Blick. Das, was links und rechts der Straße wächst, Birken, Lärchen, Kiefern, auch ein paar Ebereschen, haben viele Chinesen noch nie in ihrem Leben gesehen. Chun und Wei bringen die mandschurische Taiga ins Wohnzimmer – nur einen Klick entfernt.

Die beiden jungen Männer haben in Wuhan Luft- und Raumfahrttechnik studiert. Selbst ihre Kleidung ist identisch: blaue Jeans, schwarzes Firmenshirt. Chun, der ältere der beiden, hat eine fünfjährige Tochter, die er nur einmal im Jahr sieht. «Es ist wie mit dieser Landschaft hier. StreetView ersetzt genauso wenig wie WeChat die reale Welt. Am Computer riechst und hörst du den Wald nicht», meint Chun melancholisch. «So wenig wie ich meine Tochter in den Arm nehmen kann.» Sobald sie ihr Etappenziel Moerdaoga erreichen, senden sie die Daten zur Weiterverarbeitung nach Peking.

Ihr silbernes Streetview-Auto biegt ab. Die beiden kartieren noch eine Nebenstraße in diesem Landstrich, der keine Hauptstraßen kennt. Die letzten zwei Kilometer nach Moerdaoga laufe ich. Dann, irgendwo zwischen Wald und Stadt, bleibt, wie schon im russischen Enhe, plötzlich die Zeit stehen: leere Straßen, auf denen ein paar motorisierte Dreiräder knattern, keine Autos weit und breit. Häuser mit Kachelfassaden, fünf Etagen maximal. Willkommen im China der späten achtziger Jahre, denke ich. Vor dem Polizeipräsidium spielen alte Männer Mahjong. Kinder stürmen hinter mir her und zeigen mit dem Finger auf mich. Moerdaoga lebte einst von der Holzwirtschaft. Doch seit die Volksrepublik ihre wenigen verbliebenen Wälder schützt, kommt das Holz für die noch arbeitenden Sägewerke per Güterzug und Lastwagen aus Russland. Mickrige Löhne, selten mehr als anderthalbtausend Yuan, das sind rund zweihundert Euro, zahlen die Sägemühlen ihren Arbeitern. Wer kann, geht weg.

Der letzte Bus von Moerdaoga nach Genhe fuhr kurz vor zwölf. Ich habe Glück: Ein Taxifahrer nimmt mich mit – Leerfahrt, dreißig Yuan, ein türkisfarbener VW Santana. Wir stoppen am Checkpoint, der hier wie hinter jeder größeren Ortschaft steht. Mit Schranken und Wärterhäuschen schützt der Staat eines der wichtigsten Forstwirtschaftsgebiete des Landes vor illegaler Abholzung. Fahrer Ruibin grüßt den Wachmann mit einem «Na, schon Mittag gegessen?», dann tritt er aufs Gaspedal. Der Staat warnt per SMS: «Rauchen verboten.» Wieder Lärchen, Kiefern, Birken, Kiefern, Lärchen. Alle paar Kilometer am Straßenrand Parolen: «Lasst uns einen harmonischen Wald errichten», «Waldbrände verhindern ist gut für Staat und Volk».

Einhundert Kilometer später, kurz vor Genhe, taucht plötzlich eine weitläufige Holzhäusersiedlung in der Gebirgstaiga auf. Im Schatten der dreigeschossigen Blockhütten lungern ein paar Hunde. Ich will schon aussteigen, doch Ruibin winkt ab: «Nein, du fährst besser weiter, das ist nur so ein neugebautes Minderheitendorf. Seit einigen Jahren siedeln Dutzende Ewenken-Familien hier in Haolibao. Die hausten früher mit ihren Rentieren weiter im Norden, oben in den Wäldern bei Mangui. Sie lebten von der Gerberei, ernährten sich von Jagd und Fischfang.» Ewenken sind bis heute über ein Gebiet verstreut, das größer ist als Westeuropa, es erstreckt sich von Russland bis nach China und in die Mongolei. Anders als in der Sowjetunion blieben die nomadischen Rentierzüchter in der Volksrepublik von der Kollektivierung weitgehend verschont. Selbst von der Kulturrevolution nahmen sie kaum Notiz. Bis in die tiefen Wälder des Großen Xingan verirrten sich die Roten Garden offenbar nicht. Als der Rest des Landes im Chaos versank, jagten die Ewenken einfach weiter und hüteten ihre Herden, schlachteten die Rentiere, häuteten sie und gerbten ihre Felle.

Heute arbeiten die Ewenken von Haolibao als Herbergseltern in einem Ethno-Freilichtzoo – ein Schicksal, das den Russen in Enhe noch bevorsteht. Manche betreiben etwas Landwirtschaft. Ihre Jagdwaffen mussten sie Mitte der neunziger Jahre im Zuge der Umsiedlung abgeben. Nur mit Sondergenehmigung händigt der Staat noch Gewehre für die Jagdsaison im Herbst aus. Mit der Konfiszierung der letzten Büchsen verloren die Menschen ihre Kultur und manche auch ihren Stolz.

Was er denn von der Umsiedlung halte, frage ich Ruibin. «Natürlich ist das hier besser als Arbeitslosigkeit und Alkoholismus. Die Ewenken saufen noch mehr als die Russen! Aber ihr Leben im Wald war doch eigentlich ganz okay», antwortet er. Die Balken der großen Häuser des *minority resort* sind dunkel gebeizt, ihre Dächer ausladend. Vor dem Areal parken Fahrzeuge mit auswärtigen Kennzeichen. «Viele Touristen fliegen sogar nach Genhe. Mit der Linienmaschine bis Hailar und von dort weiter mit einem kleinen Propellerflugzeug.» Ruibin deutet in den Himmel.

Genhe. Die Stadt macht einen aufgeräumten Eindruck. Auch hier ist der letzte Überlandbus längst abgefahren. Die Sonne wirft schon übermannslange Schatten. Vor dem Busbahnhof stauen sich die Taxen. Die Fahrer hoffen auf das Geschäft ihres Lebens. Mir fehlt die Muße für zähe Preisverhandlungen, und so wandere ich zum Stadtrand. Am Ortsschild eine alte Frau, die Pilze verkauft:

«Dich nimmt schon jemand mit», sagt sie und bietet mir einen Schemel an. Schon wieder der türkisfarbene Santana. «Mangui?», lacht
Ruibin, «steig ein!» Zweihundert Kilometer in drei Stunden absol-
vieren wir auf einer Schotterpiste parallel zur Bahnstrecke Richtung
Norden.

Der Abendhimmel senkt sich über die schier endlosen Wälder.
Wir heizen durch Huzhong, Jinlin und andere Geisterdörfer und
schrecken dabei nicht einmal Hühner auf. «Früher arbeiteten die
Bewohner in der Holzwirtschaft. Doch der Staat hat die Dörfer
hinter Genhe längst aufgegeben.» Ruibin klingt resigniert. Er selbst
ist in Huzhong geboren. Doch seit fünf Jahren lebt er mit seiner
Familie in Mangui, die Wohnung hat der Staat gestellt. Die wenigen Menschen, die in der Wildnis ausharrten, seien heute auf sich
allein gestellt. «Nur ein paar Stunden Strom am Tag. Keine Schule,
keine medizinische Versorgung», meint Ruibin. China kann auch
schrumpfen. Dann, hinter Jinhe, nicht einmal mehr Geisterdörfer.
Vierzig Kilometer lang kein Haus und kein Mobilfunk. Irgendwo
auf halber Strecke scheuchen wir einen Luchs auf. Abends um zehn
Uhr erreichen wir Mangui. Die Nacht in der Fernfahrer-Absteige
ist schlaf- und uhrzeitlos: Neonlicht, Schimmel, Bettwanzen.

Am nächsten Morgen steht das Thermometer knapp über null.
Auf dem Frühmarkt von Mangui bringe ich meinen Kreislauf mit
einer Ölstange, zwei Tee-Eiern und einer Schale Sojamilch in
Schwung. Per Bus geht es weiter Richtung Mohe. An der Provinz-
grenze lasse ich den Großen Xingan, die mächtige Wasserscheide,
südlich hinter mir: in Heilongjiang, Chinas nördlichster Provinz,
plötzlich glatter Asphalt statt Schotterpiste.

Der nördliche Teil des chinesischen Amur-Beckens ist ein men-
schenarmer Landstrich. Weniger als zweihunderttausend Seelen
leben auf einer Fläche größer als Baden-Württemberg. Mohe empfängt mich mit breiten Straßen, doch mit der Urbanität ist es nicht
weit her. Die China-Straße teilt den Ort in eine Ost- und eine
Westseite. Links und rechts Geschäftshäuser und Verwaltungsgebäude. Am Ende der Achse, durch ein neo-traditionelles chinesisches

Stadttor abgetrennt, eine große Kaserne der Volksbefreiungsarmee. Erker, Türme und Säulengänge der Fassaden deuten die geographische Nähe zu Russland an. Doch im Unterschied zu anderen Städten im Grenzgebiet sehe ich keine zweisprachigen Ladenschilder. Auch Russen fehlen im Stadtbild. Daran wird die kürzliche Erweiterung des Grenzübergangs von Luoguhe wenig ändern. Der kleine Checkpoint am Zusammenfluss von Schilka und Argun, die hier zum Amur verschmelzen, war bisher nur in den Wintermonaten geöffnet, um Holzimporte aus Russland abzuwickeln.

Wie schon in Moerdaoga und Genhe ist der Wald für die Bürger Mohes gleichermaßen Fluch und Segen: Im Mai 1987 überrollte ein verheerender Waldbrand die Stadt. Zweihundertelf Menschen starben. In einer Gedenkstätte an der Hauptstraße halten Fotos verkohlter Leichen und Modelle verbrannter Häuser die Katastrophe lebendig. Doch ein riesiges Propagandaplakat, hinter dem sich die Kreisverwaltung versteckt, verspricht eine lichte Zukunft: «Ressourcen verwalten, Reichtum für jedermann, gemeinsam erschaffen wir ein neues ökologisches Waldgebiet!» Die zinnoberroten Schriftzeichen prangen auf einer amateurhaften Photoshop-Collage: Ein See, darauf ein Ruderboot. Baumbestandenes Ufer. Darüber ein großes Passagierflugzeug. Bayerischer Himmel. Kaderphantasien.

Die Realität muss ohne Weichzeichner auskommen und beginnt im Slum zwei Blöcke westlich der China-Straße. Der 28. Bezirk ist eine Ansammlung niedriger Ziegelhäuser und Holzverschläge. Davor Gemüsegärten und viel Staub. Verstreut ein paar Garküchen, Autowerkstätten und als Karaoke-Bars und Fußmassagesalons getarnte Bordelle. Vor dem «Hauptstadtmädchen-Kabarett» hängt eine müde Frau Bettlaken auf die Wäscheleine. Irgendjemand pfeift mir hinterher.

*

Neuer Tag, gleiche Himmelsrichtung: Norden. Trampen in China, das habe ich inzwischen gelernt, ist nicht wie bei uns endloses Warten an vielbefahrenen Chausseen. Wieder einmal bremst nach wenigen Minuten ein Auto. Der Fahrer kurbelt die Scheibe runter und fragt: «Wohin des Wegs?» Diesmal ist es ein Streifenpolizist. «Nach Norden, ins arktische Dorf Beijicun», sage ich. Dienstbeflissen steigt der Beamte aus und winkt den ersten Wagen heran – einen tiefschwarzen BMW. «Ich fahre nach Kalifornien», lacht der Fahrer und entriegelt die Beifahrertür. Hu heißt er.

Auf nach Kalifornien! Ich denke an die Rohrleitung, die einer Aorta gleich Sibiriens schwarzes Blut in die Organe der chinesischen Volkswirtschaft pumpt. Bei ihrem Bau herrschte hier im Norden Chinas eine Goldgräberstimmung, wie sie Kalifornien ab Mitte des neunzehnten Jahrhunderts wohl nicht mehr gesehen hat: Seit 2011 unterquert östlich von Mohe die «Ostsibirien-Pazifik»-Pipeline den Amur, gluckert russisches Öl von den Fördergebieten westlich des Baikalsees in den Tanks der Raffinerien der mandschurischen Ölstadt Daqing. Tafeln an der Straße feiern die neue chinesisch-russische Rohstoffkooperation. Eine weitere Pipeline wird derzeit durch die Taiga getrieben. Die «Kraft Sibiriens» soll bald schon Erdgas von den Förderfeldern Jakutiens nach China liefern. China hatte, nachdem der Rubel im Ukrainekrieg ins Bodenlose fiel, Russland eine dreißig Jahre lange Lieferung zu günstigen Konditionen abgerungen. Putin schwärmte beim ersten Spatenstich dennoch vom «größten Bauprojekt der Welt». Es ist nicht ohne Ironie, dass an ebendieser Stelle – diesem nördlichsten Zipfel der russisch-chinesischen Grenze – chinesische Truppen einst Kosaken vom Amur zurück nach Sibirien drängten.

Mitte des siebzehnten Jahrhunderts hatte der Zar im fernen Moskau Expeditionsreisen von Nordsibirien an den Amur abgesegnet. Es war der Auftakt schwieriger bilateraler Beziehungen zwischen den beiden großen Landreichen in Nordostasien. Der Kosake und Entdecker Wasilij Pojarkow führte 1643 einen ersten Spähtrupp an, der Nebenflüsse des Amur erkundete und kartographierte. Der Kolonist Jerofej Chabarow, nach dem die heutige Amur-Metropole Chabarowsk benannt ist, leitete die folgenden

wichtigen Expeditionen und bestätigte die Hoffnungen auf fruchtbares Ackerland. Chabarow eroberte dabei 1651 die am Amur gelegene mandschurische Festung Yaksa. Umgewandelt in ein russisches
Fort, trug der Ort fortan den Namen Albasin – ungefähr dort, wo
heute russisches Öl unter dem Amur hindurch nach China strömt.
Der erste Versuch Russlands, am Amur Fuß zu fassen, war nur
von kurzer Dauer. Denn als Chabarow Tribut von den indigenen
Völkern einforderte, die bereits dem Kaiserhof in Peking gegenüber
verpflichtet waren, erschienen die europäischen Barbaren China
zunehmend als Gefahr. Russland bediente sich mit dem Eintreiben
des «Jasak» einer alten mongolischen Praxis: alle Ländereien, die
diese Naturalsteuer entrichteten, als untertan zu betrachten. Von
allen Männern verlangten die Russen pro Sommer rund ein Dutzend Felle Tribut, dazu Fisch und natürlich Hopfen fürs Bier.

Schlimmer noch als stockende Tributzahlungen der nördlichen
Grenzbarbaren schien dem Mandschu-Kaiserreich die Gefahr einer
Allianz der Russen mit dem Mongolenstamm der Dschungaren. Der
erste Vorstoß der kaiserlichen Truppen gegen die Russen in dem
Amur-Fort Albasin endete 1653 mit einem Rückzug der chinesischen Soldaten. Doch hatten die Mandschu zu dieser Zeit selbst erst
das alte Herrscherhaus der Ming aus Peking vertrieben und waren
somit zur letzten Dynastie Chinas aufgestiegen. Als die neue Macht
im Kernland südlich der Großen Mauer ihre Stellung stabilisiert
hatte, begann die Errichtung von Garnisonen und Befestigungsanla-
gen am Amur. Die von Kaiser Kangxi befohlene Zerstörung der Festung Albasin in den 1680er-Jahren durch Qing-Truppen schlug die
Russen nach Transbaikalien zurück und bereitete eine diplomatische
Lösung des Territorial- und Tributkonflikts vor.

Für diese historischen Feinheiten interessiert sich Genosse Hu
nicht, für das russische Öl schon. Wie ein Buddha thront er in seiner
Limousine und philosophiert noch immer über Kalifornien. Adrett
gekleidet, reicht seine Anzughose wie bei vielen chinesischen Kadern
beinahe hinauf bis zu den Brustwarzen. «Gleich sind wir da», sagt
Hu, als wir den 42. Kilometerstein passieren, und deutet nach links

in den Wald. Nichts in meinem Sichtfeld erinnert an Kalifornien. «Ach, das ist nur so ein Spitzname, aus jenen Tagen, als Glücksritter am Amur noch nach Gold schürften.» Ende des neunzehnten Jahrhunderts lockte das Goldfieber Männer in die Wälder nördlich von Mohe. Zwei Sommer lang existierte an der Grenze der beiden Imperien die «Republik» Scheltuga mit ihren vielleicht zehntausend Bewohnern aus aller Herren Ländern. Unter die Schürfer, Gauner, Zuhälter und Schnapshändler mischten sich neben Russen und Chinesen auch Franzosen, Juden, Ewenken und Amerikaner. Im Sommer 1885 kamen die kaiserlichen Truppen und legten Feuer. Die Herbergen, Tavernen, Casinos und Billardsalons mit klingenden Namen wie «China», «Neu-Russland», «Monte Carlo» oder «Kalifornien» brannten nieder. Kurz darauf gründeten Chinesen die Goldminen-Siedlung Mohe. Überdauert haben nur Legenden.

Hu parkt sein «edles Pferd», wie Autos der Bayerischen Motorenwerke in China klangvoll heißen, vor einem großen Metalltor. Beim Blick auf seine hochkarätige Armbanduhr ertappe ich mich bei der Frage, auf welcher Goldmine er wohl sitzen mag. Hu gibt an, er solle nur die Bauarbeiten einer Tempelanlage überwachen: «Guanyin Mountain & Golden Town»-Resort steht am Eingang geschrieben. Dahinter ein noch unverputzter Tempel, eine weiß leuchtende Buddha-Statue, Hotels. Bauherr ist ein Schanghaier Konsortium.

«Wenn du die Reste von Scheltuga sehen möchtest, lauf drei Li die Straße entlang und bieg rechts in den Sandweg ab», empfiehlt mir Hu. «Keine Sorge, du kannst die Dirnengräber nicht verfehlen. Es gibt nur eine Abzweigung.» Behäbig steigt er aus dem Wagen und zieht sich seine Hose noch höher über den Bauch. Dann öffnet er den Kofferraum und reicht mir zum Abschied eine kardinalrote Schachtel Chunghwa. Ehrfürchtig nehme ich die Packung entgegen und rieche daran. Chunghwa war Mao Zedongs bevorzugte Zigarettenmarke. Mit ihrem unverwechselbaren Pflaumenduft ist sie heute ein beliebtes Geschenk unter Mittelklassechinesen. «Aber nicht den Wald abfackeln!»

Eine halbe Stunde später, kilometertief im Wald, entdecke ich auf einer Lichtung vier Motorräder neben einer verwaisten Blockhütte. Auf einem bombastischen Steinrelief davor wölben sich üppige Körper europäischer Frauen, die ein Fluss in den Tod zu reißen scheint. Neben dem latent pornographischen Bildwerk führt ein schmaler Weg noch tiefer in die Kiefern hinein. Verwitterte Kreuze ragen aus dem Buschwerk halbsüßer Preiselbeeren hervor. «Hier liegen 22 russische Prostituierte begraben», steht auf einer Tafel. Auf einer anderen heißt es: «Mascha, Russin, 19 Jahre.» Der Rundweg windet sich knapp einen Kilometer lang zwischen den hageren Baumstämmen hindurch. Immer wieder Schilder: «Hier ruhen 39 japanische und koreanische Prostituierte.» Nirgendwo fällt die chinesische Obsession für ausländische Dirnen so ins Auge wie in den poetischen Zeilen auf einer Holztafel am Waldrand: «Sie stammten aus verschiedenen Ländern. Unter ihnen waren talentierte wie moralisch integre Frauen – trotz des Lebens inmitten der freudlosen Umgebung. Hier verloren die Schönheiten ihre Unschuld. Bis heute sind sie ausgestoßen. Ihr früheres Leben erscheint wie ein goldener Traum, ihre Seelen ruhen im Fluss der Goldschürfer. Verblieben sind einzig ihre Skelette hier inmitten der grünen Berge. Sie singen ein trauriges Lied.»

Eine letzte Stunde im Auto gen Norden. Chinas nördlichste Siedlung erreichen Besucher über eine vierspurige Autobahn, vorbei am 2008 eröffneten Flughafen. Sechzig Yuan kostet der Eintritt in die künstlich erschaffene Welt des vermeintlich arktischen Dorfs. Touristen kommen wegen des Amur und der Polarlichter hierher – dabei klammert sich Beijicun wie Hamburg an den 53. Breitengrad. Doch selbst hier keine Urlauber. Auf dem Schwarzen Drachen, wie Chinesen den Fluss nennen, schaukelt ein halbes Dutzend Ausflugsboote verlassen am Pier, die schwimmenden Restaurants sind geschlossen. Ruhig wie ein Schlossteich steht das Wasser des Amur. Ein Obelisk mit der Aufschrift «Chinas nördlichster Punkt» und eine riesige Videowand überragen den Freiplatz vor der Uferpromenade. Die einzigen Menschen, denen ich begegne, tanzen in einem Musikclip auf der Leinwand: «Ich habe den Norden gefunden ...». Eine Baritonstimme singt in Endlosschleife «... den Norden gefunden». Erhaben ist hier lediglich das russische Steilufer gegenüber: keine Wachtürme, keinerlei sonstige Spuren von Zivilisation. Russlands schroffe Mauer an der Grenze zu China ist ein menschenleeres Felsmassiv.

Abends um halb zehn erlischt der Videoschirm. Der Vollmond versilbert den Grenzfluss. Eine Handvoll Bauern versammelt sich nun auf dem Platz. Sie müssen von der Lehmhütten-Siedlung westlich des Touristendorfs herübergekommen sein. Dort betreiben sie Ackerbau. Im fahlen Licht des Erdtrabanten verbrennen die Männer und Frauen nun Totengeld. Das ist ihre Opfergabe für die Seelen, die aus der Unterwelt auf die Erde kommen. Es ist Geisterfest, der 15. Juli im chinesischen Mondkalender. Auf dem Prostituiertenfriedhof zündet niemand Opfergeld an, denke ich, nicht nur der hohen Waldbrandgefahr wegen. Doch hier, am Amur, sehe ich die Seelen der Maschas, Marikos und Warwaras aufsteigen.

8. Entlang der rauen Seidenstraße

Jerofej Pawlowitsch – Mogotscha – Nertschinsk

Siebentausendeinhundertdreizehnter Kilometer. So weit ist es von Jerofej Pawlowitsch, der kleinen Bahnstation des Amur-Abschnitts der Transsibirischen Eisenbahn, bis zur russischen Hauptstadt. Bis zum Amur sind es gerade dreißig Kilometer. Nach Mohe, wo der nördlichste Prellbock der chinesischen Staatsbahn steht, sind es Luftlinie nicht mal hundert Kilometer. Doch Jerofej Pawlowitsch könnte russischer kaum sein, keine Spur vom Nachbarland. Nun stehe ich hier nach Wochen, nach Monaten in der Mongolei und China auf dieser winzigen russischen Zivilisationsinsel – sie besteht im Wesentlichen aus einem Bahnhof und ein paar Straßen, die mit Holzpaneelen verkleidete Häuser säumen –, und bin allein. Keine Russen und schon gar keine Chinesen, nicht mal im Café «Panda». Dabei kamen Anfang des zwanzigsten Jahrhunderts Abertausende Chinesen mit Hacke und Schaufel, legten im Dienst des russischen Staates Schwellen durch das sumpfige Terrain, nagelten Schienen auf und verbanden diesen Fleck im Nirgendwo mit Europa und dem Pazifik. Auch dieser Ort ist nach dem russischen Entdecker Jerofej Pawlowitsch Chabarow benannt, wir kennen ihn schon. Doch ob Chabarow stolz darauf wäre, dass dieses Nest seinen Vor- und Vatersnamen trägt? Um ein Drittel ist die Zahl der Einwohner seit dem Ende der Sowjetunion geschrumpft. Die gut viertausend Menschen, die hier um die Station und das Depot herum noch in der Wildnis ausharren, arbeiten bei der Eisenbahn.

Für mich ist Jerofej Pawlowitsch ein Kuriosum auf der Landkarte und Transitort von der chinesischen Arktis zurück ins russische Transbaikalien. Dem breiten Landstrich, der nicht mehr
recht zu Sibirien, aber auch noch nicht zum Fernen Osten zählt,
hatte ich nach Ulan-Ude den Rücken gekehrt, Richtung Mongolei.

Zu Transbaikalien, das einst Daurien genannt wurde, zählt das
Steppenland im Dreiländereck China–Russland–Mongolei – das
Reich der Nomaden und Wildtiere. Für Zugvögel sind seine Feuchtgebiete, die von der Schneeschmelze im Frühling gespeist werden,
ein wichtiger Zwischenstopp auf der Asiatisch-Australischen-Vogel-
flugroute. Für Nomaden bildet sein saftiges Weidegras seit Menschengedenken die Lebensgrundlage.

Und die Dauren, die der Region ihren alten Namen gaben? Sie
gelten als die Nachkommen des einst mächtigen Nomadenvolkes der
Kitan. Diese heute längst vergessenen Kitan wiederum leben nur in
den Namen weiter, die im fünfzehnten Jahrhundert über Indien nach
Russland gelangten und die die Russen bis heute für China und die
Chinesen verwenden: *Kitaj, Kitajzy.* Vor tausend Jahren eroberten
die Kitan China und regierten das Reich als Liao-Dynastie. Heute
sind die Dauren nur noch ein Schatten ihrer selbst. Gut einhunderttausend soll es noch geben, fast alle leben auf der chinesischen Seite
der Grenze. Die Dauren sind eine von sechsundfünfzig offiziell anerkannten Nationalitäten der Volksrepublik. Wie die Ewenken von
Haolibao harren sie in Ethno-Freilichtparks oder in einem der tristen
Wohnblocks am Rande von Hailar der Dinge, die da kommen.

Von Jerofej Pawlowitsch will ich mit der Transsibirischen Bahn
den vorläufigen Rückzug in das Zentrum dieser Zwischenregion
östlich des Baikalsees antreten: Tschita. Doch der *Rossija* – Russlands bekanntester Express, der Zug mit der Nummer eins, der einmal täglich von Wladiwostok nach Moskau abgeht – fährt erst morgen früh um 6.14 Uhr. Und jetzt, die Sonne steht schon tief, habe
ich noch immer kein Quartier. Außer Abertausenden von Mücken,
dem größten Feind von Mensch und Tier in Sibirien, ist niemand
auf der Straße. Niemand, den ich fragen kann. Ich versuche mein

Glück im klobigen, frisch renovierten Bahnhofsgebäude. Über dem Eingang leuchtet rot die Stationstafel: JEROFEJ PAWLOWITSCH. Klingt wie Karl-Heinz. Ich schmunzele beim Gedanken daran, wie wohl die Einwohner bei einem so eigenwilligen Ortsnamen auf die Frage nach ihrer Herkunft antworten.

Drinnen muss ich mich bücken, um die Bahnhofsvorsteherin zu sehen, die trotz fehlender Kundschaft dienstbeflissen hinter dem Schalter sitzt. Das Fensterchen, das in die dicke Steinwand eingelassen ist, hängt einfach zu tief:

«Wohin, junger Mann?»

«Ich suche einen Schlafplatz.»

«Der Schlafsaal für Eisenbahner ist schon belegt. Die Bauarbeiter, die auf Montage sind, da vorne. Sehen Sie?»

«Und anderswo? Vielleicht privat?»

«Es gibt noch den Ruheraum für Passagiere. Haben Sie überhaupt eine Fahrkarte?»

Ich zeige mein noch in einem Internetcafé in Mohe ausgedrucktes Ticket. Anstandslos sperrt mir die Beamtin die Türe auf. Sie meint noch, dass ich nicht der Erste sei, der heute hier gestrandet ist. Beinahe mütterlich ist die korpulente Frau mit einem Mal zu mir.

Aus den großen, rüschenverhangenen Fenstern des Wartesaals geht der Blick auf den Bahnsteig. Abgesehen von den Montageleuten, die irgendwelche Erdarbeiten verrichten, ist dieser leer. Auf einem der drei türkisfarbenen Kunstledersofas lümmelt ein junges Pärchen. Tanja und Dmitrij kommen aus Wladiwostok. Drei Tage seien sie schon mit ihrem Nissan unterwegs, sagt Dmitrij, noch bevor ich mich für die Nacht eingerichtet habe. Sie wollen weiter nach Omsk und scheinen froh, an diesem gottverlassenen Ort endlich auf jemanden gestoßen zu sein, dem sie von ihren Abenteuern berichten können. Dmitrij setzt sich ungefragt auf meine Kunstlederlandschaft. Er erzählt mir von ihrer heutigen Etappe, von den knapp achthundert Kilometern Strecke und von Bamowskaja. Das Gesicht und die tätowierten Unterarme des stämmigen jungen Mannes glühen sonnengerötet – dabei fährt er gar kein Cabrio. Dmitrij ist

Eisenbahnfan und wollte unbedingt einmal Bamowskaja sehen. Ein Kaff, noch kleiner, noch abgelegener als Jerofej Pawlowitsch und dennoch wichtig. Denn Bamowskaja, so erfahre ich, ist der südliche Startpunkt der neuen Permafrost-Strecke, die den Rest des russischen Eisenbahnnetzes in Sibirien mit Jakutsk, genauer gesagt, einem Vorort von Jakutsk am östlichen Flussufer der Lena, verbindet. Im Unterschied zu Sibiriens zwei großen West-Ost-Schienenwegen – der Transsib und der Baikal-Amur-Magistrale – führt die neue über eintausend Kilometer lange Amur-Jakutsk-Linie vom Süden in den Norden bis zur Hauptstadt der Republik Sacha, der größten und zugleich kältesten Region Russlands, plätschert Dmitrijs Exkurs weiter. Dabei zeigt er mir den Streckenverlauf auf einer Karten-App. Mit seinen Wurstfingern verkleinert er den Maßstab der Karte, deren Ausschnitt jetzt bis zum Pazifik reicht. Irgendwann werde die Bahn bis nach Tschukotka verlängert, diesem alleröstlichsten Zipfel von Russland, in dem mancher Einheimische noch in einem Zelt aus Walrossfell lebe, meint Dmitrij.

Ich warte auf einen platten Tschuktschen-Witz, doch Dmitrij fixiert ernst meine Augen, während er an seinem Goldkettchen nestelt. Nur seine laute Stimme, die durch den leeren Ruheraum hallt, obwohl er doch längst neben mir sitzt, verrät einen Hauch Ironie: «Dann fehlt nur noch ein Tunnel unter der Beringstraße hindurch bis nach Alaska, und schwups! bist du in New York.» Derart kühne Visionen gab es schon um die Wende zum 20. Jahrhundert, als Chinesen hier auf der Amur-Trasse die Bahnschwellen durch die Taiga legten. Damals hofierten Visionäre wie der spätere Chefkonstrukteur der Golden Gate Bridge Joseph Baermann Strauss oder der französische Ingenieur Baron Loicq de Lobel den Zaren mit der Idee einer Eisenbahnverbindung zwischen Sibirien und Alaska.

Tanja, die auf ihrem Sofa sitzen geblieben ist, straft ihren Mann mit einem genervten Blick und unterbricht seine Phantasien schließlich mit einem lauten: «Dima!» Nein, wir säßen hier nicht im Grand Central Terminal, in Jerofej Pawlowitsch gebe es nicht einmal einen vernünftigen Lebensmittelladen. Tanja klingt resigniert. Auf der

Fernstraße Chabarowsk–Tschita sei es noch schlimmer. Dort gebe es nur alle paar Dutzend Kilometer ein kleines Café, und die Tankstellen seien häufig verlassen. «Die paar Fahrer, die wir unterwegs gesehen haben, schlafen einfach in ihren Autos am Straßenrand. Kaum einer biegt ab und nimmt die kurze Schotterpiste hierher», berichtet Tanja. «Hier haben wir zumindest Ruhe. Und immerhin, das Geschäft die Straße runter hat sogar frischgebackenes Brot!»

Während die russische Eisenbahn schon seit Anfang des zwanzigsten Jahrhunderts Ostsee und Pazifik verbindet, ist eine Autofahrt von der russischen Pazifikküste Richtung Moskau durchgehend erst seit ein paar Jahren möglich. Der Amur-Magistrale genannte Abschnitt zwischen Chabarowsk und Tschita war das letzte fehlende Teilstück der transkontinentalen Straßenverbindung. Bereits 1966 hatte der Ministerrat der UdSSR den Bau dieser Straße beschlossen. Finanzielle Nöte und die unpassierbare Taiga erschwerten den Bau und die Asphaltierung der Trasse immer wieder. Der fahrende russische Volksmund nannte diesen sumpfigen Abschnitt deshalb schlicht *Rasryw*, die «Lücke».

Und so staunten Millionen Russen, als sie im August 2010 allabendlich einen kleinen leuchtenden Punkt auf der Mattscheibe ihres Fernsehers sahen. Es war Wladimir Putin, der in einem rapsgelben Lada Kalina die über zweitausend Kilometer auf der Fernstraße R-297 von Chabarowsk nach Tschita fuhr. Die Straße war vor allem ein politisches Projekt des Kreml, das den Fernen Osten mehr symbolisch als praktisch mit dem Rest des Landes verbinden sollte. Wie einst Zarewitsch Nikolaj auf großer Revision reiste Putin, damals Premier, durch den Fernen Osten, natürlich lässig mit Sonnenbrille am Steuer. Er hatte zwei Botschaften im Kofferraum. Erstens: Die transkontinentale Landstraße von Moskau bis zum Pazifik ist endlich durchgehend befahrbar. Zweitens: Automobile russischer Produktion können das breite Land pannenfrei durchqueren.

Als russisches Roadmovie in den Nachrichten des Staatsfernsehens inszeniert, geriet die Testfahrt durch Putins Reich rasch zu einer Farce: Auf YouTube kursierten bald Amateurvideos. Sie zeigten eine lange Wagenkolonne, die – im sicheren Abstand zu den filmenden Journalisten – dem kleinen Putin-Mobil folgte. Schwarze importierte Jeeps der Personenschützer, ein Krankenwagen und ein Laster, beladen mit einem ebenso gelb leuchtenden Ersatz-Lada Kalina. Auf diesen Filmclips sah man auch, wie jenseits der Kuppe, hinter der Putins Gefährt aus dem Auge der Fernsehkamera in der sibirischen Wildnis verschwand, der glatte Asphalt bald wieder in Rollsplit überging. Dort, wo der Schotter rumpelt, beginnt das von Moskau vergessene Russland, das neben Jerofej Pawlowitsch viele Namen trägt.

Dmitrij scrollt durch sein digitales Fotoalbum. Meine Gedanken schweifen immer weiter von seiner Autofahrt ab, von Wladiwostok, von Omsk, von Putins Seifenkiste. Mir gehen Szenen von Andrej Swjaginzews Film *Die Rückkehr* durch den Kopf, aus dem Jahr 2003. Die Reise des Protagonisten ist hier keine Metapher für die Suche nach Freiheit. Stattdessen bricht darin ein Vater mit seinen beiden halbwüchsigen Söhnen zu düsteren Orten ohne Wegweiser auf. Sie scheinen wie Stationen der Vergangenheit, mit Menschen, die in der Tristesse des Provinzlebens und einer sinnlosen Religion gefangen sind. Die Straßen verbinden nicht Peripherie und Zentrum, sondern enden in Sackgassen. Für den Vater in Swjaginzews Film führen sie gar in den Tod. Freilich bezieht sich der Regisseur nicht auf den Amur oder einen der anderen sibirischen Ströme. Und dennoch scheint mir der Amur in diesem Moment als der sinnlose Endpunkt einer Reise.

Dabei haben Tanja und Dmitrij auf ihrer Odyssee durch den Fernen Osten Russlands den majestätischen Strom hinter der großen Brücke bei Chabarowsk nicht einmal mehr zu Gesicht bekommen. Stattdessen sahen sie immer nur Birken, Lärchen, Birken. Denn die Amur-Fernstraße läuft nicht unmittelbar entlang dem Fluss, sie verschanzt sich wie die Transsibirische Bahnstrecke Dutzende Kilometer landeinwärts. Anders als in China ist auf der russischen Seite des Amur eine Reise unmittelbar entlang der Staatsgrenze unmöglich. Dabei gründeten Kosaken – auch hier angefeuert von der Aussicht auf Gold, fruchtbares Ackerland und Handel mit Asien – Mitte des neunzehnten Jahrhunderts zahlreiche Flussdörfer. Petersburger Lehnstuhlreisende träumten bereits von einem «russischen Mississippi». Heute gelten die Amur-Dörfer als der Inbegriff von Randständigkeit. Sie sind weltabgeschiedene Endpunkte schmaler Stichstraßen, die sich von der Magistrale R-297 durch die Wälder schlängeln und nirgendwo anders hinführen, denn Brücken über den Fluss nach China sind bis heute nicht eingeweiht.

In der Volksrepublik hingegen deckt ein weitaus engmaschigeres Netz von Eisenbahnlinien und Landstraßen das gesamte besiedelte Land ab, das sogar kleine, ja selbst längst verlassene Dörfer miteinander verbindet – wie ich es auf der Fahrt zu Chinas Nordpol mit eigenen Augen gesehen habe. Dieses unermüdlich weitergesponnene Netz spiegelt einerseits die höhere Bevölkerungsdichte am chinesischen Ufer wider. Es verrät andererseits eine gegenläufige Einstellung zu abgelegenen Gebieten: den unbedingten Willen zur Expansion und Erschließung. Ich muss unweigerlich an den Genossen Hu in seiner schwarzen Karosse und den Saisonarbeiter aus Gansu hinter dem Steuer seines Kieslasters denken. Menschen wie ihnen ist es zu verdanken, dass sich die kleinen Ortschaften im chinesischen Grenzland nicht länger wie einsame imperiale Vorposten fühlen und anfühlen.

*

Trotz aller Abgeschiedenheit herrscht am nächsten Morgen, kurz nach sechs Uhr, am Bahnhof von Jerofej Pawlowitsch plötzlich so etwas wie Betriebsamkeit: Die runde Bahnhofsvorsteherin zupft ihre Uniform zurecht, ein paar einheimische Frauen bringen sich am Gleis in Position. In ihren Körben, Tüten und alten Kinderwägen transportieren sie alles, was sie entbehren können, um es an die Passagiere zu verkaufen, sobald der grau-rot lackierte Zug gemächlich in den Bahnhof eingelaufen ist.

Nun rolle ich wieder zurück gen Westen, Richtung Europa, die nächsten siebzehn Stunden lang, bis Tschita. Der Schaffner hat die Fahrkarten bereits abgenommen. Selbst ohne Einblick in offizielle Statistiken bin ich mir sicher, dass die meisten Passagiere aus Europa diese Strecke von West nach Ost, von Moskau nach Peking, bereisen und nicht umgekehrt. China und der Pazifik scheinen wie logische Endpunkte, wie eine Fahrt in die Zukunft.

Wie oft bin ich in den vergangenen zwanzig Jahren die Transsibirische Eisenbahnstrecke entlanggefahren, bis auf ein Mal immer abschnittsweise, und nie habe ich mir tiefere Gedanken über die Fahrtrichtung gemacht. Diese Reisen waren immer auch ein Blick in die Stuben der Russen. Wie vor fünfzehn Jahren, als ich im volksnahen *plazkartny* – ja, da steckt das Wort Platzkarte drin! – von Chabarowsk nach Tschita unterwegs war, ebenfalls in ost-westlicher Richtung. Mit Rekruten teilte ich mir den zweiundfünfzig Schlafplätze bietenden Holzklasse-Waggon. Für die frisch aus der Armee entlassenen Altgedienten ging es nach zwei Jahren auf einer der Kurilen-Inseln im Pazifik zurück nach Hause, während die jüngeren, den Urlaubsschein in der Hand, lediglich für einen Abstecher auf dem Weg in ihre Heimat waren. Der testosterongeschwängerte Großraumwaggon stank nach Schweiß und Wodka. Die Jungs mit ihren kahlrasierten Schädeln, mit ihren pickelvernarbten Gesichtern wetteiferten darum, wer in Chabarowsk mit welcher Prostituierten am häufigsten Sex hatte. Ihre Stimmen, kaum aus dem Stimmbruch, waren rau vom billigen Tabak. Und die *Dedowschtschina*, die Herrschaft der Altgedienten, endete nicht am Kasernentor: Die «Großväter» schikanierten selbst noch im Zug die gerade erst einberufenen «Enkel». Platzwunden, lautes Gejohle, abgezogene Brieftaschen. Wenigstens rauchten die Rekruten nur in der Übergangsbrücke zwischen den Wagen. Immer wenn dem Waggonschaffner der Kragen platzte, zog eine Patrouille der Eisenbahnmiliz ein oder zwei Soldaten aus dem Waggon. Wie begossene Pudel standen sie dann auf den Bahnsteigen von Swobodny, Schimanowskaja, Magadatschi – im Nirgendwo. Meist verbarrikadierte der Zugbegleiter sich jedoch in seinem Halbcoupé neben der Toilette. Mit mir, dem deutschen Maskottchen, teilten die Soldaten freigiebig Salzgurken, Graubrot und Fertignudeln, spielten Karten auf dem schmalen Klapptisch am Fenster. Sie krümmten mir kein Haar. Nicht einmal das übliche «Hitler kaputt» hörte ich. Trotzdem war ich heilfroh, als der Zug endlich in den Bahnhof von Tschita einrollte.

Nun, fünfzehn Jahre später, statt dritter die zweite Klasse, die gleiche Strecke. Ein sauberer Coupé-Waggon mit Steckdosen, Klimaanlage und bübchenblauem Sitzpolster, vier Personen pro Abteil. Die Borddusche prasselt komfortabel, nur das Essen im orange-blau gehaltenen Speisewagen ist ziemlich überteuert. Die mausgraue Uniform von Alexej, dem Schaffner, sitzt so tadellos wie die der Stationsleiterin von Jerofej Pawlowitsch. Aber noch nie zuvor bin ich einem Russen begegnet, der preußischer war als Alexej. Als mein baschkirischer Bettnachbar abends beim Kreuzworträtseln eine Bierflasche öffnet, fotografiert ihn Alexej mit seinem Handy, sammelt *kompromat*, kompromittierendes Material. Keine Viertelstunde später baut sich die Zugchefin vor unserer Abteiltüre auf und mahnt. Ich muss an die aus dem Zug Geworfenen denken, während der Mitreisende sein Bier in die Toilette gießt und die Flasche ordnungsgemäß im Glascontainer entsorgt. Schaffner Alexej, ein ganz und gar durchschnittlicher Mann mit frischgewichsten Schuhen, setzt das strikte Rauch- und Trinkverbot bis in die Tiefen der Taiga durch.

Trotz Samt statt Holz bleibt der Zug ein rollendes Studierzimmer. Während ich aus dem Fenster sehe, schaukelt er sich immer tiefer in den riesigen eurasischen Kontinent hinein. Ich denke zurück an eine Expedition im Herbst 2017. Da diente das sibirische Panorama als Kulisse für Zukunftsanalysen der Region. Auf Einladung einer deutschen Parteistiftung teilte ich mir damals mit Wissenschaftlern und Journalisten drei Abteile auf der Strecke Irkutsk– Wladiwostok – in Gegenrichtung. Chinesen waren nicht mit von der Partie. Nur so sei ein offener Diskurs möglich, meinte Jens, der deutsche Organisator, damals. Wahrscheinlich hatte er recht. Einem Unterseeboot gleich war der Zug abgeschottet von der Welt jenseits der ungeputzten Scheiben, die keinen Anfang und kein Ende kennt, solange vorne eine dieselbetriebene Taigatrommel dröhnt oder eine Elektrolok surrt.

Auf unserer Reise durch die Zeitzonen debattierten wir über die «Neue Seidenstraße». In Jerofej Pawlowitsch hatte ich nach Spuren dieser kühnen Idee gesucht und nur das geschlossene Café «Panda» gefunden. Dabei löste Chinas Vision einer neuen Landverbindung gerade in den russischen Randgebieten eine Euphorie aus. Plötzlich wollte jeder mittels supranationaler Integrationsprojekte ein Glied der globalen Wertschöpfungskette werden. Ich blicke aus dem Abteilfenster und suche sie, die Seidenstraße. Doch ich sehe nur Birken, Lärchen, Erlen und Espen über Morast.

Im September 2013 hatte Chinas Staatspräsident Xi Jinping, auf Besuch in Kasachstan, die Idee eines Wirtschaftsgürtels und Infrastrukturkorridors verkündet, der China über Zentralasien mit Europa verbinden sollte. Später ergänzte er dieses Megaprojekt um eine maritime Route. Im Expertenzug lernte ich, dass sich hinter dem Slogan weniger ein konkretes außenpolitisches Projekt verbirgt als vielmehr ein breites ideologisches Instrument geopolitischer Einflussnahme, das von Nordkorea bis Brasilien strahlt. Es fielen Stichwörter wie Abbau von wirtschaftlichen Überkapazitäten der heimischen Volkswirtschaft, Einflusserweiterung in Nachbarländern, Fortsetzung der «großen Erschließung Westchinas» jenseits der eigenen Staatsgrenzen oder Stärkung der Landeswährung auf dem globalen Devisenmarkt. Doch es fehlen offizielle Dokumente, welche die Kriterien der Seidenstraßen-Initiative festlegen, und bis heute hat der Staat kein Kartenmaterial autorisiert. Auch die mehrfache Änderung des offiziellen Namens deutet auf die Unschärfe hin: Aus «One Belt – One Road» wurde die «Belt and Road Initiative».

Die Vagheit der Idee, ihre materielle Abwesenheit beim Blick aus dem Zugfenster und dunkelbitterer Likör aus Ussurijsk boten dem Expertengespräch reichlich Raum für Spekulationen. Meine Aufgabe bestand unter anderem darin, dem chinesischen Entwicklungsprogramm die historische Tiefenschärfe zu geben. Und so erzählte ich bei getrockneten Garnelen und einem kräftigen Schluck vom schwarzen Balsam meinen Mitreisenden aus Wladiwostok und Moskau, aus Duisburg, Nowosibirsk, Brüssel, Almaty und Sankt Petersburg von Ferdinand von Richthofen. Der deutsche Geologe hatte den Begriff der «Seidenstraße» 1877 geprägt und damit erstmals eine kohärente Vorstellung vom historischen Phänomen eines alten Netzes von Karawanenstraßen vom Mittelmeer über Zentralasien nach Ostasien geschaffen. Mit dem Erfahrungsschatz seiner China-Reisen als Bergbauprospektor argumentierte Richthofen, dass Transportwege den natürlichen Verbindungen zwischen Europa und Asien folgen müssten. Er träumte von einer Eisenbahnlinie, die der alten «Seidenstraße» folgen sollte, wie er sie in seinen wissenschaftlichen Schriften beschrieben hatte. Sind die politischen Implikationen eines durch informelle Infrastrukturentwicklung getragenen Imperialismus, der nicht nur Richthofens, sondern auch Xi Jinpings Vision einer «Neuen Seidenstraße» innewohnt, zufällig oder absichtlich? Ich warf die Frage in die Runde, aber weiß es bis heute nicht. Sicher ist jedenfalls, dass jene Länder, die sich an Chinas Investitionsprogramm beteiligen, auch von seiner Gunst abhängig sind.

Michail, als blutjunger Asienkorrespondent der Tageszeitung *Kommersant* mit an Bord auf der west-östlichen Bildungsreise im Herbst des Jahres 2017, interessierte sich eher für Gegenwartsfragen als für historische Schattierungen oder gar die Belange der Menschen jenseits des wohltemperierten Bahnwaggons: «Dein Richthofen hin oder her», entgegnete er, «die Seidenstraße ist und bleibt ein großer PR-Erfolg der Chinesen. Die Weltpresse berichtet. Ich war schon auf zahllosen Konferenzen. Woher das Interesse? Weil es ein Integrationsdefizit in der Welt gibt? Oder weil China Milliarden investiert?» Die Frage sei offen, meinte Michail. «Die besten Projekte, die unter der Initiative firmieren, sind aber älter als die ‹Neue Seidenstraße›», räumte er darauf ein. Manche seien längst abgeschlossen gewesen, als Xi die Idee in Kasachstan verkündete. Aber immerhin habe die «Seidenstraße» Russland die Augen für die ökonomischen Ziele der Kommunistischen Partei Chinas im postsowjetischen Raum geöffnet.

Unterdessen stampft der Wladiwostok-Moskau-Express, der binnen einer Woche gefühlt einmal um den halben Erdball rollt, schon wieder durch Transbaikalien, die hinter dem Baikal vergessene Zwischenregion, in der sibirische Taiga und mongolische Steppe verschmelzen. Während draußen der Lärchenwald in seiner sommerlich grünen Monotonie vorbeigleitet, erinnere ich mich an die anfängliche Skepsis des Kremls gegenüber der Pekinger Initiative, zumal Chinas Konzerne in Zentralasien auf große Einkaufstour gingen. Aber die umstrittene Besetzung der Krim, der Krieg im Donbass, der Verfall des Rubels, die Wirtschaftssanktionen des Westens – all das zwang die russische Staatsführung zur Kooperation. Russland und China vereinbarten die Zusammenarbeit der Eurasischen Wirtschaftsunion und der Seidenstraßen-Initiative. Putin hoffte so, unter dem Dach einer «Großen Eurasischen Partnerschaft» die chinesischen Ambitionen einzuhegen. Doch der vom Kremlchef dominierte postsowjetische Staatenbund entwickelte keine gemeinsame Position gegenüber China. Zudem machte sich Enttäuschung breit, als das von Peking versprochene Geld ausblieb, weil Chinas Kommunisten selbst den Gürtel enger schnallen mussten.

So sehr Xi und Putin nach außen Gegensätze weglächeln, so gegenläufig bleiben ihre Ziele an ihrer gemeinsamen Peripherie bis heute, gerade weil Seidenstraße und Eurasische Wirtschaftsunion mit den persönlichen außenpolitischen Agenden der beiden Staatenlenker verbunden sind. Das Ringen um eine neue Ordnung in Eurasien bleibt offen, die bilateralen Wirtschaftsbeziehungen liegen mehrere Fünfjahrespläne hinter ihren Möglichkeiten zurück. In unserer Expertenreisegruppe referierte Michail weiter faktensicher, wie aus dem Effeff: «Für uns ist China heute das wichtigste Herkunftsland von Importen und der zweitwichtigste Exportmarkt. Fossile Brennstoffe machen drei Viertel unserer Ausfuhren aus. Für die Volksrepublik ist Russland als Handelspartner hingegen unbedeutend: Nur zwei Prozent ihres Außenhandels gehen zu uns.»

Fast schon mongolische Verhältnisse, denke ich heute. Das Prinzip der neuen wirtschaftlichen Zusammenarbeit wirkt beinahe kolonial. Im Ergebnis hat die Asymmetrie der ökonomischen Beziehungen infolge der Sanktionen des Westens gegen Russland nach 2014 weiter zugenommen – ohne dass Russland viel dagegen tun könnte.

Jenseits geopolitischer Winkelzüge fällt das Konzept der Seidenstraße im krisengeschüttelten Russland durchaus auf fruchtbaren Boden. Das Spektrum der Reaktionen reicht von alarmistisch bis optimistisch. «Die chinesische Rhetorik hat dabei nur begrenzten Einfluss auf die innerrussischen Debatten, gerade weil China die Ziele der Initiative nur vage formuliert», erklärte Michail damals von der oberen Pritsche des Schlafwagenabteils herab. Der chinesische Impuls sei in Russland eine willkommene Projektionsfläche für innenpolitische Diskussionen, für regionale Probleme auf nationaler Bühne, auch für Diskussionen über Russlands Platz in der Welt.

Jenseits des Abteilfensters noch immer Wald, durch den keine Seidenstraße führt. Vielleicht einmal in der Stunde passiert der Zug eine Ansammlung von verwitterten Holzhütten, niedrigen Wohnblocks und Wellblechgaragen, die sich in den verschiedenen Stilen des sowjetischen Jahrhunderts um einen Bahnhof herum gruppieren. Zwischen den Stationen dann und wann, fast schon als eine herbeigesehnte Abwechslung, heruntergelassene Bahnschranken und windschiefe Strommasten. Tausende Kilometer Land durchmisst das Auge und meint, alles zu kennen. Die gespeicherten Bilder werden nur abgerufen, immer wieder. Monokultur Sibirien. Städte, selbst Dörfer scheinen austauschbar – zumindest in diesem nicht enden wollenden Moment der Zugreise. Bahnhöfe unterscheiden sich oft nur in ihren Namen. Manchmal tragen sie gar nur Kilometerangaben. Amasar, Mogotscha, soundsovielter – stets ab Moskau gerechneter – Kilometer, Tschernyschewsk heißen die oft winzigen Stationen inmitten der Wildnis. An den Rändern dieser verfallenen Dörfer und Kleinstädte sprengen auf Flächen industriellen Brachlands junge Bäume den Beton. Allenthalben macht die

Natur sowjetische Fünfjahrespläne rückgängig. Wie riesige Mikadostapel lagern zuweilen Baumstämme neben dem Gleisbett, bereit für den Export nach China – oft sind sie das einzige Zeichen wirtschaftlicher Aktivität.

Mogotscha. Noch sechshundert Kilometer sind es von hier bis Tschita, meinem nächsten Etappenziel. Auf dem Bahnsteig dieses Kaffs von gut zehntausend Einwohnern bieten verhärmte Frauen mit vor Kälte tränenden Augen Piroggen und zu kompakten Quadraten gefaltete Pfannkuchen feil. Ihre sieben Röcke schützen sie vor der selbst im Sommer frostigen Luft. Wir Passagiere schlurfen derweil in Flipflops über den Perron, um unsere durch die Hitze im Waggon dampfenden Körper abzukühlen. Die Bügelfalte meiner Hose knickt schon länger nicht mehr scharf. «Moosbeeren gibt es noch nicht, mein Söhnchen. Die Winter sind lang, die Sommer kurz. Ende Mai hatten wir noch Schnee», verneint eine ältere Frau meine Frage nach Vitaminen. «Wenn ich Anfang September im Wald die Beerensträucher kämme, verkriecht sich das Quecksilber im Thermometer nachts schon wieder unter dem Gefrierpunkt.» Mogotscha ist der Kältepol der Transsib. Das Kopftuch der Frau kaschiert nur oberflächlich ihr vom Alkohol aufgedunsenes Gesicht. Während ich sie bei unserem kurzen Aufenthalt mit Fragen löchere, starren die anderen Passagiere auf ihre Handys. In Mogotscha gibt es noch keine Moosbeeren, aber endlich wieder Empfang. Ab dieser Station, wenn jenseits des Zugfensters wieder Birken die Lärchen ablösen, ist der wilde Verkauf auf den Bahnsteigen nicht mehr geduldet. Bis Tschita, das sollte ich erst erfahren, als der Zug schon wieder über die Schienen ruckelte, war Mogotscha der letzte Halt, an dem diese Verdammten ihre Rente aufbessern dürfen. So bleibt fürs Abendessen nur das teure Bordrestaurant oder die chinesische Instant-Rindernudelsuppe, die seit Mohe in meinem Rucksack rasselt.

Auf der Bildungsreise 2017 diskutierten die Experten auch über die geplante Hochgeschwindigkeitsstrecke Moskau–Kasan. Viele Laien sehen in konkreten Infrastrukturprojekten der Chinesen einen zentralen Pfeiler der Seidenstraßen-Initiative. Russland ist bis heute in Sachen Hochgeschwindigkeit ein Entwicklungsland – ich kann die Bäume zählen, die am Zugfenster vorüberziehen. Strahlkraft hatte das Vorhaben hauptsächlich durch seine weiteren Perspektiven: Die Eisenbahntrasse von Moskau an die Wolga gilt als erster Abschnitt eines eurasischen Hochgeschwindigkeitskorridors zwischen der russischen und der chinesischen Hauptstadt, mit Russland als wichtigem Transitland für den Güterverkehr zwischen Asien und Europa. Doch das Projekt ist bis heute eine lichte Phantasie geblieben, wie einst der Tunnel unter der Beringstraße.

Skeptiker erwarteten von Anfang an, dass Chinas Seidenstraße einen Bogen um Russland und insbesondere um seine fernöstlichen Provinzen machen würde. «Chinas Regierung zögert bei der Nutzung ausländischer Infrastruktur. Sie umschiffen den Panamakanal und bauen lieber eine eigene Wasserstraße durch Nicaragua. Genau das Gleiche passiert hier auch», stimmte Iwan in den Chor der Kritiker in unserem Expertenzug ein. Er kam aus Wladiwostok, saß im Trainingsanzug am schmalen Abteiltisch und schlürfte seinen Beuteltee, dritter Aufguss: «Der alternative Transportkorridor durch Kasachstan beschleunigt den Niedergang Sibiriens. Der östliche Teil der Transsibirischen Eisenbahn, der ohnehin am wenigsten ausgelastet ist, geht leer aus. Mit viel Glück sehen wir hier in ein paar Jahren vielleicht noch japanische und südkoreanische Container auf den Zügen.» Doch selbst der kürzere Transportweg von Chongqing via Xinjiang und Kasachstan nach Duisburg, der erst relativ weit im Westen, im Gebiet Kurgan, auf die russische Schiene kommt, sei unrentabel. China subventioniert den Güterverkehr, die Waggons sind auf der Rückfahrt aus Europa leer. Der europäisch-chinesische Handel folge nicht der alten Seidenstraße, doziert ein deutscher Mitreisender, sondern sei auf die etwas langsamere, aber wesentlich billigere Containerschifffahrt eingestellt.

Jetzt am Nachmittag brennt die Sonne durchs Fenster auf mein Gesicht. Draußen glitzert das Wasser der Schilka. Nertschinsk – den Ort kennt wegen des Vertrags von 1689 jedes Schulkind in Russland und China – lässt der Zug rechter Hand am hohen Flussufer liegen. Nertschinsk hat keinen eigenen Bahnhof. Wegen häufiger Überschwemmungen war die Siedlung Anfang des neunzehnten Jahrhunderts auf eine Anhöhe verlegt worden. Die Kathedrale, die alten Markthallen und der maurische Palast der Kaufleute Butin erinnern dort oben noch daran, dass Nertschinsk dank Peter dem Großen ein zweites Leben als Sibiriens größter Verbannungsort hatte. Und als Zentrum eines für Russland einst sehr ergiebigen Silberminendistrikts. Doch heute ist Nertschinsk in seiner Bedeutung auf eine Wurstfabrik und ein Gefängnis geschrumpft. Der Ort erscheint mir wie ein Menetekel für die russisch-chinesischen Beziehungen im einundzwanzigsten Jahrhundert, in denen Verhandlungen auf Augenhöhe als ferne Illusion erscheinen.

Hinter Nertschinsk schweift mein Blick aus dem Zugfenster nach Süden über die Schilka hinweg in Richtung China. Die Abteile sind in Fahrtrichtung links, die Gänge rechts, und ich fahre von Osten nach Westen. Doch auch wenn ich in Richtung China blicke, sehe ich, wie sich der Zug durch die immer gleiche, inzwischen aber nur noch spärlich von Bäumen bestandene Hügellandschaft schiebt. Und mir wird klar, dass Russlands Hoffnung, insbesondere den strukturschwachen Osten des Landes durch ausländische Investitionen zu entwickeln, nur schwer aufgehen kann.

Warum? «Diese Initiativen sind viel älter als Pekings Seidenstraße. Schon unter Medwedjews Präsidentschaft hatte unsere Regierung ähnlich ambitionierte Projekte formuliert. Es waren Papiertiger. Kein Unternehmer scherte sich darum. Konkrete Pläne jenseits der großen Erdgasdeals gibt es bis heute nicht», referierte Iwan in unserem Expertenzug. Zu stark sei die Angst vor Chinas politischem und wirtschaftlichem Einfluss in der strukturschwachen Region. «Unsere Regierung interessiert sich nur für Kooperationen, bei denen sie die Führung innehat. Deshalb ist der Abbau von Zollschranken oder Visafreiheit keine Option. Und über Zusammenarbeit in den Grenzregionen zu China entscheidet in Russland noch immer Moskau.» Zwar gebe es innerhalb der Staatsbürokratie verschiedene Lager, doch die Vertreter des Sicherheitsapparats haben Oberwasser. Die *Silowiki* – «die Starken» – sehen in allem Austausch ein Risiko.

Woher diese *Silowiki* ihre Kraft nähmen, fragte ich Iwan. Ihre Position sei nicht zuletzt deshalb so gefestigt, weil sie auf das Misstrauen gegenüber chinesischen Investoren in der Provinzbürokratie zählen könnten und auf tief verankerte sinophobe Ressentiments in der Bevölkerung: «Ein Feind wird nicht über Nacht zu deinem Freund. Die älteren Generationen erinnern sich noch zu gut an die sechziger und siebziger Jahre. Viele Männer haben selbst an der Grenze zu China gedient. Die schrille chinafeindliche Propaganda jener Tage hallt bis heute nach. Und die Menschen hier wollen aus Transbaikalien kein Singapur machen. Sie vegetieren lieber auf ihrer schlichten Scholle mit der Gewissheit, dass kein Chinese ihr Nachbar wird. Die Meinungsmache ist immer noch russisch geprägt, wohingegen die Wirtschaft zunehmend von China diktiert wird», erklärte Iwan damals. «Kurz gesagt: Der Fernseher siegt über den Kühlschrank.»

Zwei Jahrzehnte Putin – für Iwan waren sie verschwendete Jahre. Er ging in die zweite Klasse, als die Sowjetunion zerbrach, und war knapp sechzehn Jahre alt, als Putin in den Kreml einzog. Er weiß um die einstmalige Großmacht Sowjetunion und um die historische Rivalität zwischen Moskau und Peking. Doch nur gesunder Pragmatismus könne den Osten Russlands retten, meint Iwan. Zu gut besinnt er sich auf die neunziger Jahre, als die Menschen im Fernen Osten nur deshalb nicht hungerten, weil China um die Ecke lag. «Weder die Bürokraten in Peking noch in Moskau haben den Osten Russlands jemals ernsthaft im Kontext der Seidenstraßen-Initiative oder irgendeiner anderen Initiative gesehen», resümiert er resigniert. So bleibt die vor über einhundert Jahren gebaute russische Bahnlinie nördlich des Amur eine Lebensader, die rau ist wie russischer Filz statt geschmeidig wie chinesische Seide.

Wie immer im russischen Sommer legt sich die Dunkelheit erst spät auf den Wald jenseits des Zugfensters. Es gibt nicht viel zu tun:

Horizont suchen, Tee trinken, den Gang entlangtigern, lesen. Der Kopf wird leer, die Sätze dünnen aus. Die wenigen Stationen, an denen der transeurasische Express hält, sind nur punktuell ausgeleuchtet. Die einsamen Menschen, die sich dort an den Bahnsteigkanten an ihre Zigaretten klammern, bis sie der Schaffner in den Waggon zurückpfeift, nehme ich nur noch schemenhaft wahr. Abweisend sind sie, diese sibirischen Bahnhöfe, mit ihren himmelweit hallenden Lautsprecherdurchsagen, kalten Frauenstimmen, im Sommer wie im Winter.

Mein Ziel, die Regionshauptstadt Tschita, erreicht der Zug pünktlich vier Minuten vor Mitternacht Ortszeit. Auf dem prächtigen alten Bahnhofsgebäude liegt ungeachtet des Kunstlichts ein Schimmer Grandeur der ersten Jahre des zwanzigsten Jahrhunderts. Die Station stammt aus jener Zeit, als die ersten Züge auf der Transsibirischen Eisenbahn nach Osten, nach Asien, zum Pazifik rollten und viele Reisende, egal ob im Zug oder nur mit dem Finger auf der Landkarte, in Russland ein Land der Zukunft und in China nichts als die Vergangenheit sahen.

9. Der Bibliothekar hinter Schwertfarn

Tschita – Atamanowka

Hundertfach wiederholt sich das Bild entlang meiner Strecke, beinahe in Serie, von Moskau bis nach Wladiwostok. Auch in Tschita: Wie in jeder beliebigen Provinzkapitale der verblassten Sowjetunion erscheint die Freifläche um die Skulptur Lenins als Nabel der Stadt. Im Sichtfeld des Revolutionärs behauptet die Regionalverwaltung die eine, das Quartier des Sibirischen Wehrkreises die andere Stirnseite des Platzes. Das Theater «Rodina», ein Casino mit Spa, sowie die wuchtige Administration der Eisenbahn runden das Ensemble am Lenin-Platz ab: Eisenbahn und Militär haben diese Stadt groß und ihre Bewohner stolz gemacht.

Unter der Büste Lenins warte ich auf Sascha. Ich bin ein paar Minuten zu früh. Sascha kenne ich schon lange. Ende der nuller Jahre forschte ich einen Sommer lang im Gebietsarchiv von Tschita. Sascha hatte bald nach meiner Ankunft Wind davon bekommen, dass irgendein Deutscher in Tschita Akten von Staub befreit. An einem Nachmittag passte er mich vor dem Eingang des Archivs ab. Er begrüßte mich mit festem Handschlag, so als seien wir alte Bekannte. Hatten ihn irgendwelche Stellen geschickt? So genau weiß man das in Russland nicht. Doch unser gemeinsames Interesse an der Geschichte dieser Region und an ihren Beziehungen mit China verbindet uns bis heute.

Mein Blick schweift über den Platz. Es ist der kurze Sommer, der die Mädchen hier frecher als in Moskau die Hüllen verknappen lässt. Auch die Stiftabsätze sind waghalsig. Und die Menschen feiern ihre Feste schriller als in der fernen Hauptstadt: Bei Lenins Standbild stehen die Brautpaare Schlange für ein Foto und einen langen Kuss vor dem in Granit gemeißelten Koloss. Nebenan füttern ein paar Kinder zerzauste Tauben, alte Frauen bieten Sonnenblumenkerne feil. Alles und jeder findet sich ein, zu kurz ist die Saison. Hupkonzerte dringen durch die Straßen, noch eine Hochzeitsgesellschaft kündigt sich an.

Mein Telefon summt, eine SMS: «Verspäte mich. A. P.» So beschließe ich, erst in einer halben Stunde wieder zu Lenin zurückzukehren. Bei meinem Bummel über den Paradeplatz sind die Rabatten akkurat gejätet, selbst die frisch gefirnissten Latten der Parkbänke leuchten vollzählig. Schon wenige Meter abseits ist es aus mit dem Stadtidyll: Mülleimer, auf denen ein «Sauber, das ist einfach» steht, suche ich jenseits des weiten Platzes vergebens. Schlaglöcher übersäen die Straßen, von öffentlichen Sitzgelegenheiten zeugen mitunter noch Gerippe. Mag sein, dass unter Putin die Russen nur noch halb so viel Wodka trinken wie unter Jelzin, seit der Präsident die Steuern raufgesetzt, den Nachtverkauf verboten und den Konsum weitgehend aus dem öffentlichen Raum verbannt hat. Doch in Tschita scheint die Zeit stillzustehen: An der Fassade manches Wohnblocks hängen bis heute die «24 Stunden»-Schilder der Spirituosengeschäfte. Auf den vom Frost gezeichneten Gehwegplatten glitzern zerborstene Bierflaschen. Und auch in der Mittagshitze torkeln ein paar Männer über die Straßen.

Vor lauter Tristesse lassen selbst die Birken die Blätter hängen – für Trauerweiden sind die Winter zu rau. Und wenn, wie jetzt, in der heißen Augustsonne plötzlich ein Wetter aufzieht, in dem der Regen die Sommerlaune davonspült, retten junge Burschen – die Handtasche in der einen, die Kippe in der anderen Hand – ihre Angebeteten: Stöckelschuhe schützen vor knietiefen Pfützen nicht. Nach meinem Streifzug durch die desolaten Seitenstraßen wundere ich mich kaum, dass im Regionalfernsehen unentwegt die Szene mit den die Tauben fütternden Kindern läuft. Auf der Mattscheibe erscheint der Platz als ein wenige Hektar messendes Kleinod im urbanen Ödland – mehr bietet Tschita der Linse nicht.

Menschen im europäischen Teil Russlands winken beim Wort «Tschita» spöttisch ab, das habe ich mehrfach erlebt. Sie denken an lecke Fernwärmerohre, an braunes Leitungswasser, an Autowracks und an Halbwüchsige mit Goldzahnreihen. Arrogante Russen, die man für Mitteleuropäer halten könnte, denen beim Wort «Russland» ein kalter Schauer über den Rücken läuft. Vielen Moskowitern gilt Tschita als der Inbegriff von Rückständigkeit. Tschita, das ist eine Chiffre für wirtschaftlichen wie sozialen Ausnahmezustand, für Kriminalität und Chaos in den düsteren neunziger Jahren.

In der Uranminenstadt Krasnokamensk, im Osten der Provinz Transbaikalien, ein paar hundert Kilometer hinter Tschita und ein paar Kilometer vor China, saß Putins prominentester politischer Häftling Michail Chodorkowski ein. Schon das alte Russland hatte seine gefährlichsten politischen Gegner zu Verbannung und Zwangsarbeit nach Transbaikalien entsorgt – an den Rand des Imperiums. Bereits 1826 hatte der Zar die Schlüsselfiguren der Dekabristen-Bewegung in den Kreis von Nertschinsk geschickt. Doch die Romantik, mit der das Irkutsker Dekabristen-Museum diese Zeit verklärte, will hier einfach nicht aufkommen. Irgendwie hängt es fest in den russischen Köpfen, jenes Bild vom Transbaikalgebiet als Ort der Verbannung. Dabei waren die meisten Moskauer Geschichtenerzähler selbst nie in Tschita. Sie kennen die Stadt allenfalls aus den Anekdoten ihrer Söhne, Männer oder Väter, die hier einmal Wehrdienst geleistet haben.

Mein Handy summt erneut: «Wurde aufgehalten. Komm in die Puschkin-Bibliothek. Die Adresse kennst du ja. A. P.» Kreuzung für Kreuzung hetze ich durch das alte Straßengitter nach Osten. Vorbeiflitzende Autos spritzen das in den Straßen stehende Regenwasser auf den kaputten Bürgersteig. Mitte des neunzehnten Jahrhunderts entwarf ein nach Tschita verbannter Petersburger Dekabrist den bis heute gültigen Generalbauplan der Stadt. Das Schachbrettmuster fällt ins Auge, wobei die Ost-West-Achsen einmal Namen sibirischer Flüsse, die Nord-Süd-Achsen Namen russischer Städte trugen. Geblieben ist von diesem aristokratischen Erbe wenig, weniger als in Irkutsk: Auf der Amur-Straße etwa lassen noch einige reich ornamentierte Fassaden von Handelshäusern und Hotels die fiebrige Goldgräberstimmung der Jahrhundertwende erahnen. Doch schon vor dem Zweckbau der Bibliothek, wo der historische Stadtkern längst ausfranst, erinnern erdversunkene Holzhütten zwischen in Beton gegossenem sozialistischen Pragmatismus daran, dass auch vor hundert Jahren Wohlstand kein Kollektivgut war.

Die Pförtnerin im Foyer schaut ungläubig, als sie das Bild auf meinem alten Benutzerausweis sieht. Sie nestelt in der Bonbonniere, die vor ihr steht, und zögert. «Sind Sie das?», will sie schließlich von mir wissen. «Na gut. Alexander Petrowitsch arbeitet im China-Lesesaal. Zweiter Stock.» Auch hier in der Provinzbibliothek ist der Zeiger auf der spätsowjetischen Stunde stehengeblieben: Linoleumbelag über knarzendem Parkett, furnierte Bücherregale, Zettelkataloge, abgestandene Luft, pastellfarbene Wände mit Fotografien von ernsten, monströsen Männern, das Ganze aufgelockert nur von den großen Inseln sowjetischer Zimmerpflanzen. Gewiss gibt es noch irgendwo einen *Spezchran*, einen Giftschrank – dieses berühmte Magazin verbotener Bücher. Abgesehen von neuen Deckenpaneelen und einigen wenigen Computern mit Diskettenlaufwerk wirkt der Ort wie ein konserviertes Stück Sowjetunion.

Saschas großes Schreibmöbel steht versteckt hinter einem Arrangement aus riesigen Schwertfarnen. Aus dem Kragen seiner Jeansjacke leuchtet eine zitrusgelbe Fliege heraus. Ich kenne Sascha noch als Leser, der vor ein paar Jahren hinter einem der viel zu schmalen Nutzertische klemmte. Doch inzwischen ist er Leiter der Abteilung für ausländische Literatur der Bibliothek. Hinter einer zweiten Hecke aus Palmen und Kakteen versteckt sitzt Saschas Kollege. Ein Bibliothekar, der selbst das deutsche Renteneintrittsalter lange überschritten zu haben scheint. Der alte Mann ignoriert uns, sein Blick klebt an den vergilbten Seiten eines Buches. Im Unterschied zu Sascha wirkt er ob seines blauen Kittels und der schweren Brillengläser wie ein Teil des Inventars. Zwei Bibliothekare – das ist auch in Russland äußerst ungewöhnlich.

Stets mit Baskenmütze und buntem Querbinder oder Krawatte bekleidet, entspricht Saschas Äußeres nicht dem Bild eines klassischen Bibliothekars. Ebenso ist sein beruflicher Werdegang alles andere als gewöhnlich für einen Verwalter von Buchbeständen: Seine Karriere begann er in den Perestroika-Jahren als Vertreter des sowjetischen Außenhandelsverbandes Sojuswneschtrans in Sabaikalsk, dem letzten Eisenbahnhalt an der Grenze zu China. Zu der Zeit nahmen Moskau und Peking gerade behutsam wieder Wirtschaftsbeziehungen auf. Seit den neunziger Jahren lebt Sascha in Tschita. Als Reporter einer Lokalzeitung prangerte er die endemische Korruption an. Doch peu à peu, irgendwann zwischen dem kaukasischen Fünftagekrieg 2008 und den Winterspielen in Sotschi 2014, wechselte er die Seiten. Er fasste Fuß im System, arbeitete sich im Apparat der regionalen Niederlassung der Partei Einiges Russland hoch, 2016 wurde er Abteilungsleiter für Innenpolitik unter der Gouverneurin Natalja Schdanowa. Die beiden kennen sich schon seit der Schulzeit – Klassenkameradschaft als Garant von sozialer Mobilität.

Aus der Distanz und der mitunter verstörend intimen Nähe in sozialen Netzwerken konnte ich Saschas Sinneswandel über die Jahre mitverfolgen. Anfangs postete er in VKontakte, dem russischen Facebook-Klon, Fotos von verdreckten Hinterhöfen oder von Alkoholikern, die vor einer Kaufhalle ausnüchtern. Doch irgendwann veröffentlichte er nur noch Bilder von lachenden Menschen auf staatlich organisierten Aufmärschen, weiß-blau-rote Trikoloren schwenkend, von Männern in ulkigen Pelzmützen, welche die Wiedergeburt des Kosakentums im Dienst von Kirche und Vaterland zelebrieren, oder von jungen Schülerinnen, die trotz der Last riesiger Haarschleifen aufrecht sitzend den Geschichten alter Veteranen lauschen und mich an meine eigenen Pioniernachmittage erinnern. Manchmal verbreitete Sascha auch Fotos von Kundgebungen der Opposition, meist eine überschaubare Menschenansammlung irgendwo am Stadtrand, versehen mit einem seiner bissigen Kommentare.

Im März 2019, ein halbes Jahr nachdem der Kreml Gouverneurin Schdanowa gegen eine neue Marionette ausgetauscht hatte, weil der Unmut der Bevölkerung wegen sozialer und ökonomischer Schwierigkeiten aus dem Ruder zu laufen drohte, nahm Sascha seinen Hut. Auf VKontakte schrieb er: «Die letzten zwei Jahre waren eine interessante und schwierige Zeit. Von ganzem Herzen danke ich meinen Kameraden in der Verwaltung. Wir waren ein ausgezeichnetes Team und haben gemeinsam viele wichtige Ziele erreicht … Alles wird gut!»

Alles wird gut? Mein Spaziergang durch Tschita hat mich eines Schlechteren belehrt. Weder die örtliche Nomenklatura noch die politische Führung in Moskau nehmen sich ernsthaft der prekären Lebensverhältnisse der Bürger an.

Nichts ist gut. Denn aus dem Internet und von Bekannten in der Stadt kenne ich das andere Gesicht von Sascha, jenseits seiner gelben Fliege und seines konzilianten Wesens. Wer etwas tiefer gräbt, erfährt schnell, dass Sascha während seiner Zeit in der Regionalverwaltung am Lenin-Platz in der Lokalpresse Menschen diskreditierte, die der Gouverneurin unbequem waren. Wie schon zu Zarenzeiten üblich, publizierte Sascha unter Pseudonym. Als Karp Wlassow kritisierte er da etwa eine Bauunternehmerin, die Fördermittel aus dem regionalen Haushalt habe freipressen wollen, mit Wohnungseigentümern als Geiseln. Doch als Wlassow aufflog, als auch der Letzte erfuhr, wer hinter Wlassow steckte, musste Sascha gehen. Jetzt fielen andere Journalisten über ihn her: «Ist es nicht kindisch? Dieser Wlassow ist genau der Typ Mensch, der unter einem Minderwertigkeitskomplex leidet: der wie ein Reptil vor den Mächtigen kriecht und sich gleichzeitig als Genie sieht.» Und ein Nutzer kommentierte: «Wenn der neue Gouverneur diesen Augiasstall nicht ausmistet, versinkt er ebenso in Korruption.» Nur wer sehr naiv ist, glaubt, dass der neue Gouverneur den Sumpf der Vetternwirtschaft trockenlegt.

An seinem ausladenden Schreibtisch sitze ich dem aus dem Regierungsamt Verstoßenen gegenüber. So wie Sascha sich irgendwann mit dem Regime arrangierte, für sich das Beste aus der Situation machte, so arbeitet er heute in der Puschkin-Bibliothek, als hätte er sein Leben lang nichts anderes getan.

Fächer und Rollbilder chinesischer Tuschmalerei dekorieren die russisch-pinken Wände. An der Stirnseite reichen ein Panda und ein Braunbär sich die Tatzen. Nur ein Benutzer hat sich in den Lesesaal verirrt. Er erinnert mich irgendwie an den Autodidakten in Sartres *Der Ekel*. Er liest wohl wie dieser Sonderling die vorhandenen Bücher in alphabetischer Reihenfolge. Die Regale des China-Saals sind gut gefüllt. Die Volksrepublik hat viele Publikationen gespendet. In einer Vitrine steht prominent die russische Übersetzung von Xi Jinpings *China regieren*. Ein lesenswertes Buch, meint Sascha. Beide lächeln mich milde an: Chinas Staatschef vom Buchdeckel und Sascha aus der sicheren Distanz hinter seinem Schreibmöbel. Wir trinken Pu-Erh Tee und umschiffen seine letzten Jahre in der Politik – so, als hätten sie nicht stattgefunden, so, als sei der furchtlose Journalist ohne Umweg über ein Regierungsamt zu einem handzahmen Bibliothekar mutiert.

*

Wir betreten dickeres Eis und sinnieren über die Geschichte Tschitas. Denn wer die beißende Gegenwart seiner gut dreihunderttausend Seelen verstehen will, der muss mit Menschen wie Sascha sprechen und muss die Vergangenheit der Stadt studieren. Bis Anfang des neunzehnten Jahrhunderts war Tschita lediglich eine unbedeutende Kosakenstation im Schatten von Nertschinsk. Mit der Ernennung zum administrativen Zentrum der Provinz und der Einweihung der Eisenbahn vervielfachte sich die Zahl der Einwohner binnen weniger Dekaden. Vom babylonischen Völkergemisch jener Zeit zeugen die Sakralbauten aller erdenklichen Konfessionen, deren ältester Vertreter die Dekabristen-Kirche ist, in einem Hinterhof versteckt und wegen ihrer dicken Balken eher wie ein Blockhaus anmutend.

So wie Chinas Staatspräsident mit väterlichem Lächeln ungebeten der Welt seine Staatsführungsphilosophie verkündet, so behält auch Sascha gerne die Deutungshoheit über seine überschaubare Sphäre am Rande Russlands. Er rückt dabei unentwegt seine Lesebrille zurecht und streicht durch sein weißes Stoppelhaar. Manchem Moskowiter wäre der Umgang mit Sascha vielleicht ob seiner politischen Vergangenheit unangenehm. Ich suche den Kontakt zu ihm, obwohl ich ihn nicht einschätzen kann, wegen seines analytischen Verstandes und weil ich begreifen will, wie Tschita zu der Stadt wurde, die sie heute ist.

Die Eisenbahn brachte in den russischen Revolutionsjahren von 1905 und 1917 der Stadt Turbulenzen, und Tschitas Eisenbahner – leidenschaftliche Revolutionäre – verstärkten diesen Aufruhr. Als der Bürgerkrieg Ostsibirien erreichte, erlangte Tschita Prominenz als Hauptstadt der sogenannten Fernöstlichen Republik. Dieser von den Bolschewiki geschaffene Pufferstaat sollte eine direkte Konfrontation zwischen Sowjetrussland und Japan verhindern. Die Kaiserlich Japanische Armee brachte weite Territorien zwischen Baikalsee und Pazifikküste unter ihre Stiefel, als Russland ein Flickenteppich aus Roten und Weißen war. Nach Ende der Sibirischen Intervention löste Moskau die Fernöstliche Republik kurzerhand wieder auf und gliederte sie in die Russische Sowjetrepublik ein.

Stalins massiv forcierte Industrialisierung zog an Tschita anfangs vorbei. Erst als während des Zweiten Weltkriegs die Sowjetführung die militärische Produktion vor der heranrollenden Wehrmacht aus den europäischen Provinzen hinter den Ural evakuierte, hat Tschita ein Maschinenbaukombinat bekommen, mit einer Produktion von schwerem Gerät für den arktischen Norden, von Kühlmaschinen und Kompressoren und mit ein wenig Leichtindustrie. Zwar standen Tausende Menschen an den Bändern dieser Betriebe, doch verglichen mit den großen Industriestädten Sibiriens verharrte der

Anteil des sekundären Sektors in Tschita weit unter dem Landesdurchschnitt. Tschita blieb eine Stadt der Militärs und Eisenbahner.

Als Ende Dezember 1991 das Weltreich so sang- und klanglos von der Bühne abging, war die Ausgangslage denkbar schlecht. Die Armee versank angesichts der Rückkehr von einer halben Million Soldaten aus anderen Sowjetrepubliken, aus Osteuropa und der Mongolei, angesichts der gleichzeitigen drastischen Verkleinerung des stehenden Heeres im Chaos. Die Eisenbahngesellschaft – dieser Koloss aus Schrott – strich Tausende Arbeitsplätze. Der Subventionstropf der sowjetischen Planwirtschaft versiegte über Nacht. Und mit der halbgaren Privatisierung der Fabriken unter Jelzin standen die Belegschaften der Kombinate über Nacht auf der Straße. Der Phantomschmerz, unter dem viele Russen nach dem Untergang des sowjetischen Imperiums litten, brennt in Tschita bis heute nach.

Doch der steile Niedergang in der nachsowjetischen Zeit ist auch der Lage der Region geschuldet. Die ferne, dünn besiedelte Peripherie blieb trotz Eisenbahn und Flugzeug mäßig entwickelt – auf einem Quadratkilometer leben noch heute weniger als drei Menschen. Aufgrund seiner Grenzlage galt der Osten Sibiriens zudem lange als strategisch gefährdetes Gebiet. Dabei waren es in der Vergangenheit immer auch die Größe des Landes und der unerbittliche Winter, die Napoleons Soldaten im Vaterländischen wie Hitlers Soldaten im Großen Vaterländischen Krieg Schlagkraft und Verstand raubten. Russlands physische Ausdehnung, die das Land bis heute zum geopolitischen Dreh- und Angelpunkt Eurasiens macht, ist in Tschita stärker als anderswo mehr Fluch als Segen.

Was bleibt, sind die Bodenschätze: Gold und Silber, auch Zinn, Blei und Uran werden gefördert. Bis heute wird in Transbaikalien kaum produziert oder veredelt. Stattdessen wandern Rohmaterialien billig ins Ausland, vor allem nach China. Fertigwaren, selbst ein Großteil der Nahrungsmittel müssen dagegen teuer eingeführt werden. In den Auslagen der Supermärkte von Tschita gelten Kartoffeln aus der Region als Rarität. So bleibt die Randlage trotz Grenzöffnung für Tschita ein Standortnachteil. Zu fern liegt auch das Machtzentrum, das seit dem Ende der Sowjetunion für viele Bewohner unerreichbar geworden ist. Die Nomenklatura hat sich mit dem Status quo arrangiert, und das einfache Volk scheint der politischen Elite egal.

Nicht Sascha. Er hat die Bodenhaftung auch während seines Ausflugs in den Regierungsapparat nicht verloren. Er erklärt die Lage der Bewohner Tschitas anhand simpler ökonomischer Eckdaten: Eine Bettkarte für die fünf Tage dauernde Zugfahrt in die Hauptstadt kostet in der harten Wagenklasse umgerechnet hundert Euro – eine Richtung, in der weichen Wagenklasse das Dreifache. Die Fahrt bleibt damit wie Flugtickets für die Mehrzahl der Bewohner ein unerschwinglicher Luxus. Fahrscheine zur chinesischen Grenze gibt es schon ab vierzig Euro.

«Viele meiner Freunde und Kollegen waren schon in der Verbotenen Stadt, den Kreml haben die Wenigsten mit eigenen Augen gesehen», sagt Sascha trocken und schiebt eine Frage hinterher: «Warum sollten sie nach Sotschi fahren, wenn Ferien am Gelben Meer oder auf Chinas Tropeninsel Hainan billiger sind?» Sascha zieht seine schwarzen Brauen hoch und philosophiert über die mentalen Landkarten seiner Landsleute. Seine beiden längst erwachsenen Kinder hätten in Peking studiert. Und ja, natürlich, auch sie seien nach dem Studium nicht nach Tschita zurückgekehrt. Immer mehr junge Menschen aus den Grenzgebieten studieren in Harbin, Changchun oder Peking, Zehntausende Russen sollen es momentan sein. Der Erwerb chinesischer Sprachkenntnisse macht sich halt eher bezahlt als ein Physik- oder Soziologiestudium in der Heimat, meint Sascha. Trotzdem, in Tschita aus Kulturkompetenz Kapital zu schlagen, das bleibt eine Kunst.

Für russische Verhältnisse ist Sascha ein *Old China Hand*. Er kam mit Sprache, Kultur und Menschen des Nachbarlands schon in Berührung, als die Volksrepublik für Iwan Normalverbraucher nicht nur hinter Stacheldraht, sondern auch auf einem anderen Planeten lag. Seit den sechziger Jahren schon bildet die Pädagogische Hochschule von Tschita Chinaexperten aus. Zuerst gingen die Absolventen lediglich in die Feindbeobachtung – zu einer Zeit, als sich die beiden kommunistischen Riesenreiche noch bis an die Zähne bewaffnet an ihrer langen Grenze gegenüberstanden. Sascha hat 1983 sein Sinologie-Diplom gemacht. «Das war noch unter Jurij Andropow. Es war das Jahr, als Moskau erstmals wieder Delegationen von Studenten und Touristengruppen nach China schickte. Die waren damals noch vom Zentralkomitee handverlesen», erinnert sich Sascha, frei von Wehmut. Sein Blick ruht auf dem Bärenpaar an der Wand. Heute werben im Straßenbild von Tschita Reklametafeln für Chinesisch-Sprachschulen, sogar manche Grundschüler lernen Chinesisch. Die Volksrepublik sei hier das Synonym für Zukunft – auch mangels Alternativen in der Heimat.

Das sei nicht immer so gewesen, erzählt Sascha. Insbesondere der angeblich unkontrollierte Zustrom von Chinesen in den neunziger Jahren habe alte Feindbilder reanimiert, die bis in die Zarenzeit zurückreichen, als noch mehrere Hunderttausend Chinesen in Russlands Osten lebten. Das Schlagwort von der «Gelben Gefahr» hat in Russland eine lange Geschichte. Ein Begriff aus der Kolonialzeit, seinerzeit erprobt, um in Europa, Nordamerika und auch in Russland Ressentiments gegen die asiatischen Völker, speziell die Chinesen, zu schüren. Das Gros der Arbeiter auf den Baustellen der Eisenbahn stammte aus China. Kaum eine Stadt in Sibirien, in der es bis in die frühe Sowjetunion keine Chinatown gab. In der Debatte über die Einwanderung von Chinesen tauchte in den neunziger Jahren also jene sinophobe Rhetorik wieder auf, die bereits die spätzaristische Publizistik kannte. Chinesen wurden zu beiden Zeiten als Schmuggler, Wilderer und Mafiosi dargestellt, vor allem aber als eine amorphe Masse, die wie Ungeziefer über die Heimat herfällt. Immer wieder kursierten Gerüchte, die Chinesen schleppten Krankheiten und Drogen ein.

Selbst in der Sowjetunion verschwand die Angst vor einer chinesischen Völkerwanderung nie wirklich, obwohl damals nur noch ein paar Hundert Chinesen im Land verblieben waren. «Kennst du den schon?» Sascha zupft an seiner Fliege und erzählt mir einen alten Witz, der in seiner Jugend kursierte und mit der Furcht vor «Überfremdung» spielt: «Die Sowjetunion und China stehen miteinander im Krieg. Am ersten Tag begibt sich eine Million Chinesen freiwillig in sowjetische Kriegsgefangenschaft. Am nächsten Tag eine weitere Million. Am dritten Tag noch eine Million. An Tag vier kapituliert die Sowjetunion.» Durch die Palmenwedel hindurch sehe ich, wie Saschas Kollegen, dem greisen Bibliothekar, ein müdes Lächeln über das Gesicht huscht.

Die militärischen Konflikte mit Japan und China im zwanzigsten Jahrhundert haben bei den Menschen in Tschita tiefe Spuren hinterlassen. Sie leben scheinbar noch immer in Isolationshaft. Der Mythos, der europäische «Vorposten», die «russische Festung» in Asien zu sein, ist historisch tief verwurzelt. Doch Tschita erscheint heute stärker als andere Städte als Posten in einem «vergessenen Land», als ein «besiegtes Fort», dessen Bewohner um Hilfe rufen. Erstmals in der Geschichte der russisch-chinesischen Beziehungen arbeiten alle wichtigen Faktoren wie Demographie und Ökonomie gegen Moskau. Russlands Territorien an der Grenze zu China – so groß wie Europa ohne Russland und lediglich von etwa sechs Millionen Menschen bevölkert – haben seit dem Untergang der Sowjetunion bereits anderthalb Millionen Bewohner verloren. Der Nordosten Chinas zählt hingegen mehr als 130 Millionen Menschen – jedes Jahr kommt eine weitere Million hinzu.

Und wie steht es heute um die Angst vor China, will ich von Sascha wissen. «Klar bestehen Ressentiments fort. Doch das ist schlicht von Nationalisten geschürter Populismus, ein gefährliches Spiel mit alten Feindbildern – auch um vom eigenen Unvermögen abzulenken», beschwichtigt Sascha, so als sei er nie selbst Teil des politischen Establishments gewesen, das sich dieser Vorurteile bedient. «Mehr als drei Millionen Russen und Chinesen überqueren die Grenze jedes Jahr.» Obwohl mancher chinesische Patriot auch heute noch von «verlorenen Territorien» spreche, die für einige bis zum Baikalsee reichen, sei eine Masseneinwanderung, eine heimliche Expansion Chinas, die sich viele Russen noch immer als einen Einmarsch Tausender fleißig-gerissener Ameisen vorstellten, in der menschenarmen Peripherie nicht zu befürchten. «Die demographische Zeitbombe ist und bleibt ein Hirngespinst. Welchen chinesischen Arbeiter zieht es denn heute noch zu uns? Unsere Wirtschaft, sie siecht dahin. Ein Trauerspiel. China selbst hat riesige unterentwickelte Gebiete. Dort steigen die Löhne schnell.» Die Chinesen sind zwar die größte Ausländergruppe in Ostsibirien, referiert Sascha, doch ihr Anteil an der Gesamtbevölkerung ist selbst Mitte der neunziger Jahre, als chinesische Kleinhändler und Bauarbeiter im Stadtbild von Tschita allgegenwärtig waren, deutlich unter fünf Prozent geblieben.

Bis in die frühen Putin-Jahre blieb das Baugewerbe fest in der Hand chinesischer Unternehmer. Russen staunten darüber, dass Häuser im Zwei-Schicht-Rhythmus entstehen können. Selbst das Pflaster auf dem Lenin-Platz stammt aus dem Nachbarland: «Zehntausend Li» lautet die Gravur auf dem grün und rot gefärbten Formbeton – es ist der Name eines Fliesenherstellers und in China Synonym für Unendlichkeit.

Schon früher gab es Akkordarbeit dank importierter Muskelkraft – wenn auch unter anderen Vorzeichen. Nach 1945 schufteten japanische Kriegsgefangene beim Bau des imposanten Stabsquartiers des Sibirischen Wehrkreises am Lenin-Platz und vieler anderer Repräsentativbauten in Tschita mit. Mehr als eine halbe Million besiegte Japaner gossen nach dem Krieg in der Sowjetunion Fundamente, fuhren in Kohlegruben ein oder verlegten Bahnschienen. Die letzten vom verwässerten Haferbrei abgemagerten Männer kehrten erst Mitte der fünfziger Jahre aus den sibirischen Lagern in ihre fremd gewordene Heimat zurück. Jeder zehnte sah sie nie wieder. Die großen Bauten aus der Stalinzeit erinnern stumm an ihre bittere Leistung.

Im Unterschied zu den japanischen Kriegsgefangenen kamen die chinesischen Saisonkräfte freiwillig. Doch der russisch-orientalische Blick starrt damals wie heute an ihrer Leistung vorbei: Schikaniert und belächelt wurden sie, mitunter auch verprügelt. Selten sah ich sie in der russischen Welt jenseits der Bauzäune. Nur ihre Vorgesetzten und Hintermänner, verantwortlich für Steuerfragen und Migrationspapiere, wohnten in Hotels. Ihre Hände waren weich, ihre Gesichtshaut glatt. Die neuen Wohnkomplexe schimmern als steinerne Zeugen dieser Zeit.

Eine Welle öffentlicher Empörung über die wirtschaftliche Expansion Chinas erfasste Tschita im Sommer 2015, als die Provinzregierung verkündete, dass ein chinesisches Agrarunternehmen zu einem symbolischen Preis einen Landstrich am Argun für neunundvierzig Jahre gepachtet hatte. Auf einem Gebiet von der Größe Hongkongs – das zuvor Brachland war – baut die Firma seitdem Tierfutter an.

So fühlten sich viele Russen heute weniger demographisch marginalisiert als ökonomisch betrogen, resümiert Sascha. Ein gängiges Vorurteil besagt, Chinesen rauben den Russen die natürlichen Reichtümer ihres Landes – Ackerland, Öl, Holz, Fisch, selbst den Sibirischen Tiger – und überfluten Russland mit minderwertiger Ramschware. In diesen Diskursen schwinge unterbewusst der Verlust der Großmachtstellung seit dem Untergang der Sowjetunion mit: «Der Niedergang riss uns alle in eine tiefe Identitätskrise», sagt Sascha und ergänzt: «Die Zerstörung alter Institutionen und das drastische Absinken des Lebensstandards, das in den Regionen östlich des Urals häufig stärker ausfiel als im europäischen Landesteil – das waren wichtige Faktoren für die Rückkehr des gelben Schreckgespensts.»

*

Nur wenigen Bewohnern von Tschita geht es wirtschaftlich vergleichsweise gut. Marina, die ich ebenfalls seit Langem kenne, gehört nicht dazu. Ich besuche sie vor meiner Weiterfahrt noch auf ihrem Sommersitz in Atamanowka, einem Datschen-Vorort ein paar Stationen mit der Elektritschka von Tschita entfernt. Das kalte Dreiviertel-

jahr über teilt sie sich mit Mutter, Onkel und Sohn eine Zweizim-
merwohnung in Tschita, eine halbe Stunde mit dem Trolleybus
vom Lenin-Platz entfernt. Wie viele Menschen hat Marina mehrere
Jobs, um über die Runden zu kommen. Nach abgebrochenem
Klavierstudium jobbte sie als Botin in der Wahlkommission, half in
einem Wohnheim aus. Ihre Mutter, eine Kindergärtnerin, bringt
zwölftausend Rubel im Monat nach Hause, rund hundertvierzig
Euro. Wenig Geld in einer Stadt, in der die Busfahrt nur dreißig
Cent, der Liter Milch aber anderthalb Euro kosten.

Marinas Onkel schuftete bis zur Pensionierung als Vorarbeiter
auf Baustellen. Heute arbeitet er zwei Tage in der Woche als Wachmann in den städtischen Wasserbetrieben – im 24-Stunden-Schicht-
Betrieb. Die übrige Zeit bestellt der rüstige Rentner die Gemüsebeete auf einem Acker in Atamanowka. Dort, zwischen dem schmalen
Bahnsteig und dem Ufer des Flusses Ingoda, der vor Nertschinsk in
die Schilka mündet, zieht Marina inzwischen selbst Rüben, Möhren, Zwiebeln und Knoblauch im kurzen Sommer – Nahrungsvor-
rat für den langen Winter. Jeder Quadratzentimeter ist genutzt, für
Blumen bleibt wie schon unter Gorbatschow kaum Platz. Im Fernsehen rede man von Russlands Rückkehr, ja, hier könne jederzeit
eine Revolution ausbrechen, da ist sich Marina sicher, so als wollte
sie die Klischees der hochnäsigen Hauptstadtjournalisten noch er-
härten. Sie würde gerne in den europäischen Landesteil ziehen,
doch so einfach sei das nicht.

«Tschita ist eine Stadt ohne Zukunft. Das Klima ist hart, die
Wirtschaft liegt am Boden, die Infrastruktur ist miserabel. Den
Menschen geht es schlecht.» Wer in Tschita lebt, sagt Marina düster, der stirbt früher als in Moskau oder Jekaterinburg. «Anderswo
in Russland gibt es eine demographische Trendwende durch sub-
ventionierten Wohnraum für Familien, dank Kindergeld und Pro-
pagierung eines gesunden Lebensstils.» In Transbaikalien hingegen
sei die Zahl der Bewohner durch Geburtenrückgang und Abwan-
derung seit dem Ende der Sowjetzeit um ein Viertel auf gut eine
Million Menschen geschrumpft.

Tschita verharrt in der nachsowjetisch-vorputinschen Zwischen-
zeit – auch wenn die goldene Wärme des für Mitteleuropäer viel zu
frühen Altweibersommers gerade alle Lebenshärte weichzeichnet.
In dieser Zeit prägten Alkoholiker und Internet-Cafés das Bild vieler russischer Städte. Mitunter scheint mir, dass sich die Menschen
in Tschita vor dem Geldverdienen fürchten. Im «Chat-Klub», der
trotz Smartphone-Revolution noch immer existiert, funktioniert
immer gerade ein Computer, die übrigen fünf sind *na remonte*, sie
sind «defekt». Jeden Tag ist aber ein anderer Rechner eingeschaltet.
Selbst in den China-Restaurants wie dem «Goldenen Drachen» oder
dem Café «Harbin» ist der Service unfreundlich – hier hat wohl
China von Russland gelernt. Eine Stadt, die kaum etwas produziert,
muss sich mit sich selbst beschäftigen. Nirgendwo sonst in Russland
habe ich mehr private Sicherheitsdienste auf den Straßen gesehen.
Jeder Krämerladen, jedes bessere Mietshaus wird von einem Wachmann gesichert. Wohnungstüren haben mehr Schlösser, als sich dahinter Zimmer auftun. Eine ganze Stadt, die sich vor sich selbst zu
schützen sucht. Nach Einbruch der Dunkelheit liefert sich der automobile Verkehr Rennen bei lauter Musik. Wer dann durch die finsteren Seitenstraßen der Stadt eilt, der weiß, wovor die Moskauer
warnen. Fußgänger sind stets auf der Hut vor Cliquen junger Männer, um gegebenenfalls noch rechtzeitig die Richtung ändern zu
können. Dennoch: Die Zeiten, als die Stadt mit ihren Mordstatis-
tiken landesweit in die Schlagzeilen geriet, sind vorbei.

Ist Tschita also verloren? Nein. Geld gibt es in dieser Stadt, gar
nicht wenig. Warum sonst sollte man ein Casino betreiben? Warum
sonst rollen neben japanischen Gebrauchtwagen – das Lenkrad
rechts – neue Luxuskarossen aus Europa über die Holperpisten?
Warum sonst drehen sich so viele Kräne über den Dächern der
Stadt? Es muss hier eine Reihe Menschen geben, die trotz schma-
lem Angestelltengehalt für den Quadratmeter Wohnfläche zweitausend Euro zahlen können – Erstbezug versteht sich. Doch Vieles
von dem Wenigen, das glitzert, ist geborgt: Das Kreditwesen hat in
der russischen Provinz einen unglaublichen Aufschwung erlebt.

Werbeannoncen übertrumpfen sich mit Offerten für Eigenheim-Darlehen, mit Slogans wie «Kredit binnen einer Stunde» oder «Nur zwei Prozent Zinsen pro Monat».

Dass der Rubel, der in Tschita rollt, selbstverständlich ehrlich verdient wird, darüber wird das Volk im Staatsfernsehen belehrt. Einmal wöchentlich lädt Gouverneur Osipow das Volk in einer Bürgerstunde im Regionalsender zum Gespräch. Nur selten regt sich Unmut, wenig und behutsam sprechen die einfachen Menschen von den «Strukturen» da oben; das Wort Korruption scheint tabu.

Nicht überall ist die Stimmung träge. Am Güterbahnhof herrscht Betriebsamkeit. Ein Blick von einer Anhöhe auf die Gleise hinab veranschaulicht die Intensität des bilateralen Handels: Kilometerlange Güterzüge durchqueren die Stadt auf ihrem Weg nach China. Einer besteht aus sechzig Tankwagen von Rosneftetrans. Ein anderer transportiert Kriegsgerät: Haubitzen, Panzer, Truppentransporter. Noch andere haben neben Rohöl auch Holz und ein paar weinrote belarussische Mähdrescher geladen. China Shipping steht auf den Containern der Gegenrichtung. Gibt es sie also doch, die Seidenstraße? Momentan passiert die Fracht der Züge lediglich Transbaikalien. Vielleicht fällt einmal in nicht allzu ferner Zukunft etwas Wegzoll ab?

10. Ein Einkaufsparadies an der Steppengrenze

Sabaikalsk – Manzhouli

Nach zwei Wochen Tschita, wo ich an spannenden Akten im Archiv klebengeblieben war, bin ich nun endlich wieder unterwegs in Richtung China. Nur einmal in der Woche quert der internationale Zug Moskau–Peking die russisch-chinesische Grenze bei Sabaikalsk. Billetts sind Wochen vorher ausverkauft. Viele Reisende fahren deshalb *s peresadkami,* sie müssen umsteigen. Allein für die 462 Kilometer von der Gebietshauptstadt Tschita zum russischen Grenzhalt Sabaikalsk braucht der *Daurija* sechzehn Stunden. Güter haben Vorfahrt. Im stets ausgebuchten Nachtzug Tschita–Sabaikalsk spricht man überwiegend Chinesisch – fast so, als hätten doch Abermillionen Chinesen Sibirien überrannt.

Offensichtlich machen sich einige Menschen im *Daurija* nicht klar, dass die Reisenden mitunter beider Sprachen mächtig sind. Noch bevor der Zug den Bahnhof von Tschita verlässt, echauffiert sich die russische Schaffnerin in meinem Waggon über zwei Chinesen, die es sich, ohne ein Laken erworben zu haben, auf den Matratzen bequem machen: «Unkultiviertes Volk!» Ein russischer Rentner blickt sich um und flüstert darauf: «Schauen Sie doch, der ganze Zug ist voller spuckender und lärmender Chinesen.» In den Äußerungen der chinesischen Passagiere klingt eher das Bewusstsein der dynamischeren ökonomischen Entwicklung ihrer Heimat durch. Manch einer vergleicht zufrieden sein Mobiltelefon mit denen der russischen Mitreisenden. Mein aus Changchun stammender Pritschennachbar verkündet, als er merkt, dass ich kein Russe bin: «Russen können nur trinken. Aber arbeiten?» Die ökonomische Potenz zeigt sich auch an der Belegung der teureren Coupé-Wagen des Nachtzugs der Russischen Staatsbahnen auf dem Weg von Tschita nach Sabaikalsk: Auf Samt reisen mindestens ebenso viele Chinesen wie Russen. Eine Stunde hinter Tschita teilt sich die Bahnstrecke: Ostwärts läuft die bereits bekannte Linie am Amur entlang bis Wladiwostok, meine geht nach Südosten, sie sucht an der russisch-chinesischen Grenze bei Sabaikalsk und dem mandschurischen Manzhouli Anschluss an die chinesische Eisenbahn.

Am nächsten frühen Morgen ist die Landschaft eine andere als die der waldbedeckten Hügel, die mich in der Abenddämmerung verabschiedet hatte: Wieder Steppe, so weit das Auge reicht. Kein Baum, nicht einmal ein Strauch bricht den riesenhaften Schatten, den der Zug tief in das Grasland hinein wirft. Ich muss an Anton Tschechow denken, der auf seiner Reise zur Pazifikinsel Sachalin über die Anmut dieser Landschaft staunte: «In Transbaikalien fand ich alles, was ich mir wünschte ... Tagsüber im Galopp über den Kaukasus und nachts durch die Steppen des Don, am Morgen erwachst du aus dem Schlummer und blickst bereits auf das Gouvernement von Poltawa – eine Pracht sind die ganzen tausend Werst durch Transbaikalien.» Der Bau der russischen Kolonialbahn von Tschita durch die Mandschurei bis Wladiwostok um die Jahrhundertwende verknüpfte das noch dünn besiedelte Grenzland bei Sabaikalsk mit dem europäischen Teil Russlands ebenso wie mit dem Pazifik und dem chinesischen Herzland südlich der Großen Mauer.

Es ist kurz nach neun Uhr morgens, als der Zug in Sabaikalsk kreischend zum Stehen kommt. Viele Passagiere überqueren die altölgeschwängerten Gleisschwellen vor der Diesellokomotive, statt die Fußgängerquerung zu nehmen. Der Zug fährt sowieso nicht weiter. Russland geht hier abrupt zu Ende – und wird noch einmal beschworen. Die russischen Farben, hier sind sie ein letztes Mal durchdekliniert: quittengelbe Bahnhofsfassade, türkisgrüne Ölfarbe im Wartesaal, rostrote Gitter. Architektur wie in Ufa oder Surgut.

Einzig die Chinesen passen nicht recht ins Bild einer russischen Provinzstadt. Morgens, wenn sie mit dem Zug aus Tschita ankommen, ist Sabaikalsk eine Stadt ohne Russen. Die wenigsten Reisenden halten sich hier auf, sie haben nur ein Ziel: China. Vor dem Bahnhof verläuft eine kleine Straße. Busse, Linientaxis, Kleinwagen – jeder versperrt jedem den Weg. Pappschilder klemmen hinter den Windschutzscheiben. «Manzhouli» steht auf Russisch und Chinesisch darauf geschrieben. Gepäck wird verladen. Noch neun Kilometer sind es bis in eine andere Welt.

Die offene Landschaft war seit jeher ein Einfallstor – Mongolen und Kosaken drangen von hier nach China vor. Hier stößt Sibirien mit der Mongolei und der Mandschurei zusammen. Heute durchqueren vor allem Händler diese Pforte. Auf den Hügeln im wogenden Steppengras, die den russischen Vorposten Sabaikalsk von der chinesischen Grenzstadt Manzhouli scheiden, passieren unzählige Menschen in Bussen, Jeeps und Kleinlastwagen täglich die Grenze. In Friedenszeiten war die Grenzdoppelstadt ein Nadelöhr, durch das Menschen wie Güter zwischen der Sowjetunion und China fuhren, in Zeiten politischer Antagonismen war es ein Schauplatz der Abschottung, ein Aufmarschgebiet des Militärs. Je nach politischer Großwetterlage fuhren die Züge oder sie standen still.

Ich bleibe vorerst in Sabaikalsk, will mich umsehen auf diesen letzten Metern russischer Erde. Quartier beziehe ich im «Rossija». Das Hotel steht am anderen Ende der Rotarmisten-Straße, fünf zügige Gehminuten vom Bahnhof entfernt. Die Rezeptionistin, anscheinend die einzige Frau im Haus, teilt mir einen Schlafplatz in einem bereits belegten Zimmer zu. Meine Nachfrage nach mehr Privatsphäre weist sie im barschen Tonfall einer Vollrussin ab, durch eine süßlich-schwere Parfümwolke hindurch. Ich solle froh sein, dass überhaupt noch ein Bett frei sei. Ach ja, und Wasser gebe es derzeit auch keines. «Warmwasser?», frage ich irritiert. «Kaltwasser, im Sommer ist das Warmwasser doch sowieso abgedreht!»

Der Mann, mit dem ich mir Blümchentapete, Perserteppich, Wählscheibentelefon und Pressglaslüster teile, starrt auf den Bildschirm. Im Fernsehapparat paaren sich gerade zwei Nashörner, doch aufgrund des miserablen Empfangs der Stabantenne tun sie es immerhin tonlos in der romantischen Winterlandschaft einer Schneemattscheibe. Dass ein weiterer Gast aufs Zimmer kommt, scheint den Mann nicht zu verblüffen. Das Einzige, was ihn irritiert, ist mein Akzent. «Bist du ein Spion?», fragt er, stellt sich als Alexej vor und reicht mir die Hand. «Meine Legende nimmst du mir ohnehin nicht ab», halte ich entgegen. Immerhin beschließt Alexej, dass der Deutsche eigentlich ein Balte sei – ich nehme das als Kompliment. Alexej, das merke ich, würde für ein Fläschchen Wodka, die berühmten *Sto Gramm* («hundert Gramm»), sein Heimatland nicht verraten.

Auf dem Fernsehtisch flattern die Seiten von Alexejs Reisepass. Sein Ausweis ist übersät mit chinesischen und russischen Sichtvermerken. Rote und blaue Tusche tanzt um die Visa: das Logbuch seines Lebens. Es sei schon sein sechstes Dokument, erzählt der aus dem westsibirischen Krasnojarsk stammende Alexej, seit er vor zwanzig Jahren damit begonnen habe, an dieser Staatsgrenze sein Geld zu verdienen.

Die zweite Woche schon harrt er auf Zimmer 17 aus. So lange hat er unentwegt mit den russischen Beamten verhandeln müssen, erst gestern haben sie die chinesischen Traktoren freigegeben. Sein bleiern müdes Gesicht passt nicht zu der drahtigen Statur und wirkt im Schimmer der Energiesparbirnen unseres Hotelzimmers noch fahler. Wenn die zwölf Ackerschlepper morgen auf russischen Eisenbahnwaggons Richtung Westen abgehen, sitzt Alexej schon im Zug nach Hause. Die Landmaschinen hat er in Hailar, drei Zugstunden hinter der Grenze, gekauft.

Lautes Klopfen unterbricht Alexejs Erzählung: «Brauchst du ein Mädchen?», poltert eine Männerstimme hinter der Tür. «Komm später wieder», brüllt Alexej zurück, «wir sind hier schon zu zweit.» Der Zuhälter ist da bereits weitergezogen und wirbt ebenso charmant an anderen Zimmertüren um Kundschaft. «Huren gibt es überall», weiß Alexej und dreht die Röhre ab, «hier ebenso wie drüben in Manzhouli. Alles was du dir wünschst: blond, dunkelhaarig, groß, klein.» Die Chinesen seien diskreter. Sie schöben Visitenkarten durch den Türspalt. Und sie kämen nicht schon vormittags vorbei.

«Das große Geld dieser armen Region wird hier verdient», fährt der Maschinenbauingenieur fort. Wie viel Zollabgaben und Schmiergelder Alexej für die Einfuhrgenehmigung zahlen musste, hütet er als sein Geschäftsgeheimnis. Doch unten am Fuß des Steppenhügels residieren die Zöllner in einer Villensiedlung. Vom Volksmund «Santa Barbara» genannt, erinnert sie mich eher an Wandlitz. Sie sei der in rotem Backstein gemauerte Beweis dafür, dass einige Menschen auf der russischen Seite harte Devisen erwirtschaften.

Auch im «Kristall» und dem von Chinesen bevorzugten «Goldenen Lotos», den anderen beiden Herbergen in Sabaikalsk, mieten sich fast ausschließlich Zwischenhändler, Schieber, Mittelsmänner ein. Weder die überteuerten Preise noch der lausige Standard schrecken Gäste ab, sämtliche Zimmer der Absteigen sind ausgebucht.

Es gleicht einer Odyssee, in diesem Kaff ein Mittagessen aufzutreiben. Im Bahnhofsbuffet wärmt sich eine Gruppe von Chinesen an Soljanka in Einwegschüsseln die Hände, dicke weiße Mayonnaiseklumpen schwimmen obenauf. Zum Nachspülen gibt es Kompott, in das sich eine getrocknete Aprikose verirrt hat – chinesische Mägen sind geduldig.

Das Ächzen der Waggons hallt von den Rangiergleisen her durch das staubbedeckte Sabaikalsk. Weit mehr als die Hälfte der auf dem Landweg zwischen Russland und China transportierten Güter überqueren hier die Grenze. Gut zehntausend Einwohner zählt Sabaikalsk. Halbwüchsige und alte Männer scheinen in niederschmetternder Überzahl. Sie mustern jeden Fremden – mal melancholisch, mal aggressiv. Touristen verirren sich auf ihrer Reise entlang des Großen Sibirischen Weges nach Peking nur selten hierher. Auf dem Treppenabsatz vor dem «Rossija» lungert der obdachlose Nikolaj herum. Bisweilen spendieren ihm Hotelgäste Bier und Zigaretten. Nikolaj trägt ein ausgewaschenes Olympia-T-Shirt mit dem Aufdruck «Beijing 2008». Auf seiner linken Hand sind sechs Buchstaben eintätowiert, die nach Verbannung klingen: *Wostok* – «Osten».

Strukturprobleme, mit denen der Osten Russlands seit dem Untergang der Sowjetunion kämpft, manifestieren sich in der Tristesse der Steppensiedlung, die sich kilometerlang an die Bahngleise schmiegt, noch deutlicher als in Tschita. Lediglich Werbetafeln der Mobilfunkkonzerne künden von der neuen Zeit. Niedrige Stein- und Holzbaracken aus der Nachkriegszeit säumen die einzige asphaltierte Straße. Am Bahnhof verrottet seit der Pleite des Investors ein zehngeschossiger Rohbau. Kühe weiden vor der Regionalverwaltung, ein ockerfarbener Lenin wartet verloren davor. Ein neues Schulgebäude fällt auf. Es scheint die einzige nennenswerte Investition der Provinzregierung zu sein, notwendig, weil die alte Mittelschule abgebrannt war.

Nach zwei Gläsern Aprikosenkompott treffe ich Wera im Eisenbahnerklub von Sabaikalsk – versteckt in einem kleinen Zimmer im Erdgeschoss des in die Jahre gekommenen Kulturhauses.

*

Wer heute das etwas muffige Kulturzentrum aufsucht, betritt eine Zeitschleuse, die den Gast in die Breschnew-Ära zurückkatapultiert: matte Vitrinen, abgetretenes Parkett, Wandtafeln, mit rotem Samt bespannt und mit Pappbuchstaben beklebt. Ausgerechnet in diesem Zentrum sowjetischer Bildungsarbeit der Massen soll ich mehr über die Geschichte dieses skurrilen Ortes erfahren. In Tschita hatte Sascha mir Weras Telefonnummer zugesteckt. Die beiden kennen sich noch aus den Achtzigern, als er im sowjetischen Export in Sabaikalsk gearbeitet hatte. Den in himmelblauer Ölfarbe gehaltenen Raum des Eisenbahnerklubs dominieren zwei Wandzeitungen für «unsere Veteranen»: die der Arbeit und die des Krieges. Davor, in einem niedrigen Regal, verstauben ein Emblem der Sowjetunion, allerlei Orden, ein Spinnrad, zwei samtene Standarten, Tamburine und ein sowjetischer Volksempfänger.

Weras Haare leuchten feuerrot, und doch hätte ich sie in diesem Raum voller Gerümpel beinahe übersehen, weil sie starr wie ein Exponat auf mich wartet. Die stämmige Frau ist sicher Mitte achtzig, aber rüstig, sie trägt ein akkurates Jackett, drei Orden klimpern am Revers, herausgeputzt hat sie sich für diese Begegnung. Ihr Leben orientiert sich wie das vieler Bewohner an der Grenze. Die Rentnerin hat die ganze Geschichte von Aufbruch und Niedergang miterlebt – ihr eigenes Leben ist ein Spiegelbild der Höhen und Tiefen dieses Orts. Sie selbst habe mit angepackt beim Aufbau des Kulturhauses. In den sechziger Jahren ist das gewesen. «Oh Gott, wie die Zeit vergeht», stößt sie halblaut mit starrem Blick in das blaue Zimmer aus.

Als Wera mit siebzehn Jahren aus dem Ural erst nach Tschita und dann nach Sabaikalsk zog, begann ihr Leben zwischen den zwei Welten. Ein Leben auf der Rangierlokomotive. Ein Leben im Dieselgeruch. Hin und her, zweimal täglich. Auch als in der Zeit des Konflikts zwischen den kommunistischen Titanen die Grenze faktisch geschlossen war, eskortierte Wera Züge regelmäßig nach Manzhouli. Sie war eine der wenigen sowjetischen Bahnangestellten, die den chinesischen Grenzbahnhof noch ansteuern durften. Wera traf dort auf jene Menschen, über die plötzlich selbst das Kreisblatt schwieg, weil das Zentralkomitee im fernen Moskau sie zu Feinden erklärt hatte. Sie seien damals aufreibend gewesen, die Begegnungen mit den chinesischen Eisenbahnern. Überwacht. Ein falsches Wort, ein Lächeln, und ihr Kollege aus dem Feindesland hätte diese Geste mit einer harten Strafe büßen müssen, versichert Wera. Heute, wo die Grenze wieder durchlässig ist, geht sie unter in dem Strom der abertausenden «Ameisen», die Laptops, Kosmetik und Adidas-Artikel nach Russland schleppen. Nicht mehr im Container auf der Schiene, sondern per Bus in Plastiktüten. «Chinesisch? Nein, kein einziges Wort. Nitschewo», sagt Wera mit gefalteten Händen. Trotz und Stolz sind die Synonyme für ein Leben an der Grenze. «Die Chinesen können doch alle ein paar Brocken Russisch.»

Ich muss an den Halbkosaken Iwan im chinesischen Enhe denken, an seinen bäuerlichen Kosmopolitismus, seine Zweisprachigkeit, seine provinzielle Weltgewandtheit. Wie drastisch sich Iwans Leben von dem Weras unterscheidet. China ist Wera fremd geblieben, so wie für die Chinesen von Manzhouli, jenseits des Stacheldrahts, Russland in einer anderen Galaxie kreist. Kaum ein Grenzbewohner ihrer Generation ist hier geboren. Noch Weniger sprechen die Sprache des Nachbarn. Mit Schulbüchern, Zeitungen und Kundgebungen pflanzte der Staat eine politisch konforme geographische, historische, kulturelle, ja mentale Gedankenwelt in die Köpfe der Neusiedler. Ihre Loyalitäten verlaufen bis heute kongruent zur Staatsgrenze. Die Erfahrung der sozialistischen Grenze – mal Friedensgrenze, mal Eiserner Vorhang – war eine andere als die der russischen bäuerlichen Diaspora am chinesischen Ufer des Argun. Als nach dem Großen Krieg das Schicksal die junge Wera vom Ural in die daurische Steppe verschlug, waren Grenzübertritte bereits streng reglementiert. Kontakte zum Nachbarland, sofern überhaupt noch möglich, waren politisch überwacht.

«Was für eine wilde Landschaft, dachte ich, als ich hier ankam. Weder Bäume noch Sträucher, kaum Häuser.» Wera stammt aus einem Dorf im Gebiet Swerdlowsk. Ein Dorf mit einem klaren See und einem herrlichen Birkenhain. Mitte der fünfziger Jahre, unmittelbar nach ihrem Abschluss am Eisenbahnerkolleg von Tschita, sei sie an die Steppengrenze gezogen. «Sabaikalsk hieß damals noch Otpor, hatte gerade zweitausend Einwohner. Bis in die zwanziger Jahre war der letzte sowjetische Schienenkilometer vor China lediglich eine Halbstation mit vielleicht zwei Dutzend Bewohnern.» Der Name Otpor – «Widerstand» – sei dem politischen Zeitgeist, der Konfrontation mit Japans Marionettenstaat Mandschukuo, geschuldet gewesen. Wera kam wie viele der neuen Bewohner als unverheirateter Teenager, verschickt von irgendwoher aus dem großen

Unionsgebiet. Sie teilte sich mit fünf Kolleginnen ein Zimmer in einem der wenigen Wohnheime. «Ich hatte Glück, die meisten Menschen lebten damals noch in Güterwagen auf den Abstellgleisen», erzählt sie mit einer Prise Stolz in der Stimme. «Es gab nur ein öffentliches Badehaus, und wer Lebensmittel kaufen wollte, musste auf den rollenden Laden warten, ein Waggon mit Buchweizen, Zwiebeln und Rüben, der zweimal pro Woche hielt.»

Wie das Leben damals gewesen sei, so hart an der Grenze zweier Brudervölker, frage ich Wera. «Der Krieg im Rücken, die Zukunft vor Augen: Rote Banner verkündeten auf dem Bahnhof die ewige, innige Freundschaft. Wir empfingen Delegationen – mit musikalischer Begleitung und enthusiastischem Applaus. Es herrschte Hochbetrieb an der Grenze, täglich gingen mehrere Güterzüge nach China ab», erzählt Wera mit einem strengen Lächeln im Gesicht. Vier Jahrzehnte lang fertigte sie die Waggons ab. «Buntmetalle, Autos, Landmaschinen, Militärtechnik, Holz, Seife – was wir damals nicht alles an Bruderhilfe geliefert haben!» Noch immer schmettert ihre Stimme kräftig, so als gebe sie über die Gleise hinweg Anweisungen an einen Rangierbegleiter.

Das Mitte der fünfziger Jahre errichtete Passagierterminal sei der ganze Stolz der Bewohner – gestern wie heute, behauptet Wera. Auch jetzt überstrahlt dieser Inbegriff pseudo-griechischer Hochstapelei die Wohnblocks der Eisenbahner und fremdelt mit der bescheidenen Kleinstadtumgebung. Einzig der russische Doppeladler am Turm des Gebäudes kündet von der neuen alten Zeit. «Der Bahnhof war schließlich die Visitenkarte der Sowjetunion – wie Brest im heutigen Belarus. Jeder Chinese, jeder Nordkoreaner, jeder Vietnamese, der nach Moskau reiste, betrat bei uns zum ersten Mal sowjetischen Boden.» Immer vor den Maifeiertagen hätten sie neue Rabatten angelegt. Das raue Steppenklima überstehen Zierpflanzen nur eine Saison. «Im Bahnhofsgebäude gab es einen Souvenirkiosk, automatische Gepäckschließfächer, neue Polstermöbel aus Ungarn standen in den Wartesälen. Seit den siebziger Jahren war der Zollinspektionssaal mit einer Filmvorführanlage ausgestattet. Die

Reisenden mussten sich ja irgendwie die Zeit vertreiben, während der Zug in der Umspurhalle verschwand», schwärmt Wera und verliert sich nun in jedem noch so nichtigen Detail. Bis heute werden alle Waggons, die bis Sabaikalsk auf der russischen Breitspur rollen, aufgebockt, um die alten Achsen gegen neue auszutauschen, die sich für die Normalspur eignen, die ab Manzhouli gilt. Das dauert nach wie vor zwei Stunden. Wera ist auch nach ihrer Pensionierung eine passionierte Eisenbahnerin geblieben. Ihr durchfurchtes Gesicht verrät die Resolutheit einer Frau, die das schwergängige Rad der Wagenhaltebremse drehen kann und darunter vielleicht so etwas wie Emanzipation verstehen mag – auch wenn ihr dieses Wort nie über die Lippen käme.

«Und 1969?», frage ich etwas unvermittelt. Wera schaut auf und stockt, weil sie jäh zu begreifen scheint, mit wem sie es zu tun haben könnte. Es sei das erste Mal, dass sie einem Ausländer aus ihrem Leben erzähle, meint sie etwas zögerlich. «Du bist doch kein Spion, oder?», fragt sie blass zurück, dann lachen wir beide. Schon wieder dieser Vorwurf. «An einem Märzmorgen steckten die Mobilisierungsbefehle für unsere Ehemänner in den Briefkästen – einen knappen Monat lang lebten wir im Kriegszustand», erinnert sich Wera an den Konflikt mit China. Als Grenzstadt spüre Sabaikalsk seit jeher das Klima zwischen den Hauptstädten. Politische Eiszeiten verfrachteten den Ort ins Abseits, verdammten ihn zu einer Soldatenhochburg, zu einem Sackbahnhof. Auf Manzhouli gerichtete sowjetische Flutlichtscheinwerfer hätten seinerzeit die Nacht zum Tag gemacht, Jets der Roten Armee seien im Tiefflug über die Grenze gedonnert. Während der Kulturrevolution sei es immer wieder zu Zwischenfällen gekommen: «Einmal sollte ich den Peking-Moskau-Express nach Sabaikalsk begleiten. Doch Rote Garden setzten den Zug und die Besatzung in Manzhouli fest. Sie beschmierten die Waggons mit Parolen wie ‹Nieder mit der Sowjetunion!›», sagt Wera mit ernster Miene, noch immer sichtlich erschüttert von dem, was ihr vor einem halben Jahrhundert widerfahren ist. Damals seien fast ausschließlich Nordkoreaner und Vietnamesen als Passagiere mit den internationalen Zügen gereist, einzig das Bordpersonal stammte aus der Sowjetunion und China.

Anders als in Europa lichtete sich der Vorhang zwischen den beiden kommunistischen Staaten nicht über Nacht. Zaghaft gestatteten China und die Sowjetunion wieder offizielle Besuche, meist nicht mehr als eine Handvoll Delegierte nach strengem Protokoll. Es war eine Renaissance der in den fünfziger Jahren eingeübten Freundschaftsrituale. Ende der Achtziger dann das Abkommen, das den Durchbruch in der grenzüberschreitenden Kooperation brachte: Da die Währungen beider Staaten nicht frei konvertierbar waren, dominierten Tauschgeschäfte den lokalen Grenzhandel. Und den Außenhandel: sowjetische Rohstoffe gegen chinesische Arbeitskräfte im Bauwesen und der Landwirtschaft.

«Die Kantine und die Turnhalle dort drüben haben chinesische Bauarbeiter errichtet», illustriert Wera mir diese Entwicklung an einem Beispiel. «Ratzfatz ging das. Die Chinesen waren ja weiter als wir. Sie hatten ihre Volkskommunen längst aufgelöst, oder wie auch immer ihre Kollektivbetriebe hießen. Selbst Handwerker und Bauern dachten plötzlich in Margen. Einer hat hier Wassermelonen gezogen. Und wir hielten den Mann für irre. Bei uns wäre niemand auch nur auf die Idee gekommen. Wir waren froh, wenn wir die Rüben durchbringen konnten.» Aber der saftig-frische Geschmack von chinesischem Obst habe Wunder bei der Überwindung alter Feindbilder gewirkt, befindet Wera rückblickend.

Sabaikalsk blieb bis in die frühen neunziger Jahre eingemauert in der militärischen Sperrzone, für Ausländer wie für Russen nur mit Passierschein erreichbar. Als der Schlagbaum hochging, galten unversehens andere Regeln. Niemand scherte sich fortan um einst in Stein gemeißelte Vorschriften. Die staatlich organisierte Völkerfreundschaft hatte ausgedient. Auf Grußtelegramme folgten Turnschuhe und Nylonstrümpfe. Die Sowjetunion gab es nicht mehr, und das Land, dem Russland nun gegenüberstand, war ein Nachbar, der abgesehen von seinem Namen kaum wiederzuerkennen war.

Was diese Wende für die Menschen in Sabaikalsk bedeutete, will ich noch von Wera wissen. Nicht abgefertigte Güterwaggons hätten sich am Rangierbahnhof gestaut. «Erst waren es Dutzende, bald Hunderte. Auf die Wagen sind damals alle gestiegen. Anwohner wie Zugereiste, jeder plünderte, bis die Armee eingriff.» Alles habe damit begonnen, dass die Menschen ihr monotones Leben leid gewesen seien. «In Tschita waren die Schaufenster leer. Bei uns gab es nicht einmal Schaufenster.» Die Leute hätten seinerzeit alles zusammengerafft, von Kondomen über Lederjacken bis zu Kassettenrekordern. «Es gab Schießereien, Tote und Verletzte. Moskau verhängte das Kriegsrecht.»

Doch bald sei das Leben der Menschen wieder in geordneten Bahnen verlaufen. Viele Bewohner von Sabaikalsk, obwohl dort geboren oder in jungen Jahren dorthin versetzt, hätten sich zum ersten Mal ein Bild von der anderen Seite machen können. Eine Fahrt nach «drüben», bald war sie Routine. Die meisten kennen sich heute aus in Manzhouli, wissen, welcher Friseur besonders akkurat die Haare schneidet, welcher Reifenhändler gute Preise macht. Die Gehaltszuschläge für das Leben am Rand des sowjetischen Imperiums sind weggefallen. Viele, die früher vom Schutz der Grenze lebten, verdienen seit der Öffnung ihr Geld damit, sie möglichst häufig zu überqueren. Bis heute spricht indes kaum ein Russe passables Chinesisch. Wie einst in Kjachta ist ein russisch-chinesisches Pidgin die Handelssprache, sei es auf dem Markt, im Restaurant oder im Bordell.

Seit ihrer Pensionierung Mitte der Neunziger pendelte Wera über die Jahre hinweg regelmäßig nach Manzhouli. Es war die Zeit der «Weberschiffchen» – so hießen die Schleichhändler, die unentwegt die Grenze querten. Das ewige Warten, das Schubsen der Chinesen in der Schlange für Gruppenreisende, all das habe sie bald nicht mehr aufgeregt: «Einmal pro Woche, öfter ließen mich unsere Zöllner nicht nach drüben. Sie fürchteten, dass wir sonst gar nichts mehr zu Hause kaufen», spekuliert Wera.

Viele Jahre lang besserte sie als «Kamel» ihre Rente auf. So nannte das Volk die von chinesischen Hintermännern angeheuerten russischen Lastenträger, die mehr als den offiziell gestatteten Zentner schleppen durften, weil der heimische Zoll ihnen wohlgesinnt war. «Unsere Taschen waren immer prall gefüllt. In beide Richtungen», erinnert sich Wera mit einem geheimnisvollen Lächeln. «Nach China haben wir kiloweise Kopeken geschleppt. Die Chinesen haben die Münzen damals eingeschmolzen und das Messing verkauft.» Der Materialwert des russischen Hartgelds, das seinerzeit noch in Umlauf war, überstieg seinen Nennwert um ein Vielfaches.

Drüben sei sie heute nur noch selten. «Überhaupt hat der kleine Grenzverkehr abgenommen. Und für die Plackerei, für die bin ich ohnehin zu alt», gibt Wera mit ehrlichem Bedauern zu bedenken. Trotz drei Jahrzehnten offener Schlagbäume sei die Grenze zwischen China und Russland keineswegs verwischt, ist sie sich sicher. Barrieren gebe es nach wie vor auch in den Köpfen vieler Bewohner: «Wir Russen essen auch heute unsere Pelmeni, die Chinesen ihre Dim Sum.»

*

Ich will mir selbst ein Bild machen und nehme den Linienbus nach China. Auf halbem Weg zwischen Sabaikalsk und Manzhouli versperrt die Abfertigungsanlage auf einer Anhöhe die freie Passage. Dass wir uns der Grenze nähern, kündigt sich schon vorher durch alte Bunkeranlagen, einen Metallzaun und einen jungen russischen Rekruten mit Schäferhund und Bajonett an. Das Blech staut sich in Dreierreihen, pulkweise winkt ein Grenzschützer die Fahrzeuge in den abgeriegelten Bereich. Noch einmal russische Strenge, milchglasige Zöllnerhäuschen und misstrauische Fragen. Gründliche Leibesvisiteure gehen ans Werk, so manchen chinesischen Händler inspizieren sie von oben bis unten, untersuchen sorgfältig Pass und Koffer. Währenddessen fegt der Wind bunte Einkaufstüten mit chinesischen Schriftzeichen in die dürren Sträucher am

Zollamt. Manche bleiben hängen, andere treibt es weiter, nach Russland hinein.

Die Uhr muss ich um eine Stunde zurückstellen, wegen der in China geltenden einheitlichen Zeitzone. Dabei ist die kurze Reise auf die andere Seite des Steppenhügels eine Fahrt in die Zukunft. Die Dachkonstruktion der chinesischen Grenzhalle ist einer Pagode nachempfunden, ihre Fassade spiegelt schwarzblau. Innen gibt es ein Restaurant und einen Duty-free-Bereich, an den Wänden Parolen und, wie überall in China, die Tafel mit Namen und Fotos der Angestellten. Auch in der Volksrepublik muss gestempelt, ausgefüllt, unterschrieben und beglaubigt werden. Immigration Card, immerhin auf Englisch. Nachfragen stellen die Uniformierten auf Chinesisch. Freundliche Ratlosigkeit, gleich mehrere Beamte haben sich jetzt vor jenem Reisenden aufgebaut, der weder Russe noch Chinese ist, aber beide Sprachen versteht, der aus der Reihe tanzt und zu allem Übel auch noch mit zwei Pässen durch die Weltgeschichte fährt. Misstraut wird hier weniger offensichtlich als bei den Russen. Einzig die mitgeführten Bücher rufen Argwohn hervor, als mein Reisegepäck durch den Röntgenscanner läuft. Ein Inspekteur blättert eines nach dem anderen durch, Seite für Seite. «Alles in Ordnung, Sie dürfen passieren. Da entlang!» Ein Soldat hebt den Schlagbaum. Er trägt weiße Handschuhe. Die Zone ist verlassen, nach zwei Stunden Ausreise und Einreise bin ich drüben.

Nicht immer braucht es Ozeane, Bergkämme oder breite Ströme, um Welten voneinander zu trennen. Auf den sanften Hügeln, die hier die russisch-chinesische Grenze markieren, sind es lediglich ein rostiger Zaun, geräumte Minenfelder und eine dicke rote Linie auf der Landkarte, aber der Unterschied zwischen Sabaikalsk und Manzhouli ist radikal.

Es ist Chinas ökonomisches Übergewicht, das Russlands Peripherie aufzureiben droht, das offenbart die Überfahrt nach Manzhouli. Rechter Hand geht der Blick frei auf den Eisenbahnübergang, den einmal in der Woche der internationale Express passiert. Auch hier ist überdeutlich, dass die Grenze bei aller Offenheit nichts von ihrer symbolischen Bedeutung eingebüßt hat. Ganz im Gegenteil, China markiert mit einem monumentalen Triumphbogen, durch den die Diesellokomotiven brummen, selbstbewusst Präsenz. Einer kitschigen Hochzeitstorte gleich, verbindet eine verglaste Brücke die beiden bombastisch-grauen Pfeiler miteinander. Das russische Tor nimmt sich dagegen zurückhaltend aus. Schlicht und in hohen, weißen kyrillischen Buchstaben steht «Rossija» auf blauem Grund geschrieben. Es gab Zeiten, da waren beide Tore gleich hoch. Und es gab Zeiten, in denen es gar nur auf russischer Seite ein Grenztor gab.

Planquadrat für Planquadrat rückt die Retortenstadt Manzhouli unaufhaltsam auf die Staatsgrenze zu und Russland auf die Pelle. Karten verzeichnen schon Straßen, an denen noch gar keine Häuser, nicht einmal deren Fundamente stehen. Alles scheint eine Frage der Zeit, wahrscheinlich nur von ein paar Monaten. Mit seinen dreihunderttausend Einwohnern ist Manzhouli, im Deutschen auch Manjur genannt, eine der größten Grenzstädte des Landes.

Eine spiegelglatte sechsspurige Asphaltstraße führt zum neuen Flughafen, von dem aus Peking in zwei Stunden erreichbar ist. Überall entstehen in China Airports – auch und gerade an seinen Staatsgrenzen. Neben einer Boeing der Chengdu Airlines und einer Turboprop-Maschine der Hunnu-Air aus Ulaanbaatar parkt ein Learjet auf dem Rollfeld. China investiert Milliarden in seine Infrastruktur – zu Land, zu Wasser und in der Luft –, um die Peripherie stärker an das Herzland zu binden.

Linker Hand geht die Schnellstraße in die Stadt ab. Innerhalb weniger Minuten ist das Zentrum erreicht. Die Silhouette von Manzhouli schüchtert mich ein: Hochhäuser ragen in den Himmel. Baukräne schichten Stockwerk über Stockwerk. Wohntürme, manche dreißig Geschosse hoch, schließen mit goldenen Kuppeln und Zwiebeltürmen ab. Aus der Nähe betrachtet wirken die Bauten mit all ihren Zinnen und Stützpfeilern wie postmoderne Europaphantasien, ergänzt durch Schnörkel sowjetischer Architektur. Die Magistrale ins Zentrum flankieren Plakatwände mit Zitaten von Mao

Zedong: «Manzhouli ist eine wichtige Stadt an der Grenze unseres Heimatlands, der zentrale Landhafen der chinesisch-russischen Wirtschaftsbeziehungen. Für den Aufbau des ‹Neuen China› und die Stärkung der nationalen Verteidigung nimmt Manzhouli eine Schlüsselposition ein.» Auf seiner Reise zu Stalin hatte der Vater der Volksrepublik 1949 Station in der Grenzstadt gemacht.

Kaum ein Ort zwischen Moskau und Peking profitiert mehr von der Allianz beider Länder. Bis in die frühen achtziger Jahre war Manzhouli selbst kaum mehr als die chinesische Version des sowjetischen Sabaikalsk – ein militärischer Vorposten mit Bahnstation, mit Bewohnern, die von extensiver Viehhaltung und von einem nahe gelegenen Steinkohletagebau lebten, der selbst aus einer Zeit stammte, als die Lokomotiven noch kohlebefeuert durch die Landschaft stampften.

In der Innenstadt buhlen Lautsprecherstimmen um die Gunst des russischen Kunden. Neonreklamen mit kyrillischen und chinesischen Zeichen blinken grell entlang der Einkaufsmeile. Jemand drängt mir vor dem «Stary Rynok», einer Shopping Mall, die ganz und gar nicht nach einem «alten Markt» aussieht, eine große Einkaufstasche auf. Der Plastikbeutel mit Reißverschluss sei ein Geschenk, meint der Mann und zupft an meinem Ärmel, um mich ins Einkaufsparadies zu locken.

Ich flüchte aus diesem turbokapitalistischen Tohuwabohu und überquere die Fußgängerbrücke, die über die weitläufigen Gleisanlagen in den südlichen Bezirk führt, lasse all die Glasfassaden, diesen chinesischen Traum von einem russischen Konsumparadies, hinter mir. Doch selbst auf dem Passantenübergang wird noch angepriesen, gefeilscht, verkauft. Fliegende Händler verhökern Plastikspielzeug und Anstecknadeln aus der Mao-Zeit. Über einen schmalen Pfad in der Mitte, der zwischen ihren Verkaufsmatten bleibt, surren die Einwohner auf Elektrorollern in den Feierabend. Zum Schieben ist die Brücke zu lang. Unter ihr warten auf vielleicht zwanzig Gleisen lange Reihen von Waggons, beladen mit sibirischem Holz und Öl sowie mit Fahrzeugen und Haushaltselektronik in der Gegenrichtung.

Jenseits der Gleise gibt es keine akkurat geschnittenen Hecken, keine asphaltierten Straßen, auch keine Touristen. Am Fuß der Brücke zwitschern Singvögel, zirpen Kampfgrillen. Rentner haben sie in Käfigen mitgebracht, fachsimpeln und tauschen ihre Tiere. Wer den bröckelnden Beton der Fußgängerbücke überquert, der schreitet in eine scheinbar andere Stadt, die selbst kaum älter als hundert Jahre ist.

Mit Beginn des fahrplanmäßigen Betriebs der Eisenbahn 1903 entstand binnen weniger Jahre ein russisch-chinesisches Babylon mit einer wechselvollen Geschichte: erst Russlands kolonialer Vorposten in der Mandschurei, dann Grenzhalt des japanischen Marionettenkaiserreichs Mandschukuo, dann Zentrum der sowjetischen Bruderhilfe für China und schließlich eine chinesische Festung gegen die Sowjetunion.

Hier, südlich der Bahnschienen, sehe ich sie noch, die Spuren der alten Kolonialstadt: Es sind die spärlichen Überreste einer Epoche, in der Manzhouli noch Mandschurija hieß und Transitpunkt für Passagiere auf den transeurasischen Fernzügen war. Ein mit üppigen Schnitzereien dekorierter Wasserturm ragt aus dem Hintergrund empor. Davor reihen sich vielleicht zwei Dutzend grün-gelbe Holzbaracken und mit Feldsteinen gemauerte Häuser entlang der Bahnschienen auf. Sie ähneln denen in Tschita. In ihren Vorgärten wachsen Knoblauch und Kartoffeln, irgendwo stapelt jemand Reisig. In einem Hinterhof lehnen alte Grabsteine in kyrillischer und hebräischer Schrift an der Fassade: Rabbi Arieh Leib bar Moshe, gestorben 1921, Abram Gerschewitsch Nawtanowitsch, gestorben 1925, Menahem Mendel bar Abraham, gestorben 1926. In manchen Häusern brennt noch Licht, bei anderen sind die Fensterscheiben längst eingeschlagen. Russische Zöllner und Bahnangestellte bewohnten sie in den ersten Jahren des letzten Jahrhunderts.

Hinter dem pummeligen Wasserturm versteckt sich das mit neogotischen Fenstern gesegnete Gebäude des ersten Krankenhauses der Stadt. Russland hatte das Spital nach der Großen Mandschurischen Pest errichtet. Binnen Wochen schleppten im Winter der

Jahre 1910–1911 Pelztierjäger, die sich bei ihrer Jagd auf Murmeltiere in der daurischen Steppe mit dem Pestbakterium infiziert hatten, die Seuche von Manzhouli entlang den Bahnschienen in die ganze Mandschurei. Die Epidemie raste durch das Land wie ein Waldbrand durch dürres Holz und forderte Zehntausende Menschenleben. Der russischen Öffentlichkeit galten die chinesischen Fallensteller fortan als Quelle allen Übels. Im chinesischen Teil von Manzhouli gebe es keinerlei sanitäre Einrichtungen, mokierten sich russische Journalisten damals: «Hinterhöfe stinken zum Himmel, auch der Basar gleicht einer Kloake.» Kosaken riegelten das chinesische Viertel ab, stellten die Bewohner unter Quarantäne und eskortierten sie binnen Tagen aus der Stadt.

Schon bald prophezeiten viele Besucher der russischen Eisenbahnstadt auf chinesischem Staatsgebiet statt dem Schwarzen Tod die weiß-rot-blaue Zukunft: Nicht wenige träumten von der Mandschurei als einem «gelben Russland». Im Spätsommer 1912 enthüllten die Stadtoberen anlässlich des einhundertsten Jahrestages der Schlacht von Borodino gegen die Franzosen eine Büste von Zar Alexander I. auf einem kleinen Freiplatz. Ein Jahr später, als die Romanow-Dynastie ihre dreihundert Jahre währende Herrschaft überall im Reich mit Festakten beging, ersuchten die Bürger Mandschurijas die Regierung im fernen Sankt Petersburg, ihren Ort doch in Romanowsk umbenennen zu dürfen.

Transitpassagiere auf ihrem Weg von Europa nach Asien, von der Ostsee an den Pazifik, von Moskau nach Port Arthur, dem heutigen Lüshunkou, wechselten in Manzhouli von der Russischen Staatsbahn in die Chinesische Ostbahn. Das Russland aller vier Zugklassen, das von hier seinen Eroberungsmarsch nach Asien antrat, stank nach schmutzigen Stiefeln, nach Bauerntabak, billigem Wodka und nach Knoblauch.

Viele Reisende verglichen Manzhouli in den Jahren vor dem Ersten Weltkrieg mit einer Frontierstadt in der amerikanischen Prärie. Mal lebten fünftausend, mal fünfzehntausend Menschen hier. Die deportierten Chinesen, sie waren längst zurückgekehrt. Jeder

Versuch dienstbeflissener russischer Demographen, die Bevölkerung des Ortes zu schätzen, geschweige denn zu zählen, musste scheitern, weil viele seiner Bewohner nur für eine Saison verweilten oder weil sie schlicht in keiner Statistik auftauchen wollten.

In den Gründerjahren war Manzhouli eine Stadt ohne Ehefrauen. Wer Geld hatte oder sich welches ergaunerte, der musste nicht trübsinnig werden: Kurzweil bot zum Beispiel das Varieté-Theater «Mauretanien». In den Trinkhallen, Restaurants und Kantinen um den Basar soffen Russen, Chinesen, Mongolen, Polen, Juden und Japaner gepanschten Schnaps. Und dank der *cafés chantants*, die nicht nur musikalische Vorstellungen boten, stieg die Zahl der Syphilis- und Gonorrhoe-Fälle seinerzeit noch schneller als die der Einwohner.

Der Bürgerkrieg machte Manzhouli zu einem Transitpunkt für Zehntausende Emigranten aus dem untergegangenen Zarenreich. Konvois von Flüchtlingszügen standen auf den Seitengleisen – die halbe Stadt hauste seinerzeit auf Rädern. Güterwaggons, aus denen Tag und Nacht jaulende Mundharmonikaklänge, wimmernde Kinderstimmen, das Heulen der Frauen und das Grölen der Betrunkenen drangen. Überfälle, Einbrüche, Mord und Totschlag waren an der Tagesordnung. Nach Einbruch der Dunkelheit, beim fahlen Licht der Gaslampen, ging man besser mit Revolver auf die Straße. Ein erwürgter Apotheker, ein erschossener Passagier, eine vergewaltigte Dirne – all das war der Lokalpresse selten mehr als eine Randnotiz wert.

*

Im neuen Manzhouli, das nördlich der Gleise beginnt, verfolgen mich Überwachungskameras auf Schritt und Tritt. Dort gibt sich die Stadt als weltoffener, moderner Handelsplatz. Dort, nicht in Sabaikalsk, beginnt die Zukunft: Eine Plakatwand verkündet, das Staatsfernsehen habe Manzhouli jüngst zu einer der zehn bezaubernsten Destinationen mit Spitzenklasse-Tourismus gewählt. Im

Hintergrund der Affiche prangt ein Foto, auf dem russische Frauen in Bikinis für einen Schönheitswettbewerb posieren. Knapp eine Million Menschen queren jedes Jahr die Grenze, überwiegend Russen, von denen ein großer Teil in Manzhouli übernachtet, gegessen, eingekauft hat. Der Rubel rollt fast nur auf die chinesische Seite, selten rollt er nach Russland zurück.

Den inoffiziellen Pendlerverkehr unterstützte die chinesische Zentralregierung bald nach der Grenzöffnung mit Nachdruck, rasch brachte Peking den Begriff des «Volkshandels» ins Spiel, so wie auf dem großen China-Markt von Irkutsk. Anfangs gab es fast ausnahmslos gefälschte Markenware. Ich entsinne mich noch, wie eine Verkäuferin einmal lachte, als ihr beim Vorführen einer «Louis-Vuiton»-Tasche der Verschluss riss. Sofort kam Nachschub aus dem Lager. Doch die Zeit, als Synthetikhosen, Hemden der Marke «BSOSS», Billighandys oder andere Artikel mit zu vielen «s» oder zu wenigen «t» den Besitzer wechselten, ist vorbei. Auch russische Kunden, und mögen sie aus einem noch so kleinen Provinznest kommen, haben im Laufe der Jahre Ansprüche entwickelt.

Im Restaurant «Lena» bietet das zweisprachige Menü vor allem deftige russische Kost, Piroggen und Bliny. Eine chinesische Kellnerin, die auf den Namen Natascha hört, nimmt die Bestellung auf Russisch entgegen. Ich komme mit einer Gestalt in einem samtenen Leopardenanzug am Nachbartisch ins Gespräch. Noch immer fahre sie zum Einkaufsbummel nach Manzhouli, erzählt die blondierte Frau, auch wenn die Preise für Kochgeschirr und Damenmode gestiegen und die Kultur der Bewohner gesunken seien. Die Worte Chinesisch, die sie spricht, könne sie an einer Hand abzählen. «Nein» ist die wichtigste Vokabel, behauptet die Frau mit müder, hohler Stimme. Wie viele andere russische Besucher hegt auch sie offensichtlich ein tiefes Misstrauen gegenüber den Chinesen. Für sie sei Manzhouli nicht mehr als eine verführerische Fassade, hinter der sich der wahre Charakter seiner Bewohner verberge: doppelzüngig, unverständlich und gierig. Von keiner anderen Stadt redeten die Menschen in Sibirien derart abschätzig: «Jeder weiß, dass es hier gefährlich ist. Die Chinesen sind übergeschnappt. Sie machen mit dir, was sie wollen. Sie drohen dir, wenn du nichts kaufst», warnt sie mich und brüllt dann in Richtung Küche: «Natasch', zahlen!» Vielleicht ist es aber auch ihr interkulturelles Unverständnis für das andere Temperament beim Handel, für den erbitterten Versuch, Kundschaft um jeden Preis zu halten. Eine Gabe, die vielen Russen nach sieben Jahrzehnten Kommunismus abhandengekommen zu sein scheint, die sie vielleicht auch vor der Revolution nie besaßen, die ausreichend viele Chinesen nach drei Jahrzehnten Planwirtschaft aber noch nicht vergessen haben.

Doch der scheinbar unaufhaltsame Aufstieg Manzhoulis kennt Grenzen. Seit ein paar Jahren sinkt die Zahl der russischen Besucher. Die Gründe sind vielschichtig: Der Verfall des Rubels, die zunehmende ökonomische Misere der sibirischen Provinzen, dazu alternative Verkaufsmodelle – auch in Russland boomt der Handel im chinesischen Internet über Taobao und andere Einkaufsplattformen. Hinzu kommen neue Verbindungen für den Güterverkehr, etwa die Eisenbahnlinie durch Xinjiang und Kasachstan. Mit dem Ausbleiben vieler russischer Shoppingtouristen hat auch die kyrillische Beschilderung im Stadtbild abgenommen. Ich suche die «Welt der Slyps» oder «Shop Sex»-Schilder vergebens. Die Werbetafeln, die heute noch auf Kyrillisch vor den Läden hängen, sind in korrektem Russisch geschrieben und von allem Skandalösen, Unanständigen und Lächerlichen befreit.

Heute sind es neben Straßenhändlern und Wanderarbeitern in schmuddeligen Overalls vor allem Touristen aus dem Inland, die durch die «Sowjetisch-Chinesische Fußgängerzone» flanieren. Sechs Millionen Chinesen suchten letztes Jahr das vermeintlich europäische Ambiente Manzhoulis auf. Was die Besucher aus Peking, Schanghai oder Guangzhou sehen, ist eine pastellfarbene, russischsowjetisch inspirierte Themenwelt, die hauptsächlich den chinesischen Markt bedient – eine kommerzialisierte chinesische Variante «Russlands» im geborgenen Schoß der Heimat. Es ist jene neue untere Mittelklasse, deren bescheidener Wohlstand noch nicht für

Auslandsreisen reicht, die aber dennoch in eine fremde Kultur eintauchen will, ohne gleich einen Reisepass beantragen zu müssen. Manche zieht es abends zum Entspannen in das Panoramarestaurant im obersten Stockwerk des Shangri-La Hotels. Mich heute auch. Von der «Lobby Lounge» schweift mein Blick frei über den Stadtpark und eine aus allen Poren glitzernde City. Im Hintergrund plätschert die etwas aufdringliche Begleitautomatik eines Keyboards.

Luo Guang, der sich von Russen Ljoscha nennen lässt, kehrt oft auf dem Panoramadeck ein. Der hochgewachsene Nordchinese hat zwei alte Schulkameraden aus Harbin im Schlepptau. Für die drei hat China das Rennen mit Russland bereits gewonnen: «Unsere Regierung investiert Steuereinnahmen in Infrastrukturprojekte. Russland hat dagegen viel zu hohe Verpflichtungen. Die Rentner fordern mehr Geld, das Militär verschlingt Milliarden. Kein Wunder, dass die Straßen da drüben mit Schlaglöchern übersät sind», poltert Ljoscha. Der Mann kennt beide Seiten der Grenze gut. Bis vor ein paar Jahren hat er in Russland das Startkapital für seinen kleinen Textilladen im «Neuen Jahrhundert» verdient, einer Shopping Mall für russische Touristen.

Auf der Bühne stimmt eine russische Sängerin die «Moskauer Nächte» an. Ljoscha unterbricht sein Dozieren über die ökonomischen Disparitäten und blickt in den Kegel, den jetzt ein Scheinwerfer auf die Bühne wirft:

Seit am breiten Fluss bang die Wehmut wacht,
klingt es durch die Moskauer Nacht:
ich will heim zu ihr, ich will heim zu ihr,
ihre Sehnsucht, die ruft: Komm heim!

«Moskauer Nächte» gilt den Chinesen als die Hymne der sowjetisch-chinesischen Flitterwochen der fünfziger Jahre, ein Lied, das bis heute jeder grauhaarige Chinese mitsummen kann. Doch jenseits der öffentlich gefeierten internationalen Kameraderie ist der Beiklang der seichten Melodie heute ein anderer.

An ein Gespräch ist nun nicht mehr zu denken. Zu laut dudelt die Musik. Später höre ich noch, wie Ljoscha mit seinen Freunden lauthals über das interkulturelle Varieté lacht. Wortfetzen dringen an meinen Tisch herüber, unterbrochen von einfältigen Akkorden: «… zwei Meter große burjatische Transe … splitternackter Stripperin die Ketten zerriss». Es sind die Bruchstücke der Prahlerei der letzten Nacht. Ljoscha und seine Jungs ziehen weiter. Ich blicke aus dem Panoramafenster auf die Lichter der Nacht. Als ich um die Rechnung bitte, muss ich unweigerlich an Las Vegas denken, wie Manzhouli einst ein Ort der Ausgestoßenen und Gesetzlosen irgendwo im Niemandsland. Heute bildet der «Strip», an dem sich die Casinos und Nachtclubs aufreihen, einen anonymen Sektor im prüden Amerika. «What happens in Vegas, stays in Vegas.» Was Ljoscha und seine Kumpel heute Nacht noch treiben, wird ebenso in Manzhouli bleiben. Als ich schon gehen will, torkelt eine junge Chinesin an meinen Tisch. Geboren sei sie hier, so viel verstehe ich, doch mit einem Russen habe sie noch nie gesprochen. Sie trägt kein Make-up, der Schwips macht ihr Mut. Sie schießt ein Selfie mit mir im Hintergrund. Ich wünsche ihr eine geruhsame Nacht.

Wie China sich die Zukunft der russisch-chinesischen Beziehungen ausmalt, weshalb Millionen chinesischer Touristen alljährlich in die Steppe pilgern, begreife ich am nächsten Morgen auf halbem Weg zwischen Manzhouli und der internationalen Grenze: Dort erhebt sich ein bizarrer Themenpark, ein Russland *en miniature* vom kargen Steppenboden. Der Park steht als ein weiteres Indiz dafür, wie es den Stadtplanern gelungen ist, bei russisch-europäischer Kulisse eine unverkennbar chinesische Atmosphäre zu schaffen. Hauptattraktion ist eine «Matrjoschka-Platz» getaufte Freifläche, deren Zentrum eine vielleicht dreißig Meter hohe, bunt bemalte russische Steckpuppe bildet, die größte der Welt, wie ein Schild die Besucher informiert. Im Bauch der Matrjoschka aus Blech und Stahlbeton bietet ein Restaurant Speisen des nördlichen Nachbarn an. Und um sie herum eine Reihe von mit Pandabären und anderen skurrilen Motiven dekorierten Fabergé-Eiern.

Westlich der Riesen-Matrjoschka fällt mir ein gletscherblau strahlender Sakralbau ins Auge, Baujahr 2007. Was auf den ersten Blick wie eine russisch-orthodoxe Kirche anmutet, entpuppt sich als ein Museum russischer Kunst. Die Ausstellungsfläche bietet einen Kessel Buntes: Lenin- und Stalin-Büsten, sowjetische Fotoapparate, Postkarten und Samoware aus der Zarenzeit. Neben den «Wolga-treidlern» werden andere abgepinselte oder farbkopierte Ölschinken in Salonhängung präsentiert. Barocke Frauenzimmer verzieren Wände, Decken und Stuckatur – je üppiger der Busen, desto größer die Freude einiger Besucher. Hier sehe ich sie wieder, die neue Mittelschicht. «Schieß noch ein Foto», ruft ein Soldat der Volks-befreiungsarmee seinem Offizierskollegen ungeniert zu, der wie ein pubertierender Junge kichert. Die beiden lassen sich von einer Sachkundigen mit Headset die Errungenschaften der russischen Kultur erklären. Doch das Interesse der Männer richtet sich beinahe ausschließlich auf die nackten Damen an der Wand. Mit einem breiten Grinsen greift der Soldat der Frau auf Leinen in den Schritt. Sein Kamerad drückt den Auslöser. Chinesisch-russische Freund-schaft sei das, frotzelt der Offizier.

In Sichtweite steigen ein Miniaturkreml und ein Reichstags-Imitat vom Steppenboden empor – samt geschrumpfter Norman-Foster-Kuppel. Auch Chinesen kennen dieses inszenierte ikonische Foto der zwei Rotarmisten, die auf dem Dach über Berlin die rote Fahne hissten – Hammer und Sichel statt Hakenkreuz. Drei Mo-nate nach Kriegsende in Europa überrannten anderthalb Millionen Soldaten der Sowjetarmee die Grenze zur Mandschurei. Binnen zwei Wochen zwangen sie die Japaner zur Kapitulation. Der Park um den hohen Obelisken des sowjetischen Ehrenmals im Zentrum von Manzhouli – kein Fake! – ist heute wieder akkurat gepflegt. Die Plünderungen und Vergewaltigungen, die Rotarmisten auch in der Mandschurei begingen, sind verdrängt. Selten verirren sich Touristen dorthin. Interessanter für ihre Objektive ist die Phanta-siekulisse der kreideweißen Kopie der Wolgograder Mutter-Hei-mat-Statue, die den Skulpturenpark in der Nähe von Reichstag und

Kreml überragt. Das gesenkte statt erhobene Schwert der Figur zeigt symptomatisch für das Russlandbild vieler Chinesen nach unten: eine geschlagene Heldennation, ein ökonomischer Zwerg mit einer schrumpfenden, überalterten Bevölkerung. Und mit schönen Mädchen.

11. Die mandschurische Bonanza

Daqing

Unter Marschmusik summt Express K 7058 in der Abenddämmerung aus dem Bahnhof von Manzhouli. Die Außenbezirke der Stadt schwimmen immer schneller am Zug vorbei: niedrige Backsteinbauten, zugestellte Hinterhöfe, ausgeschlachtete Maschinenteile. Schnurstracks bricht die Nacht herein, und ich sehe nur noch meine Spiegelung im Glas. Ich lasse die Steppen Dauriens, die Wälder Sibiriens, die chinesischen Russlandphantasien hinter mir. Sibirisch kalt jault nur die Klimaanlage des harten Liegewagenabteils. Der Express wird seltener halten als der russische Bummelzug, in dem ich von Tschita nach Sabaikalsk geschaukelt bin. In elf Stunden soll K 7058 bereits in Daqing ankommen, knapp achthundert Kilometer südöstlich, im Herzen der Mandschurei.

In drei Provinzen ist die Mandschurei heute aufgespalten: Heilongjiang, Jilin und Liaoning. Das riesige Gebiet – größer als Italien, Frankreich und Großbritannien zusammengenommen – beginnt hinter dem Großen Xingan und reicht bis an den Amur und Ussuri. Europäern war es als Östliche Tatarei bekannt, bis Jesuiten am Kaiserhof im frühen achtzehnten Jahrhundert auf ihren Karten diesen hierzulande geläufigen geographischen Begriff prägten. Die Region blieb bis ins späte neunzehnte Jahrhundert hinein ein vom chinesischen Inneren abgeschottetes Nebenland. Die Mandschuren, Herrscher der letzten Dynastie der Qing, verweigerten schon kurz nach ihrer Machtübernahme Mitte des siebzehnten Jahrhunderts die Einwanderung von chinesischen Siedlern in die Heimat ihrer Vorfahren. Ein Palisadenwall markierte die Südgrenze dieses Refugiums, schützte ihre Jagdgründe und ihr einträgliches Monopol auf den Ginseng, dessen Wurzel seit Menschengedenken in der chinesischen Medizin als Stärkungsmittel hoch geschätzt wird. Durch die Stadt Shanhaiguan, das «Berg-Meer-Tor», wo die Große Mauer von den Bergen hinabstürzt und am Golf von Bohai ausläuft, verlief lange der einzige bedeutende Zufahrtsweg. Doch ihr Ressourcenreichtum und ihre geostrategisch sensible Lage an der Schnittstelle zwischen der Mongolei im Westen, Sibirien im Norden, Japan und der Koreanischen Halbinsel im Osten sowie dem eigentlichen China und seinem mittelbaren Zugang zum Pazifik im Süden weckten Begehrlichkeiten. Sie machten die Mandschurei während der ersten Hälfte des zwanzigsten Jahrhunderts zum Herzland des Imperialismus in Nordostasien.

In China heißt das Gebiet einfach «Nordosten». So schlicht dieser regionale Marker auch klingen mag, so stark sind die Assoziationen, die er auslöst: Chinesen verbinden mit dem Begriff einen strengen und unwirtlichen Landstrich, bewohnt von baumlangen Menschen mit schroffem und zähem Naturell. Wie zur Bestätigung dieses Klischees ist mir gleich beim Einstieg in den Nachtzug ein Gewirr von Stimmen in nordostchinesischem Dialekt entgegengeschlagen. Die fünf Passagiere in meinem Zugabteil schmetterten laut, selbst das Kompliment, das der Gefährte auf der Mittelpritsche über meine Sprachkenntnisse machte, klang unversöhnlich.

In Russland und Japan befeuerte das Bild von der Mandschurei als einem leeren Raum, einem unberührten Land der «primitiven» Völker, die wenig mit den Chinesen gemein haben, Ansprüche auf die Region. Diese wachsende imperiale Bedrohung hatte am chinesischen Kaiserhof für eine Abkehr von der isolationistischen Politik hin zu einer aktiven Grenzlandbesiedlung gesorgt. Bald kamen jedes Jahr Tausende junger Männer aus Nordchina, wie Iwans Vater, dieser Bursche aus Shandong, der am Argun nach Gold schürfte und sich in ein Kosakenmädel verguckte. Dennoch blieb die Mandschurei gegen Ende des neunzehnten Jahrhunderts eine schütter besiedelte Weltgegend. Erst der Eisenbahnimperialismus Russlands und Japans brach die Isolation auf: Binnen eines halben Jahrhunderts verzehnfachte sich die Einwohnerzahl der Region und katapultierte sie mit ihren zahlreichen neuen Orten auf die weltpolitische Landkarte. Im Gründungsjahr der Volksrepublik China siedelten schon an die fünfzig Millionen Menschen in der Region – mehrheitlich waren es Han-Chinesen.

Für China begann dieses neue Zeitalter des konkurrierenden Expansionsstrebens mit einer krachenden Niederlage. Im Streit um die Kontrolle über Korea unterlag das ohnehin geschwächte Land 1895 dem aufstrebenden Japan. Russland gab sich als «Chinas Retter in der Not», doch dieser Beistand kam keineswegs selbstlos. Durch geschickte Diplomatie sicherte Russland sich den Zugriff auf die strategisch unentbehrliche Region: 1896 stimmte der chinesische Hof dem Bau eines Teilstücks der Transsibirischen Eisenbahn über chinesisches Territorium zu. Die Konzession quer durch die Mandschurei bot Russland Aussicht auf eine direkte militärische Kontrolle und auf einen Puffer gegen die offene Flanke im schwer zu schützenden Fernen Osten des Landes. Russlands Kriegsminister Alexej Kuropatkin träumte bald schon von der Mandschurei als einem russischen Protektorat, einem «zweiten Buchara».

Heute reise ich schnurstracks und bequem von Manzhouli nach Daqing. Aber der Bau der russischen Direttissima von Tschita durch die Mandschurei nach Wladiwostok war mit zahlreichen Schwierigkeiten behaftet. Die Cholera grassierte unter den Arbeitern, Rebellen des antikolonialen «Boxer-Aufstands» zerstörten 1900 Hunderte Kilometer Gleiskörper, unzählige Brücken und Bahngebäude, an manchen baumelten noch die Richtkränze. Trotz aller Hindernisse feierten Zeitgenossen die transmandschurische Trasse zu Recht als eine logistische und technische Meisterleistung: Der Ingenieur- und Planungsstab war überwiegend russisch, die Mehrzahl der über hunderttausend Bauarbeiter stammte aus Provinzen in Nordchina. Einen Teil der Schienen fertigten Arbeiter in Maryland, die Baldwin Locomotive Works in Philadelphia lieferten die ersten Zugmaschinen. Für eine besonders vertrackte Tunnelkonstruktion durch den Großen Xingan, den K 7058 auch heute noch unterquert, verpflichtete die Bahngesellschaft italienische Spezialisten. Eine Reise vom westlichen Ende Russlands, der Grenzstation Alexandrowo, über Warschau, Moskau und Irkutsk zum östlichen Terminus Wladiwostok dauerte nach Aufnahme des planmäßigen Betriebs im Jahr 1903 inklusive aller Umstiege nur noch zwei Wochen, was einer Halbierung der Fahrzeit auf dem Seeweg gleichkam.

Viele Reisende ließen sich vom betörenden Blick aus dem Zugfenster täuschen. Für Antonio Scarfoglio, einen jungen italienischen Zeitungskorrespondenten, war eine klare russische Dominanz in der Mandschurei offensichtlich: «Chinesisch sind lediglich die fantastischen Namen der Bahnhöfe, die auf die Mützen der Angestellten aufgestickten silbernen Drachen und die Hilfsarbeiter, die auf der Bahnlinie arbeiten. Ansonsten ist China weit entfernt, unentdeckbar, geflohen noch vor der Invasion. Jedermann spricht Russisch, flucht auf Russisch, besäuft sich mit russischen Giften und speist *à la Russe*.»

Doch die Bahn war keine rein russische Landbrücke durch die Mandschurei, selbst wenn das manche Beobachter glauben mochten. Denn politische und ökonomische Herrschaft bedeuteten nicht zwangsläufig Kontrolle über den Raum jenseits des eilig aufgeschütteten Gleiskörpers. Zwar sicherten schwerbestiefelte Kosaken mit Gewehren und aufgepflanzten Bajonetten von Beobachtungstürmen herab die Bahntrasse, schoben Wache auf den Plattformen der Züge. Doch glauben wir der Literatur, die ganze Bibliotheken füllt und häufig zwischen Fakt und Fiktion oszilliert, so blieben Reisen in den Osten riskant. Selbst auf der Fahrt durch den schmalen Schienenkorridor wähnten sich viele Passagiere in einem Westernfilm.

Wogende Getreidefelder des goldgelben mandschurischen Spätsommers ziehen jetzt am Morgen an meinem Zugfenster vorbei. Dieser Moment unmittelbar vor der Ernte galt den Chronisten als die unsicherste Reiseperiode. Denn mit ihren übermannshohen Halmen boten die Hirsefelder ein sicheres Versteck für die gemeinhin als «Rotbärte» bekannten Banditen der Mandschurei. Es waren die Nachkommen der Gesetzlosen: desertierter Soldaten, verstoßener Beamter und nach «Chinas Sibirien» verbannter Sträflinge.

Jetzt also keine Hüttengruppen mehr, keine kleinen Häuser mit geschnitzten Giebeln und bemalten Fensterbalken inmitten von Wildnis und Ödland, nicht einmal mehr Birken oder Lärchen, wie sie schier unerschöpflich-monoton auf meiner sibirischen Bahnfahrt am Zugfenster vorbeigezogen waren. K 7058 donnert durch den fruchtbaren, sorgsam gestalteten Garten der mandschurischen Nordebene: Reis, Mais, Hirse, Soja dominieren auf den Feldern, ab und zu unterbrochen von ordentlichen Dörfern und Städten.

Russland und Japan kolonisierten die Mandschurei. Ihre aufs Schotterbett gerüttelten Schienen verschweißten den Nordosten Chinas mit der halben Welt. Doch es war die chinesische Muskelkraft, kombiniert mit der fruchtbaren Schwarzerde und einem günstigen Klima aus kurzen, aber feuchten Sommern und der Abwesenheit von Schädlingen infolge strenger Winter, die den Nordosten zur Kornkammer Asiens machten. Zeitweise brachte es die Region auf einen Weltmarktanteil von zwei Dritteln der Sojaproduktion. Bestens für dieses Klima geeignet, wurde diese Kulturpflanze als Futter- und Lebensmittel, als Schmieröl, als Düngemittelgrundstoff zum Exportschlager. Parallel zum landwirtschaftlichen Boom entstanden Fabriken um die reichen Kohle- und Erzvorkommen im Süden der Region. Der historisch einmalige Anstieg der Agrar- und Industrieproduktion ließ manchen Betrachter von der Mandschurei als einem Land im Überfluss, einem Reich der scheinbar unbegrenzten Möglichkeiten träumen. Es war die große Ironie dieser Entwicklung, dass russische und japanische Ingenieure mit ihren Bahnen den Chinesen halfen, aus der Mandschurei ein Land zu machen, das in seiner Sprache und Kultur heute durch und durch chinesisch ist. Anders als Sibirien war der Nordosten Chinas jenseits der Städte also in viel geringerem Maße ein Schmelztiegel für Zuzügler verschiedener ethnischer Gruppen.

*

Wie sehr diese Ironie zutrifft, erfahre ich in der Ölstadt Daqing, die ein Paradebeispiel für eine chinesische Stadtgründung und den Reichtum an Naturschätzen ist. Seit Mao Zedong höchstpersönlich die Stadt zum Vorbild für ganz China erhob, war Daqing in aller Munde. Ihr Name bedeutet «großes Fest»: China beging gerade das Zehn-Jahres-Jubiläum der Ausrufung der Volksrepublik, als die Parteiführung den Bau der neuen Stadt beschloss. Seither kennen alle Chinesen diesen magischen Ort, der für sie in letzter Zeit jedoch in etwa so wie Recklinghausen in deutschen Ohren klingt.

Auf halber Strecke gelegen zwischen Qiqihar und Harbin, der alten und der neuen Hauptstadt von Chinas nördlichster Provinz Heilongjiang, zählt Daqing heute gut eine Million Einwohner. Zweieinhalb Mal so viele sind es, wenn wir die eingemeindeten Außenbezirke addieren. Wer heute durch die Öl-Metropole fährt, sucht das Urbane aber oft vergebens, denn die stark zersiedelte Stadt – sie ist doppelt so groß wie das Saarland – wirkt eher wie ein Agglomerat aus zahllosen Kleinstädten und Dörfern: Zwischen den einzelnen Distrikten erstrecken sich ausgedehnte Brachflächen, auf denen die Fördertürme rumpeln. Überall sprudelt Öl aus dem knochentrockenen Erdschoß, auf den Feldern pumpen die Anlagen in Reih und Glied, selbst zwischen Plattenbauten ragen sie auf und pressen das schwarze Gold aus dem Grund.

Die mandschurischen Bauern wussten lange nichts von der Bonanza, über der sie ihre Sojabohnen zogen. Auf einer Fläche von mehr als zehntausend Quadratkilometern schlummerte unter ihren rauen Füßen Chinas größtes Ölfeld – eine der mächtigsten Lagerstätten weltweit. Ende der Fünfziger war es mit dem Landidyll vorbei: Im Jahre elf der Volksrepublik, als die Förderung von Öl im großen Stil begann, erkor die Partei Daqing zum landesweiten Modell für die Rohstoffausbeutung. Die Führungskader beschlossen einen «großen Kampf um Öl». Einhunderttausend Arbeiter und Soldaten marschierten in die mandschurische Ebene ein. Chinas Führung versuchte mit militärischem Denken, mit schierer Kraft der Menschenmassen, mit ideologischer Standfestigkeit das Öl aus dem Boden herauszupressen. «Wenn die Ölarbeiter aus tiefer Kehle schreien, wird die Erde zittern und beben» – lautet ein Slogan von damals. Mao Zedong gab 1964 für die Industrie der Volksrepublik die Parole aus: «Lernen von Daqing.» Das ganze Land feierte seine Arbeiter in Lehrbüchern, Theaterstücken und Liedern als Helden. Dabei waren die Umstände denkbar widrig: Die Erschließung des Ölfelds begann, als die Sowjetunion gerade ihre Rohstofflieferungen gedrosselt und ihre technischen Experten abgezogen hatte.

Aber anders als viele wirtschaftliche Experimente der Partei war Daqing ein durchaus sozial progressives und ökonomisch erfolgreiches Modell. Im Akkord stampften Männer und Frauen die ersten beiden Raffinerien aus dem Boden. Ab 1974 floss das Öl durch die Pipeline bis nach Qinghuangdao, später weiter bis nach Peking. Die Volksrepublik konnte sich zu dieser Zeit bereits autark mit Öl versorgen. Die Vorkämpfer kamen aus allen Teilen des Landes. Nur jeder zehnte Bewohner der älteren Jahrgänge ist hier geboren. Selbst im einundzwanzigsten Jahrhundert ist aus Daqing keine typische chinesische Provinzstadt geworden, auch keine Ölstadt im klassischen Sinne: «Arbeiter-Bauern-Dörfer» sollten sowohl für industrielle als auch für landwirtschaftliche Produktion sorgen, was die Zersiedelung erklärt. Mit der ländlichen Struktur wollten die Planer nicht zuletzt verhindern, dass ein Moloch entsteht, getreu der Devise des damaligen Premiers Zhou Enlai: «Industrie und Landwirtschaft, Städte und Dörfer miteinander kombinieren, damit Produktion wie Menschen davon profitieren.»

Bei meiner Ankunft am Hauptbahnhof wirkt Daqing indes alles andere als eine Stadt mit Modellcharakter. Den Vorplatz rahmen schmucklose Wohnhäuser und ein grün verspiegelter Hotelzweckbau. Einzig ein Propagandaplakat mit dem Konterfei eines Arbeiterhelden erinnert an glorreiche Tage. Neben ihm lachen mollige Parteikader auf Wandzeitungen den Besuchern der Stadt entgegen, die Hosenbünde bis über den Bauchnabel gezogen. Unter dem Tableau treffe ich Bohan, einen alten Freund aus Pekinger Studientagen. Er hatte mir geschrieben, ich solle unbedingt bei seinen Eltern in Daqing vorbeikommen. Er selbst ist gerade auf Besuch in der Stadt. Die Haare noch immer zum Zopf gebunden, Ziegenbart, Zigarette in der Hand – er ist ganz der Alte geblieben.

Wir vertrödeln den Tag im Zentrum. Weil es dort außer dem Fernsehturm, einer Pagode und einem Paviankäfig nichts zu sehen gibt, plätschern wir auf einem Tretboot über den Stadtteich. Im Tümpel quakt ein Frosch, auf der Oberfläche platzen kleine Blasen. Während wir Muster in die Entengrütze malen und unter den Rettungswesten schwitzen, wärmen wir Anekdoten aus alten Pekinger Tagen auf: Wie wir zum Neujahrsfest nachts mit Chinaböllern das Eis auf den Seen zwischen Trommelturm und Verbotener Stadt aufgesprengten. Wie uns vor Sonnenaufgang das schwirrende Fluggeräusch der Tauben weckte. Wie auf dem Dach des Nachbarhauses der Züchter stand, der seine Girrvögel zurück in den Schlag lockte. Und wie ich ihn anfangs für einen Irren hielt, weil er dabei eine rote Fahne schwenkte. Weder Heizung noch Leitungswasser gab es in unserer aufgestockten Wohnetage in der sonst eingeschossigen Altstadtgasse. Heute wohnt Bohan im Ozean der gesichtslosen Wohnsilos jenseits der soundsovielten Ringstraße. Unser Leben in der grauen Gasse war bunt. Sein Leben da draußen wirkt grau.

«Wie soll ich denn im 36. Stock Inspiration finden?», fragt Bohan mich mit düsterem Gesicht und tritt in die Pedale. «Durch den Blick auf die Dunstglocke über der Stadt?» Er erzählt mir von einem Drehbuch, das fertig werden müsse. Ein chinesisches Gesellschaftsbild der siebziger Jahre. Seifenoper. Vorabendprogramm. Gut bezahlt, doch die Zensurvorgaben machen es nicht leicht, seufzt er.

Bohans Eltern wohnen in einem schlichten Haus mit zwei Zimmern und Küche. Es steht in einem Vorort von Daqing, der noch farbloser als das Zentrum um Grützeteich und Funkturm ist und in dem sich alle Bauten flach an die Erde schmiegen. Den Fahrweg garnieren ein paar Krämerläden, an der Kreuzung schimmelt das öffentliche Bad. Kachelfassaden und staubige Sommerwege, die auf Asphalt warten: chinesische Vorstadtidylle.

Als wir ankommen, thront Bohans Vater Qiliang bereits über der reich gedeckten Tafel. Das aufgeknöpfte Hemd verleiht ihm jugendlichen Charme. Bohan, vier Arbeiter und ich lümmeln auf Hockern um das Sperrholzrund, seine Frau kniet auf Abruf abseits bei der Küchentür. Wir essen Hundefleisch, ein Bekannter hat Muscheln von woher auch immer mitgebracht. Bier und Schnaps fließen reichlich. Eine Stirnseite hat der Tisch ja nicht, dennoch sind die Rollen klar verteilt: Bohans Vater überragt die Gesellschaft. Im Schneidersitz blickt er vom Kang herab, dem traditionellen Wohn- und Schlafofen, der in keinem Landhaus im Nordosten Chinas fehlt. Dabei bräuchte er mit seinen ein Meter neunzig gar nicht diese privilegierte Sitzgelegenheit. Qiliang ist ohnehin präsent.

Vom Esstisch geht der Blick zum Hof hinaus. Dort riecht das Plumpsklo, an den Ziegelmauern türmen sich Kanister und morsche Leitern, dahinter rumort unermüdlich eine Ölpumpe. Vom Nachbargrundstück tönt das Klacken von Billardkugeln herüber. In der heißen Jahreszeit stehen die Pool-Tische der Billardhalle immer draußen an der Straße, erklärt Bohan.

Jenseits der Sitzordnung ist es vorbei mit den Unterschieden. Standesetikette ist dem Vater fremd: Seinen Freunden gegenüber gibt er sich generös, die Mitarbeiter seines Familienbetriebs lädt er oft zum Essen ein. Ein Ventilator verteilt die verräuchert-speckige Luft gleichmäßig im knappen Raum. Weniger als früher rauche er, versichert der Vater und lässt eine neue Schachtel in der Runde kreisen. «Als ich noch die Brennerei besaß, habe ich drei Päckchen am Tag gequalmt.»

Bohans Vater, Jahrgang 1962, erlebte den Aufstieg der Musterstadt als Kind der Ölpioniere. Die Großeltern, aufgewachsen in der Provinz Liaoning, zählten zur ersten Generation. Heute sind sie lange tot, die Stadt ist erwachsen. «Gerade sechs Jahre habe ich die Schulbank gedrückt. Es waren halt politisch unruhige Zeiten», brummt er schroff. Die Helden der ersten Stunde waren plötzlich Feinde. Den Vorarbeiter Wang Jinxi, der den Spitznamen «Eiserner Wang» erhielt, dessen schweißnasses, doch immer lächelndes Konterfei unzählige Propagandaplakate der Partei zierte, weil er im

Alleingang eine leckgeschlagene Bohrstelle mit Zement versiegelt haben soll, denunzierten Rote Garden als «politischen Dieb Nummer eins des Landes». Der zu Privilegien gekommene Mann passte zum Auftakt der Kulturrevolution nicht mehr ins Bild. Heute erinnert ein Denkmal im Westen der Stadt an den sozialistischen Arbeiterhelden.

Die Jugend des Vaters fiel in diese Zeit fataler Utopien, jene Phase also, in der die Natur den Gesetzen des Menschen Folge leisten sollte: «Uns knurrte der Magen», berichtet er in einem Ton, der unvermittelt kränklich klingt und so gar nicht mit seiner sonst heiter-barschen Natur harmonieren will, «obwohl meine Eltern beide in der Ölförderung arbeiteten.» Qiliang streicht sich über seinen Oberlippenbart und sucht nach einem Ausweg aus dieser dunklen Sackgasse. Nach einem bedrückenden Moment der Stille bringt er schließlich eine abgedroschene Anekdote über einen schwingenden Förderpumpenkopf und eine darunter grasende Kuh. Nur ich lache, die Arbeiter am Tisch haben das grausame Ende schon hundertmal gehört.

Des Vaters eigenes kleines Wirtschaftswunder begann mit der Zeitenwende nach Maos Tod. Bereits 1984, zu Beginn der ökonomischen Reformen unter Deng Xiaoping, besaß die Familie einen Schwarz-Weiß-Fernseher. «Die halbe Nachbarschaft hat damals bei uns geguckt», entsinnt sich der Vater mit einem breiten Grinsen in die Runde. Steil bergauf sei es aber erst ein paar Jahre später gegangen, als er einen Textilhandel aufbaute. In Guangzhou, im schwülen Süden des Landes, kaufte Qiliang Kleidung direkt aus den Fabriken. Im hohen Norden verhökerte er sie an Kleinhändler weiter. «In den frühen Neunzigern haben wir an einem Tag mehr verdient als die meisten Menschen hier in einem Monat. Obst, Fleisch, wir aßen, was wir wollten.» Seine Zähne leuchten breit und weiß. Sein Appetit scheint unstillbar. Die übrigen Männer schweigen satt. Aus dem Fernsehapparat dringen Belanglosigkeiten. Alle gähnen vor Müdigkeit, morgen früh um halb fünf beginnt für sie ein neuer Tag.

Doch die Südfrüchte und Hühnerfüße der Wirtschaftswunderjahre verschwanden bald wieder vom Tisch. Daqing durchlebte eine Rosskur. Mehr als drei Viertel des riesigen, einmal sechzehn Milliarden Barrel fassenden unterirdischen Ölsees waren da bereits leer gesaugt. Die Zeiten, in denen der Abbau des Rohöls stieg, als die Förderung in Daqing mehr als ein Drittel der landesweiten Ausbeute des Schmier- und Treibstoffes ausmachte, diese goldenen Zeiten sind lange vorbei.

«Lass dich nicht von den Förderpumpen täuschen», erklärt der Vater von seinem Schlafofen herab. In Honggang, Ranghulu und anderen Bezirken seien die Anlagen bereits außer Betrieb – über die Hälfte der unzähligen kleinen Gestängetiefpumpen sollen unterdessen stillgelegt worden sein. «Stumm wie Grabsteine stehen sie. Viele sind schon demontiert. Hätte mein Vater diesen Tag noch erlebt, er hätte seinen Augen nicht getraut», poltert er im lokalen Dialekt, der die Konsonanten verklebt und die Wörter verdickt.

Seit der Rohölpreis schneller als ein Förderarm schwankt, seit steigende Produktionskosten nur noch eine hauchdünne Gewinnmarge übriglassen, sinkt der Stern der Modellstadt Daqing. «Das Ölfeld war lange unsere Bürgschaft für einen stabilen Lebensunterhalt. Doch diese Garantie galt für die Generation meiner Eltern, vielleicht auch noch für uns. Für meinen Sohn, für Bohan, ist das nicht der Fall.» Das in China einst geflügelte Wort von den «Kindern des Ölfelds» scheint längst vergessen.

Mit dem Einbruch der Ölförderung und dem Vormarsch der Marktwirtschaft kehrte in Daqing um die Jahrtausendwende die große Katerstimmung ein. Der behäbige Staatsbetrieb PetroChina sollte für den Börsengang entschlackt werden: Mehr als die Hälfte seiner über hunderttausend Arbeiter verloren ihre Anstellung. Trotz der für China relativ üppigen Abfindungen begehrten die einstigen Helden der Arbeit auf. Ihre Protestmärsche sollen die größten Demonstrationen in China seit der Studentenrevolte von 1989 gewesen sein.

Daqing ist nur ein krasses Beispiel unter vielen in der Mandschurei – im einstigen Ruhrpott Chinas. Japan hatte mit dem Aufbau von Schwerindustrie im Süden der Region in der Zwischenkriegszeit das industrielle Fundament gegossen. In Maos rotem China galt der Nordosten als führend in Bezug auf Bildung, Einkommen und Urbanisierung. Doch alles, was vom Stahlgürtel, vom Rohstoffrausch im *land of plenty* blieb, waren Erdölschlamm, rostige Erde und insolvente Kombinate: Massenentlassungen in den Staatsbetrieben wie dem Kohletagebau von Fushun, in der Schmelzofen-Stadt Anshan und anderen Monostädten, in Chemieküchen und Panzerschmieden. Die Werkbank der Welt steht heute im Süden Chinas.

«Kennst du Wang Bing?», fragt Bohan unvermittelt und setzt sogleich zu einem Exkurs in die Filmwelt an. Niemand habe den Zerfall der trägen Schwerindustrie aus der Zeit kommunistischer Kommandowirtschaft im mandschurischen Rostgürtel besser festgehalten als dieser Filmemacher. Wangs Erstlingswerk von 2003, *West of the Tracks*, protokolliert mit brutalem Realismus die Folgen der Wirtschaftsreformen in einem Stadtteil Shenyangs um die Jahrtausendwende. Jetzt ist Bohan in seinem Element: «Wang folgt einer alten Eisenbahnlinie, die das Industriegebiet durchschneidet, und lässt einen einäugigen Schrottsammler über seine prekäre Situation klagen.» In beklemmend langsamen Aufnahmen zeichne Chinas radikalster Dokumentarfilmer in seinem Dreiteiler die schiere Gewalt des Niedergangs für die in den tristen Geisterstädten zurückgebliebenen Arbeiterfamilien nach. «Schau ihn dir an. Nach neun Stunden bist du durch», fordert Bohan mich mit einem Augenzwinkern auf.

Obwohl sein Vater keine Figur aus Wangs Film ist, er kein geschasster Stahlkocher oder Brunnenreiniger war, herrschte damals auch in seinem Portemonnaie Ebbe. Bei den Stichworten «1997» und «Asienkrise» stößt er einen wüsten Mutterfluch aus. Sein Wortschatz ist reich an obszöner Lexik – ebenbürtig der russischen Vulgärsprache. Er fürchtete, dass er mit dem Textilhandel auf einem toten Ast saß, und verkaufte die Firma unter Wert: «Wenn wir nur mehr Geduld gehabt hätten, wären wir heute einige Hunderttausend Yuan reicher», meint Qiliang, der eigentlich kein Mann der Konjunktive ist. Mit Frau und Sohn zog er nach Dandong an der Grenze zu Nordkorea. Den Erlös investierte er dort in den Erwerb einer kleinen Schnapsbrennerei. «Mit einem Mal konnten wir uns vor Kundschaft kaum retten. Es gibt kein besseres Schmieröl für Arbeitslose in Zeiten einer Rezession.» Doch eines Nachts brannte die Destillerie lichterloh. «Kein Fen, keine Flasche war mehr übrig. Wir hatten kein Geld mehr, konnten unserem Sohn auch das Studium nicht mehr finanzieren.» Qiliang lacht bitter. Bohan hat diese Schule des Lebens gehärtet, er ist heute ein recht erfolgreicher, wenn auch kein berühmter Regisseur. Sein Vater wechselt dennoch schnell das Thema und schneidet für jeden Gast am Tisch ein großes Stück von der Wassermelone ab.

Daqing klammerte sich lange an den Hoffnungsstrohhalm Russland. Doch die von China ersehnte Röhre aus Ostsibirien baute der Kreml zunächst nicht nach Daqing, sondern in ein anderes Nachbarland. Japan hatte Russland mit einer attraktiven Finanzierung gelockt. Das große Terminal für die Pipeline aus dem Norden, die russisches Rohöl in die hiesigen Raffinerien pumpen sollte, blieb vorerst eine Reißbrettphantasie. Lange fand der russische Rohstoff nur aufwendig über den Schienenweg seine Abnehmer im Land der Mitte. Aber seit einigen Jahren führt eine russische Erdölleitung vom Baikalsee in die Raffinerien von Daqing. Ich erinnere mich: Aus dem Fenster der Limousine des Genossen Hu auf meiner Fahrt per Anhalter zum Amur hatte ich sie gesehen. So rettet die Pipeline selbst nach dem Verstummen der letzten Pumpen den Ruf von Daqing als einer Ölstadt.

Abgebrannt kehrten Vater und Mutter 2003 zurück nach Daqing, verdingten sich als Tagelöhner, ergatterten nach ein paar Monaten Festanstellungen, lebten von einem Tag auf den anderen. Bis 2010. Nach seiner Karriere als Textilhändler, Schnapsbrenner und Handlanger begann für Bohans Vater ein neues Kapitel in seiner wechselvollen Unternehmerkarriere: Er gründete eine Baufirma, die Rohrleitungen in Industrieanlagen installiert.

In Daqing läuft die Wirtschaft wieder wie geschmiert. Auch seine Auftragsbücher seien voll, behauptet Qiliang. Die Arbeitsplätze entstehen nicht länger ausschließlich in der Ölindustrie. Bei Volvo rollen seit ein paar Jahren Autos vom Band. Und in einem Hochtechnologiepark neben dem altehrwürdigen Petrochemischen Institut entwickeln Wissenschaftler neue Baumaterialien und Düngemittel. «Wir haben dort schon Rohre verlegt», erzählt er stolz.

Dass der Wohlstand der Stadt heute ungleich verteilt sein muss, hatte ich schon bei meiner Ankunft bemerkt. An einer stumpfen Kreuzung neben dem Bahnhof sah ich Tagelöhner auf Hockern dösen. Männer und Frauen mittleren Alters. Ihre Gesichter ausdruckslos, die verbitterten Augen eingefallen. Handgeschriebene Pappschilder wiesen ihre Qualifikationen aus: «Elektriker», «Schweißer», «Maurer». Davor parkten schwarze Limousinen mit noch dunkleren Scheiben, manche mit weißen Nummernschildern – das ist Polizei. «Weil in Daqing nach wie vor das meiste Geld in der Provinz zirkuliert, tummeln sich hier eben die meisten Kriminellen», kommentiert Bohan meine Beobachtungen trocken. Tagsüber hatte ich auch einen Stiernacken gesehen, wie er seine Angebetete über den Teich pedalte. Ausgefallene Tattoos, die auch in China als Bandenzeichen gelten, auf seinem kräftigen Arm, mit dem er sie beinahe würgte. Nicht umsonst steht der Nordosten als Synonym für das Sizilien Chinas – Heimat der Mafiosi, reich wie Ölbarone, selbst wenn Sohn wie Vater diesen Begriff meiden.

Im zwanzigsten Jahrhundert haben die Menschen hier in der Mandschurei zahlreiche soziale Ordnungen durchlebt. Dekade für Dekade fanden sie sich in einer neuen Lebenswelt wieder: als Pioniere an der Frontier des späten Kaiserreichs, unter der Knute der Warlords, als Knechte russischer, später japanischer Herren, als Bürgerkriegsopfer, als Helden der Arbeit im Sozialismus und Antihelden der Arbeitslosigkeit im turbokapitalistischen China. Konstant in den Biographien der Menschen ist einzig das raue Klima, die Brutalität des Lebens. Vater und Sohn können über den vulgär zur Schau gestellten Reichtum im Stadtzentrum nur schmunzeln. Um sein Dreirad im Hof habe ihn noch nie jemand beneidet, meint Qiliang augenzwinkernd.

Inzwischen beschäftigt er in seiner Baufirma zwei Dutzend Frauen und Männer, profitiert vom ökonomischen Aufschwung. «Vor ein paar Jahren war ich ein kleiner Arbeiter, heute bin ich wieder ein kleiner Chef», kokettiert er voll Wohlbehagen mit seiner alten, neuen Rolle. Dabei geht es ihm nicht mehr um den schnellen Yuan, wie er versichert. «Doch wir Leute aus dem Norden, wir horten unser Geld nicht. Wenn wir welches im Portemonnaie haben, geben wir es aus.»

Es ist spät geworden. Die Gäste schaukeln nach Hause, Bohans Eltern wanken ins Nebenzimmer. Ich blicke auf das große Poster der *Gorch Fock* an der Wand und wundere mich, wie das deutsche Schulschiff in die mandschurische Einöde segeln konnte. In meinem Kopf herrscht hoher Seegang. Beim Blick auf den Tisch, auf all die Bierflaschen, Tabakpackungen, abgeknabberten Hundeknochen, ausgelutschten Muscheln und halbleeren Suppenschüsseln suche ich nach einer Reling. Bohan ist nicht so übel wie mir. Von seinem Nachtlager auf dem Kang herunter erzählt er mir noch von der Titelrolle in seinem neuen Drehbuch. Um Wang, den «Iron Man» von Daqing, wird es sicher nicht gehen. Doch ähnlich soll der Charakter schon sein. «Er veranschaulicht doch alle moralischen Tugenden, die das chinesische Wesen ausmachen: harte Arbeit, Hingabe an das Kollektiv. Das ist doch auch schon vor den Kommunisten so gewesen.» So ein Zensor sei nicht dumm, aber rückwärtsgewandt, sein Herz sei schwarz. Solch ein schimmelndes Ei müsse man überlisten in einer Zeit, in der all diese maoistischen Kultfiguren wiederbelebt würden. Er löscht das Licht, und eine Kaskade von unflätigen Schimpfwörtern, die ich gar nicht wiedergeben mag, wiegt mich in den Schlaf.

12. Im russischen Atlantis

Harbin

Noch etwas benommen von dem üppigen Abend im Haus von Bohans Eltern schaue ich erst aus dem Fenster, als der Zug schon auf der neuen Brücke über den Songhua eilt, eine gute Stunde nach der Abfahrt in Daqing. Am Südufer des Flusses stapeln sich die Wohntürme der Millionenstadt Harbin. Als Alexander Williamson vor einhundertfünfzig Jahren am Ufer des majestätischen Flusses stand, war die Kulisse noch eine ganz andere: Der protestantische Missionar aus Schottland sah lediglich Wälder und Sümpfe. Er logierte in einem Gasthaus namens «Fujiadian» – der Domäne der Familie Fu. Der Wirt berichtete dem Reisenden, dass tags zuvor ein junger Tiger vor der Herberge ein vor einen Karren gespanntes Maultier gerissen hatte. Menschen verirrten sich damals seltener hierher als sibirische Raubkatzen. Heute ist es umgekehrt. Die Tiger leben nur noch in einem Zuchtzentrum nördlich des Flusses. Besucher bezahlen dort feste Preise für Hühner, Enten, selbst ausgewachsene Rinder. Bei einer Safari durch das Gehege sehen sie dann, wie Mitarbeiter die Tiere den Großkatzen zum Fraß vorwerfen.

Harbin, die Hauptstadt der Provinz Heilongjiang, ist eine junge Stadt. Doppelt so alt wie Daqing und doch viel jünger als Qiqihar oder Hailar, die ja als Garnisonsstädte aus der Zeit der Mandschurenherrschaft selbst keineswegs antike Siedlungen sind. Als zukünftigen Knotenpunkt und Verwaltungssitz der transmandschurischen Eisenbahn gründeten Russen 1898 Harbin dort, wo die Gleise heute den Songhua überqueren, einen, wenn nicht den Hauptzu-

fluss des Amur. Der Name Harbin (Haerbin) kommt aus dem Mandschurischen, einer heute ausgestorbenen Sprache, und bedeutet so
viel wie «ein Ort zum Trocknen von Fischernetzen». Harbin war
bald mehr als ein Fischerdorf mit Gasthof. Es wuchs um die Eisenbahnbrücke herum zur größten russischen Stadt außerhalb der
Landesgrenzen. Mit über hunderttausend Einwohnern war Harbin am Vorabend des Ersten Weltkriegs auch größer als Blagoweschtschensk, Wladiwostok oder Chabarowsk. Gleichzeitig war
die Kolonialsiedlung von Anbeginn eine russisch-chinesische Stadt.
Nur vier von zehn Bewohnern hatten Pässe des Russischen Reichs.
Die Chinesen lebten überwiegend in Fujiadian, dem rein chinesischen Satelliten von Harbin, der heute Daowai heißt, ungefähr
dort, wo Williamson einst übernachtet hatte.

Jenseits der Brücke schlängelt der Zug sich durch Schluchten
von Wohnhäusern, unterbrochen nur von Hochstraßen. Die Groß-
stadt hinter dem Zugfenster hat kaum noch etwas mit dem russischen Außenposten von vor einem Jahrhundert gemein. Harbin zählt
heute sechs Millionen Einwohner, zehn Millionen, wenn man den
Speckgürtel mitrechnet – so viele Menschen wie London und viel
mehr als ganz Russisch Fernost.

*

Gemeinsam mit Shuzhi begebe ich mich auf Spurensuche nach dem
alten Harbin, das irgendwann zwischen den letzten wilden und den
nun eingehegten Tigern existierte. Alt ist sie geworden, die Zeit-
zeugin dieses versunkenen Harbin. Shuzhi hat es aufgegeben, ihr
Haar pechschwarz zu färben. Wir suchen das russische Atlantis am
Rande der Millionenstadt, an einem Autobahnkreuz, gut zehn Kilometer östlich des Zentrums. Hier auf dem Huangshan Friedhof stehen sie, unter Ulmen und zwischen Lebensbäumen, in Reih und
Glied: die opulenten Grabmale der orthodoxen Russen, dazwischen
Sprenkel polnischer Katholiken und baltischer Protestanten. Etwas
abseits, uniform, aber peinlich sauber gepflegt, der Kriegerfriedhof

der sowjetischen Märtyrer, die die Japaner 1945 aus Harbin vertrieben. Daneben ein Streifen schlichter Granitplatten für Chinesen. Schließlich der jüdische Teil des Friedhofs: Steine auf den Gräbern, doch die Toten ruhen nicht nach Westen, Richtung Jerusalem, sondern kreuz und quer.

«Eigentlich sollte es weitere Abschnitte geben: für Muslime, für Koreaner und, und, und», murmelt Shuzhi. Nein, Harbin sei keine rein russische, auch keine russisch-chinesische Stadt gewesen. «In unserem Haus lebten Polen aus Vilnius, Tataren von der Wolga, ein Japaner mit seiner russischen Frau, eine deutsche Familie im Erdgeschoss. Unser Haus, die ganze Stadt war das Babel Asiens.»

Harbin, das sehe ich beim Blick über die Gräber, war mehr als die Summe zweier untergegangener Imperien. Der Friedhof ist ein Kaleidoskop der Geschichte dieses in einem merkwürdigen Raum-Zeit-Beziehungsraster gefangenen Ortes. «Früher gab es zwei russische, einen jüdischen und einen internationalen Friedhof», erklärt Shuzhi geduldig und weist darauf hin, dass 1958 die Stadtverwaltung die alten Friedhöfe geschlossen hat. «Die Gräber verbannten sie hierher. Lange standen im Sommer hier noch die Zuckerrüben. Erst in den letzten Jahren sind die Felder der Schnellstraße gewichen.»

Ende der Fünfziger war Harbin längst eine chinesische Stadt. Totenruhe für Russen, Juden oder Polen im Zentrum galt nicht mehr als zeitgemäß. Von den einst dreitausend jüdischen Gräbern seien lediglich fünfhundert Grabsteine übrig, erzählt Shuzhi, dennoch sei Huangshan der größte jüdische Friedhof Ostasiens. Sie deutet auf das Grab von Joseph Olmert. Gestorben 1941 in Harbin. Sein Enkel Ehud war israelischer Ministerpräsident. «Selbst viele der umgebetteten Gebeine gingen verloren. Niemand kümmerte sich um die Gräber. Die Platten rissen im Frost des Winters und versanken im Frühjahrsschlamm. Im Sommer wurden die Gräber geschändet.»

Heute ist die Nekropole in Schuss wie ein amerikanischer Militärfriedhof: akkurat geschnittene Hecken, polierter Marmor, die Stiefmütterchen stets frisch gewässert. Ich denke zurück an meinen

Besuch in Enhe, an den wilden Friedhof oberhalb des chinesischen Kosakendorfs. Dort gab es keine Exhumierungen, das Gräberfeld war nicht herausgeputzt.

Harbin hat sich seiner Geschichte zugewandt und umsorgt den Friedhof, findet Shuzhi, wenn auch aus politischen Motiven: «Sie erfanden eigens einen neuen Namen: Früher hieß der Friedhof *Kahler* Berg, heute heißt er *Kaiser*berg», erklärt sie und blickt schmunzelnd zu mir auf. Mit dem rechten Zeigefinger zeichnet sie zwei Schriftzeichen in die Fläche ihrer linken Hand: «Sie tauschten einfach das eine *huang*-Schriftzeichen gegen das andere *huang*-Schriftzeichen aus.»

Eine russisch-orthodoxe Kapelle, eine Synagoge und eine katholische Kapelle stehen seit Mitte der neunziger Jahre auf dem Gelände. Neuer ist der sowjetische Ehrenfriedhof am Südende: Erst 2007 verlegte die Gemeinde den Kriegerfriedhof vom Stadtzentrum hier an die sechsspurige Ausfallstraße, deren stetigen Lärm der Wind herüberträgt. Binnen zweier Wochen standen die modernen Grabmäler senkrecht wie Soldaten auf einem Kasernenhof. Tage später waren sie die Kulisse für ein politisches Theater: Die Außenminister Russlands und Chinas lobten die Freundschaft beider Länder über den Gebeinen der Gefallenen.

Shuzhi und ich blicken auf eines der jüngsten Gräber dieses Friedhofs: Efrosinja Andreewna Nikiforowa steht auf dem schlichten Stein, 1910–2006. Shuzhi bückt sich, zupft Löwenzahn und Gänsefuß. Efrosinja war ihre Kollegin in einer Krankenhausapotheke. Sie war auch ihre Nachbarin. «Als Efrosinja ging, starb das alte Harbin», sagt Shuzhi mit brüchiger Stimme.

Während ich in Harbin studierte, traf ich Efrosinja gelegentlich. Seither kenne ich auch Shuzhi. Ein letztes Mal besuchte ich Efrosinja in ihrer winzigen Wohnung im Februar 2005, anderthalb Jahre vor ihrem Tod. Jetzt, wo wir vor ihrem schlichten Grab innehalten, kommt es mir vor, als sei es gestern gewesen: Damals saß sie auf der Kante ihres Bettes, hatte eine raue Wolldecke über ihre Beine gezogen. Ihr Greisenkopf bewegte sich wie der einer Schildkröte, ihre matten, wimpernlosen Augen waren zu einem schmalen Schlitz zusammengetrocknet. Der Blick ruhte auf einem Foto ihres Vaters, das gegenüber hoch oben an der fahlbraunen Wand hing. Minutenlang rührte sie sich nicht. Irgendwann begann das sterbende Mütterchen langsam zu reden. Es suchte nach jedem einzelnen Wort. Außer Shuzhi kam selten Besuch, die Deutschen, die Polen im Haus, sie waren lange ausgezogen. Efrosinjas Welt war auf die zwölf Quadratmeter ihres dunklen Quartiers zusammengeschrumpft.

Tante Frosja, wie sie die Russen in der Stadt nannten, ging als Letzte. Vater Grigorij, der russisch-orthodoxe Pfarrer, starb 2000, drei Jahre später folgte ihre Freundin Walentina. Als Efrosinja 1923 mit ihren Eltern nach Harbin kam, lebten hier rund vierhunderttausend Menschen, viele stammten aus dem untergegangenen Zarenreich. Aus der beschaulichen Kolonialstadt war – neben Berlin, Paris und Konstantinopel – ein Zentrum des russischen Exils, die größte ausländische Siedlung in China überhaupt geworden. Offiziere der Weißen Armeen, die Intelligenzija und Unternehmer waren im Bürgerkrieg vor den herannahenden Bolschewiki in die russische Exklave geflohen. Dieser Exodus schwemmte europäischen Bürgersinn und Weltgeist an das Ufer des Songhua. Adlige ohne Gutsbesitz, Generäle ohne Soldaten, Geschäftsleute ohne Kapital, Professoren ohne Studenten, Dirigenten ohne Orchester hingen hier noch einige Jahre ihrem imperialen Dasein nach. In ihrer Heimat war es längst ausgelöscht.

Wenn ich Efrosinja besuchte, spürte ich wenig von dieser Weltläufigkeit. Kaum Tageslicht drang in ihr winziges Zimmer, nicht einmal das Gold der kleinen Ikonostase in der Ecke funkelte. Den Ofen befeuerte sie mit Kohle. Doch im Winter, wenn in der Eisstadt, wie Chinesen Harbin nennen, das Thermometer für Wochen unter zwanzig Grad minus sinkt, blieb ihre Wohnung klamm. Das Plumpsklo stand auf dem Hof. Einmal am Tag kam Shuzhi und brachte den Nachttopf nach unten, Treppen konnte Efrosinja da schon nicht mehr steigen.

Über Tschita war Efrosinja mit ihren Eltern nach Harbin geflohen. Ihr Vater war Eisenbahner, sie kam auf einer kleinen Station in Sibirien zur Welt. Geheiratet hat sie nie. «Sie sprach nur ein paar Brocken Chinesisch. Selbst die hatte sie zuletzt fast vergessen», entsinnt sich Shuzhi und streicht sich über ihren schlohweißen Bubikopf. Harbin, die Mandschurei und China blieben für Efrosinja auf Lebenszeit eine Heimat wider Willen. Sie war mit diesem Gefühl nicht allein: Die Mehrheit der Russen wusste wenig über die chinesische Geschichte und Kultur. Mischehen und Freundschaften waren selten. Die Emigranten, sie pflegten eine insulare, beinahe eremitische Lebensweise.

Seit 1936, nach Mädchengymnasium und Universität, arbeitete Efrosinja als Pharmazeutin in einer Apotheke, fast fünfzig Jahre lang. Sie blieb Bürgerin eines Staates, den es nicht mehr gab. Efrosinja floh nicht wie ihre Freunde über Schanghai nach Amerika, Israel oder Australien. Anfang der sechziger Jahre waren nur noch einige Hundert Russen in der Stadt verblieben. Das russische Harbin war nur noch ein leerer Kokon. Draußen, hinter den Eisblumen auf Efrosinjas Fensterscheiben, draußen begann eine andere Welt. Die Wohnung der alten Russin war nur einen Steinwurf vom noblen Boulevard der chinesischen Provinzhauptstadt entfernt.

Shuzhi wohnt noch immer in der Gasse, in der einst auch Efrosinja lebte. Dort halten die russischen Stadthäuser das untergegangene russische Harbin lebendig. Daoli heißt der Stadtteil, das bedeutet so viel wie «diesseits der Gleise». Vom Bahnhof bis zum Ufer des Songhua zieht sich der Bezirk, Russen nannten ihn deshalb Pristan – «Landungsbrücken». Seit jeher ist Daoli das Handelszentrum der Stadt. Tschurin, Kunst & Albers – alle wichtigen Waren- und Handelshäuser hatten hier ihre Adressen.

Herzstück ist bis heute die mit Kopfstein gepflasterte Zentralstraße, auf der ich nun entlanggehe. Russische Touristen nennen die Straße «Arbat». Alte Stadtpläne verzeichneten Harbins älteste Geschäftsstraße noch als «Chinesische Straße», dabei muten ihre Fassaden seltsamerweise eher wie eine europäische Architekturgalerie an.

Es entbehrt nicht einer gewissen Ironie, dass das alte Harbin sein heutiges europäisch-russisches Antlitz zu einer Zeit erhielt, als das Zarenreich, das es verkörperte, bereits aufgehört hatte zu existieren. Harbin war bald «russischer» als Russland selbst. Hier erlebten manche Baustile eine zweite Blüte, als sie in Europa längst aus der Mode gekommen waren: der vom Jugendstil beeinflusste Eklektizismus des Hotels «Modern», der Neobarock des akademischen Buchladens oder die Neorenaissance-Fassade des Damen- und Kinderbekleidungshauses. Mit ihrer üppigen Formensprache erinnern sie selbst in ihren grellen chinesischen Farben an Handelshäuser in Sankt Petersburg oder Riga. Sie sind imposanter, auch europäischer als alles, was mir bislang in Irkutsk oder Tschita begegnet ist. Von im europäischen Russland ausgebildeten Ingenieuren und Architekten geplant und entworfen, überstrahlten Harbins Bauten bald die Städte des russischen Fernen Ostens.

Xiao Hong, die große, viel zu jung verstorbene Schriftstellerin, wähnte sich in Moskau statt irgendwo in Asien, als sie Anfang der dreißiger Jahre über die Zentralstraße ging: «Musik der Clochards, Musik aus den japanischen Tanzlokalen, Musik aus den internationalen Restaurants ... Ausländer, Adlige, Landstreicher, alte Frauen, junge Damen – die Straße war voller Menschen. Manche drängten sich an den Schaufensterfronten und verdeckten sie fast ... Andere sangen die Lieder, die wir von den Grammophonplatten kannten ... Die Zahl der Chinesen, die sich diesen lockigen Menschen anschlossen, war äußerst gering – vielleicht einer von sieben oder einer von acht.»

Cafés und Reklametafeln lassen den Geist des kosmopolitischen Harbin wieder auferstehen – wäre da nicht die allgegenwärtige Panflötenmusik. So wie bei Xiao Hong flanieren heute die Menschen dichtgedrängt. Straßenhändler verkaufen kleine, am Holzspieß kandierte Äpfel. Diese nordöstliche Spezialität war schon unter russischen Emigrantenkindern sehr beliebt. Bis heute essen Harbiner Graubrot und russische Würste, knacken lieber Sonnenblumenkerne als Melonensamen.

Früher hieß es, dass die Pariser Mode binnen zweier Wochen nach Harbin fliege. Bei meinem Bummel über die Zentralstraße merke ich: Die Frauen stolzieren heute ebenso stilsicher daher. Chinesinnen aus dem Süden blicken nicht frei von Neid auf die Frauen aus Harbin. Sie sind großgewachsen und weißhäutig. Sie tragen alles, was gerade angesagt ist, vom kürzesten bis zum längsten Rock – egal, wie stolz der Preis ist. Harbins ältere Damen zwängen sich mit Vorliebe in den Qipao. Das seitlich geschlitzte Kleid mit Stehkragen aus Seide oder Kattun gehört geradezu zum eleganten Harbin.

*

An der Ecke zur Siebten Weststraße, in der Efrosinja einst lebte, das Hotel «Modern». Hier bin ich mit Herrn Liu verabredet. Dunkelblauer Anzug, das dichte Haar akkurat gekämmt. «1913 gebaut. Es war der erste Hotelbetrieb der Stadt, der es mit den großen europäischen Häusern aufnehmen konnte», schwärmt der Historiker, noch bevor wir uns richtig begrüßt haben. «Stilvolle Zimmer, ein großer Kino- und Theatersaal, ein Café-Restaurant. Dort speisen Betuchte heute bei Kerzenlicht und Pavarotti.»

Herr Liu ist ein gemütlicher Mensch, der ohne Punkt und Komma redet. Ein Jahr älter als die Volksrepublik, war er lange Leiter des Büros für lokale Geschichte. Ein durchaus politischer Beruf. Kleingedruckt stehen die zahllosen anderen Ämter und Funktionen auf seiner Visitenkarte, die ich andächtig studiere. Seit seiner Pensionierung widmet sich Herr Liu der Poesie und Kalligraphie. Für mich schlüpft er wieder in seine alte Rolle.

Das «Modern», das heute wieder den einladenden Charme einer untergegangenen Epoche versprüht, sei die Bühne für die großen Ereignisse und Skandale gewesen, fährt Herr Liu fort: «Hier stiegen die Mitglieder der Lytton-Kommission ab.»

«Der Lytton-Kommission?», wiederhole ich.

«Na der Kommission, die der Völkerbund entsandt hatte, um

die Rechtmäßigkeit japanischer Ansprüche auf die Mandschurei zu untersuchen und Japans Aggression letztlich zu verurteilen», fachsimpelt Liu, «Kriminelle entführten hier Semjon Kaspe.»

«Semjon wer?»

«Einer der Söhne des Gründungsinhabers Josef Kaspe. Das Lösegeld blieb aus. Die Faschisten ermordeten ihn.»

«Lauter Skandale!», versuche ich Herrn Lius Redefluss zu bremsen.

«Nein, es gab genauso schöne Momente: Der alternde russische Opernstar Fjodor Schaljapin stieg im ‹Modern› ab. Den kennst du bestimmt! Er machte 1936 auf seiner Tournee Station in Harbin.»

Aber mit dem Ende des russischen Harbin sei auch das europäische Flair des Hotels verschwunden, resümiert Herr Liu.

«Allem Europäischen, allem Russischen haftete plötzlich ein Stigma an. Während der Kulturrevolution hieß das Hotel doch tatsächlich ‹Antirevisionistisches Hotel›. Welch ein Name für einen Prachtbau wie diesen!»

Mitte der achtziger Jahre hat man, so Liu, die europäische Architektur unvermittelt als Kapital für touristische Vermarktung entdeckt. Seither steht das «Modern» wie die Mehrzahl der Häuser auf der Zentralstraße unter Denkmalschutz. Doch die Verordnung sei ihr Papier nicht wert: «Vergiss das Register», winkt Liu ab. Er wirft sein Jackett über die Schulter. «Der Immobilienmarkt hyperventiliert. Historische Bauten werden aufgestockt, entkernt, abgerissen. Hinter all den Klimaanlagen, Werbetafeln und Ladenschildern kannst du die Fassaden oft nur noch erahnen.»

Wir gehen weiter. Auf einem freien Platz, umgeben von Hochhäusern, ragt ein karminrotes Backsteingebäude gen Himmel. Wie Ameisen eine Made umringen Touristen die Kirche. In der Mitte der reich verzierte Hauptturm mit einer bauchig-grünen Zwiebelkuppel, umrahmt von mehreren Zeltdachtürmen. Es ist die Kirche der Heiligen Sophia. Die «Suofeiya», wie die Einheimischen sie schlicht nennen, ist auf jedem zweiten «russischen» Mitbringsel der Stadt abgebildet.

Wie schon in Manzhouli versilbern auch hier Geschäftsleute das russische Thema. Die Souvenirläden quellen über von pseudorussischen Importwaren: Matrjoschkas, Fellmützen, Uniformen, Ferngläser, Flachmänner mit KGB-Logo, Büsten von Lenin, Büsten von Stalin, gefälschter schwarzer Kaviar, Wodka, Schokolade, aus irgendeinem Grund sogar russischer Instantkaffee, Kosmetika und sogenannte Malerei: barocke Frauenkörper vor russischen Landschaften.

«Ursprünglich stand hier ein kleines hölzernes Gotteshaus. Den Grundstein für die Suofeiya legten sie 1923. Bauzeit zehn Jahre», erläutert Liu.

«Irgendwie sehen die Kirchen doch alle gleich aus», werfe ich etwas ungeschickt ein.

«Du hast recht. Ihr Vorbild war die Kirche ‹Erscheinung des Herrn› in Sankt Petersburg. Ähnliche Sakralbauten standen in Blagoweschtschensk und in Ussurijsk.»

«Und was passierte nach 1949?»

«Die Glocken, Ikonen und Wandbemalungen verschwanden. In der Kirche war das Lager eines Kaufhauses untergebracht. Drumherum Autowerkstätten, allerlei Schuppen, Wohnungen für Angestellte der Stadtverwaltung. Kein leerer Platz wie heute.»

«Ein ziemlich trauriges Bild», sage ich halblaut, mehr zu mir als zu ihm.

«Es war der beste Schutz!», entgegnet Liu entrüstet und ergänzt mit einem gewissen Unterton: «Sie haben ihre Kirchen gesprengt, wir zumindest diese eine nicht.»

«Mitte der neunziger Jahre, pünktlich zum hundertjährigen Stadtjubiläum, erklärte unsere Zentralregierung die Kirche per Dekret zum nationalen Kulturerbe. Viel Geld floss in die Restaurierung. Auch Bürger spendeten.»

Heute beherbergt das ehemalige Gotteshaus das Museum für Stadtgeschichte. Durch einen unterirdischen Gang gelangen wir in den großen Ausstellungsraum: Fotos aus der Gründerzeit zeugen von dem kosmopolitischen Geist der gewesenen Stadt. Ein großformatiges, doch längst überholtes Modell zeigt die Vision einer chinesischen Metropole im neuen Jahrtausend. In dem ausführlichen Begleittext zur Geschichte der Kirche fällt indes nicht einmal das Wort «russisch». Schautafeln weisen nur diffus auf eine europäische Vergangenheit hin.

Ich spreche Liu auf A Cheng an. Der Schriftsteller schrieb Mitte der neunziger Jahre mit *Harbiner Menschen* ein vielbeachtetes Porträt seiner Heimatstadt. Für ihn war der «fremde Geschmack» ein untrennbarer Bestandteil der lokalen Identität. Fremd und eigen, russisch und chinesisch, Yin und Yang, in Harbin sei keines ohne das andere denkbar. Die Zerstörung des historischen Harbin, ob im Namen nationalistischer Parolen oder kommerzieller Interessen, sei deshalb kein Gewaltakt gegen das Erbe der Ausländer, sondern gegen alle Bewohner der Stadt, gegen ihn und seinesgleichen. Das Buch ist ein Vierteljahrhundert alt.

«Was ist denn noch übrig von der einst kosmopolitischen Stadt?», widerspricht Liu nüchtern. «Siehst du hier fremdsprachige Zeitungen? Hörst du die Glocken läuten? Nein! Der Geist des alten Harbin lebt vielleicht noch in den melancholischen Memoiren der Harbiner Russen fort. Das hier ist bloß noch eine pittoreske Hülle.»

Seit wann er sich für das europäische Stadtbild Harbins interessiere, will ich von Liu noch wissen.

«Ich war schon älter als du. Lange wusste ich nichts über eure Architektur. Dabei bin ich Historiker. Doch wir Chinesen, wir sollten unsere Herzen öffnen. Denn von eurer Architektur kann man viel über Russland und Europa lernen. Und über China.»

«Wieso denn über China?»

«Chinas Geschichte lässt sich nicht an einem Ort studieren. Wenn du wissen willst, was vor zweitausend Jahren geschah, fahr nach Xian. Für das China vor eintausend Jahren nach Peking. Und wenn du dich für die Kolonialgeschichte interessierst, bist du hier genau richtig.»

Gedankenverloren blickt Liu jetzt auf das byzantinische Mauerwerk der Kirche. «Herrn As ‹fremden Geschmack› suchst du hier vergebens. Morgen ist Sonntag. Geh in die ukrainische Kirche. Da wirst du eher fündig», fordert Herr Liu mich auf, «heute schau dir besser noch die Tongjiang-Straße an.»

Entlang der Tongjiang-Straße finde ich verstreute Spuren des jüdischen Harbin: Das wuchtige, terrakottafarbene Gebäude der Neuen Synagoge, die Alte Synagoge und das prächtige Eckhaus der ehemaligen jüdischen Mittelschule. Bis vor wenigen Jahren diente das Haus der Neuen Synagoge als Veteranenklub des Amts für Öffentliche Sicherheit. Heute feiert eine Ausstellung das einstige jüdische Leben in der Stadt. Eine Vitrine ist den Skidelskys gewidmet. Die jüdisch-russische Unternehmerdynastie war mit Bergbau-objekten und Holzkonzessionen einer der größten Arbeitgeber in der Mandschurei. Für die Skidelskys war China das gelobte Land, erfahre ich. Das chinesische Volk sei schon immer frei von antisemi-tischer Bitterkeit gewesen, heißt es im knappen Begleittext neben der Vitrine. Ob irgendjemand auf der Straße die Skidelskys kennt? Ich weiß es nicht. In der Synagoge jedenfalls bin ich der einzige Besucher. Die Wächterin knipst hinter mir das Licht aus.

Zurück auf der Zentralstraße, dem Arbat Harbins, navigiere ich durch den Menschenstrom bis zum Songhua. Im Stalinpark, so heißt die Uferpromenade, malen alte Männer mit metergroßen Pinseln vergängliche Kalligraphien auf die Gehwegplatten. Um sie herum ziehen Teenager auf Inlineskates ihre Bahnen. In der Mitte, genau in der Fluchtachse der Zentralstraße, steht das Hochwasser-schutzmonument. In Form einer geschwungenen Kolonnade er-innert es an die Helden der Überschwemmung von 1957. Vorhin habe ich in der Suofeiya ein krisseliges Schwarz-Weiß-Foto gesehen, von 1932, dem Jahr der schlimmsten Flut: Darauf war der Songhua breit wie ein Meer. Oben auf dem Bahndamm standen Klaviere und geschnitzte Spiegelschränke neben geretteten Kühen. Wie Spielzeugkähne trieben Holzhäuser in den Fluten Richtung Russ-land.

Etwas versetzt hinter dem Flutdenkmal reihen sich Holzbänke den Uferweg entlang. Der Schankwirt des «Europa-Biergarten» trägt Lederhosen. Er hat achtundvierzig Sorten aus aller Welt im

Angebot: Kingfisher aus Indien, Cass aus Südkorea, Pêcheresse aus Belgien, Köstritzer und Erdinger aus Deutschland. Vom Fass gibt es lediglich das lokale Blonde. Um einen der langen Tische klemmen sieben Männer. Oberkörperfrei kühlen sie ihre Wampen an diesem für Harbin ungewöhnlich heißen Septembertag. Ein typisches Bild: Überall in der Stadt sitzen Männer in baumbestandenen Gassen, meist an wackeligen Plastiktischen, essen Kebab oder schlürfen kalte Nudeln nach koreanischer Art und kühlen sich bei einem Bier ab.

«Setz dich, Kumpel», ruft mir einer der bauchigen Männer zu. Große getönte Brillengläser, ein Tattoo, das von der Brust bis zur Hand reicht. Ich kann gar nicht anders und klemme mich dazu. Ehe ich mich für eine Sorte entscheiden kann, steht schon ein Gezapftes vor mir.

Als sie erfahren, dass ich aus Deutschland komme, beginnt mein neuer Kumpan einen erschöpfenden Monolog über chinesische Bierkultur: Harbin sei die Keimzelle der chinesischen Braukunst, referiert er, das Halbliterglas in der Hand. Ein Pole habe die Brauerei 1900 gegründet. Auf den polnischen Braumeister folgten Russen, Tschechen und Chinesen. Vor ein paar Jahren habe Anheuser Busch den einstigen Staatsbetrieb übernommen.

«So genau will der Ausländer es doch gar nicht wissen», unterbricht der an der Stirnseite sitzende Mann in Trekkinghose. «Trinkt! Das Bier wird schal.»

«Was schmeckt so besonders an eurem Bier?», frage ich nach meinem ersten großen Schluck.

«Unser Bier ist das beste», antwortet mein tätowierter Banknachbar lokalpatriotisch, «es hat einen runden, frischen Geschmack.»

«Und wir haben die dicksten Bäuche in ganz China», ruft der Mann gegenüber in die Runde und präsentiert seinen als sichtbaren Beweis. Die Trinkfestigkeit der Harbiner sei landesweit einmalig.

«Früher, als ich jung war, tranken alle ausschließlich Hirseschnaps.» Die Augen des zu Monologen neigenden Hobbyhistorikers leuchten glasig. Aber das Bier hat seine Vorzüge: «Anders als bei Gebranntem musst du nicht unbedingt was dazu essen. Außerdem kannst du nach zwei Flaschen noch hinterm Steuer sitzen.» Noch Mitte der achtziger Jahre sei das Hopfengebräu kaum erhältlich gewesen. «Mein Vater brachte das Bier gekühlt in einer Thermoskanne nach Hause. Gezapft vom Einspänner auf der Straße oder aus einem Kanister im Laden um die Ecke.»

Rote Lampions statt weiß-blauer Dekoration, Tintenfisch und Erdnüsse statt Brezn, Hendl, und Leberkäs – ganz wie in München fühle ich mich nicht in Harbin. Doch mein Bierbanknachbar scheut kühne Vergleiche nicht: «Uns fehlt nur die Blaskapelle. Sonst ist die Stimmung hier wie bei euch in Berlin auf der Wiesn.» Einen Exkurs in die Grundlagen deutscher Kulturgeschichte verkneife ich mir. Ungeniert mustern mich die Kerle, mokieren sich über meine ranke Figur. Sie entspreche so gar nicht ihrem Bild von einem Deutschen, sagen sie einmütig. Weder Pausbacken noch stramme Waden.

Mit einem Hinweis auf einen wichtigen Termin gelingt es mir, meinen Hals nach einem Glas aus der Schlinge chinesischer Gastfreundschaft zu ziehen. Ich breche auf.

*

Dumpf dröhnen die Trommeln einer Seniorentruppe, die sich im Formationstanz übt, durch die Trauerweiden der Flusspromenade. Ein hagerer Mann verkauft Reisbällchen und Süßkartoffeln, die in einer Blechtonne über weißer Glut dampfen. An der ausladenden Ufertreppe baumeln an einem schweren Drahtesel Hemd und Hose. Ihr Besitzer, ein alter Mann, schwimmt im Fluss.

Ein paar Hundert Schritte weiter traue ich meinen Augen kaum: Auf Höhe der alten Eisenbahnbrücke stolpere ich unvermittelt über die Fassade des alten Harbiner Bahnhofs. Ein niedriger, pistaziengrüner Jugendstilbau von 1904. Im Stadtzentrum empfängt die Bahnreisenden heute ein grauer Koloss. Hier im historischen Nachbau dann die Ausstellung über die russische Kolonialbahn samt Fotografien, alten Kursbüchern und ungewohnten Zwischentönen:

Russlands Einfluss markierte eine Zeitenwende, machte Harbin zu einem eurasischen Verkehrs- und Handelszentrum, heißt es darin. Auf einer Schautafel entdecke ich sie, die neue Seidenstraße, nach der ich jenseits des Amur vergebens gefahndet hatte: «Schon seit Gründung der Volksrepublik fördert die einstige Kolonialbahn die Freundschaft zwischen den Nachbarn und den Austausch zwischen China und der Sowjetunion. Heute setzt Harbin seine Erfolgsfahrt auf diesen Gleisen fort, die Teil der neuen Seidenstraße sind.»

So verkürzt diese Darstellung auch ist, so sehr überrascht sie mich. Denn es gab Zeiten, da schwiegen Chinas Historiker über den Einfluss ausländischer Mächte. Noch 1998 sagte die Parteiführung das hundertjährige Stadtjubiläum kurzerhand ab. Manch ein linientreuer Historiker sah die Ursprünge Harbins damals gar in der Jin-Dynastie, also noch vor den Mongolenherrschern.

Wieder draußen schweift mein Blick über den schlammbraunen Songhua, über die grasbewachsenen Sandbänke hinweg zum Ufer der Sonneninsel. Russen haben die mandschurische Sprechweise übernommen, sie kennen den Songhua als Sungari. Das klingt so heimatlich rund, so wehmütig mild und für die in Harbin Geborenen, selbst für russische Emigranten in der dritten oder vierten Generation, ein wenig wie Memel in manch heimatvertriebenem Ohr.

Seit jeher fahren im Sommer kleine Fährboote über den Songhua. Schon vor hundert Jahren ruderten Russen ans Nordufer. Im Winter hingegen kutschieren hunde- oder pferdebespannte Holzschlitten Touristen über den zugefrorenen Fluss. Einheimische kämpfen zu Fuß gegen eisige Böen an. Anfang des einundzwanzigsten Jahrhunderts kam dann irgendjemand auf die Idee, eine Seilbahn über den Fluss zu spannen. Doch die ist inzwischen schon wieder aus der Mode: Die Gondeln baumeln verlassen über dem Wasser.

Schon seit 1901 überspannt die alte Bahnbrücke den Fluss. Mehr als einhundert Jahre lang rumpelten Züge zwischen Moskau und Wladiwostok über deren eingleisige Spur. Auf dieser ersten Flussquerung gab es früher einen Fußweg, direkt neben den Schienen. Der war so schmal, dass jeder, der sein Fahrrad über die Brücke schob, bei Gegenverkehr in einer Ausbuchtung warten musste. Als ich es bei meinem allerersten Besuch vor knapp zwanzig Jahren einmal wagte, die Silhouette von der Brücke herab abzulichten, fauchte ein im Brückenhäuschen wachender Soldat durch die Lautsprecheranlage: «Fotografieren verboten, Genosse!»

Nun schlendere ich unbehelligt über die alte Brücke auf die Sonneninsel zu. Der Gleiskörper ist abmontiert, die Wachen sind längst abgezogen. Das Bauwerk mit seinen Trapez-Fachwerkträgern dient heute als reine Fußgängerquerung. Die Schnellzüge donnern über die neue Brücke direkt nebenan, die den Umschlag des Buches ziert.

In Ermangelung eines richtigen Strandes galt die Sonneninsel den Harbiner Russen als Sommerfrische, ein Motiv für Maler wie Dichter. Chinesen schockierte der Anblick halb entkleideter Frauen. Gemischtes Baden galt hier als verpönt. Es konnten sowieso nur wenige schwimmen. Das Sonnenbaden versteht bis heute niemand: Ein dunkler Teint ist in China immer noch das Synonym für Feldarbeit.

Im Schatten der Brücke macht eine junge Familie Picknick. Auf einem Gaskocher blubbert Fischsuppe. Lärmende Vögel, ein Specht hämmert dazwischen. Umsichtig zu Mieten gehäuftes Kleinholz liegt am geharkten Wegesrand. Noch ein paar Meter bis zur Hauptattraktion – dem «russischen Dorf» auf der rund zehn mal vier Kilometer großen Sonneninsel. Die Eintrittskarte ähnelt einem russischen Reisepass. Der Parkwächter, ein Chinese, schwitzt unter einem Filzmantel der sowjetischen Armee. Lächelnd haut er einen Einreisestempel auf mein Billett, dann darf ich passieren. Noch vor dreißig Jahren wären Chinesen beim Anblick dieser Montur zusammengezuckt: Steht der Russe wieder vor der Tür? Heute ist die Aufmachung Folklore.

Zwei Dutzend bunte Datschen verlieren sich auf dem Gelände. An den Fassaden prangen gigantische Schilder: Im Haus «Krieg und Frieden» gibt es eine historische Ausstellung, das «Russische Haus des Handwerks» ist der hundertste Souvenirladen dieser Stadt. Im

Zentrum des Dorfs steht die «Kolchose» – eine russische Kantine. Vor mir schwingt eine Familie rosarote Sonnenschirme, dem Dialekt nach kommen sie aus Schanghai. Wissbegierig ergründen sie die vermeintlich natürlichen Lebensbedingungen der Russen. Welch ein Orientalismus unter umgekehrten Vorzeichen! Trotz baulicher Veränderungen bewahrt diese kuriose und etwas in die Jahre gekommene Völkerschau auf Harbins großer Freizeitinsel mit all ihren Parks, kleinen Galerien, Museen und Theatern und mit ihren weltberühmten Schnee- und Eisskulpturen im Winter den Charme einer längst vergangenen Zeit.

In der Ferne, am Nordufer des Flusses, schimmert das geschwungene weiße Dach der Harbiner Oper. Erst vor ein paar Jahren eingeweiht, weist sie mit ihrer sanften, an einen schneebedeckten Berg erinnernden Ästhetik fern des alten europäischen Stadtzentrums in eine ganz andere Zukunft der Stadt.

*

«Nach Daowai», weise ich den Fahrer an, nachdem dieser eilig das Taxameter heruntergeschoben hat. Es geht zurück ans Südufer, zurück in die Stadt. Seine Aufmerksamkeit richtet sich ganz auf ein Hörspiel im Radio, als wir schon auf der Brücke sind. Ohrenbetäubend kratzt es mit der Stimme eines einzigen Sprechers aus den Boxen: Sie grummelt, fistelt, zwitschert – immer laut, immer rau vom Leben in Harbin, voll mandschurischem Weltschmerz.

Bordeauxrot, vor Dreck starrend und altersschwach ist der Volkswagen, in dem wir nach Daowai stottern. Die Blechlawine wälzt sich zäh über das Netz von Hochstraßen, das seit den Neunzigern die Stadt durchspannt. Nur ein Mann auf einem Motorrad chauffiert blitzschnell seinen Fahrgast im Beiwagen an den sich stauenden Autos vorbei. Hupend drängeln die Chauffeure der Karossen. Die Besitzer im Fond blenden mit abgetönten Scheiben und zugezogenen Vorhängen die Wirklichkeit aus.

Daowai. Ich zahle. Unter den Stelzen der Schnellstraße klopft ein

Altstoffsammler mit einem Holzstock auf einen Kanister, der am Lenker seines Dreirads baumelt. Alle paar Sekunden hallt sein Trommeln durch diese urbane Unterwelt. «Plastikflaschen», raunt der Mann und stemmt sich in die Pedale, um einen Buckel zu nehmen. Er sammelt Kunststoffe, die er abends drei, mitunter gar vier Meter hoch gestapelt auf seinem Lastenrad zur Annahmestelle bringt. Ein paar Yuan verdient der damit am Tag. Der Wertstoffkreislauf der Volksrepublik reguliert sich noch immer durch die Armut vieler Bewohner.

Seit jeher lebten in diesem Bezirk, der lange ein Vorort war, fast ausschließlich Chinesen. Auf alten Postkarten die vermeintlich typisch chinesische Kulisse jener Tage: Ladenfronten mit Schriftzeichen, kein Fitzel Kyrillisch auf den Schildern. Auf einem Hügel oberhalb von Daowai der Paradies-Tempel. Lokale Stadtplaner stellten mit diesem Bau in den zwanziger Jahren den orthodoxen Zwiebeltürmen der Stadt ein weithin sichtbares chinesisches Architekturelement entgegen.

Lange galt Daowai als der arme, gefährliche, überbevölkerte Teil der Stadt. Die Fahrt auf die andere Seite der Gleise galt vielen Europäern damals als eine Expedition in eine fremde Welt. In den Memoiren der Russen wie in den Reiseromanen früher Globetrotter schimmert ein starker Sinn nach gastronomischen und vielfältigen nächtlichen Abenteuern durch. Dafür fanden die Autoren alle orientalischen Klischees, nach denen sie suchten: Labyrinthe aus finsteren Gassen, Wolken von Gestank, ausgemergelte Hunde, die Abzugsrinnen durchschnüffeln. «Fantasia», «Kawkas», «American Bar», «Frohe China-Bühne» oder «Tugendhafter Wind» hießen die Teehäuser mit papierenem Kirschblütenschmuck, mit elektrischen Girlanden und Geisha-Chören, die Opiumhöhlen, Garnisonsbordelle, Nachttheater und all die anderen einschlägigen Lokale. Chinesinnen, Japanerinnen und die Töchter der verarmten russischen Elite schafften hier an – ihre Kundschaft war nicht minder polyglott.

In den letzten noch nicht planierten Gassen von Daowai, der alten Chinesenstadt, findet der Besucher auch heute diese orienta-

lische Kulisse vor. Hier haben Rikschas noch eine Beförderungs-
lizenz. Langsam schieben Händler auf Rädern ihre Ware vorbei:
Baozi, Physalis, Weintrauben, Wachteleier, Enteneier, Kohlebriketts.
Jetzt im September verkaufen Bauern Melonen direkt von ihren
Fuhrwerken. Jedermann in den Gassen handelt, repariert oder pro-
duziert irgendetwas: Auf Schritt und Tritt bieten Fahrradmecha-
niker und Flickschuster ihre Dienstleistungen für ein paar Mao feil.
Jede Gasse ist auf ein bestimmtes Gewerbe spezialisiert: In der drit-
ten Nordstraße ein Fleischmarkt mit gerupften Hühnern und ge-
schuppten Karpfen. In der fünften Südstraße findet man Schläuche,
Rohre, Kreissägeblätter, Autoreifen, Keilriemen. Ein Frisör übt sein
Handwerk auf dem Bürgersteig aus.

Zwei- und dreigeschossige taubengraue Ziegelbauten prägen
noch immer das Bild von Daowai. Arbeiterwohnarchitektur wie in
Manchester oder Łódź. Manche der Häuser sind in einem «chinesischer Barock» genannten Stil gehalten. Ruß schwärzt die reichen
Ornamente. Das Holz der Balkonbalustraden ist morsch. Im Erdgeschoss Geschäfte, die oberen Etagen meist leer. Oft sind die Fensterrahmen ausgebaut, mitunter fehlt selbst der Dachstuhl. In den
Hinterhöfen chinesische Kommunalkas: ein Zimmer pro Familie,
die Latrine im Hof. In den Ecken steht der Gestank von Urin und
Abfällen.

Ich biege in die dritte Südstraße ein. Vor ein paar Jahren ordnete
die Regierung den Abriss mehrerer Straßenzüge an. Inzwischen
leuchten hier hellgrau die frischgemauerten Ziegelsteine der ober-
flächlichen Repliken chinesisch-barocker Arbeiterhäuser. Die dritte
Südstraße ist nun eine von zwei Toren gesäumte Fußgängerzone mit
Boutiquen, Cafés und Galerien. Hier bleibt die neue Oberschicht
unter sich.

Lange Zeit blieb Daowai ein Viertel mit gleichförmiger Trauf-
höhe. Nur eine einzelne Investruine ragte in den Himmel. Fenster-
los stand das Hochhaus als Mahnmal über der alten Stadt. Doch der
Geist des alten Chinesenviertels, er schwindet. Block für Block fres-
sen sich Wolkenkratzer hinein. Am Ufer, direkt hinter den Gleisen,

wächst eine Gated Community fünfzig Stockwerke in den verhangenen Himmel. Nebenan schiebt ein Bulldozer die Reste eines alten Umspannwerks zusammen. Hinter dem Bauzaun werkeln Wanderarbeiter, ihre dürren Gesichter sonnengebräunt. Davor werben Plakate für die «Residence of Sky». Eine blasse Dame verbeugt sich, als ich den Informationspavillon neben dem Rohbau betrete. An der Wand plätschert ein Marmorbrunnen. Im Prospekt Musterwohnungen, zweihundert Quadratmeter groß, Blick über den Fluss. Auf den Werbefotos lachen Kinder in englischen Schuluniformen. Die Luxusapartments bieten Pool, Concierge und andere Annehmlichkeiten, ihr Interieur spielt mit kolonialen Motiven ein vermeintlich europäisches Ambiente vor. Vor dem Pavillon frisch angepflanzt eine große Linde: Bäume sind längst zu einem Statussymbol geworden.

Doch die Straßen jenseits der neuen Himmelsresidenzen, jenseits von Daoli und Daowai, bleiben vor allem eines: grau. Ein Grau, das nachts nur die roten Neonlichter der Geschäfte brechen. Bis in den Oktober hinein trocknet der Porree in den Hinterhöfen. Über Nacht kommt der Frost, mit dem Frost die dicke Luft und mit ihr der kohleverrußte Schnee. Hier wohnt die Mehrzahl der Bewohner in Plattenbauten aus den achtziger Jahren. Ihre Betonwände sind rissig. Die Beleuchtung der Treppenhäuser flackert unzuverlässig, wenn sie denn überhaupt funktioniert. An diesem gesichtslosen Rand scheint das alte Russland weit weg und die sowjetische Vorstadt ganz nah.

*

Es ist Sonntag, kurz vor halb neun, und ich folge dem Rat, den Herr Liu mir auf der Suche nach dem «fremden Geschmack» gegeben hat. An einer breit geschneisten Straße klemmt die ukrainische Kirche zwischen wild parkenden Autos und schlichten Wohnblocks. Die «Mariä-Schutz-und-Fürbitte-Kirche», wie sie offiziell heißt, ist Teil eines staatlich geduldeten Christen-Ghettos: die katholische Kirche schräg gegenüber in Läutweite – müssten die Glocken nicht schweigen. Die Fürbitte-Kirche war und ist die spirituelle Heimat der in Harbin verbliebenen russischen Emigranten. Heute ist sie die einzige russisch-orthodoxe Gemeinde in ganz China, die Chinesen zum Gebet offensteht.

Eine bucklige alte Frau mit schwer lesbaren chinesischen Gesichtszügen hockt auf dem Treppenabsatz vor dem karminroten Backsteinhaus. Aber offensichtlich freut sie sich, als sie mich sieht. Ein fremder Besucher! Die Frau bekreuzigt sich ein ums andere Mal und fordert mich zum Bleiben auf: «Warte, mein Söhnchen, in ein paar Minuten sperrt Vater Alexander auf.»

Früher ragten einmal die Türme von zwanzig russisch-orthodoxen Kirchen über die Dächer der Stadt. Ihre Gemeinden standen unter der Obhut der russischen Kirchenmission in Peking. Der Ursprung dieses Gremiums lässt sich auf das Jahr 1683 zurückdatieren, als Mandschu-Truppen die russische Festung Albasin am Amur stürmten und die Gefangenen nach Peking verschleppten. Unter ihnen war ein Priester, der in der kaiserlichen Hauptstadt die erste russisch-orthodoxe Gemeinde in China gründete. Lange vor der Akkreditierung von Gesandten pflegte Russland in der chinesischen Kaiserstadt somit informelle Beziehungen. Die russisch-orthodoxe Mission war das zentrale Bindeglied zwischen den Monarchien Chinas und Russlands, lange die einzige permanente ausländische Institution in China überhaupt.

Im Inneren der Fürbitte-Kirche spüre ich wenig von dieser langen Tradition: Eisblaue Ölfarbe an den Wänden, ein lieblos ausgerollter scharlachroter Hotelteppich auf dem Boden und eine Ikonostase aus mäßig kaschiertem Sperrholz, die den Altarraum abtrennt. Die muffige Luft lässt den Weihrauch nur in homöopathischen Dosen zu mir hindurch. Neben dem Eingang hängt ein mit Blumen geschmücktes Foto des legendären Priesters Grigorij Zhu Shipu. Der orthodoxe Chinese war der letzte Gemeindevater. Er starb im Jahr 2000. Fünfzehn Jahre lange gab es keine Taufen, keine Beerdigungen mehr. Laien hielten jeden Sonntag ohne geistlichen Beistand Gottesdienste ab.

Vater Alexander Yu Shi, das neue Oberhaupt der russischen Gemeinde, verliest die Liturgie, gefühlt über Stunden. Vielleicht dreißig treue Kirchgänger zähle ich, betagte Chinesinnen in schneeweißen Kopftüchern und ein paar Russen der neuen Diaspora, die jeden Sonntag seinem monotonen Singsang auf Russisch und Chinesisch lauschen und die wenigen Ikonen der Kirche küssen. Nach Jahrzehnten des verordneten Atheismus erlebt zumindest in Harbin der russisch-orthodoxe Glaube eine von der Pekinger Abteilung für religiöse Angelegenheiten engmaschig kontrollierte Renaissance.

Nach dem ermüdenden Kirchgang ein letzter Streifzug durch Harbins historische Neustadt, wie Russen den Bezirk bis heute nennen. Großzügig auf einer Anhöhe angelegt, mit einem durchdachten Straßennetz und malerischen Parks, war die Neustadt das religiöse, kulturelle und administrative Zentrum, der Sitz der Kolonialadministration. Flaggen aller Herren Länder wehten vor den prächtigen Residenzen der Konsuln. Auf meinem Weg dorthin winkt mir vor dem Jugendstilbau der russischen Eisenbahnverwaltung Mao Zedong von einem Sockel zu.

Über die Jahre ist dem Viertel seine Mitte abhanden gekommen. Einst stand die Kathedrale des Heiligen Nikolaus, Harbins älteste Kirche, auf der Kuppe des südlichen Hügels, nach dem der Stadtteil auf Chinesisch benannt ist. Das 1898 gebaute Gotteshaus, in seiner Holzbauweise inspiriert von architektonischen Traditionen aus dem fünfzehnten Jahrhundert, galt bis zu seiner Zerstörung als das Wahrzeichen der Stadt und gab Harbin den Beinamen «Östliches Moskau».

Das Klappern der Fiaker ist Vergangenheit, heute rasen Busse und Autos mehr kreuz als quer über den großen Platz der Roten Fahne. Velofahrer bimmeln dazwischen, Fußgänger hetzen. Der einstige Kathedralplatz ist umgeben von ikonischen Bauten des alten Harbin: das Provinzmuseum im opulenten Gebäude der alten Markthalle, gegenüber das Hotel «International», so sorgfältig restauriert, dass selbst der alte Lift erhalten ist, und eine Ausfahrt weiter die ehemalige Villa des Eisenbahndirektors mit ihrem weithin sichtbaren Turm. Hinter der geschwungenen Holzbalustrade des Balkons verschlingen heute Gäste eines amerikanischen Schnellrestaurants frittierte Hähnchenschenkel.

Doch in der Mitte dieses Architekturensembles um den ehemaligen Kathedralplatz: eine Leerstelle. Es fehlt etwas. Der gemütliche Herr Liu hat mir jedes noch so kleine historische Detail heruntergebetet – warum kein Wort über die altehrwürdige Kirche? Liu war achtzehn Jahre alt, lebte in Harbin, als das Gebäude aus dem Stadtbild verschwand.

23. August 1966. Alles ist akribisch dokumentiert. Li Zhensheng, der als «roter Nachrichtensoldat» im Auftrag einer Tageszeitung die irre Normalität der Kulturrevolution auf Tausenden von Filmrollen festhielt, war mit seiner Kamera dabei. Er war dabei, als der anarchische Kampf der Roten Garden Harbin erreichte, als die Jugend sich anschickte, die Fackel der Revolution weiterzutragen. Auf einer seiner Aufnahmen sieht man, wie Mädchen mit geflochtenen Zöpfen und Jungen mit Hornbrillen ihre Fäuste vor dem Gotteshaus gen Himmel reckten, kurz bevor sie begannen, die Kathedrale des Heiligen Nikolaus zu verwüsten. Mit Brechstangen, Äxten und Hämmern rissen sie das Symbol einer alten Weltordnung nieder. Doch ihr Hass richtete sich nicht allein gegen das zaristische Russland oder die Sowjetunion, sondern gegen den ältesten Feind des Kommunismus: die Religion. Am folgenden Tag brandschatzten sie den Paradies-Tempel und zwangen die Mönche, Banner hochzuhalten auf denen stand: «Zur Hölle mit den buddhistischen Schriften. Sie sind voller Hundefürze.»

Hier, auf der großen Verkehrsinsel des Kathedralplatzes, errichteten die Roten Garden auf der Ruine der Kirche einen Obelisken – ein Mahnmal an die Schrecken der russischen Kolonialherrschaft. Nach gerade vier Jahren verschwand die Säule wieder. Stattdessen ließ man aus Furcht vor einer sowjetischen Invasion unterirdische Schlafsäle und Lebensmittellager anlegen. Heute sind diese ehemaligen Schutzbunker Shopping Malls. Und wo einst die Kathedrale des Heiligen Nikolaus stand, leuchtet eine von einer Eisblume ge-

krönte Glaskuppel. Darunter, in der «Großen Halle des Sonnen-
lichts», versteckt inmitten der Auslagen von billigen Dessous, steht
ein kleines Modell der alten Kirche.

*

«Lass uns ins ‹Blues› gehen!», schlägt Olga vor. Sie hatte sich ewig
nicht auf meine Nachricht gemeldet. Jetzt sendet sie mir mitten ins
Gewusel des Kaufhauses hinein eine SMS. «Was, das gibt's noch?»,
schreibe ich ungläubig zurück.

«Das schließt erst, wenn der letzte Russe stirbt.»

Es ist noch nicht einmal zehn Uhr. Doch vor dem Eingang des
«Blues» torkelt schon ein heiser fluchender Mann. Der breitschul-
trige Türsteher beäugt mich skeptisch. Wie ein russischer Vorstadt-
charakter sieht er aus, dabei ist er ein Chinese: Rasierter Schädel,
stetiger Speichelfluss, unter dem Adidas-Zweiteiler leuchtet eine
goldene Kette. Er mustert mich arrogant, grinst, dann winkt er
mich herein.

Zu meiner Studentenzeit war die «Blues Bar» ein beliebter
Nachtclub unter jungen Russen und Expats aus allen fünf Konti-
nenten. Eine Hafentaverne, musikalisch verirrt irgendwo zwischen
Modern Talking und t.A.T.u., unterbrochen von bizarren Varieté-
Einlagen. Welten trafen aufeinander: Studentinnen aus Russland
schäkerten hier mit Brasilianern, Australiern oder Senegalesen, an-
statt in den öden Wohnheimen zu versauern. Es war laut, es war
schmutzig, überfüllt und mitunter auch gefährlich. Koreaner prü-
gelten sich mit Mongolen und Russen mit Russen.

Wie wenig sich geändert hat: Ein Schild an der Garderobe wirbt
wie damals ausschließlich auf Russisch: «Für Mädchen gibt es AK-47
Wodka und Bier aufs Haus! Die Taxitour nach Hause zahlen wir.»
Noch immer schaut der ewige Putin streng von der Wand auf das
kleine Tanzparkett herab. Unter der Decke hängt wie eh und je die
russische Trikolore. Ein paar junge Damen sitzen in großer Abendtoi-
lette auf Barhockern und kauen gelangweilt an ihren Strohhalmen.

«Du trinkst das Teufelswasser aus Anhui?», fragt mich Olga, nachdem sie mich im Trubel entdeckt hat. «Noch einen Schluck und du wirst blind!»

Ich kenne Olga aus der unbeschwerten Studentenzeit, als wir hier noch Stammgäste waren. Unter der Woche paukten wir im spärlich beleuchteten Seminarraum Schriftzeichen. Wir schrieben sie Hunderte Male ab, auf diesen Blocks mit vorgedruckten Quadraten: Ich, ich, ich, du, du, du, er, er, er. Kolonnenlang, bis die Bleistiftspitze stumpf war und der Schaft sich tief in die Mittelfingerhaut eingegraben hatte.

Mit seiner stalinistischen Fassade erinnerte mich das zugige Hauptgebäude der Universität immer an ein verstoßenes Halbgeschwister der Zuckerbäckertürme in Moskau, der «Sieben Schwestern». In den Fünfzigern war die Universität eines der Vorzeigeprojekte der sowjetisch-chinesischen Freundschaft gewesen. Doch die Regalkilometer an russischsprachiger Literatur über die Instandhaltung von Landmaschinen, die der große Bruder der Universitätsbibliothek damals geschenkt hatte, sie waren längst Altpapier. Ich war der einzige Europäer unter den Studierenden. Die Russen kamen aus Jakutsk, aus Blagoweschtschensk oder, wie Olga, aus Birobidschan. Ich malträtierte meine Ohren mit knisternden Hörverstehen-Audiokassetten und schlürfte jeden Tag als Blonder unter Tausenden von Schwarzhaarigen meine Bratnudeln in der Mensa. Kein Wunder, dass das «Blues» der Höhepunkt sonst recht ereignisloser Wochen war.

Olga war nicht wegen des russischen Erbes hierher gekommen. Harbin lag einfach vor der Tür. Und sie wollte damals vor allem eines: weg aus Russland, weg aus dem nachsozialistischen Alltag, weg aus Birobidschan. Die Stadt im Sumpfland hart an der Grenze zu China war einmal das jüdische Zentrum der Sowjetunion gewesen. Stalin hatte in einem irrwitzigen Plan die Ansiedlung von Zehntausenden Juden in diesem gottverlassenen Landstrich angeordnet. Heute erinnert dort auf dem Bahnhofsvorplatz eine riesige Menora an diese Zeit, doch Jiddisch hört man heute weder in Birobidschan noch in Harbin auf den Straßen. Die meisten Juden sind längst emigriert: mit dem Flugzeug nach Tel Aviv, nach New York, nach Emmendingen. Olga ist keine Jüdin, aber sie kehrte Russland ebenfalls den Rücken. Sie nahm den Bus und fuhr nach Harbin. Während ich an all das denke, tanzt vor uns ein Mädchen zu billiger Musik. In der Spiegelwand gegenüber prüft sie ihre strenggescheitelten Haare, ihre überdehnten Lidschatten. Die beiden Koreaner, die unter den strafenden Blicken der russischen Kerle um sie herumtänzeln, scheint sie gar nicht wahrzunehmen.

Nach ein paar Monaten der Vokabelpaukerei, der Zigarettenpausen im Treppenhaus, als ich Olga schon besser kannte, erzählte sie mir von ihrem Bruder. Er habe damals, Anfang der nuller Jahre, den ersten Mercedes in Birobidschan gefahren, zu einer Zeit, als andere noch einen japanischen Gebrauchtwagen als Statussymbol ansahen. Ein Foto von ihm hat sie mir nie gezeigt. In meiner Phantasie sieht ihr Bruder dem chinesischen Türsteher ähnlich. Stiernacken. Fieser Blick. Irgendwann hatte er eine Kugel im Kopf.

Olga brach ihr Sprachstudium ab, nachdem ich Harbin schon wieder verlassen hatte. Bald tourte sie als Tänzerin mit einem Varieté-Ensemble durch Südchina. Im «Blues» war sie an einen windigen Chinesen geraten. Reisterrassen und Monsun statt Birkenwälder und klirrender Frost – anfangs sei die Reise in den Süden wie ein Traum gewesen, meint sie rückblickend. Auch eine Ablenkung vom Verlust ihres Bruders. Aber weil ein Veranstalter das Ensemble betrogen hatte, gerieten die Tänzer in finanzielle Schwierigkeiten. Bald mussten sie in jeder größeren Stadt auftreten, der Weg zurück nach Harbin wurde immer länger. Die Gagen reichten mit Ach und Krach für die Fahrscheine. Hongwei, ein Kulturmanager mit einem runden, fröhlichen Gesicht, begleitete damals die Tanztruppe. Olga und er verliebten sich auf der Odyssee durchs chinesische Hinterland. Heute sind die beiden verheiratet, wohnen in einem noblen Apartment wolkenhoch über den Dächern des Harbiner Arbat. Inzwischen, nach langen Jahren des Widerstands, kennen sich auch die Schwiegereltern. Man besuche sich gegenseitig, versichert Olga.

Ihre Geschichte ist nicht untypisch. Das gibt sie selbst zu: «Erst Sprachstudium, dann Gastarbeiter», schreit sie mir ins Ohr. «Die einzige Rettung ein wohlhabender Chinese – völlig schnuppe, ob als Sponsor oder Ehemann.»

«Bereust du, dass ihr hiergeblieben seid?», will ich von Olga wissen.

«Dazugehören werde ich wohl nie», brüllt sie und schüttelt dabei den Kopf. «Was soll ich in Birobidschan, in unserem verfluchten Israel. Soll ich etwa in der Strumpffabrik arbeiten?» Sie blickt verloren in den Tanzsaal. «Was hat mein Land für mich getan? Nichts. Ob morgen in Birobidschan Russen oder Chinesen leben, das ist mir egal.»

Nicht alle hatten Glück wie Olga. Beim Abschied draußen vor dem Club sprechen wir noch über eine Kommilitonin, die hübsche Katja, die vielen chinesischen Männern den Traum von einem Kulturkontakt der besonderen Art erfüllte, um ihr Studium zu finanzieren.

«Sie war auf den Werbebannern der Omnibusse in Harbin», erinnert sich Olga. «Doch als Nachtclub-Tänzerin rutschte sie ab in die Prostitution.»

Bis heute sei das so. Oft geht das schnell, weiß Olga, in den Sommerferien träumen die Mädchen von gutem Geld und enden im Puff. Viele heuern in einem Karaoke-Club an, wo die Leute alles tun, nur nicht singen. Nur wenigen gelingt der Sprung nach Schanghai oder Macao. «Wenn es gut läuft, schäkern sie mit den Gästen, machen anzügliche Späße, schenken Alkohol nach und trällern ihnen ‹Katjuscha› vor. Doch die meisten Kunden wollen Katja, nicht ‹Katjuscha›.»

Katjas Chinesisch hatte sich nie über den beschränkten Wortschatz eines Massagesalons hinausentwickelt, weil sie am nächsten Morgen zu müde war, um Vokabeln zu pauken. Was aus ihr geworden ist? Wir wissen es beide nicht. Sie ist irgendwo verschwunden, in diesem russischen Atlantis.

13. Die langen Schatten von Mandschukuo

Pingfang – Changchun – Lüshunkou – Dalian

Daqing, Harbin, der wilde Norden der Mandschurei. Irgendwie ist Japan bislang der unsichtbare Dritte auf meiner Reise geblieben, schimmert allenfalls gelegentlich in den Erzählungen meiner Gesprächspartner durch. Dabei prägt Japans imperiales Vermächtnis den Nordosten Chinas bis heute. Und ich muss nicht lange suchen. Japans Schatten, sie sind lang.

Meine nächste Station heißt Pingfang. Bei meinem letzten Besuch brauchte ich noch anderthalb Stunden vom Zentrum bis in den südlich gelegenen Vorort Harbins. Überfüllte Busse krochen im Schneckentempo durch die Straßen, hupten trotzdem unentwegt um Kundschaft. An jeder Haltestelle kamen neue Fahrgäste hinzu. Permanentes Gedränge und Geschiebe. Heute saust die Linie 1 der neuen U-Bahn in einer knappen halben Stunde bis zur Xinjiang-Straße, der Endstation. Ich finde problemlos einen Sitzplatz. Die Metro ging 2013 in Betrieb – acht weitere Linien sind in Planung. Die Waggons, das Design der Stationen, die Geräusche und Gerüche – austauschbar: Bin ich in Shenzhen, in Shenyang oder doch in Harbin?

Orientierung finde ich erst wieder an der Oberfläche. Die letzten hundert Meter laufe ich auf der Xinjiang-Straße meinem Ziel entgegen. Ich wollte unbedingt pünktlich sein, doch unvermittelt stoppen die Autos auf ihrer Spur. Busse verharren an Haltestellen. Passanten stellen ihre Taschen ab, senken ihre Häupter. Dann, um 9.18 Uhr, heulen für drei Minuten die Sirenen auf. Die Männer hinter den Lenkrädern stimmen in ein Hupkonzert ein – wie überall im Nordosten Chinas am 18. September. Alljährlich wiederholt sich das gleiche Zeremoniell.

Das Datum gilt in der Mandschurei als Tag der Erinnerung an die Verbrechen Japans. Was als der «Mandschurische Zwischenfall» in die Annalen einging, begann am 18. September 1931 mit einer kleinen, von japanischen Offizieren an der Eisenbahnstrecke nahe Shenyang deponierten Ladung Dynamit. Die Explosion schaffte es nicht, den herannahenden Zug von den Schienen zu stoßen. Nach dem fingierten Sabotageakt überrannte jedoch die japanische Kwantung-Armee, die ursprünglich für den Schutz der von Japan kontrollierten Südmandschurischen Eisenbahn zuständig war, den Nordosten Chinas. Kurz darauf gründete Japan den Marionettenstaat Mandschukuo. Es war der Auftakt zum Chinesisch-Japanischen Krieg, mittelbar auch zum Zweiten Weltkrieg in Asien. So schnell wie die Truppen der Kaiserlich-Japanischen Armee vorgestoßen waren, so rasch kam im Spätsommer 1945 das Ende. Viele Historiker hüten sich vor einer Präzisierung der Opferzahlen, doch Schätzungen gehen von bis zu zwanzig Millionen chinesischen Toten aus.

Das ehemalige Verwaltungsgebäude der Biowaffenfabrik und Versuchsanlage an der Xinjiang-Straße fällt in der vorstädtischen Banalität aus Wohnblocks, Ladenzeilen, Werkstätten und Lagerhallen nicht weiter auf. Doch China überrascht mich einmal mehr: Neben dem schlichten, zweigeschossigen Backsteinriegel steht ein dunkler Marmorbau, genauer gesagt verhaken sich dort zwei Quader ineinander. Der Neubau ist die Metapher einer Blackbox. Wie auf einem Flugschreiber, so lese ich auf einer Schautafel am Eingang, seien im Museum die Gräuel der Japaner sekundengenau dokumentiert. Erst der Nachbau des Jugendstilbahnhofs, nun dieser kühle Entwurf. Nicht einmal die Deutschen bauen so viele Gedenkstätten.

Heute staut sich die Besucherschlange bis auf die Straße hinaus. Drinnen bei gedämpfter Stimmung, die noch düsterer als der Marmor der Fassade ist, schwer verdauliche Kost.

Lange war der Krieg gegen Japan in China kein Quell patriotischer Inspiration. Unter Mao schwieg der Staat über das unermessliche Leid. Allgegenwärtig war indes die Teleologie des unvermeidlichen Sieges der Kommunisten über die äußeren und inneren Feinde, allen voran über die 1949 nach Taiwan geflohenen Nationalisten. Den Schwenk in der Geschichtspolitik läutete eine politisch genehmigte akademische Auseinandersetzung in den neunziger Jahren ein. Das Schreckgespenst der Sowjetunion vor Augen, beauftragte Chinas politische Führung seinerzeit seine Historiker mit der Suche nach einem neuen ideologischen Kitt. Der legendäre Modellarbeiter Lei Feng, der glorifizierte Lange Marsch, all die anderen kommunistischen Mythen, die lange als ideologische Leitbilder galten, waren in die Jahre gekommen. Die Erinnerung an den Chinesisch-Japanischen Krieg, propagiert in Gedenkstätten, Spielfilmen und Seifenopern, befeuerte einen Nationalismus, der fortan jedwede Opposition im Keim ersticken sollte, auch jene, die zu den Konfrontationen von 1989 geführt hatte.

Die Gedenkstätte in Pingfang gibt es seit zwanzig Jahren. Schon Mitte der Neunziger hatte die Propagandaabteilung des Zentralkomitees der Kommunistischen Partei Chinas den Ort zur patriotischen Kultstätte erklärt. Welchen Stellenwert die chinesische Regierung Pingfang inzwischen beimisst, verraten die Bemühungen, den Ort gleichrangig mit Auschwitz und Hiroshima in die Liste des Weltkulturerbes einzuschreiben.

Die Sonne steht grell am Septemberhimmel, als ich den nüchternen Neubau verlasse. Die Luft ist schon oktoberkühl. Über eine kahle Freifläche trete ich den Rückzug in mir bekanntes Terrain an. Der alte Museumstrakt im ehemaligen Verwaltungsgebäude steht wie ein Antipode zum strengen Neubau: enge Gänge, Türrahmen, deren Kanten von Dutzenden Farbanstrichen rund geworden sind, Sperrholzverkleidungen. Ich betrete das Gruselkabinett im zweiten

Stock über eine knarzende Treppe: Wachsmodelle von Sezierungen am lebendigen Leib, von Gefrierexperimenten, von gestapelten Leichnamen, untermalt mit Schreien von einem Tonbandgerät – eine Schau der schlimmsten Kriegsverbrechen Japans in der Mandschurei.

«Pingfang – das Auschwitz Asiens.» Dieser Satzfetzen lässt mich aufhorchen. Routiniert treibt eine untersetzte Museumsangestellte mit beschlagenen Brillengläsern, die sich in diese kühne Aussage hineingesteigert hat, eine Gruppe von Oberschülern durch die Ausstellungssäle. «Pingfang – das Auschwitz Asiens», wiederholt sie mit donnernder Stimme vor den Pennälern. Nein, ich habe mich nicht verhört. Im Ausmaß ist der Holocaust eine einzigartige pathologische Verirrung der Deutschen. Aber was ist mit der zynischen Art der Gräueltaten, dem System extremer Entmenschlichung, der Banalität der Niedertracht? Waren sie hier nicht genauso böse? Im nächsten Raum Reagenzgläser, Kanülen, Knochensägen und Haken, an denen einst menschliche Eingeweide hingen. Es folgen Vitrinen mit Gasmasken, Uniformen, Porzellanbomben, Betontanks der Frostexperimente, Hochdruckboiler, dazu Schautafeln, Fotos von Tätern und von Leichen der Opfer, pathologische Aufzeichnungen zu Milzbrandstudien.

Die Schulklasse hat mittlerweile zwei Räume Vorsprung. Immer wieder hatte die Museumsführerin einen Namen durch ihren Lautsprecher gebrüllt: Ishii Shiro. Bereits kurz nach dem Ende des Ersten Weltkriegs hatten Militärs in Japan Interesse an biologischer Kriegführung gezeigt. Unter der Leitung des Mikrobiologen Ishii forschte bald ein Wissenschaftlerteam des medizinischen Kollegs der kaiserlichen Truppen an der Entwicklung entsprechender Waffen. Nach einer Studienreise durch Europa und Amerika überzeugte Ishii seine Vorgesetzten, dass Japan zur führenden Biowaffenmacht aufsteigen könne.

Doch die Herstellung biologischer Kampfstoffe in Japan war voller Hürden: Schwierigkeiten mit Geheimhaltung, eine drückend hohe Bevölkerungsdichte und ewige Schikanen der Zivilbürokratie.

Ishii verlegte sein Zentrum bakteriologischer Untersuchungen aus der japanischen Hauptstadt in die Mandschurei. Auf kaiserliche Weisung hin gründete die Armee 1936 zwei Sondereinheiten, von denen Ishii eine befehligte. Sie trug den Namen «Einheit 731». Zu dieser Zeit wählte man südlich von Harbin eine kleine Ansammlung von Dörfern, die zusammen als Pingfang bekannt sind, als Standort für die Versuchsanstalt aus. Getarnt als «Abteilung für Seuchenprävention und Wasserreinigung» war sie bald die weltweit größte Testanlage für biologische Kampfstoffe. Zwangsarbeiter errichteten weit über hundert Gebäude, versteckt in einer durch hohe Mauern, tiefe Gräben und elektrische Zäune abgeschirmten Sonderzone. Ein Schaumodell illustriert das erschütternde Ausmaß: Forschungslabore, Autopsiesäle, Gewächshäuser, Ställe, Anlagen zur Herstellung biologischer Kampfstoffe, Gefängnisse, selbst eine Landepiste und einen Gleisanschluss gab es, dazu eine Garnison für mehrere Tausend Soldaten. Dank Kraftwerk, Viehzucht und Ackerland war der Komplex weitgehend autark.

Mehr als die Wachsfiguren, Modelle und Exponate schockiert mich das Kleingedruckte der Begleittexte: Die Militärmediziner infizierten Männer, Frauen und Kinder mit Anthrax, Ruhr oder Typhus. Die Wissenschaftler in Uniform sezierten sie, oft ohne Betäubung, um die Wirksamkeit ihrer neuen Waffen von der Inkubation über die Behandlung bis hin zum Tod exakt studieren zu können. Auf einem Freigelände beschossen sie Häftlinge mit Senfgas-Granaten. Die Luftwaffe experimentierte hier mit Vakuum und Druck. Andere Gefangene fesselte man nackt an Pfähle, übergoss sie bei sibirischem Frost mit Wasser, bis ihnen die Gliedmaßen abfroren. Noch ein Test, noch eine Amputation. Die Kälteversuche waren der Testlauf für einen möglichen Winterfeldzug gegen die Sowjetunion.

Heute schätzen Historiker, dass in Pingfang etwa dreitausend Menschen, überwiegend chinesische Zivilisten, aber auch Koreaner und Russen, durch Kälte, an Krankheiten, an den Folgen der Experimente oder durch Genickschuss starben. Selbst ein paar amerikanische und britische Kriegsgefangene sollen unter den Opfern gewesen sein. Einige Wissenschaftler sprechen zudem von Hunderten Giftgaseinsätzen, bei denen die Vollstrecker selbst Tausende Opfer zählten. Benommen von den nüchternen Fakten, von all den Schreckensbildern und Tonbandschreien, verlasse ich das Museumsgebäude und stolpere an Barackenfundamenten und einer Grube vorbei. Am Rande eines von Unkraut überwucherten Feldes ragen die Schornsteine des Krematoriums in den Himmel.

Fotografen der Roten Armee packten ihre Apparate enttäuscht wieder ein, als sie Mitte August 1945 Pingfang erreichten. Ein sandfarbenes Bürogebäude oder die Ruine des Verbrennungsofens lieferten noch keine Propagandafotos. Kurz vor der Einnahme hatten die Japaner die letzten Versuchspersonen und Zwangsarbeiter exekutiert und die Anlagen der Tötungsfabrik gesprengt. Die Labortiere ließen sie laufen. Infizierte Ratten sollen noch Jahre später Krankheiten mit vielen Todesopfern ausgelöst haben.

Nicht alle Spuren konnten die Japaner rechtzeitig verwischen. Die sowjetischen Soldaten stießen auf Menschenknochen. Und unter den Japanern, die in ihre Kriegsgefangenschaft gerieten, waren Angehörige der «Einheit 731». Im Dezember 1949 stellte die Sowjetunion zwölf Ärzte und Militärs in Chabarowsk vor Gericht. Vor dem Kriegsverbrechertribunal kam heraus, dass Pingfang Schauplatz gigantischer Verbrechen gewesen war. Die Richter verurteilten die Angeklagten zu vergleichsweise milden zwei bis fünfundzwanzig Jahren Straflager. Keiner erhielt die Todesstrafe. Und diejenigen, die nicht während der Haft Suizid begingen, schoben die sowjetischen Behörden 1956 klammheimlich nach Japan ab.

Das dritte Kriegsverbrechertribunal nach Nürnberg und Tokio tagte gerade einmal eine Woche lang. Von den westlichen Siegermächten wurde es mit Verweis auf die Moskauer Schauprozesse der dreißiger Jahre als üble Propaganda abgetan. Die Sowjets hielten die Verhörprotokolle der Japaner unter Verschluss. Hätten sie westlichen und japanischen Journalisten die Akkreditierung nicht verwehrt, wäre der Prozess wahrscheinlich nicht derart in Vergessenheit geraten.

Doch es war nicht in erster Linie die Schuld der Sowjetunion, die zum Vergessen der japanischen Gräuel führte, denn die Verbrechen der leitenden Kommandeure der «Einheit 731» blieben aus einem anderen Grund ungesühnt: Ishii und Dutzende andere flohen nach Japan. In seinem Heimatdorf hielten Nachbarn ein Scheinbegräbnis für Ishii ab. Amerikanische Spione spürten den Kriegsverbrecher dennoch auf, gewährten ihm im Tausch gegen seine Laboraufzeichnungen Straffreiheit. Ishii hatte getan, was amerikanische Mediziner nicht tun konnten: Er hatte Menschen statt Tiere in seinen Laborversuchen eingesetzt. Unbehelligt starb er 1959.

Erst ein Zufallsfund von Dokumenten in einem Tokioter Buchladen und der Ablauf der Geheimhaltungsfrist brisanter Akten in amerikanischen Archiven ermöglichten die Aufklärung außerhalb Chinas und der Sowjetunion. Wissenschaftliche Abhandlungen und Dokumentarfilme über die Verbrechen durchbrachen ab den achtziger Jahren endgültig die Mauer des Schweigens.

*

Auf der Suche nach weiteren japanischen Spuren mache ich mich per Eisenbahn auf in den Süden der Mandschurei. Den rund eintausend Kilometer langen südlichen Arm der mandschurischen Kolonialbahn hatte ebenfalls Russland gebaut – mit zwei ganzjährig eisfreien Häfen am Gelben Meer. Meine nächste Station ist Changchun, Hauptstadt der Provinz Jilin. Anders als Harbin war Changchun bei der Ankunft russischer Topographen nicht mehr nur ein Dorf, sondern ein kleiner umwallter Handelsposten. Der Bau der Eisenbahn machte Changchun, die Stadt des «langen Frühlings», rasch zu einem Verkehrsknotenpunkt. Nach Russlands Niederlage im Russisch-Japanischen Krieg fiel 1905 der Südteil der Trasse an Japan. Passagiere stiegen seither in Changchun von den russischen in die japanischen Züge um.

Die wahre Zäsur in der Geschichte der Stadt war die Gründung Mandschukuos. Von den Japanern zur Hauptstadt des Marionettenkaiserreichs auserkoren, erwachte Changchun aus seinem Dornröschenschlaf. Im Gegensatz zur russischen Eisenbahnstadt, heute das staubige Viertel Kuangcheng im Norden der Stadt, in dem ein Telegraphenamt und andere architektonische Spuren bis in unsere Tage von der russischen Vergangenheit künden, war die «Neue Hauptstadt» (Xinjing) von Anfang an sorgfältig geplant. Japan verwandelte die «kaiserliche» Kapitale buchstäblich in eine Traumlandschaft und ein Schaufenster der Moderne – Planungsphantasien, die in den bereits überbebauten Metropolen Japans nicht möglich waren: Bankpaläste, Ministerialbauten, Hotels, Schulen und Bibliotheken, Wohnsiedlungen mit Spültoiletten und Zentralheizung.

Dass Changchun eine am Reißbrett entworfene Hauptstadt ist, merke ich schon beim Verlassen des Bahnhofs: Von einem runden Vorplatz gehen Boulevards ab, nach rechts, nach links und geradeaus, mit Sichtachsen in die verschiedenen Viertel. Die breiten Bürgersteige, die noch breiteren Alleen und die Durchblicke lassen überall den Sinn für Zweckmäßigkeit und Ordnung erkennen. Untypisch für China wirken die teils kiefernbestandenen Kreisverkehre – in einem Land, das allgemein für seine quadratischen, baumlosen Plätze bekannt ist. Doch in abgeschwächter Form gibt es sie selbst noch in Harbin und in Dalian, eben überall dort, wo japanische oder russische Stadtplaner ihre Finger im Spiel gehabt haben. Im Vergleich zu Harbin jedoch ist hier ihr Maßstab ins Gewaltige vergrößert.

Mir erscheint Changchun als ein gut erhaltenes Ganzes, vielleicht weil die Kommunisten nach dem Bürgerkrieg die öffentlichen Gebäude Mandschukuos einfach weiter nutzten. Das riesige Staatsratsgebäude dient heute der medizinischen Fakultät der Universität Jilin als Sitz. Im ehemaligen Verkehrsministerium residiert die Hochschule für öffentliche Gesundheit. Die heutige Stadtverwaltung, das Parteikomitee, selbst das Provinzarchiv – alles scheint hinter japanischen Mauern untergebracht. Die Gebäude im Imperialstil, einer Kombination aus neoklassizistischer Fassade und japanischem Fußwalmdach, kommen als eigenwillige Mischung aus japanischem Schloss und preußischer Kaserne daher.

Das Wahrzeichen Changchuns ist der ehemalige Palast des Mandschukuo-Kaisers Puyi. Seine Residenz, seit 1984 ein Museum, steht im Nordosten des Stadtzentrums, vielleicht anderthalb Kilometer Luftlinie vom Bahnhof entfernt. Eigentlich kein Problem für einen Spaziergänger. Doch chinesische Städte, in denen größenwahnsinnige Planer die Abrissbirne schwingen, sind für Fußgänger selten behagliche Orte: Die Umwege an Trümmerhaufen vorbei, um Eisenstreben herum und über graue Flächen aus frisch gegossenem Beton hinweg sind lang. Für die anderthalb Kilometer Luftlinie brauche ich eine Stunde. Bis vor wenigen Jahren noch muss der Palast an der unbebauten Peripherie gestanden haben. Heute kommt die Umgebung alles andere als imperial daher: von aufgerissenen Gassen umgebene Wohnblocks, in deren Parterre Warenlager statt Ladenzeilen untergebracht sind. Hinter den offenen Toren lagern Altmetalle, Werkzeuge und Haushaltswaren. Lastwagen stehen kreuz und quer.

Welch einen Kontrast zu dieser Ödnis bietet da das imposante gusseiserne Portal des Palastes! Golden schimmert die fünfblättrige Orchidee darauf – das Wappen des mandschurischen Kaisers. Vor dem Hauptgebäude wirft ein Mann verstohlen Hefekloßkrumen in den Karpfenteich. Rot und weiß blinken die schuppigen Kois aus dem trüben Wasser auf, in ihrem erbitterten Streit um den größten Happen. An der Kasse echauffiert sich eine Besucherin über den happigen Eintrittspreis: «Siebzig Yuan für den falschen Palast des letzten Kaisers von China!», meckert die Frau. Sie folgt der in China gängigen Sprachpraxis, dass Mandschukuo ein japanischer Marionettenstaat mit einem mandschurischen Puppenkaiser war. Aber was denn nun: ein falscher Kaiser oder eine falsche Residenz?

Auf dem weitläufigen Areal, das zuvor Sitz der mandschurischen Salinenverwaltung war, wirken die Palastbauten mit ihren senffarbenen Glanzziegeldächern klein, fast schon intim. Das Ministerkabinett tagte in einem engen Raum mit niedrigen Decken. Das Audienzzimmer ist nicht mehr als ein mittelgroßer, gutbürgerlich eingerichteter Saal: Stofftapeten, Brokatvorhänge, Lüster, einige

Bilder, noch mehr Vasen, zu viele Teppiche. Nichts Kaiserliches oder was auch immer wir uns darunter vorstellen mögen. Was ist das schon für ein Palast, verglichen mit der Verbotenen Stadt?

Ich erkunde das sorgfältig restaurierte und mit Wachsfiguren ausstaffierte Interieur der kaiserlichen Gemächer. In seinem Arbeitszimmer sitzt Puyi in der albernen Uniform des «Generalissimus aller Truppen zu Land, zu Wasser und in der Luft» in einem Ohrensessel, ergeben den Anweisungen seines japanischen Beraters lauschend. Es folgen Schlafzimmer, das Quartier seiner Frau, einschließlich ihrer Opiumhöhle, in einem anderen Trakt die Gemächer seiner Konkubine, alles strahlt aufwendig restauriert. Auf einem Schild über dem weißgekachelten kaiserlichen Klosett heißt es: «Um Zeit totzuschlagen, verbrachte Puyi Stunden auf der Toilette. Er studierte die Tageszeitung oder prüfte die täglichen Einnahmen und Ausgaben der kaiserlichen Familie, eine Übersicht, die das Büro des Buchhalters jeden Morgen zusammenstellte.»

Je länger ich durch die Säle wandle, desto mehr fällt mir auf, welch tragische Gestalt dieser Puyi gewesen sein muss, ein stets vom Zeremoniendruck gebeutelter Monarch. Im Gegensatz zu seinen dynastischen Vorfahren, die unter ihren Krönungsnamen firmierten, kannte ihn die Welt unter seinem Vornamen Puyi, dem Westen war er unter seinem englischen Spitznamen Henry besser vertraut. Er war Kaiser, Häftling und schließlich ein «neuer Mensch» und Anhänger Maos. Ein Opfer? Ein Täter?

Eine Ausstellung erzählt mit einer fantastischen Sammlung von Fotos die Geschichte seines außergewöhnliches Lebens: 1908, mit zwei Jahren als der zwölfte Kaiser der Qing-Dynastie inthronisiert, musste Puyi bereits als Sechsjähriger unter dem Druck der chinesischen Revolution abdanken. Als Elfjähriger bestieg er den Drachenthron ein zweites Mal – allerdings nur für siebzehn Tage. Bis 1924, zwölf Jahre lang, blieb Puyi ein in der Verbotenen Stadt eingemauerter Kaiser ohne Macht. Nachdem ihn der über Peking herrschende Kriegsherr aus dem Palast geworfen hatte, folgte eine Episode in der japanischen Konzession von Tianjin, wo er ein regelmäßiger

Gast in den Salons und Tanzhallen der pulsierenden Kolonialstadt war. 1934, zwei Jahre nach der Gründung des Marionettenstaates Mandschukuo, krönten die Japaner ihn offiziell zum Herrscher ihres jüngsten Kaiserreichs – einflusslos und rundum bespitzelt. Am 19. August 1945 verhafteten ihn sowjetische Fallschirmjäger auf einem Rollfeld in der alten mandschurischen Residenzstadt Mukden, dem heutigen Shenyang, und vereitelten so seine Flucht nach Japan. Fünf Jahre verbrachte Puyi in der Sowjetunion, erst in einem Sanatorium bei Tschita, später in einem Lager in Chabarowsk. Seine Bitten um dauerhaften Aufenthalt blieben ungehört, ebenso wie sein Aufnahmeantrag in die KPdSU. 1950 überstellte der Kreml Puyi ins kommunistische China.

Doch Mao Zedong, so unterstreicht die Ausstellung im Palastmuseum, ließ Großmut walten: «Die chinesische Regierung hat den Puppenkaiser nicht hingerichtet. Stattdessen entschied sie sich für eine milde Strafe. Mit körperlicher Arbeit und geistiger Erziehung tat er Buße, ließ die Vergangenheit hinter sich.» Seinen Lebensherbst verbrachte der durch neun Jahre gründliche maoistische Umerziehung geläuterte Puyi als Gärtner am Institut für Botanik der Chinesischen Akademie der Wissenschaften in Peking. Er stopfte seine Kleider selbst, las Bücher und genoss die Vorzüge einer monogamen Ehe. Kein Sohn des Himmels, sondern ein nützlicher Sohn des Volkes sei der Mann gewesen, resümiert die Schau mit einem Zitat des damaligen Außenministers Zhou Enlai: «Wir haben den letzten Kaiser reformiert und ihn zu einem guten Bürger gemacht. Welch ein Wunder für die Welt!»

Das kommunistische Regime landete mit den 1964 veröffentlichten Memoiren Puyis einen seiner größeren Propagandacoups: *Ich war Kaiser von China* – hier liest man die von jeglicher historischer Zweideutigkeit befreite Lebensbeichte eines gereiften Mannes. Drei Jahre nach Erscheinen der Autobiographie starb Puyi an Nierenkrebs.

Doch fand der letzte Kaiser Chinas, der einzige Kaiser Mandschukuos, wirklich in sein neues Leben in Maos China hinein? War es nicht irgendwie eine weitere Variation seines großen Lebensthemas? Bis zu seinem Tod blieb er eine Marionette: zuerst am Qing-Hof, dann unter den japanischen Imperialisten, schließlich unter den chinesischen Kommunisten. Ein tragischer Zeitzeuge der sechs Jahrzehnte zwischen dem Verfall der Mandschu-Dynastie und der Kulturrevolution in der Volksrepublik.

Wenige Besucher im Palastmuseum lesen die Schautafeln, die meisten suchen stattdessen nach Fragmenten der kaiserlichen Kultur. Nur vor dem Kostümstand, an dem Gäste für ein Foto wahlweise in die Rolle des Kaisers, eines Eunuchen oder einer Konkubine schlüpfen können, stehen die Menschen Schlange. Japan aber bleibt in der Residenz des falschen Kaisers und in der Hauptstadt seines falschen Kaiserreichs eine historische Chimäre.

*

Ich suche weiter, weiter im Süden. Auf Gleis 2 des Westbahnhofs von Changchun ist es ruhig. Das neue Stationsgebäude erinnert wie viele der neuen Schnellzughalte eher an ein Flughafenterminal. Anders als am Hauptbahnhof drängelt niemand am Gleis. Geordnet besteigen die Passagiere den Zug G 50. Viele reisen nur mit wenig Handgepäck. Pünktlich um 14.19 Uhr summt der Express leise aus der Stadt.

Seit Einführung der «Harmonie»-Schnellzüge – ja, so heißen sie offiziell – im Jahr 2008 rücken viele Metropolen Chinas immer näher zusammen. Mit einer Geschwindigkeit von bis zu dreihundertfünfzig Stundenkilometern rasen diese Züge inzwischen von Harbin über Changchun bis nach Dalian durch. Die Reisezeit hat sich um zwei Drittel verkürzt. Dabei streifen sie die Metropolen nur auf einer separaten, auf Viadukten geführten Strecke.

Mein Abstecher nach Süden gerät zu einer Reise in die Zukunft: Wie im Flugzeug reist man zu zweit und zu dritt, stets in Fahrtrichtung. Die in den Sitztaschen ausliegenden Tüten gegen Übelkeit wirken etwas übertrieben – der Zug gleitet ruhig auf den Schienen.

Mit seinem Linoleumbelag und der Plastikverschalung wirkt das Interieur schlicht, erinnert eher an den japanischen Shinkansen; dagegen nimmt sich ein ICE fast schon heimelig aus.

Die knapp drei Stunden, die ich an Bord des Expresszugs von Changchun nach Dalian zubringe, verfliegen ebenso schnell wie angenehm. In korrektem Englisch informiert ein LCD-Band über die Reisegeschwindigkeit und die kurzen Zwischenhalte auf der Strecke. Junge Zugbegleiterinnen schreiten Mannequins gleich in knappen pflaumenblauen Kostümen und mit einem Knopf im Ohr die Gänge auf und ab.

Das chinesische Reisemagazin *Fellow Traveller* erläutert mir die vier Gründe, weshalb der Express den Namen «Harmonie» tragen darf: Demnach ist der Zug erstens das Symbol einer harmonischen Gesellschaft. Er ist zweitens das Ergebnis des Imports fortschrittlicher Technologie und heimischer Innovation, der «Vereinigung von Plan und Produktion» mit dem Ziel der Schaffung chinesischer Marken von Weltruf. Drittens ist der «Harmonie»-Express die Erfüllung der Einheit von Natur und Mensch. Und viertens: Der Kunde ist an Bord König. *Fellow Traveller* verschweigt den Reisenden, dass diese Generation nur eine von Tangshan Railway Vehicle hergestellte, leicht variierte Version eines Siemens-Schnellzugs ist. Es ist nicht das erste Mal, dass auf chinesischem Boden mit fremder Hilfe Eisenbahngeschichte geschrieben wird.

Im Jahr 1934 startete der Super-Express *Asia* zu seiner Jungfernfahrt von Dalian am Gelben Meer in das 702 Kilometer nördlich gelegene Changchun, also auf jener Strecke, auf der heute der G 50 verkehrt. Mit einer Durchschnittsgeschwindigkeit von 82 Kilometern pro Stunde brauste der stromlinienförmig geschnittene *Asia* damals durch die Weiten, das Ziel war in achteinhalb Stunden erreicht. Hochglanzjournale warben in Annoncen mit: «Berlin – Tokio in zehn Tagen!» Frank Clune, Sonderberichterstatter der Australian Broadcasting Commission, schilderte 1938 geradezu überschwänglich seine Reise im modernsten Zug Asiens. Für ihn war es ein evolutionärer Höhepunkt: die Eisenbahnreise im Zeitraffer. Clune saß im

letzten Wagen. Ein großer heller Raum, weiche Teppiche, Kron-
leuchter, wuchtige seidenüberspannte Sessel. Das Heck war ganz aus
geschliffenem Glas: «Wie leise dieser klimatisierte Zug auf den verschweißten Schienen gleitet! Ohne Erschütterungen fährt er, aber
mit gewisser Schwingung zu den Seiten aufgrund der Geschwindigkeit. Das einzige zu vernehmende Geräusch kommt von einem
soeben gesättigten, dickleibigen Reisenden, der vom Buffet zurück-
kehrt.»

Gewiss, der medienwirksam propagierte Fortschritt in Japans
Vasallenstaat Mandschukuo hatte in den dreißiger Jahren scharfe
Grenzen. Jenseits der Kolonialstädte und der schmalen Eisenbahn-
korridore gelang es trotz Überwachungsflügen, Schutztruppen und
Wehrbauern kaum, für Sicherheit zu sorgen. Zudem reiste das Gros
der Passagiere nicht weich gepolstert im Panoramawagen. Chinesen,
die als Saisonarbeiter in die Mandschurei strömten, lösten Vierte-
Klasse-Billetts für die Güterwagen.

Herunterklimatisiert und mit einem vagen Bewusstsein für diese
traditionsreiche Strecke schwebe ich in Hochgeschwindigkeits-
Trance auf Stelzen über die mandschurische Tiefebene weiter nach
Süden. Unmöglich, selbst am Horizont irgendeinen Punkt zu fixieren: Mais, Reis und Soja, die Felder verschmelzen zu einer mono-
chromen Fläche.

Wir erreichen pünktlich um 16.59 Uhr den Nordbahnhof von
Dalian. Mich drückt das dumpf-verstopfte Gefühl eines Schwim-
mers in den Ohren. Noch während die Passagiere aussteigen, drehen die Zugbegleiterinnen eilig die Sitzreihen um 180 Grad. Nach
kurzem Aufenthalt saust der Zug zurück in den Norden der Mandschurei. Wieder dürfen die Passagiere in Fahrtrichtung sitzen und
über den Fortschritt Chinas staunen.

*

Ich summe mit der Hochbahn gleich weiter bis nach Lüshunkou
durch, dem rund dreißig Kilometer vom Zentrum entfernten Satel-

litenstadtteil. Er hängt am äußersten Zipfel der Halbinsel Liaodong, eingeschlossen von Gelbem Meer im Osten und dem Golf von Bohai im Westen. Historikern ist der Stadtteil Dalians eher unter seinem kolonialen Namen geläufig: Port Arthur. Es war der Royal-Navy-Leutnant William C. Arthur, der mit einem Kanonenboot die Bucht während des Zweiten Opiumkriegs sicherte. Seinerzeit gab es hier lediglich eine Fischersiedlung.

Bei meinem ersten Besuch vor einer halben Ewigkeit hatten mir die wachen Augen des Staates den Laufpass gegeben: Der Polizist am alten russischen Bahnhof von Lüshunkou hatte ein einnehmendes Wesen, mich aber mit dem Verweis auf ein «militärisches Sperrgebiet» dennoch abgewiesen. Chinas erster Flugzeugträger, ein nicht vollendetes sowjetisches Modell der Admiral-Kusnezow-Klasse, lag damals schon auf Reede in einer Dalianer Werft. Über einen Strohmann hatte China den Rumpf des noch unfertigen Kriegsschiffs in den Neunzigern gebraucht erworben, unter dem Vorwand, es in ein schwimmendes Casino zu verwandeln. Nach der Odyssee durch Bosporus, Gibraltar, um das Kap der Guten Hoffnung herum und durch die Straße von Malakka schleppte Chinas Marine den Träger nicht nach Macao, sondern direkt bis nach Dalian weiter. Die Casinolizenz war da bereits erloschen. Die ehemals sowjetische *Warjag*, der Waräger, wurde in *Liaoning* umbenannt. Im Jahr 2012 stach sie mit Flugzeugen statt mit Roulettetischen bestückt in See. Was für ein Husarenstück! Kein Wunder, dass China damals keine Zaungäste an seinen Marinebasen wünschte.

Ja, natürlich dürfe ich den Bahnhof fotografieren, gab der Polizist sich seinerzeit noch großzügig. Schön sei er, nicht wahr? Und immerhin bekam ich das südliche Terminal der russischen Kolonialbahn am Gelben Meer zu Gesicht: Das charmante, bereits 1900 eingeweihte Stationsgebäude, sein grüngeschindelter Turm, die Fachwerkträger des Bahnsteigdachs, alles erinnerte mehr an die Bahnstation eines baltischen Kurorts als an einen strategischen Kopfbahnhof am fernöstlichen Zipfel des Imperiums. Galant statt imposant, so als müsse der Zar seinen asiatischen Nachbarn nichts mehr beweisen. Nachdem ich den Auslöser betätigt hatte, eskortierte der Uniformierte mich lächelnd an den Taxistand und nannte dem Chauffeur in einer amtlich-hölzernen Sprache gleich noch das Ziel: «Dalian». Dessen Angebot, doch eine heimliche Stadtrundfahrt zu unternehmen, lehnte ich dankend ab.

Lüshunkou, zweiter Versuch: Jetzt stehe ich also an der Hochbahnhaltestelle oberhalb der Stadt, und kein uniformiertes Begrüßungskomitee fängt mich ab. Nur eine Kamera filmt von einem Laternenmast herab jedes Eichhörnchen. Meine Ankunft ist vermutlich längst registriert. Ich schlendere hinunter in die Altstadt, Richtung Hafen. Zu Fuß und per Velo kriecht das Leben an mir vorbei. Katzen streunen, Elstern hüpfen, den automobilen Verkehr fürchten sie nicht. Nur die Drillrufe, die von einer Kaserne den Berg hinabdringen, durchbrechen die träge Stille. Es muss das Offiziersviertel sein. Auch pensionierte Armeeangehörige genießen hier ihren Lebensabend. Ginkgobäume und Platanen säumen die breiten Straßen. Die Reise nach Süden, bis an den 39. Breitengrad hinab, hat mich anscheinend auch in einen anderen Klimagürtel katapultiert. Die Stämme der Bäume so dick, dass schon die Russen sie gesetzt haben müssen. Hinter ihnen verstecken sich in die Jahre gekommene Villen. Wie warm ihr Backstein, ihr fleckiger, den Stämmen der Platanen ähnelnder Putz in der Sonne leuchtet! Ein anderer September als in Harbin, selbst noch im Abendlicht. Fast wähne ich mich in einer amerikanischen Suburb, wären da nicht die penibel gepflegten Gemüsebeete in den Vorgärten und die Wäsche, die jemand zwischen zwei Stämme gehängt hat.

Ein Mann steht hinter dem Zaun, das Hemd halb offen, die Ellbogen auf einen Rechen gestützt. Eigentlich will ich nur nach dem Weg fragen, doch dann erzähle ich ihm, wie froh ich bin, endlich diesen wunderschönen Hafen zu erkunden. Der Alte nickt:

«Ein paar Jährchen schon», sagt er auf meine Frage, wie lange es die Sperrzone schon nicht mehr gibt. Woher ich denn komme. «Ah, aus Deutschland», wundert er sich, zieht die Brauen hoch und setzt plötzlich zu einem langen Monolog an: «Meist sind es Russen, die sich zu uns verirren. Seit den Fünfzigern waren sie nicht mehr hier. Seit ein paar Jahren kommen sie wieder. Einer hat sogar mal das Haus seines Großvaters gesucht. Immerhin besuchen sie uns heute als Touristen», kommt der Alte zum Schluss, «das ist mir lieber.»

«Lieber als?»

«Ach, als die Soldaten», brummt der Alte müde mit geschlossenen Augen. Er verstummt, greift nach einem Schlauch und sprengt sein Beet.

Dank seiner strategischen Lage und der engen Einfahrt war Lüshunkou schon von den Chinesen als natürlicher Hafen ersten Ranges betrachtet worden. Sie bauten ihn zu einem kaiserlichen Marinestützpunkt ihrer modernen Nordmeer-Flotte aus. Doch um die Seetaktik war es nicht gut bestellt, auch nicht um die Disziplin: Die Wachen entsorgten Müll in den Geschützrohren und verhökerten das Schwarzpulver. Kein Wunder, dass japanische Kreuzer im Chinesisch-Japanischen Krieg den Stolz der chinesischen Marine in der Mündung des Flusses Yalu stellten. Sie versenkten ihre schönen neuen Schiffe und sicherten sich so die Seeherrschaft über das Gelbe Meer. Laut dem Vertrag von Shimonoseki, der den Krieg 1895 beendete, hätte Japan eigentlich Zugriff auf die Bucht im Süden der Mandschurei gehabt. Doch durch eine geschickte diplomatische Intervention im Bund mit den Deutschen und Franzosen pachtete Russland 1898 Lüshunkou von den Chinesen und baute in höchster Eile den für seine Pazifikflotte so wichtigen ersten eisfreien Seehafen zu einer der stärksten Festungen Nordostasiens aus.

Dieser fiebrige russische Geltungsdrang, der unbedingte Wille zur Herrschaft über die Mandschurei und bald auch schon über Korea, machte Port Arthur zum Schauplatz des ersten großen internationalen Krieges des zwanzigsten Jahrhunderts – auch der ersten Niederlage einer europäischen Macht gegen eine asiatische in der Neuzeit. Als Nikolaj II. in Sankt Petersburg am Abend des 8. Februar 1904 vom Besuch der Oper *Rusalka* heimkehrte, überraschte ihn die Nachricht vom Angriff der Japaner. Ohne Kriegserklärung hatten deren Kriegsschiffe in einem nächtlichen Torpedoangriff die in Port Arthur ankernde russische Flotte überrumpelt und ihr schwer zugesetzt. Es war das Pearl Harbor der Russen. Zeitgleich landeten japanische Truppen in Korea und rückten auf dem Landweg Richtung Mandschurei vor. Japan erreichte schnell die Hoheit auf See, so dass der Landkrieg beinahe ausschließlich in der Mandschurei stattfand. Fast ein halbes Jahr lang belagerten japanische Truppen die russische Festung. Das erbitterte Artilleriekonzert spielte auf den Hügeln, die die Stadt von der Landseite umgeben. Im Norden, zwischen Altstadt und Neustadt, steht bis heute über den Dächern Lüshunkous der Weiße-Jade-Turm. Japan errichtete ihn nach dem Fall der Festung Port Arthur als Symbol für den Sieg über Russland. Jenseits des Turms ragt ein noch steilerer Berg in den Himmel. Der Ostkamm, zu dem ich mich auf einem Zickzackweg hinaufmühe, war Schauplatz der blutigsten Kämpfe. Geschosskrater ragen in das meterdicke Mauerwerk der Festung hinein. In Form eines Pentagons waren hier Hauptquartier, Soldatenschlafsäle, Munitionsdepot und Bunkeranlagen in den Berg eingegraben. Bis heute zielen die Kanonenrohre auf ihren rostigen Lafetten in die offene See. Gegossen hatten sie Arbeiter 1899 in den Obuchow-Werken in Sankt Petersburg, einem der größten russischen Rüstungsunternehmen.

Nach weiteren Niederlagen stimmte Nikolaj II. dem Vermittlungsangebot des amerikanischen Präsidenten Theodore Roosevelt zu. Am 5. September 1905 unterzeichneten Unterhändler beider Staaten den für Russland sogar vergleichsweise günstigen Vertrag von Portsmouth: Das Zarenreich verlor an Japan unter anderem gut siebenhundert Kilometer der südlichen Strecke seiner transmandschurischen Kolonialbahn. Japan erhielt außerdem Russlands Pachtrechte auf der vorgeschobenen Halbinsel Liaodong und mit ihnen die Marinefestung Port Arthur und die Pläne für die prächtige, aber nur teilweise errichtete Hafenstadt Dalian inklusive ihrer kurzen Seeverbindung nach Shandong und damit zum Herzland von China. Dieser Verlust markierte das Ende des russischen Einflusses in der

Südmandschurei und auf der Koreanischen Halbinsel. Erst nach dem Zweiten Weltkrieg stand das ehemalige Pachtgebiet als Marinehafen bis 1955 wieder unter Verwaltung der sowjetischen Streitkräfte.

Ich stolpere vom Ostkamm wieder hinab und durchquere das alte Hauptquartier der Kwantung-Armee. Die prunkvollen Paläste lassen mich ein weiteres Mal erahnen, wie ambitioniert Japans koloniale Pläne einst gewesen waren, lange bevor es Mandschukuo gründete. Weiter Richtung Stalinstraße, vorbei an verlassenen Kasernen und dem verrammelten sowjetischen Kulturpalast. Rote Farbe bröckelt, das Baujahr ist mit 19…5 angegeben, die «4» muss schon vor Jahren vom Portikus hinuntergepurzelt sein. Gebaut, als die Russen ein zweites Mal kamen, für dreißig Jahre als Schutzmacht mit Kontrolle über den Marinestützpunkt. Doch bereits nach zehn Jahren verschwanden sie wieder. Jenseits all dieses Gestrigen überragt ein von Koniferen umwucherter Siegesturm die Stadtmitte. Anlässlich des zehnten Jahrestages des Sieges über Japan eingeweiht, leuchtet ein goldener fünfzackiger Stern von seiner Spitze. Eine Wendeltreppe führt hinauf. Wie eine Nadel fällt sein Schatten auf die Bucht.

Der Traum jedes Admirals, denke ich, dem Schattenriss der Säule folgend: Die Stadt verteilt sich auf einem schräg zur Uferpromenade hin abfallenden Terrain, das Berge an drei Seiten einschließen und das an der vierten mit einer langgestreckten Uferstraße die Bucht berührt. Die «Tigerschwanz» genannte Landzunge schützt vor potentiellen Angreifern und den Elementen der Natur. Westlich der putzigen Bahnstation die Neustadt mit den Villen der Offiziere, durch die ich nach meiner Ankunft geschlendert bin. Im Osten die Altstadt mit den Hafenanlagen.

Am Pier herrscht Ebbe zu Land und im Wasser. Kein Mensch auf der Promenade, nicht einmal bei den Sportplätzen. Das Meer hat sich Hunderte Meter zurückgezogen. Die Fischerkähne liegen im Schlick. Weiter hinten ein paar Marineschiffe der Nordflotte am Kai: Patrouillenboote, Tender, Schlepper, ein Lazarettschiff. Keine

Fregatten und erst recht keine Zerstörer. Nichts, was der Amerikaner fürchten müsste. Am Horizont der Portalkran der Werft, hinter dem Berg lugen neue Wohntürme hervor. Dem gekaperten sowjetischen Casino-Flugzeugträger begegne ich nur als Relief vor dem Portal eines Straßentunnels: «Setz die Segel» steht darüber in den Fels gemeißelt.

«Granatäpfel, Kakipflaumen, Granatäpfel», schallt eine Megafonstimme in Dauerschleife. Einzig auf der Kulturstraße, die sich unten am Hafen mit der Stalinstraße kreuzt, herrscht so etwas wie Betriebsamkeit. Es ist Wochenmarkt. Schweineköpfe leuchten Totenmasken gleich auf dem Bürgersteig. Mit einem beherzten Hieb teilt ein kräftiger Mann einen der Schädel. Eine Näherin bringt ihr altes Singer-Lizenzmodell mittels Pedal in Schwung. Daneben hocken Händler, die primitive Handwaage parat, mit Auberginen, Peperoni, Rettichen und was auch immer sich in dieser Jahreszeit ernten lässt. Der Bananenmann macht sich auf den Heimweg, das Tragjoch auf den Schultern. Von einer Parallelstraße dringen die Lautschwaden der «Roten Libelle» und der anderen Karaoke-Bars herüber. Drinnen feiern Matrosen grölend ihren Landgang: Leergelacht, betrunken und heiser ziehen ein paar Jungs zurück in die Kaserne, den Berg hinauf. Eine Streife der Militärpolizei sichert in tadellosem Marineblau ihr Geleit. Nachtruhe, wären da nicht die Zikaden, die die schlafende Stadt mit einem penetranten Geräuschteppich überziehen. Die saugenden Zirpen hocken wirklich überall: in Bäumen, unter Hecken, auf Wiesen. Ein letztes Konzert vor dem Winter, mit Zugaben bis weit nach der Sperrstunde.

*

Ich zuckele mit dem Stadtbus zurück Richtung Dalian. Die zweispurige Küstenstraße ist verkehrsberuhigt. Daneben schlängelt sich der hölzerne Fußweg über dem Meer. Angler hängen ihre Ruten in die glatte See. Die Fahrt geht vorbei an den «European Villages», «Italian Manors», «Singapore Gardens» und all den anderen pompösen Wohnanlagen jenseits der Straße, vorbei am «The Castle», einem Hotelkomplex, der wirkt, als hätte jemand Neuschwanstein geklaut und an den Rand des Gelben Meeres verbracht, vorbei an all den Profanitäten dieser riesigen Stadt.

Im Gegensatz zu Lüshunkou mit seiner Rolle als Marinestützpunkt war Dalian als Handelshafen konzipiert. Dalnij, wie Russen den Ort tauften, bedeutet in ihrer Sprache «fern» oder «weit». Nach 1905 machte Japan sich daran, Russlands Träume von diesem fernen internationalen Handelshafen zu verwirklichen, der schon bald per Bahn die mandschurische Sojabohne und all die anderen Gaben der Natur bis an die Kais und von dort per Dampfschiff in die Welt brachte. In den Zwanzigern war Dalian nach Schanghai sogar der zweitgrößte Hafen Chinas. Die Weiträumigkeit der Kolonialstadt, ihr kreisförmiges Zentrum mit Denkmälern und Gartenanlagen wie in der Harbiner Neustadt, von dem radial die Hauptstraßen ausgehen, hatten die russischen Planer noch vorbestimmt. Den eigentlichen Ausbau erledigten japanische Architekten. Am Zhongshan-Platz reihen sich ihre Paläste noch heute aneinander: die Bank of Chosen, das Polizeipräsidium, ein Hotel, noch eine Bank und so weiter – eine Parade europäischer Architekturstile mit Elementen der Gotik und der Renaissance, längst überragt von chinesischen Wirtschaftswunder-Wolkenkratzern. Dann die Spuren der Moderne, wie der 1936 eingeweihte Hauptbahnhof, der nebst Autorampe gut und gerne aus den Sechzigern stammen könnte. Im Gegensatz zum traditionell russischen Stil wird hier mit großen Kuppeln, hohen Türmen, Fensterbögen und Giebeln eher ein herkömmlicher europäischer Stil nachgeahmt oder aber – wie beim Bahnhof – mit jedweder westlicher wie östlicher Tradition gebrochen. Binnen vier Jahrzehnten machten die Japaner so aus einer unbedeutenden Siedlung eine Millionenstadt. Ein knappes Viertel der Bewohner kam aus Japan, was Dalian zur «japanischsten» Stadt auf dem chinesischen Festland werden ließ.

Doch das Zentrum streife ich nur. Am nächsten Morgen scheint wieder die milde Septembersonne, und ich unternehme noch einen

Abstecher hinaus an die nordöstlichen Ausläufer der Stadt. Dort plötzlich wieder Russland: Gelbe Kieselsteine, russische Popmusik, der Blick geht auf ein paar unbewohnte Inseln. Am Goldsand-Strand tummeln sich Russen wie Chinesen. Ein Lamborghini kreist mit qualmenden Reifen über die Uferstraße. Die Russen gaffen und staunen. Es überwiegen korpulente Rentner mit schräger Bademode. Wie Seelöwen ruhen sie am Strand, tanken den letzten Tropfen Sonne vor dem Heimflug in die schon herbstkühle Heimat. Die jüngeren Semester üben sich in Akrobatik, um selbst noch die entlegensten Hautpartien gleichmäßig zu bräunen. Die Badekultur der Chinesen bleibt dagegen bis heute eine gänzlich andere: Einige schwimmen mit Ohrstöpseln oder mit Sturmmasken ähnelnden Badekappen im hüfttiefen Wasser. Andere angeln Seegras und Quallen fürs Abendessen. Eine Frau um die vierzig trällert lauthals eine Arie. Die Buden an der Strandpromenade werben selbstverständlich auf Kyrillisch: «Massasch» et cetera. Wir kennen das schon. Doch verglichen mit dem Strand auf Harbins Sonneninsel ist das hier fast schon eine mandschurische Riviera. Der Russe baut heute nur noch Strandburgen. Hinter deren Sandwällen, hinter all den Quallensammlern irgendwo, dort, wo der Himmel ins Meer platscht, muss Korea sein.

14. Xis Zeitungsleser, Kims Blumenmädchen

Dandong – Yanji – Hunchun – Fangchuan

Ein Personenzug schleicht über die «Chinesisch-Koreanische Freund-schaftsbrücke», die hier in Dandong den Yalu überspannt, kurz vor seiner Mündung ins Gelbe Meer. Minutenlang. Gerade sieben Waggons sind es, grün mit gelben Streifen. Es muss der Pjöngjang-Peking-Zug sein, der einmal am Tag zwischen den Hauptstädten verkehrt. Vor der Brücke ragen ein paar alte Steinpfeiler aus dem Fluss – es sind die Überreste des alten Viadukts, das einst Mand-schukuo und die japanische Kolonie Chosen drüben auf der Korea-nischen Halbinsel verband, bis es amerikanische B-29-Bomber im Koreakrieg geschliffen haben. Am chinesischen Ufer dient der Brü-ckenrumpf heute als Aussichtsplattform. Touristen promenieren da-rauf, gegen Eintritt erhaschen sie einen flüchtigen Blick auf den über die Jahre fremd gewordenen Nachbarn.

Mit zwei Millionen Einwohnern ist Dandong die größte Grenz-stadt der Volksrepublik. Bislang kannte ich sie nur aus Erzählungen. Immer wieder hatte Bohan mir in Peking von der Stadt seiner Kind-heit erzählt. Nicht von den Pferdekopfpumpen, die in Daqing das Öl aus der Erde ziehen. Sondern von Dandong und der kleinen Schnapsbrennerei seines Vaters. Dem eintönigen Alltag einer Grenz-stadt, von der aus das Nachbarland zwar sichtbar, aber dennoch un-erreichbar war.

Jetzt also mein erster eigener Blick auf Kims abgeschottetes Reich. Viel sehe ich nicht: Die Silhouette aus niedrigen Plattenbauten und türkisen Wachtürmen lässt Zweifel aufkommen, ob in der Provinzhauptstadt Sinuiju gegenüber wirklich eine Viertelmillion Seelen wohnen. Vier große Frachtschiffe hängen im Uferschlick des Yalu, den Gezeiten unterworfen. Davor patrouilliert eine graue Barkasse des nordkoreanischen Grenzschutzes. Flussaufwärts, jenseits der anderthalb Brücken, greifen drei Schlote nach dem blaugrauen Nieselhimmel. Keine vom Wind in Schleifen gezogenen Rauchbänder, die auf Leben in unsichtbaren Fabrikgebäuden hindeuten könnten. Einzig ein Rohbau, um die fünfundzwanzig Stockwerke hoch, wagt sich neben den Schornsteinen über die Mauer aus herbstgelben Bäumen am Südufer hinweg. Wie der aufgestellte Deckel einer Keksdose scheint dieser Bau in die nordkoreanische Landschaft gerückt. Noch so ein Ausländerhotel wie das «Ryugyong» in Pjöngjang, diese neofuturistische Pyramide? Neben dem runden Rohbau ein verwaistes Sommerbad mit Wasserrutsche, ein Stück flussaufwärts der schlichte Lunapark mit einem Riesenrad, das angesichts seiner Dimensionen diesen Namen nicht verdient. Mit seinen zwölf blau-rot-gelb-grünen Gondeln erinnert es an eine Spielzeuguhr. Das Metallrad leuchtet als einziger Farbtupfer im grau dämmernden Nachbarland. Und selbst den verschluckt bald die Nacht. Irgendwie hat diese Kulisse etwas Reines, frei von dem ganzen bunten Müll, mit dem wir uns tagtäglich umgeben und ohne den wir uns ein Leben nicht mehr vorstellen können.

«Das Rad steht schon seit Jahren still», sagt die Stimme eines Mannes unvermittelt neben mir. Er muss mich schon eine Weile beobachtet haben. Wir sind fast die Einzigen auf der Promenade. Der Mann, der sein schütteres Haar vergeblich über die kahlen Stellen gekämmt hat, seine beiden Chihuahuas und ich. Nur in der Ferne steht noch ein Menschengrüppchen, vermutlich Spaziergänger aus den nahe gelegenen Hochhäusern. Dazwischen, in einer Parkbucht, hält mit grummelndem Motor ein schwarzer Bolide mit nordkoreanischem Kennzeichen.

Den Souvenirläden und Hotels an der Uferstraße nach zu urteilen, sieht es hier im Sommer anders aus, nämlich nach Trubel und Heiterkeit: In den Shops statt Matroschkas und Flachmännern mit dem Konterfei Putins nun also nordkoreanische Briefmarken und Banknoten, Ginseng-Bonbons und Brandy aus Nordkorea. Doch in der Nachsaison verstauben die Anstecker des Großen Führers Kim Il-sung und des Lieben Führers Kim Jong-il in den Verkaufsvitrinen. Lächelnd zeigen sie die Zähne.

«Komm morgen wieder und nimm eines der Ausflugsboote», rät der Mann und deutet auf ein paar Kähne mit mohnroten Pagodendächern, die an die Kaimauer getäut sind. «Aber bring ein Fernglas mit. Die Tour dauert eine halbe Stunde. Sie führt in einen Seitenarm des Yalu. Drüben kannst du den Bauern zusehen, wie sie mit Wasserbüffeln ihre Felder bestellen», sagt er und fährt nach einer Pause fort. «Ausgemergelt ackern sie da am Ufer.»

«Die Büffel?», frage ich zurück.

«Ja, die auch.»

Der Mann kann über diese Armut nur noch den Kopf schütteln. Seinem Alter nach hat er selbst noch butterlose Zeiten miterlebt. Ruckartig zieht er an der pinkfarbenen Hundeleine. Einer der Chihuahuas jault auf. Der andere steht hechelnd, die Zunge aus dem Maul. Davon unbeeindruckt deutet der Mann stromabwärts Richtung Gelbes Meer. «Hinter der Biegung führt eine niegelnagelneue Brücke über den Fluss.» Imposant stehe sie da, meint der Mann, um im gleichen Atemzug zu schimpfen, dass sie zwei Milliarden Yuan gekostet habe. «Fünf Jahre», fährt er fort und reißt schon wieder an der Leine, «fünf Jahre schon endet sie da drüben im Nirgendwo. Nur deshalb stehen die Wohnhäuser und Einkaufszentren in unserer Zone leer. Dandongs Immobilienmarkt ist der kaputteste im ganzen Land.» Entfremdet haben sie sich in den letzten Jahrzehnten, die ehemaligen Brudervölker China und Nordkorea, in jeder seiner Silben höre ich den Bruch heraus.

Stromabwärts, in einem neuen Viertel im Süden der Stadt, die Neubauten der Sonderwirtschaftszone Dandongs. Sie ragen noch höher auf als die Wohnblocks im hiesigen Uferbereich. Nordkorea müsse sich öffnen und reformieren, so wie China das getan habe, meint der Gassigänger. Auch ihm scheint das Nachbarland inzwischen rätselhaft, wenn nicht gar unheimlich.

Vorerst bleibt die schmale Brücke mit einem Gleis und einer Autospur Nordkoreas Nabelschnur. Mehr als zwei Drittel des bilateralen Handels sollen über diese Querung abgewickelt werden. Das hatte ich irgendwo auf halber Strecke zwischen Dalian und Dandong in einer Zeitschrift aufgeschnappt. Darin stand: China ist Nordkoreas wichtigster Handelspartner. Fünfundneunzig Prozent der Importe kommen aus China, und immerhin zwei Drittel der Exporte gehen in die Volksrepublik. Auf den Medaillenrängen folgen Länder wie Sambia und Mosambik. Doch keine Spur von regem Grenzverkehr. Nur gelegentlich passiert ein Auto die Brücke, noch seltener queren Züge. Fußgänger haben dort oben ohnehin nichts verloren.

«Nichts los. Wie kann das sein?», rufe ich verwundert aus.

«Die Schuldigen sitzen jedenfalls nicht in Dandong. Schon gar nicht in Peking», versetzt der Hundebesitzer abweisend, irritiert von dieser unverschämten Frage, gewissermaßen schon auf dem Sprung. Wie ein Segel steht sein Haar jetzt hart am Wind. Die Chihuahuas haben für unseren geopolitischen Schlagabtausch nichts übrig. Sie schnüffeln lieber an den Sommerschuhen ihres Herrchens, die nicht zur Jahreszeit passen.

«Wo dann?», löchere ich beharrlich.

«Bist du Amerikaner?», raunzt der Mann zurück und entschwindet grußlos in die Nacht.

Durch ein Spalier blauer Glühbirnen rumpelt die Diesellokomotive, die den Pjöngjang-Peking-Express ans chinesische Ufer bugsiert hatte, einsam zurück ins nordkoreanische Schattenreich. Nun, wo es finster ist, weisen die Lichterketten auf der Brücke die Richtung – exakt bis an den Talweg.

*

Welch ein Kontrast am nächsten Morgen, als ich den Jinjiang-Berg über der Stadt erklimme. Keine Bäume weit und breit, stattdessen viel Beton, Granit und Marmor. Herrliches Herbstwetter, immer noch stark und farbig, ein Kraftstrotzen vor dem Verfall. Die Aussicht verschlägt mir den Atem: im Südosten das Stadtzentrum Dandongs mit seinen hohen Wohn- und Geschäftshäusern im Grau der Deng-Xiaoping-Zeit, einer Zeit, als Investoren noch auf ein nordkoreanisches Wirtschaftswunder warteten. Dahinter, jenseits des Yalu, das nordkoreanische Sinuiju, das ich gestern nur erahnen konnte. Im Nordosten wächst die wuchtige Fassade der Koreakrieg-Gedenkstätte aus dem Vordergrund. Im Westen schließlich bewaldete Hügel und die Ausläufer der Stadt. Davor ein weitläufiges Ausstellungsareal mit rostigen Flak-Geschützen, ausgemusterten Tanks und MIG-15-Flugzeugen. Von Werbetafeln lachen mir Kinder entgegen, die in Uniformen gezwängt auf dem Gelände Krieg spielen. Der Krieg ist das große Thema dieses Berges, doch selten war er ein Spiel.

Ein alter Mann, leicht und dünn wie aus Papier, sitzt im Schatten des hohen Obelisken, der den Berg überragt. «Setz dich», lispelt er in einem schweren Shandong-Akzent. Neben ihm liegt eine Erhu: «Ach, das ist nur so ein Hobby, ich spiele sie nicht gut», gibt er sich bescheiden. Am liebsten, so scheint es, ist es dem Rüstigen, wenn Passanten seinen Worten lauschen statt den Klängen seines Streichinstruments.

Schon nach kurzer Zeit hängt eine kleine Menschentraube an dem Alten, der sich als Herr Wang vorstellt. Wacher Blick, kaum Falten, Jahrgang 1930. «Mit dreizehn Jahren kam ich nach Dandong. Aus einem Dorf in der Nähe von Yantai. Mit leerem Bauch. Die Dürren, die vielen Menschen in der Heimat ...». Zig Millionen Chinesen, meist mittellose Bauern, machten sich wie Wang auf den Weg nach Norden, eingepfercht in Güterwaggons, auf überfüllten Kähnen oder in Trecks zu Fuß. Einer Völkerwanderung gleich ergossen sich die Menschen in das mandschurische Neuland. Heute sieht man Wang diese harte Zeit nicht mehr an. Beige Schirmmütze, weißes Baumwollhemd, graue Hose, Hornbrille. Seinen weißen Bart hat er ein paar Tage stehen lassen.

Die Stadt Dandong entstand lange vor der großen Elendswanderung, lange bevor Wang hier ankam. Aufgrund der strategisch wichtigen Lage hatten bereits die Ming-Kaiser eine Festung am Yalu angelegt. Die rasante Kolonisierung der Region begann, als der Kaiserhof Mitte des neunzehnten Jahrhunderts den Zuzug von Chinesen aus dem Kernland in die bis dahin abgeschottete Region erlaubte. Andong, wie die Stadt bis 1965 hieß, mauserte sich rasch zu einem Zentrum des Austauschs zwischen dem chinesischen Kaiserreich und seinem tributpflichtigen Vasallenstaat, dem Königreich Joseon. Heute ist Dandong eine große Industriestadt mit Textil-, Holz- und Chemiefabriken.

Herr Wang tippt mir auf die Schulter. Ich soll etwas weiterrücken. Der Schatten, den die Säule wirft, ist inzwischen gewandert. Die Höhe des dreiundfünfzig Meter messenden Obelisken symbolisiert das Jahr der Unterzeichnung des Waffenstillstandsabkommens nach drei Jahren Krieg: 1953. Verziert mit einer Kalligraphie Deng Xiaopings, erinnert die Säule an die Abertausende Gefallenen der sogenannten Volksfreiwilligenarmee. Offiziell war dieser Verband kein regulärer Teil der chinesischen Volksbefreiungsarmee. So wollte Chinas Führung einen offenen Krieg mit den Vereinigten Staaten verhindern. In Maos zynischer Strategie der «Menschenwellen» sollten die «Freiwilligen» die überlegene Feuerkraft des Gegners durch ihre schiere Masse brechen.

Zur Zahl der chinesischen und koreanischen Opfer gibt es nur Schätzungen. Insgesamt forderten das Abschlachten, die Vertreibung und der Hunger mehr als drei Millionen Menschenleben, darunter Hunderttausende chinesische «Freiwillige». Anying, Mao Zedongs ältester Sohn, war einer von ihnen und das wohl bekannteste Opfer dieses Krieges.

«Die anderen waren Bauern», seufzt Wang. «Viele kamen aus dem Süden, aus Sichuan, aus Hunan. Die meisten kehrten nicht zurück», ergänzt er mit erstickter Stimme. Die Freiwilligkeit ihres

Kampfeinsatzes zweifelt er an: «Wer zieht schon von heute auf morgen in einen Krieg, der Tausende Kilometer fern der Heimat tobt, wenn auf dem Hof die Ernte bevorsteht?»

Die Gedenkstätte für den «Widerstand gegen die amerikanische Aggression» gerät auf meiner Expedition durch die Mandschurei zu einem weiteren Lehrstück chinesischer Geschichtspropaganda: Sie stilisiert den Einsatz chinesischer Soldaten zu einem heroischen Akt der Solidarität mit dem in Not geratenen Bruderland, zu einer aus Fleisch und Blut geschmiedeten Freundschaft im Kampf gegen den amerikanischen Imperialismus. Vier Jahrzehnte nach Unterzeichnung des Waffenstillstands weihte die chinesische Regierung den Komplex ein. Der «patriotische Erziehungsort» zählt zu den bedeutendsten Gedenkstätten Chinas. Zwei Etagen, mehrere Tausend Quadratmeter Ausstellungsfläche, große Säle, vollgestopft mit Fotografien, Skulpturen, Dokumenten.

«Bleib sitzen», bedeutet mir Wang, als ich schon aufbrechen will. «Das Museum macht doch erst in ein paar Stunden zu.» Er zupft an meinem Ärmel. «Wie willst du denn den Koreakrieg verstehen, wenn du keine Ahnung von der Zeit davor hast?»

Nicht nur im Museum, auch für Wang beginnt das Kriegstrauma lange vor dem Sommer 1950. Für ihn, der bis zur Rente im Jahr 1990 als Uhrmacher arbeitete, war es eine Zeit goldener Gelegenheiten und bitteren Leids: «Im Herbst 1945 konnte jeder den Yalu überqueren. Niemand kontrollierte.» Der junge Wang war damals einer unter Tausenden Grenzhändlern: «Die Japaner waren längst in die Flucht geschlagen. Die Nationalisten ließen sich noch nicht blicken, unsere Kommunisten auch nicht. Nur die Sowjets standen in der Stadt.»

Folgen wir nicht Herrn Wang, sondern der offiziellen Sprachregelung, so «befreiten» 1947 die chinesischen Kommunisten die Stadt. Eigentlich habe es nichts zu befreien gegeben, korrigiert Wang: «Die Nationalisten hatten sich klammheimlich aus Dandong verdrückt.» Obwohl der Rentner wenig von der offiziellen Formulierung hält, scheint er gerne an diesen Tag zurückzudenken:

«Die Kommunisten verhielten sich korrekt gegenüber der Zivilbevölkerung.»

«Und die anderen?», bohre ich nach.

«Ach, die waren alle furchtbar. Wir litten unter den ständigen Übergriffen der Japaner. Sie durften Reis essen. Für die Koreaner und für uns Chinesen gab es nur Hirse.»

«Und die Sowjetsoldaten?»

«Die waren keinen Deut besser», sagt er und blickt in die irritierten Gesichter seiner Zuhörer. «Ich weiß zwar nicht, wie sie sich in ihrer Heimat aufführten. Hier jedenfalls benahmen sie sich gründlich daneben. Die Großnasen und Kleinnasen – alles Barbaren.»

Wir schweigen. Ich wage es nicht, noch einmal nachzuhaken.

Auch jenseits des Yalu gab es den Krieg vor dem Krieg. Aus dem Tributstaat Chinas wurde ein Protektorat und schließlich eine Kolonie Japans. In Kairo einigten sich die Alliierten 1943 auf ein freies und unabhängiges Korea. In Jalta, anderthalb Jahre später, zirkelten sie ihre Einflusssphären ab: Ab 1945 verwaltete die Sowjetunion treuhänderisch die Gebiete nördlich des 38. Breitengrades, die Vereinigten Staaten jene südlich davon. Der Kalte Krieg machte die Demarkationslinie zur Systemgrenze: Die Sowjetunion baute Kim Il-sung als Führungsfigur auf, während die Vereinigten Staaten mit der ehemaligen kolonialen Elite kooperierten. Rhee Syng-man errichtete als Präsident der neugegründeten Republik Korea ab Juli 1948 im Süden eine diktatorische Herrschaft. Im Norden veranlasste die Sowjetunion wenige Monate später die Gründung der Demokratischen Volksrepublik Nordkorea.

Die Sache schien besiegelt. Amerikaner und Sowjets hatten ihre Armeen schon abgezogen, als am Morgen des 25. Juni 1950 nordkoreanische Truppen mit Haubitzen und Mörsern am 38. Breitengrad auf die Stellungen des Südens feuerten. Ihre Offensive kam drei Monate später vor Pusan an der Südküste zum Stehen. Die Vereinigten Staaten werteten die Attacke als eine Aggression der Sowjetunion. Die Vereinten Nationen beschlossen auf Forderung Washingtons, Truppen zu entsenden. Möglich war das nur, weil die sowjetische Regierung seinerzeit den Sicherheitsrat boykottierte. Das Kommando der Vereinten Nationen mit Soldaten aus den Vereinigten Staaten, Südkorea und fünfzehn weiteren Nationen holte Mitte September zum Gegenschlag aus, was einen panischen Rückzug der nordkoreanischen Verbände zur Folge hatte. Einen Monat später, in einer erneuten Offensive des Nordens, überquerten Bataillone chinesischer «Freiwilliger» den Yalu, um den Gegner von der eigenen Landesgrenze zurückschlagen. Ein kolossales Panoramagemälde erinnert im Museum an einen der ungleichen Kämpfe. Das Diorama über die Schlacht am Chongchon-Fluss im Winter 1950, untergebracht in einem eigenen Rundbau, heroisiert den chinesischen Kampfgeist gegen einen technisch überlegenen Feind – multimedial unterlegt mit Maschinengewehrknattern und siegreichen Salven von Leuchtspurmunition. Jenseits solcher Heldengeschichten kannte der Krieg nur Verlierer: Die Front fraß sich am 38. Breitengrad fest. Zwei Jahre dauerte der «Ziehharmonika-Krieg» entlang der ursprünglichen Demarkationslinie. Nach zähen Verhandlungen unterzeichneten Amerikaner und Nordkoreaner am 27. Juli 1953 schließlich das Waffenstillstandsabkommen, an das der hohe Obelisk und der dürre Herr Wang erinnern. Seither stehen sich beide Seiten an der waffenstarrenden Vorkriegsgrenze gegenüber.

Über Dandong kehrten die heute als Helden gefeierten Chinesen von den Schlachtfeldern heim. Der alte Wang meint sich noch genau an den 1. Mai 1953 zu erinnern. Mit dem zitternden Bogen seiner Erhu deutet er hinunter auf die Stadt: «Wir hatten frei. Ich ging wie viele zum Bahnhof, um die Heimkehrer aus Korea zu empfangen. Doch so sahen keine Sieger aus. Ihre Augen waren ausgetrocknet. Ihre Häupter gesenkt. Als ich das sah, musste ich weinen.» Das Museum erzählt eine andere Geschichte: Auf Fotos strahlen chinesische Kriegshelden unter dem tobenden Jubel der Bewohner Dandongs. In einem anderen Ausstellungssaal hängen Lichtbilder einer inszenierten Friedenskundgebung von GIs in Kriegsgefangenschaft. Säuberlich aufgereiht sitzen sie und halten Transparente hoch, auf denen geschrieben steht: «Wir wollen Frieden», «Wir fordern den Rückzug aus Korea», «Taiwan ist Teil des Neuen China». Dass es sich hierbei um völkerrechtswidrig erzwungene Kriegspropaganda handelt, verschweigt das Museum.

Beim Betrachten dieser unscharfen Fotos kommen mir das Horrorkabinett von Pingfang und der Marionettenkaiser-Palast in Changchun wieder in den Sinn. Es sind Museen ganz im Duktus des «Jahrhunderts der Erniedrigung». So nennen Chinesen die Zeit zwischen dem Ersten Opiumkrieg (1839–1842) und der Gründung der Volksrepublik 1949. Der japanische Imperialismus, erst in der Mandschurei, bald entlang der gesamten chinesischen Küste, ist das Schlüsselthema dieser nationalen Erzählung. Hier über den Dächern Dandongs, wo dem glorreichen Kampf auf den Schlachtfeldern Koreas gehuldigt wird, hat China dieses Trauma endgültig überwunden. Und so sehr die Mandschurei ein Schlachtfeld der Kommunisten gegen die Nationalisten und Japaner war, so sehr bleiben die Vereinigten Staaten der Erzfeind der Bewohner Dandongs.

Ich klettere zum Bahnhof hinab und bald darauf in einen Zug hinein, der mich Richtung Nordosten, ans andere Ende der chinesisch-nordkoreanischen Grenze, schaukelt. Umständlich über Shenyang und Changchun bis nach Yanji. Schlafen kann ich in dieser Nacht kaum.

*

Die kurze Taxifahrt vom Bahnhof endet hinter dem Deich des Buerhatong-Flusses. Gerüche von Bratöl, Fleisch, Fisch, Gemüse und Arzneikräutern wabern durch den Morgennebel. Frühmarkt. Obwohl es hier zugeht wie überall auf Chinas Morgenmärkten, springt die beinahe klinische Sauberkeit ins Auge: Ein Verkäufer hat saftige Trauben auf große Weinblätter drapiert, daneben leuchtet das Fleisch gehäuteter Hunde hellrosa in der Morgensonne. Unter den Koreanern gelten sie als Delikatesse. Viele der feilgebotenen Waren sind vermutlich aus dem Nachbarland importiert: Stockfisch, gedörrte Seegurken, Herzmuscheln, Messermuscheln, allerlei Pilze. Die Sanktionen der Vereinten Nationen sind an den Marktschreiern augenscheinlich vorbeigegangen. Der Frühstücksbistro-Besitzer macht sein Tagesgeschäft: Händler kauern auf niedrigen Hockern, knabbern frittierte Teigstangen und schlürfen Reissuppe. Feierabend um sieben Uhr morgens.

Was für ein Unterschied zu Dandong! Mit seinen vierhunderttausend Einwohnern fühlt sich Yanji weltoffener an als das viermal größere Dandong, eine Stadt, die chinesischer kaum sein könnte. Gut ein Drittel der Einwohner von Yanji zählt zur koreanischen Minderheit. Alles, wirklich alles ist hier zweisprachig: Reklametafeln, Straßenschilder, das Fernsehprogramm, selbst die Taxameter-Stimme quietscht bilingual. Yanji, nur zwanzig Kilometer vor Nordkorea gelegen, ist die Hauptstadt der autonomen Präfektur Yanbian. Und Yanbian erscheint mir als eine der wenigen Regionen der Volksrepublik, in der die Bezeichnung «autonom» nicht nur folkloristischen Charakter hat.

«Stimmt», sagt die Frau auf dem Hocker neben mir, als ich die Vermutung äußere, dass der Morgenmarkt in der Hand von Koreanern ist: «Das siehst sogar du. Wir Koreaner sind ziemlich fleißig», ruft sie mit einem Augenzwinkern und in einer Lautstärke, die das ganze Lokal an ihrem Monolog teilhaben lässt. «Wir achten auf Sauberkeit. Und höflich sind wir sowieso. Das ist bei uns so Sitte.» Zustimmendes Gelächter von den anderen Gästen der Imbissstube. Die meisten der fünfundfünfzig ethnischen Minderheiten Chinas gelten als ärmer und weniger gebildet als die Han. Nicht so die rund zweieinhalb Millionen Koreaner, wahrscheinlich die erfolgreichste Minderheit in China. Das erklärt wohl das Selbstbewusstsein der Frau.

Sauber und aufgeräumt wirken auch die breiten Alleen der Stadt. Das Zusammenleben zwischen Han-Chinesen und Koreanern macht auf mich im Bezirk Yanbian einen harmonischeren Eindruck als anderswo im Land. Von der Kolonialzeit bis zum Koreakrieg war die Gegend für Chinesen wie Koreaner ein Zufluchtsort. Joseonjok nennt man diese hier, sie sind Nachkommen von Emigranten aus dem Königreich der Joseon-Dynastie. Erst waren es die Überschwemmungen, die Ernten vernichteten, Häuser zerstörten und die hungernden Menschen von der Halbinsel in die Mandschurei trieben. Später jagte die Drangsalierung durch die japanischen Kolonialherren die Joseonjok ins chinesische Exil. Als Anerkennung für ihren Widerstand gegen die japanische Besetzung der Mandschurei und ihre Waffenbrüderschaft mit den chinesischen Kommunisten im Bürgerkrieg gestand Chinas Regierung den Koreanern das autonome Gebiet zu. Doch die beiden Ethnien und ihre Kulturen vermengen sich zusehends, und der Anteil der Joseonjok an der Gesamtbevölkerung Yanbians soll rückläufig sein. Mancher Koreaner beklagt eine wachsende kulturelle Marginalisierung.

Die Nähe zu Nordkorea, sie ist eher Fluch als Segen: Denn die Joseonjok von Yanji haben von Musikgeschmack bis Kleidungsstil inzwischen mehr mit ihren Blutsbrüdern im kapitalistischen Süden der Halbinsel gemein. Die Nachbarschaft zu Kim Jong-uns irrlichterndem Reich hingegen birgt zahlreiche Konflikte. Zuletzt zündete die Volksarmee im September 2017 eine Atombombe auf dem unterirdischen Testgelände Punggye-ri unweit der Staatsgrenze. Die Detonationen ließen noch im hundertachtzig Kilometer entfernten Yanji die Erde zittern.

«Ich mache mir Sorgen wegen der Strahlung», bekundet die Frau neben mir ohne Umschweife, als ich sie auf das Nachbarland anspreche. Sie rückt ihren Hocker nun ganz dicht an meinen heran, spricht plötzlich leise, so, als solle niemand mithören: «Meine Familie lebt oben in den Bergen. Beim letzten Test purzelten sie beinahe aus dem Bett», flüstert sie hastig, mit einem Blick zu den anderen Gästen. Sogar schon zum Seollal, dem koreanischen Neujahrsfest, das Koreaner wie Chinesen nach dem Mondkalender feiern, habe der Irre eine Bombe gezündet. Doch Peking beschwichtige immerfort. «Schleichhandel ist ein weiteres Problem», zischelt sie mir ins Ohr. Sie redet nicht von den Gaben der Natur, die es auf dem Frühmarkt gibt: «Yanji ist doch längst eine Drehscheibe für Crystal Meth.»

Einen kleinen Stadtbummel und ein paar Stunden später tauche ich im «Ryugyong»-Restaurant in einer ganz anderen Welt ein. Große Rundtische mit Servierscheibe, edler Steinfußboden und Kellnerinnen, die den Gast mit einer Verbeugung begrüßen. Das Restaurant wirkt auf den ersten Blick wie ein gediegenes chinesisches Wirtshaus. Doch der hohe, in kitschigem Morgenrot erstrahlende Berg auf einem ausladenden Wandgemälde passt nicht ins Bild. Die hübsche Bedienung weist mir, dem westlichen Gast, in abgehacktem Chinesisch den Katzentisch am Ende des leeren Speisesaals zu. Ein Blick in das Menü erklärt, warum: Von Hundefleisch bis Ginsengwein, das Angebot ist koreanisch, zielgruppenorientiert. Das «Ryugyong» gehört zur nordkoreanischen Haedanghwa-Group, einer Kette mit Restaurants von Amsterdam bis Hanoi. Rasch serviert die Kellnerin Kimchi, einen Teigkuchen mit Fisch, dazu Samgyeopsal, gegrillte Schweinebauchscheibchen in frischen Salatblättern. Das japanische Flaschenbier der Marke Ashai kostet nur fünfzehn Yuan. Erstaunlich preiswert wirbt Pjöngjangs kulinarischer Devisenbetrieb um Kundschaft.

Plötzlich Hektik: Im Galopp tafeln die Serviermädchen dampfende Speisen auf, noch ehe die Gäste sitzen – offenbar hat die Gesellschaft vorbestellt. Zwei Dutzend Männer und Frauen machen es sich um die vier großen Tische im Saal bequem. Gesichter und Kleidung der südkoreanischen Reisegruppe verraten die Herkunft vom Lande. Mit silbern schimmernden Essstäbchen schaufeln sie in atemberaubendem Tempo die ihnen bekannte Kost. Eingelullt von dezenter Revolutionsmusik warten sie ungeduldig auf die Show. Teller leer, Bäuche voll.

Fünf Blumenmädchen betreten die kleine Bühne am Kopf des Saals. Von den Gästen unbemerkt, haben die Kellnerinnen neue Kostüme angelegt. Eines der Mädchen setzt das Keyboard in Gang, die anderen vier, allenfalls volljährig, drehen sich routiniert auf der Bühne im Takt, singen im Wechsel. Eins, zwei, drei, vier. Refrain. Ihre harten Stimmen durchbrechen die samtene Illusion. Mit ihren weiß geschminkten Gesichtern und dem Wangenrouge sehen sie aus wie Porzellanpüppchen. Ryugyong bedeutet «Stadt der Weiden». Es ist der historische Name Pjöngjangs. Hier, so kommt es mir vor, speise ich im Restaurant der Augenweiden. Frivoles Johlen aus dem Publikum dringt durch die laute Musik. Als die Mädchen «Arirang» anstimmen, hält es einige der männlichen Gäste nicht mehr auf den Stühlen. «Arirang, Arirang, Arariyo ...». Kein Lied verbindet die Menschen beider Koreas mehr als dieses Volkslied. Auf internationalen Sportveranstaltungen mit gesamtkoreanischen Mannschaften hielt es schon als Nationalhymnen-Ersatz her. «Ein Blumenstrauß für fünfzig Yuan», steht auf einem Schild geschrieben, das irgendjemand vor der Bühne aufgestellt hat. Die Männer drängen zum Podium und überreichen Plastikblumen. Fünfzig Yuan kostet die Umarmung einer reizenden Kommunistin. Manch ein Gast gibt sich spendabler, steckt einem der Mädchen einen Hundert-Yuan-Schein zu. Das rote Konterfei Maos für die klammen Kassen Kim Jong-uns. Einem Sojutrunkenen rutscht die Hand von der Mädchenhüfte abwärts. Die zarte Sängerin wehrt mit eingefrorenem Lächeln den Angriff des Klassenfeindes mit dem Branntweinatem ab. Erst nach dem Lied, als sie im Schutz einer Säule ihre Tracht von mint-pink zu gelb-pink wechselt, entgleist ihre eiserne Mimik für einen Augenblick.

Das koreanisch-koreanische Spektakel dauert gerade mal fünf kurze Schnulzen. Nach dem letzten Takt bricht die Gesellschaft überstürzt Richtung Reisebus auf. Vor der Herrentoilette starrt mich einer der Gäste perplex an. Einen westlichen Besucher hat er hier wohl nicht erwartet. Doch dann siegt die Neugier, auffordernd hält er mir eine rote Zigarettenschachtel unter die Nase. «Rauchst du?», rollt der Mann in possierlichem Englisch und deutet auf das Markenlogo. «Hab ich nur des Namens wegen gekauft. Das Kraut kratzt ordentlich in der Lunge.» Changbaishan – «Immerweißer Berg», heißt die Marke, benannt nach dem Gebirge, das China hier von Nordkorea scheidet und in dem die beiden Grenzflüsse Yalu und Tumen und auch der Songhua entspringen. Selbst nach der Schneeschmelze strahlt er weiß, dieser Berg. Koreaner kennen den höchsten Gipfel des Grenzgebirges als Paektu. Er gilt als mythische Geburtsstätte ihres Volkes – im Norden wie im Süden. Den Kratersee unterhalb des Gipfels, durch den die chinesisch-nordkoreanische Grenze verläuft, nennen Chinesen wie Koreaner Himmelssee.

Ich nehme mir tatsächlich so eine Changbaishan aus der Schachtel, eine Zigarettenlänge Small Talk. Erst gestern seien sie oben gewesen, erzählt der Raucher, reichlich spät, immerhin hätten wir schon Oktober, und am Seeufer liege schon Schnee. «Doch als ich den Paektu sah, konnte ich meine Tränen nicht länger ersticken», sagt er verträumt nach einem kräftigen Lungenzug und hilft meiner Zigarette mit einem Streichholz zum zweiten Mal nach. «Der Berg macht uns alle zu Patrioten.»

Für Koreaner aus Süd und Nord sei dieser Berg mehr als ein Wunder der Natur. Ja, Nordkoreaner pilgern ebenso jedes Jahr zum Kratersee hinauf, natürlich an die andere Uferseite. In der dünnen Bergluft schwören Parteikadetten und Soldaten ihre Loyalität gegenüber dem pummeligen Kim. Auch ich hatte von der Staatslegende gelesen, nach welcher der Kim-Clan von der «Paektu-Blutlinie» abstamme. Kim Jong-il, der bis zu seinem Tod stets Plateauschuhe tragende Vater des derzeitigen Despoten, soll in einem Partisanencamp am Heiligen Berg das Licht der Welt erblickt haben – erleuchtet von einem Stern und einem doppelten Regenbogen am Himmel. Fakt ist, er wurde recht glanzlos als Jurij Irsenowitsch Kim im Fernen Osten der Sowjetunion geboren.

Im Speisesaal räumen die Kellnerinnen die Tische ab, spülen in der Küche das Geschirr. Eines der Mädchen zählt die Einnahmen. Singen, tanzen, bedienen, saubermachen. Schnell noch das Gemüse putzen. Die beiden Köche stehen schon wieder am Herd. Die nächste südkoreanische Reisegruppe kommt in einer Viertelstunde.

Im Foyer ein diskretes Hinweisschild auf Hotelzimmer: Je nach Kategorie kostet die Nacht zwischen 388 und 588 Yuan. Ob die Völkerverständigung in den oberen Stockwerken fortgesetzt wird? Eines ist sicher: Südkoreanische Touristen suchen in diesem toten

Winkel der chinesischen Mandschurei nicht nach China, sondern nach ihrem fremd gewordenen Bruder- und Schwestervolk. Das «Ryugyong» dient ihnen als Kontaktzone der besonderen Art: Devisenrestaurant und Sehnsuchtsort.

*

Weiterfahrt mit dem Regionalzug nach Tumen, eine läppische Stunde östlich von Yanji. Der Fern-Express braucht nur eine Viertelstunde. Doch auch hier verkehren die Schnellzüge auf separaten Strecken und halten an neuen, zentrumsfernen Stationen. Jedweder Zeitgewinn wäre dahin. Im Waggon des Bummelzugs sitzen nur ein paar Pendler mit Monatstickets. Am Bahnhof kein Gedränge. Lärm dringt nur vom Rangierbahnhof her.

Tumen, diese Kleinstadt am gleichnamigen Grenzfluss, ist ein unspektakulärer Ort von etwas mehr als einhunderttausend Einwohnern. Selbst im Zentrum stehen viele Wohn- und Geschäftshäuser leer. Keine Glasfassaden. Stattdessen verwaiste Schaschlikbuden, Karaoke-Bars, im Parterre eines sechsgeschossigen Rohbaus haben sich ein paar Obdachlose eingenistet. Tumen, das merke ich schon nach einem kurzen Bummel, liegt im Zonenrandgebiet.

Nach einer Viertelstunde Fußmarsch erreiche ich den Grenzfluss. Der Tumen ist hier gerade mal hundert Meter breit. «Illegaler Grenzübertritt verboten! Rufen und Fotografieren in Richtung Nordkorea verboten! Schwimmen verboten! Schmuggel, Drogenhandel und Angeln verboten!» Auf Chinesisch, Koreanisch und Englisch verheißt das Warnschild ein strenges Kontrollregime. Hinter der Hinweistafel Stacheldraht und Schilf. Die Uferpromenade liegt still und leer im Herbstnebel. Meterhoch steht oktoberbraunes Unkraut in den Kübeln. Auf einem Pontonboot döst ein Mann vor sich hin. Keine Kundschaft für Floßfahrten in Sicht.

Erstmals wähne ich mich unbeobachtet beim Blick auf das verschlossene Land gegenüber. Doch der Schein trügt. Kameras auf Laternenmasten beäugen das Wenige, das sich hier bewegt. Und alle paar Hundert Meter wacht ein Zeitungsleser im Nieselregen. Akkurat gekleidet, Mobiltelefon am Gürtel, so um die vierzig. Rauchen, lesen, rauchen. Kein Flüchtling, der vom anderen Ufer des Flusses kommt und im Hinterland Zuflucht sucht. Der Tagesvermerk im Protokoll: «Keine besonderen Vorkommnisse.» Dienstschluss.

Jedes Jahr fliehen Nordkoreaner über das schmale Wasser nach China. Erwachsene können den nabeltiefen und träge fließenden Tumen durchwaten. Im Winter friert er ohnehin zu. Hungrige nordkoreanische Grenzschützer schauen weg, wenn Landsleute über die Grenze in eine bessere Zukunft fliehen. Ihr eigenes Überleben hängt an den Bestechungsgeldern. Ungemach lauert deshalb oft erst am chinesischen Ufer durch die Zeitungsleser. China sieht in den Flüchtlingen illegale Wirtschaftsmigranten und deportiert Aufgegriffene zurück in die verhasste Heimat – wo ihnen Straflager, Folter oder Exekution drohen. Und jene Flüchtlinge, die sich an Kameras und Zivilfahndern vorbeistehlen, müssen Devisen für die Schlepper aufbringen, die sie weiter in ihr gelobtes Land schleusen. Manche schaffen in zwielichtigen Karaoke-Bars an, andere schwitzen in dunklen Garküchen für das freie, aber teure Geleit der Banden entlang der relativ aussichtsreichen Südroute.

Am anderen Ufer rumort ein Betonmischer, irgendwo schaufelt ein Bagger. Trotz der Nähe höre ich den unheimlichen Nachbarn eher, als dass ich ihn sehe. Später wirft eine Baumaschine einen Lichtkegel auf die dichte Böschung am Fluss. Der Schatten eines Bauarbeiters bricht sich darin. Von einer Anhöhe aus schließlich doch ein Blick über die Böschung hinweg auf die nordkoreanische Grenzstadt Namyang: niedrige verrottete Häuser, darin spärlich schimmernde Energiesparlampen. Dahinter dicht bewaldete Berge, die Gipfel von tiefhängenden Wolken verschluckt.

Eine alte Dame flaniert einsam auf der Promenade, vorbei an einer die einzelne Trauerweide umkreisenden Kindereisenbahn. Sie grüßt mit einem Lächeln. Seit sie in Rente ist, lebe sie in einem Apartment mit Blick auf das Nachbarland. Ob denn viele Chinesen hier ihren Lebensabend verbringen, frage ich. Die Frau nickt bestätigend. Zwar seien die Winter alles andere als mild. «Aber was glaubst du, wie günstig hier die Wohnungen sind! Viel Natur gibt es obendrein!» Punkt siebzehn Uhr scheppern aus den Lautsprechern auf der Uferpromenade Revolutionslieder, natürlich auf Koreanisch. Zeit für die Abendgymnastik. Die Rentnerin verabschiedet sich, zwei Freundinnen warten bereits auf sie – unbeirrt vom Regen, der auf das schmale Wellblechdach des Sportplatzes trommelt.

Am Ende der Promenade der Grenzübergang: der chinesisch-nordkoreanische Freundschaftsturm, dessen genietete Metallskulpturen zwei verschränkte Fackeln symbolisieren sollen. In der zu zeitigen Dämmerung wirkt er wie ein Wehrsymbol. Hinter dem pompösen Tor des chinesischen Zolls eine lange Betonbrücke, die in «das größte Gefängnis der Welt» hinüberführt, so Human Rights Watch. Am Abend rollen ein paar leere Laster zurück nach China. Bei Einbruch der Dunkelheit senkt sich der Schlagbaum – die Grenze bleibt nachts geschlossen.

Der Wind trägt noch immer Revolutionslieder von der Körperschule herüber. Vor den meisten Geschäften sind schon die Rollläden heruntergelassen. Rote und gelbe Lichterketten tauchen die leeren Straßen Tumens in intime Farben. Keine Autoscheinwerfer, keine Werbetafeln. Hier entfalten diese aufwendigen Illuminationen eine reine, konsumfreie Ästhetik. Wenngleich ich Nordkoreanern nur als Schattenrissen und singenden Kellnerinnen begegnet bin – so nahe wie in diesem Moment fühlte ich mich Pjöngjang noch nie. Und nie wieder.

Lange hatte ich mit mir gerungen, Erkundigungen eingeholt, mögliche Routen durchgespielt. In meinem Kopf hatte ich schon die innere Uhr zurückgedreht auf ein ewiges Gestern: autoleere Straßen, der Himmel ohne Kondensstreifen, Metrozüge bar jeder Werbetafel. Und mich am Ende doch gegen eine Reise nach Nordkorea entschieden. Es war nicht das tragische Schicksal Otto Warmbiers, dieses blassen jungen Mannes aus Cincinnati, das mich von einer Fahrt abhielt. Ebenso wenig war es die Aussicht auf straff getaktete Besuche von Kultstätten des Kim-Clans mit huldvollen Verbeugungen vor den Monarchen des Arbeiter-und-Bauern-Staates, untermalt von heroischer Marschmusik in ebenso heroischer Lautstärke. All das hielt mich nicht ab. Würde mein Geld in Saatgut investiert, ich wäre morgen in Pjöngjang.

*

So stoße ich also weiter nach Osten vor, zunächst nach Hunchun, einer alten Garnisonsstadt der kaiserlichen Bannertruppen. Trotz der Binnenlage Jilins, trotz des fehlenden direkten Zugangs zum Japanischen Meer baut die chinesische Zentralregierung derzeit mit aller Macht die Infrastruktur im topographisch schwierigen Ostteil der Provinz aus. Wie in einer südchinesischen Tuschmalerei kommt diese dicht bewaldete Landschaft daher. Dennoch wurde eine vierspurige Autobahn mit Tunneln und Brücken durch dieses einst unwegsame Terrain geschlagen. Bislang verpufft der Segen dieser Infrastrukturmaßnahme: Auf der Schnellstraße nach Hunchun erscheinen Autos als Attraktion, wie in Pjöngjang. Unmittelbar daneben schwebt die neue, komplett auf Stelzen gebaute Eisenbahntrasse über Baumwipfeln. Selbst die abgelegene ehemalige Garnisonsstadt ist inzwischen an das Hochgeschwindigkeitsnetz angeschlossen, ist Endstation zahlreicher Fernzüge aus Peking, Harbin und Changchun.

Kurz vor der Ankunft flacht das Terrain ab. Die letzte chinesische Stadt vor dem Dreiländereck mit Russland und Nordkorea hat schon bessere Tage erlebt. Nicht erst seit dem Verfall des Rubels sinkt die Zahl der russischen Touristen. Nur einige Hundert sollen es jeden Tag sein, dabei ist Wladiwostok quasi um die Ecke. Die Ladenschilder – in zuweilen improvisierter Orthographie mit drei gänzlich verschiedenen Schriftsystemen, Kyrillisch, Chinesisch und koreanisches Hangul – überdecken ihre Rückständigkeit nur oberflächlich. Heute, da russische Besucher sich kaum noch nach Hunchun verirren, blicken die Bewohner nach Westen, nach China.

Verwirrung am Busterminal. Keine Fahrscheine für Touristen, wehrt die Uniformierte im Kassenhäuschen ab. «Gottverdammt nochmal! Die Zone ist doch schon seit Monaten für Ausländer gesperrt», poltert sie mit einer Bestimmtheit, als hätte es schon hundert Mal in der Zeitung gestanden. Meine Frage nach dem Grund ignoriert die Frau und vertieft sich wieder in eine Tang-Dynastie-Seifenoper, die auf dem Display ihres Mobiltelefons kreischt.

«Wenn sie dich am Checkpoint abweisen, musst du nichts zahlen», sagt ein Mann, so um die dreißig, der meinen Wortwechsel mitgehört hat und sich als Herr Pak vorstellt. Ich starre auf seine in Wollsocken bandagierten Füße, über denen er stilsicher blaue Badeschlappen trägt: «Letzte Woche habe ich selbst einen Amerikaner nach Fangchuan durchgebracht.» Sein Angebot klingt unwiderstehlich: eine Reise ans Ende der chinesischen Welt mit Geld-zurück-Garantie.

Nachdrücklich zieht Herr Pak an meinem Ärmel und schiebt mich sogleich Richtung Taxistand. In seinem Auto wartet bereits ein japanisches Pärchen. Auch ich soll auf der Rückbank Platz nehmen, bedeutet mir Herr Pak mit einem Blick durch seine vernickelte Brille. Die Japaner nicken, rücken, schweigen.

Von Hunchun sind es mit dem Auto noch einmal rund sechzig Kilometer bis zum Japanischen Meer. Seit den Neunzigern erwirtschaftet der abgesperrte Grenzkorridor seine Einnahmen einzig durch Touristen und im kurzen Sommer durch die hier ausschwärmenden Bienen der Imker – ansonsten ist die Landzunge für China ökonomisch bedeutungslos. Bienen kümmern sich nicht um Staatsgrenzen, für uns gelten strenge Bestimmungen.

Drei Soldaten, die Maschinenpistole im Anschlag, winken die drei Ausländer durch, die im abgedunkelten Fond von Paks Santana hocken. Der Checkpoint ins Niemandsland heißt Quanhe – Chinas östlichster Grenzübergang nach Nordkorea. Ein Geschäftsmann aus Hongkong soll am anderen Ufer ein Bordell und Casino betreiben, erzählt Pak und tritt mit seiner Schlappe aufs Gaspedal. Doch im Regen mache ich nur ein paar Baracken aus. Die Wischer trocknen nur widerwillig die Scheibe. Auf den Bergen große, weiße koreanische Schriftzeichen: «Für unser Vaterland».

Offenbar kutschiert Herr Pak häufig Touristen an das Ende der chinesischen Welt. Sein Repertoire an Witzen und Quizshow-Wissen über die Region scheint unerschöpflich. Zumindest mir verkürzt er damit die Fahrzeit: «Südkorea ist Weltmeister in der Schönheitschirurgie. In Nordkorea gab es bisher nur eine einzige plastische Operation: Der Patient sieht nun aus wie sein Großvater.» Die Japaner neben mir schweigen mit eingefrorenem Lächeln. Pak redet: «Egal, wo du in China eine Königskrabbe siehst, sie war bestimmt schon in Hunchun. Wir kaufen die Krabben in Russland und verkaufen sie im ganzen Land.»

Der chinesische Landstreifen ist gerade einmal zwischen acht und dreihundert Metern breit. Die Chaussee Richtung Japanisches Meer ist neu asphaltiert, eingerahmt von selbst im Oktober noch heiteren Blumenrabatten. Linker Hand, hinter einem doppelten Metallzaun, beginnt Russland. Rechter Hand, am anderen Flussufer, Nordkorea. In Russland und Nordkorea bleibt das Grenzland Sperrgebiet. Im chinesischen Korridor warten hingegen skurrile Attraktionen auf uns Reisende: Kurz hinter Quanhe – noch in Sichtweite des Kontrollpostens – bieten fliegende Händler am Straßenrand nordkoreanisches Schmuggelgut feil: Reisschnaps und Zigaretten der Marke Pyongyang. Wir halten. Ich nutze die Gelegenheit und steige auf den Beifahrersitz um. «Drüben gilt das alles als Pfennigware. Hier kostet der Tabak immerhin noch weniger als in Hunchun», meint Herr Pak. Kassiert er Provision für den Stopp bei der unverzollten Ware?

Am Straßenrand taucht bald ein Restaurant auf. Hu Jintao soll hier ein paar Jahre vor seinem Aufstieg zum Generalsekretär der Kommunistischen Partei und Staatspräsidenten, also vor einer halben Ewigkeit schon, einmal gespeist haben. «Hast du Hunger?», fragt Herr Pak. «An Hus Tisch dürfen Gäste gegen Aufpreis speisen.» Er scheint die Japaner auf der Rückbank längst vergessen zu haben. Ein paar Kilometer weiter und ein paar Witze später bietet jemand Schlittenfahrten auf einer Sanddüne an. Was es nicht alles gibt.

Am Ende des langen Landkorridors schließlich Fangchuan. Nach einer Flut war das Dorf jahrzehntelang nur noch per Boot über den Tumen erreichbar. Heute leben keine Zivilisten mehr hier. Fangchuans Hauptattraktion ist der auf einer Anhöhe gelegene Aussichtspunkt «Ein Auge, drei Länder».

Von der Tiger-Drachen-Pagode schweift der Blick frei auf die 1959 eingeweihte «Nordkoreanisch-Russische Freundschaftsbrücke» über den Tumen. Einmal in der Woche zieht eine Rangierlok drei Personenwaggons aus Pjöngjang über die rostige Lebensader nach Wladiwostok, wo sie als Kurswagen an den Moskau-Express angekuppelt werden. Die Zahl der Waggons steht symptomatisch für das Verhältnis zwischen Russland und Nordkorea. Schon die sowjetisch-nordkoreanischen Beziehungen waren von gegenseitigem Misstrauen geprägt, und nach dem Zerfall der Union konnte Nordkorea nicht länger auf Beistand aus dem Kreml zählen. Seither hat Pjöngjang sich weiter in die selbstverschuldete Isolation begeben. Für Russland bleibt der Giftzwerg im äußersten Südosten ein lästiges Ärgernis. Politisch wie ökonomisch belanglos, versteht Kim es mit seiner unberechenbaren Politik und Kriegsrhetorik, selbst Putin zu beschäftigen.

Die chinesischen Besucher auf der Aussichts-Pagode, auf die wir nun stoßen, interessieren sich weniger für die Brücke, als vielmehr für das, was sich bei gutem Wetter am Horizont auftut. Doch tieffliegende Wolken verhängen die Sicht aufs Japanische Meer. Sie verstellen den Blick auf ein chinesisches Dilemma, das schon Generationen von Mandarinen und Kommissaren ärgerte: Mitte des neunzehnten Jahrhunderts rang das russische dem maladen chinesischen Kaiserreich Ländereien nördlich des Amur und östlich des Ussuri ab. Der 1860 unterzeichnete Vertrag von Peking verschaffte Russland auch Zugang zu einem siebzehn Kilometer langen Abschnitt an der Mündung des Tumen ins offene Meer und machte es zu einem direkten Nachbarn Koreas. Und obwohl in den letzten

Jahrzehnten gemeinsame Grenzkommissionen die Markierung des Dreiländerecks leicht zugunsten der Volksrepublik verschoben, obwohl die Sowjetunion kurz vor ihrem Verschwinden China einige wenige Male die Passage kleiner Flusskähne zubilligte, obwohl China noch in den Neunzigern große Pläne für den Bau einer chinesischen Eisenbahnverbindung zum Japanischen Meer, für die Vertiefung der Fahrrinne des Tumen und den Bau eines Hochseehafens schmiedete, bleibt China hier bis heute nur der sehnsüchtige Blick aufs Meer.

«So sehr ich Nordkorea hasse, so arg ich den Russen misstraue, die Brücke ist ein Segen.» Unvermittelt prasselt der Japaner wie ein Wasserfall auf mich ein, dabei haben wir bisher auf der Fahrt allenfalls Blicke gewechselt. Im Auto wirkte er misstrauisch, scheu, beinahe ängstlich. Sein Englisch klingt so akzentfrei, wie ich es bislang bei wenigen Japanern gehört habe. Putin solle man dankbar sein, dass Russland dieses Stück Land nicht abtrete. Russland verlöre sonst seine Landgrenze zu Nordkorea. Schlimmer noch: China könnte eine Marinebasis und ein Containerterminal am Japanischen Meer bauen. «Für Japan und für die Vereinigten Staaten wäre das ein militärisches Fiasko.» Und Russland schnitte sich ins eigene Fleisch: Die Häfen in Wladiwostok und Nachodka, sie wären bald bedeutungslos.

Im kantigen Santana schaukeln wir zurück nach Hunchun. Vorbei an den Bienen, vorbei an den Zigarettenschmugglern. Der Japaner schweigt wieder. Die Regenwolken sind weitergezogen und ketten sich drüben an die nordkoreanischen Berge. Die Sonne steht schon tief, die Schatten sind lang, das Tal glüht in kräftigem Gold. Ein wohlwollender Landstrich, an dem ich mich nicht sattsehen kann.

Warum Hunchun heute eine Stadt ohne Russen sei, will ich von Herrn Pak noch wissen.

«Hast du eine Ahnung, wie die Straßen dort drüben aussehen? Mit dem Auto bist du einen halben Tag lang unterwegs, und das nur dann, wenn es gut rollt. Selbst den Russen ist das zu mühsam», erklärt Herr Pak und flucht auf die vielbeschworene chinesisch-russische Freundschaft. Schon seit Hunchun an das Schnellzugnetz angeschlossen sei, gebe es Pläne für eine Hochgeschwindigkeitsstrecke bis nach Wladiwostok. «Mit dem Zug wärst du in einer Stunde da», schnauft Pak und schüttelt den Kopf. «Russen und Nordkoreaner nehmen sich nichts. Sie igeln sich ein. Dabei würden wir ihnen die Schienen bis vors Sofa legen.» Wenn ich eines auf dieser Fahrt vom Gelben Meer zum Japanischen Meer gelernt habe, dann ist es diese simple Formel: Je höher die Dichte an Freundschaftsbrücken, desto fremder sind sich die Nachbarn.

15. Der afrikanische Enkel der Wehrbauern

Mudanjiang – Linkou – Jiamusi – Jiangchuan

Nein, ich fahre nicht auf direktem Weg über die Holperpisten nach Wladiwostok weiter. Auch nicht per Bahn. Bis vor ein paar Jahren noch verkehrte wöchentlich ein Kurswagen zwischen Harbin und Wladiwostok. Das Ticket war überteuert, und die Fahrt dauerte eine halbe Ewigkeit. Vor zehn Jahren saß ich einmal in diesem Waggon mit seinen zwei Schaffnern. Ich war der einzige Passagier. Nachdem eine Rangierlock uns drei über die Grenze gezogen hatte, standen wir die halbe Nacht auf einem Abstellgleis am Bahnhof von Ussurijsk, ich fürchtete schon, dass man uns vergessen hätte.

Statt nach Russland zu reisen, endlich das Japanische Meer zu sehen, bleibe ich vorerst in China und mäandere weiter den östlichen Rand der Mandschurei entlang gen Norden, zum Amur hinauf. Zum chinesischen Neujahrsfest will ich bei meinem Studienfreund in Jiangchuan sein, einem Dorf im äußersten Nordosten der Mandschurei. Chinesen behaupten, dass die Konturen ihres Landes einem Hahn ähneln. Und tatsächlich, ein Blick in einen Atlas gibt ihnen recht: Die Mandschurei ist der Kopf, der sich zwischen das mongolische Grasland und das Changbai-Gebirge an der koreanischen Grenze quetscht und mit seinem Kamm gegen Sibirien stößt. Harbin ist das Auge, Peking liegt am Hals, Schanghai sitzt auf der

Brust, Tibet und Xinjiang bilden die Schwanzfedern. Meine Reise durch den Hahnenkopf führt über Mudanjiang, eine Industriestadt von der Größe Kölns, von der aber in Europa die Wenigsten gehört haben mögen. Sie macht ihr Geschäft mit dem Kautschuk, mit Reifen für die großen Autofabriken in Changchun, vielleicht auch mit Gummistiefeln und Radiergummis. Die Fahrt geht vorbei an Dörfern und Kleinstädten mit klingenden Namen wie «Fortschritt» oder «Roter Osten», von dem es dort gleich mehrere gibt. Über Mishan reise ich bis an das Ufer des Chankasees, ein beinahe rundes Gewässer, das nur zu einem Viertel in China liegt, achtmal so groß wie der Bodensee. Nur der am russischen wie chinesischen Ufer brütende Mandschurenkranich kann wohl dieses asiatische Binnenmeer in seiner ganzen betörenden Schönheit erfliegen. Die Strohschirme am Strand sind ein entfernter Gruß des vergangenen Sommers. Eine chinesische Grenzpatrouille fegt mit ihrem Schneemobil am Horizont über das Eis.

Antiquierte Züge schaukeln mich durch die Hahnenkehllappen und die Ohrscheibe bis in die Schnabelspitze Chinas – und in den Frost hinein. Grüne Züge russischer Bauart sind das, mit nur einer Wagenklasse: der hölzernen. Züge, an deren Decken sich matte Ventilatoren mühen, die auch im Winter stickige Luft zu verjagen, und in denen Reisende die Schalen der Sonnenblumenkerne auf den Bodenbelag spucken und die Zugbegleiter mit ihren Reisigbesen den Unrat wegfegen – ein schier aussichtsloses Unterfangen.

In Linkou muss ich gleich zweimal umsteigen: auf der Fahrt zum Chankasee und zurück. Linkou, das bedeutet soviel wie «Eingang zum Wald». So romantisch der Name klingt, so bitter schlägt die von Arbeitslosigkeit gezeichnete Gegenwart dieses Hunderttausendseelennests durch: Die einzigen Farbtupfer im Bahnhof von Linkou sind ein Selbstbedienungs-Sexshop und ein Rentier aus Kunststoff, das jemand vor Weihnachten im verdreckten Vestibül aufgehängt haben muss. Unter dem Rentier stehen die hier Vergessenen: Krüppel und Säufer, die auf niemanden warten, die nirgendwohin wollen. Abgehängte, die in der zugigen Halle zu überwintern scheinen, wie der Greis, der mit seiner Krücke einen Zigarettenstummel nach dem anderen vom Boden kratzt und in der Tasche seines Filzmantels verschwinden lässt.

Hinter Linkou flacht das Terrain allmählich wieder ab. Irgendwann verliere ich die Windräder aus den Augen, die sommers wie winters oben auf den Bergkuppen kreisen. Die Strecke noch eingleisig, nicht elektrifiziert, von Lehmhütten gesäumt. Das Gleisbett von Mudanjiang über Linkou nach Jiamusi hatten die Japaner schon 1937 geschottert, sie wappneten sich gegen einen Angriff der Sowjetunion. Auch hier russische Reisegeschwindigkeit. Mein Magen knurrt, doch wer ein warmes Essen wünscht, braucht Geduld: Erst nachdem das Zugpersonal gesättigt ist, erst nach einem deftigen Handgemenge mit ein paar noch hungrigeren Reisenden, verlassen die Schaffner unter Applaus diese chinesische Mitropa. Der Koch schlurft in die Kombüse zurück und wirft erneut den Herd an. Andere Passagiere haben vorgesorgt: Auf Tischen und Sitzbänken breiten sie Süßkartoffeln und Sonnenblumenkerne aus. Jemand hat sogar einen Weinkanister dabei. Mein Magen knurrt noch immer auf der Kante einer Holzbank, trotzdem bin ich froh über diesen halben Sitzplatz. Ein Halbwüchsiger mit einer Punkfrisur wie Billy Idol in seinen besten Jahren sitzt mir gegenüber. Er starrt mich an und fragt unvermittelt: «Warum reist du nicht durch den Süden? Warum fährst du hierher, in diese verdammte Kälte?»

Dann döse ich weg, und irgendwann trötet mich der Lautsprecher aus dem Halbschlaf: «Jiamusi ist die fünftgrößte Stadt Heilongjiangs. Hier geht in China zuerst die Sonne auf. Jiamusi ist das Zentrum der Dreiflussebene. In dem Bezirk münden Songhua und Ussuri in den Amur.»

Auch in Jiamusi wieder Hochhäuser, Kräne, Baustellenlärm. Die Immobilienblase drückt tief in die Provinz hinein, denke ich bei meiner Suche nach einem Nachtquartier. Ich überquere einen Platz voller Plastikbäume, die in Grüppchen arrangiert in allen Regenbogenfarben der Dämmerung entgegenblinken. Zwischen den Bäumen bereitet sich eine Kompanie uniformierter Kellnerinnen mit der eingeübten Taktroutine aus koordinierten Kniebeugen und Pirouetten auf die Abendschicht vor. In der Pension interessiert sich niemand für meinen Pass. Auf der Fremdenkarte vermerkt die Rezeptionistin, der es müßig scheint, lateinische Buchstaben abzumalen, in den Spalten für Vor- und Zunamen: «Russ» und «Land».

*

Nun bin ich also wieder auf der Spur, die zum Heimatdorf meines alten Freundes führt. Eine Stunde schlittert der vollbesetzte Bus im Schritttempo schon auf der vereisten Wehrstraße gen Jiangchuan, weiter auf Chinas Schnabel entlang. Eine Betonstraße, die Chinas Führung aus Furcht vor einem sowjetischen Angriff in den sechziger Jahren eilig in das noch kaum besiedelte Sumpfland trieb. Der Fahrer hupt, obwohl ich keinen störenden Verkehr erkennen kann. Es klingt eher wie ein dünnes Kreischen, als würde die Batterie des Busses auf Sparbetrieb laufen.

Die Scheiben sind so dick mit Eis beschlagen, dass bei einem Blick nach draußen die Welt in einem düsteren Grau verschwimmt. Alles trübe, kahl, leblos, melancholisch. Unmöglich zu erahnen, bei welchem Dorf ich inzwischen angekommen bin. Schattenhaft schieben sich die Volkskommunen unter tiefliegenden Schneewolken vorbei. Einem Archipel in den kahlen Feldern gleich, lugen die Weiler mit ihren niedrigen Höfen aus dem Schnee empor. Ab und zu entdecke ich die Schriftzeichen der Ortsschilder durch den schmalen Sichtspalt, den jemand in die Eisschicht auf den Fensterscheiben geritzt hat: Jiangchuan Erste Brigade, Jiangchuan Zweite Brigade, Freundschaftsfarm, Jiangchuan Einundzwanzigste Brigade. Dann, nach knapp zwei Stunden, die dreißigste Brigade: Jiangchuan Nongchang, «Farm am Fluss».

Erst auf den zweiten Blick erkenne ich Yunpeng wieder. Eine übergroße Sonnenbrille und eine weiße Baumwollmaske verdecken sein Gesicht, sein Haar ist unter einer pelzgefütterten Armeemütze versteckt. Yunpeng grüßt mich mit Handschlag, beinahe distanziert. Er ist ein Stockfisch geblieben. Afrika hat ihn nicht aufgetaut. Ich nehme auf der Rückbank seines arktischen Tuk Tuk Platz. Mein ehemaliger Mitbewohner aus Harbiner Studientagen knattert durch sein Heimatdorf, die Ohrenklappen seiner Mütze wippen rhythmisch im Takt der Eispiste. Die Konturen von Jiangchuan kann ich durch die Eisblumen an den Fenstern seiner Motorradrikscha nur erahnen.

Chinesen aus dem zivilisierten Herzland nannten den eiskalten nordöstlichen Schnabel ihres Reiches einst Beidahuang – «Große nördliche Wildnis». Die Region war mehr oder weniger unbewohnt, abgesehen von ein paar Tausend Hezhen. Dieses tungusische Fischervolk siedelt zu beiden Seiten des Amur und ist eine der offiziell fünfundfünfzig Minderheiten der Volksrepublik. Das «Neue China» hat die Region in mehreren Wellen der Landgewinnung unterworfen: Schon in den Fünfzigern begann die Trockenlegung dieses sumpfigen Landstrichs am Unterlauf des Songhua, der als längster Zufluss rund hundert Kilometer stromabwärts in den Amur mündet. Damals schickte die Regierung hunderttausend demobilisierte Soldaten zur Besiedlung der Grenzregion. Viele hatten auf den koreanischen Schlachtfeldern gekämpft.

Eine fünftausendjährige Geschichte hat die chinesische Zivilisation. Jedem Pennäler Chinas wird diese Weisheit eingepaukt. In den Lehrbüchern besetzt der Nordosten Chinas nur einen Bruchteil dieser Zeitlinie, wodurch sich seine Vergangenheit vergleichsweise jung anfühlt. Wie jung, das merke ich nach Daqing hier ein weiteres Mal: Eine Kompanie der Volksbefreiungsarmee gründete Jiangchuan 1959.

Das alte Ziegelhaus der Eltern steht hart am Ufer des Songhua. Der Großvater hat die Lehmziegeln selbst gestochen, während er als einer von Tausenden Soldaten die Sümpfe trockenlegte. Längst sind die von seiner Brigade gezogenen Entwässerungskanäle zugeschüttet, und Gras ist darüber gewachsen. Im Hof wittert man Hühnerverschlag und Kaninchenstall, wenngleich der Frost geruchshemmend wirkt. Die Deiche haben gehalten, als die Hochwasser 2013 und zuletzt 2019 den Songhua über die Ufer trieben, erzählt mir Yunpeng. Wir starren auf den zugefrorenen Fluss. Den Strom kann ich indes nur erahnen, weil ein Schneepanzer ihn verschluckt hat. Vor sieben Jahren habe aber das Wasser vom Erdgrund in den Ort gedrückt. Mit seinem Handschuh deutet Yunpeng auf den Sims: «Bis hier, bis zum Hals stand uns das Wasser.»

Ich drücke die nie verschlossene Vordertür auf, klopfe im Vorraum den Schnee von meiner Hose, öffne dann die Tür zur Wohnstube und klettere auf den Kang, dieses kniehohe backsteinerne Plattformwärmebett, das – wie bei Bohans Eltern in Daqing – den halben Raum einnimmt. Die großen Fenster gehen, wie überall auf dem mandschurischen Land, gen Mittagssonne. Im Winter dämmt zusätzlich die in die blauen Fensterrahnen gespannte Folie die ausladenden Scheiben. Drinnen herrscht schon Hochbetrieb. Die halbe Sippe, gefühlt ein Viertel der Nachbarschaft, hat sich hier versammelt: Sie feiern das Neujahrsfest, Chinas Pendant zu unserem Weihnachten und Amerikas Thanksgiving, mit einem Festmahl und den obligatorischen Geldgeschenken. Der letzte Tag des Jahres, er war schon vorvorgestern. Jetzt ist die Zeit gekommen, auch die entfernteren Verwandten zu beköstigen: Die Nachbarn, die Onkel und Tanten, die Brüder und Schwestern, die Nichten und Neffen kommen und gehen. Sie hocken auf dem Kang und sitzen um den runden Tisch daneben. Dieser droht unter der Last dampfender Speisen zu kollabieren: gebratene Pilze, mit Knoblauch sautiertes Wildgrün und Reis. In der Mitte eine große Schüssel.

«Was für Vögel sind das?» frage ich Yunpeng, auf die Schüssel deutend.

«Birkhühner. Eigentlich Jagdverbot, aber die Alten scheren sich nicht darum», antwortet er verlegen und beinahe entschuldigend.

Die Gesellschaft hat uns erwartet. Chunhua, der Vater, in dessen dichtem Haar sich erste Anflüge von Grau zeigen, deutet auf die Essstäbchen und beginnt dann zu erzählen: «Wir stammen aus dem Süden, aus Jiangsu. Nach der Entlassung meines Vaters aus dem aktiven Militärdienst karrten sie uns mit einem Jiefang-Laster hierher. Das war so ein Dreiachser-Allrad, der kam selbst durch den tiefsten Schlamm. Dazu eine Handvoll Ferkel, damit wir Schweine aufziehen und uns selbst ernähren konnten. Schon Mitte der sechziger Jahre wohnten hier in Jiangchuan rund fünfhundert Familien.» Chunhua öffnet den Metallverschluss der Baijiu-Flasche, dieses mit Kornbrand und Wodka verwandten Gesöffs von sage und schreibe genau so viel Prozent Alkohol, wie China offiziell Volksgruppen zählt.

Vater Chunhua wirkt etwas angespannt, aber die Gäste und der Alkohol haben ihn längst auf Betriebstemperatur gebracht, und so tuckert er wie der dreiachsige «Befreiungs»-Truck durch seine sumpfige Lebensgeschichte. Obwohl noch tief im Süden geboren, ist er seinem Wesen nach ein Nordostchinese, viel direkter als die subtropisch Lächelnden, fast schon ein Russe. «Jede Brigade bekam ein Stück Ödland zugewiesen. Wir sollten es urbar machen und Mais und Reis anbauen. Und natürlich Soja. Ein Segen für die Menschheit, diese Bohnenkultur! Tofu, Öl und Sojamilch kann man daraus machen. In Jiangsu hungerten die Daheimgebliebenen, wir hier oben im Norden hatten schwarze Erde und vergleichsweise wenig Mäuler zu stopfen.»

Dennoch sei der Alltag der Grenzlandbewohner von Not und Mühe geprägt gewesen, räumt der Alte ein. «Wir hausten in primitiven Hütten, heizten unsere Stuben mit Kanonenöfen. Anfangs zogen vier Männer einen Pflug, es dauerte, bis Raupen und Traktoren unsere Muskelkraft ersetzten.» Der Getreideschnaps sickert langsam meine Speiseröhre hinab, und ich male mir eine Landwirtschaft inmitten eines Urwaldreichs aus Schwarzbären, Hirschen, Tigern, Schneehasen und Wildschweinen aus.

Auf Yunpengs Großvatergeneration der ackernden Soldaten folgten ab den späten sechziger Jahren knapp eine halbe Million so genannter «gebildeter Jugendlicher». Sie kamen aus Peking, Hangzhou, Schanghai und den anderen großen Städten in Küstennähe ins nordmandschurische Sumpfland. Oft waren es noch halbe Kinder. Die «Aufs-Land-Bewegung» beraubte sie ihrer Bildungschancen und

Karriereträume. Wie Stalin mit der Kollektivierung in der Sowjetunion vier Jahrzehnte zuvor wollte Mao mit dieser Kampagne die Macht der Partei jenseits der eingeschworenen Basis festigen. Im Gegensatz zu den Soldaten blieb kaum einer der bebrillten Landverschickten. Dennoch denken nicht wenige heute mit Wehmut an ihre schweren Jugendjahre zurück – vielleicht weil es ihr Frühling war, vielleicht weil der Hunger auf dem Land weniger schlimm quälte. «Jeden Sommer kommen Rentner aus den Städten zu Besuch», sagt Vater Chunhua. Ein wahrer Nostalgietourismus sei das inzwischen.

In den siebziger und achtziger Jahren ergossen sich weitere Siedlerwellen über das Grenzland. Sie holzten auch die letzten Haine ab und legten die letzten Feuchtgebiete trocken. Sie machten aus der «Großen nördlichen Wildnis» endgültig die «Große nördliche Kornkammer». Damals, schon unter Deng Xiaoping, wies der Staat den inzwischen anderthalbtausend in Jiangchuan lebenden Familien je einen Mu Acker zu. «Eine Scholle so groß wie anderthalb Basketballfelder», meint Chunhua, «reicht allemal, um eine Familie satt zu machen.»

Mich erinnern diese Initiativen weniger an die zaghaften russischen Anläufe zur Landkultivierung nördlich des Amurs seit der zweiten Hälfte des neunzehnten Jahrhunderts. Eher an die sowjetische «Neulandkampagne», mit der Chruschtschow in Zentralasien riesige Steppenflächen erstmals unter den Pflug nahm. Auch wenn diese Operation letztlich scheiterte, war sie von ihrem Menschenmassen bindenden und Natur bezwingenden Ansatz her durchaus vergleichbar.

Nach dem Birkhuhn-Festschmaus stehlen Yunpeng und ich uns vom Getümmel der Familienrunde davon und marschieren durch das Dorf. Es ist klirrend kalt. Die wattierte Hose aus Armeebeständen, eine Leihgabe von Yunpengs Vater, lässt mich aussehen wie ein paramilitärisches Michelin-Männchen. Aber sie verbietet dem Wind, durch sie hindurchzuschneiden.

Über dem Dorf spannt sich nun ein klarer Präriehimmel von Horizont zu Horizont. Auf einmal liegt alles in einem so mächtigen Licht, dass ich die Augen zukneifen muss. Man könnte meinen, die Schneeflächen begännen zu tauen, dabei zeigt das Thermometer mehr als dreißig Grad minus, und die Sonne wird sich bereits vor der sechzehnten Stunde verziehen. Ein hungrig schreiender Krähenschwarm gleitet über die weißen Felder, aus denen nur die trockenen Maisstauden wie umgedrehte Reisigbesen herausragen. «Saubere Luft bedeutet wenig Arbeit. Und der Schnee auf den Feldern ist gut darin, die Probleme zu verbergen», nuschelt Yunpeng durch seinen Mundschutz hindurch. «Das Neuland hat längst seine Fruchtbarkeit eingebüßt. Die Wälder sind gerodet, die Weiher und Bäche verschmutzt und überfischt.» Doch Yunpeng sieht auch Anzeichen eines Umdenkens. «Seit den späten neunziger Jahren ist die Landgewinnung immerhin gestoppt. Mit neu ausgewiesenen Naturreservaten hofft die Regierung, die einst reiche Tierwelt zu erhalten. Und die Armee schützt heute nicht nur die Staatsgrenze, sondern wacht auch über die ordnungsgemäße Nutzung der Natur.»

An den Straßen führen Gräben entlang. In den frostfreien Monaten schwemmen sie den nun festgefrorenen Unrat fort. Über Mulden gespannte Bretter bieten in den nassen Sommern schlammsichere Gehbahnen. Über das Neujahrsfest säumen unzählige Autos die vereisten Straßenränder. Meist sind es keine Schlitten internationaler Hersteller, sondern eher Fahrzeuge des kleinen Mannes, heimische Marken. «Das sind die ‹Karossen› der Kinder. Jeder will den Eltern und Nachbarn zeigen, dass er es zu etwas gebracht hat. Dabei ist das alles auf Pump gekauftes Blech», bemerkt Yunpeng geradezu abschätzig. «Die Menschen hier tragen teure Klamotten, aber nehmen den Bus für einen Kuai.» Wir gehen unter einem Spalier aus roten im Wind flatternden Propagandabannern hindurch. Sie fordern die Bewohner abwechselnd dazu auf, der Maul- und Klauenseuche vorzubeugen, Pornographie, Glücksspiel und Drogenkonsum entgegenzutreten und ihre Töchter genauso zu lieben und zu beschützen wie ihre Söhne. Das älteste mehrstöckige Gebäude, ein betongraues Postamt, stammt aus den Achtzigern und steht bis heute im Zentrum des Dorfes. Ich fühle mich Lichtjahre entfernt vom dominanten Narrativ des modernen China: dem China der glitzernden, in Klassen unterteilten und von Autos überfüllten Küstenstädte.

Östlich des Dorfs erhebt sich der Makuli. Gerade einmal zweihundert Meter hoch, wirkt der erloschene Vulkan mit seinem mandschurischen Namen beinahe majestätisch in der ansonsten platten Szenerie. Von der Kuppe aus im Schatten zweier riesiger Sendemasten stehend, sehen wir in einer Senke Dutzende verlassene Bauernhäuser. Sie sind der Kern des alten Jiangchuan: ein für die Mandschurei typisches Haufendorf aus überwiegend rechteckigen ummauerten Höfen. An ihrer Stirnseite jeweils ein eingeschossiges Wohnhaus, aus einem mit Lehm angeworfenen Weidengeflecht gebaut, an den Längsseiten die Wirtschaftsgebäude. Offensichtlich hat ein Bulldozer schon die ersten Höfe zusammengeschoben. «Die Bewohner sind da rüber gezogen», erklärt Yunpeng und deutet auf die Fünfgeschosser unten an der Hauptstraße. Doch die pastell schimmernden Neubauten täuschen. «Jiangchuan schrumpft», behauptet Yunpeng, als wir das Panorama auf uns wirken lassen. «Jenseits des Schornsteins, das ist die Grund- und Mittelschule. Nur in der Hälfte der Klassenräume wird unterrichtet. Dabei wurde das neue Gebäude erst eingeweiht, als ich sie schon verlassen hatte. Die Jugend zieht es in die Stadt. Und wer es sich leisten kann, schickt seine Kinder auf eines der Internate in Jiamusi.»

Hinter der Dorfsenke mit den verwaisten Höfen, beinahe am westlichen Ortsrand, schimmert im Schnee eine kleine Villensiedlung. «Die Doppelhaushälfte gibt es für dreihunderttausend Yuan, also umgerechnet knapp vierzigtausend Euro», weiß Yunpeng. «Die sind längst verkauft, doch kaum jemand zieht ein.»

«Warum?», will ich natürlich wissen.

«Die Besitzer wollen wohl unangenehmen Fragen, woher das Geld kommt, aus dem Weg gehen», vermutet Yunpeng.

Wir schlittern vom eisigen Berg hinab und gehen ins «Volksbad». Dort riecht es stockig. Yunpeng und ich senken den Altersdurchschnitt der Stammkundschaft in dieser schimmligen Feuchte beträchtlich. Kaum jemand, der noch in einem der alten Häuser wohnt, hat einen eigenen Badeofen. Mit unseren geliehenen Plastikschlappen platschen wir durch die Pfützen. Ein alter Mann hat einen Rollator Marke Eigenbau neben die Dusche gestellt. An einem Tisch spielt eine Herrenrunde Karten. Alle rauchen, alle trinken, alle rufen durcheinander. Jeder zweite Halbsatz der Männer endet mit einem deftigen Schimpfwort. Wir verschwinden in der Dampfsauna.

«Lässt du dich von Ausländern eigentlich noch immer Stone nennen?», frage ich Yunpeng durch den dichten feuchtwarmen Nebel hindurch. Es ist noch nicht lange her, dass viele Chinesen sich englische Namen gaben, wenn sie eine Fremdsprache lernten oder mit Ausländern zu tun hatten. Während des Studiums nannte Yunpeng sich Stone. Französisch war sein Hauptfach, und der Dozent hatte ihm den Namen Pierre zugeteilt. «Nein, weder Pierre noch Stone, sondern Yunpeng. Ich bin ein Chinese.» Das Französisch-Studium in Harbin habe ihm und seinen Kommilitonen den Sprung in die weite Welt eröffnet – und in die Mittelschicht: «In unserem Jahrgang waren wir doch nur drei Jungs unter vielen Mädchen. Der eine arbeitet inzwischen bei der Staatssicherheit. Wenn ich wüsste, wo er heute steckt, dürfte ich es dir sicher nicht erzählen.»

Mich fröstelt es bei sechzig Grad. Keine finnischen, schon gar keine russischen Verhältnisse. Wir verlassen den Dampfraum. Yunpeng überredet mich zu einer Massage. «Das bringt deinen Kreislauf in Schwung», ermutigt er mich und wickelt sein Tuch um die Lenden. Der Masseur, ein Mann um die vierzig mit Kinderaugen und dem Kreuz eines Möbelträgers, lungert in einem Stuhl und schaut gelangweilt auf die Mattscheibe in der Zimmerecke, in der gerade eine Wiederholung der fünfstündigen CCTV-Neujahrsfest-Gala flackert.

«Und der andere Kommilitone?», frage ich, den Gesprächsfaden wieder aufgreifend und schon bäuchlings auf der Massagebank liegend.

«Der heuerte wie ich bei Sinohydro an», erwidert Yunpeng in seiner noch immer hohen und gleichzeitig heiseren Stimme. Sieben Jahre lang arbeitete er als Übersetzer bei diesem großen staatlichen Bauunternehmen. Sieben Jahre Afrika. Erst im Kongo, danach in Gabun. «Straßen und Dämme haben wir gebaut und dabei das Dreifache verdient.» Die Buschzulage investierte Yunpeng in vier Eigentumswohnungen in Kunming. Seit seiner Rückkehr lebt er in der Hauptstadt der südwestlichen Provinz Yunnan – Chinas Tor nach Myanmar, Laos und Vietnam. Eine Stadt auf fast zweitausend Metern Höhe mit einem ganzjährig milden Klima, angenehmer als die schwüle Luft hier drinnen.

Der Masseur befiehlt mir mit dröhnender Stimme, ruhig auf dem Bauch zu liegen. Mit einer Flamme erhitzt er kugelförmige Gefäße aus Glas von vielleicht daumenlangem Durchmesser.

«Und deine Frau?»

«Meine Mutter hat uns verkuppelt. Sie hat nicht locker gelassen. Auf jedem Heimaturlaub versuchte sie mir eine andere potenzielle Braut schmackhaft zu machen.»

«Und?»

«Wir verstehen uns. Inzwischen bringt sie die großen Brötchen nach Hause. Parteimitglied.»

«Aha.»

«Im März kommt unsere Tochter zur Welt», erzählt er eher beiläufig, «trotz der Malaria klappt das noch.»

Wir schweigen. Der Meister setzt mir nun eine Saugglocke nach der anderen auf den Rücken, insgesamt vierzehn Stück. Erhitzt krallen sie sich durch den Unterdruck an meiner Haut fest: Glupp, glupp, glupp. Nachdem auch das letzte Schröpfglas sitzt, leert der Mann in einem Zug sein Bier, stellt die Glasflasche neben der Massageliege ab und starrt wieder auf einen sinnfreien Sketch in der Glotze.

Yunpeng findet seine Odyssee aus der kleinen, subarktischen Welt Heilongjiangs über Harbin in die Tropen Westafrikas gar nicht so erstaunlich: «Fast alle meiner Kollegen bei Sinohydro stammten aus irgendeiner Provinz.» Dass er nicht an der Scholle kleben bleibt, ist für Yunpeng nicht der Rede wert. «Dieses Pionierdasein liegt uns wohl im Blut», mutmaßt er, «meinen Großvater verschlug es in die ‹Große nördliche Wildnis›, mich nach Afrika.» Yunpeng stützt sich auf seine Ellenbogen und schaut von der Massagebank zu der Altherrenrunde hinüber.

Seit den gemeinsamen Studientagen, seitdem wir in unserer Harbiner Wohnküche mit Gesten, Stift, Papier und einem Langenscheidt einander verstehen lernten, haben wir immer lose Kontakt gehalten. Manchmal rief Yunpeng mich von einem Satellitentelefon an. Gelegentlich schickte er mir Fotos über WeChat. Auf diesen Bildern saß er meist in einem der schweren, mit rostrotem Schlamm überzogenen Laster der Marke Dongfeng, «Ostwind». Oder sein plattes Gesicht mit der hohen Stirn leuchtete vor einem der Brummer, umringt von Kindern, in irgendeiner Zivilisationsschneise tief im Regenwald.

Das Aufhebens, das der Westen von Chinas Aktivitäten auf dem schwarzen Kontinent macht, hält Yunpeng für übertrieben. «Wir waren doch lange vor euch Europäern in Afrika. Admiral Zheng He ankerte schon vor sechshundert Jahren mit seinen riesigen Dschunken am Horn von Afrika.»

Ich zitiere Frantz Fanons berühmtes Diktum, demzufolge Europa endgültig ausgespielt habe und etwas anderes gefunden werden müsse, halblaut in den Massageraum. Doch ob China Afrikas Probleme lösen kann … Unterscheiden sich Chinas Ambitionen wirklich vom europäischen Kolonialismus? Sind wir über jegliche imperialistische Absichten tatsächlich hinaus? Vielleicht ist Chinas Expansion ja einfach nur weniger augenfällig, weniger offen zerstörerisch.

Die große Politik, die interessiere ihn nicht, wiegelt Yunpeng ab. Er will unter den Ohren des Masseurs offenbar nicht frank und frei reden. Doch dann wirft er alle Vorsicht über Bord: «Natürlich weiß ich, warum China in Afrika investiert: die Rohstoffe, die Absatzmärkte. Wir kommen nicht als Weihnachtsmann, sondern mit Interessen. Wie ihr Europäer. Das Coltan in deinem iPhone kommt aus einer Mine im Kongo. Dreimal darfst du raten, wer die Straße dorthin gebaut hat. Straßen gegen Rohstoffe. Das ist doch eine einfache Rechnung.»

Nach ein paar Minuten tritt der Therapeut mit der Bierfahne zwischen unsere beiden Massagetische und nimmt die Schröpfgläser ab. Plopp, plopp, plopp. Ich betrachte meinen Rücken im angelaufenen Spiegel der Umkleide. Wie das Fell einer Giraffe sieht mein Kreuz von den kreisrunden Blutergüssen aus.

Die Körper noch dampfend, stehen wir wieder draußen in der knisternden Kälte. Wir gehen zügig zurück, vorbei an einer verrammelten Spielhalle, vorbei an den roten Lampion-Paaren, die vor den Häusern hängen, am spukhaft blauen Licht der Fernsehapparate, die hinter den Fenstern flackern. Einzig aus dem Tanzpalast dringt Musik. Die Alten im Dorf schwofen beim Seniorentee. Aus der Ferne donnern Böller – akustische Nachwehen des Neujahrsfestes.

*

Schiefergraues Licht fällt in die große Wohnstube. Das Gemurmel der Stimmen klingt heiser. Die Gesellschaft hat ohne uns weitergetrunken, und sie ist weiter angewachsen: Noch mehr Tanten, Onkel, Neffen, Nichten ersten und zweiten Grades. Rasch verliere ich den Überblick über die *gugus*, *jiujius* und wie sie alle gerufen werden, sie gehen – wie zum Neujahrsfest üblich – ein und aus, überreichen rote Kuverts, prosten einander zu, tauschen Nettigkeiten aus und wundern sich über den Ausländer. Immerhin bietet die Familie einen durchaus typischen Querschnitt: Chunhua, Yunpengs Vater, kam als Han-Chinese mit der Armee aus dem Süden, die Großmutter ist eine halbe Mandschurin, ein Schwager ist stolz auf die anderthalb Liter russisches Blut, die in seinen Adern fließen, ich sehe es ihm sofort an der Nase an.

Auch Yunpengs *erjiu* – der zweite Onkel mütterlicherseits – ist mit von der Partie. Er heißt Tiegang – Eisen und Stahl. Und Tiegangs eiserne Zunge, sie ist längst geschmolzen. Chunhua und Tiegang sind der gleiche Jahrgang. Beide dienten Ende der siebziger Jahre an der Panzerfaust, stromabwärts an der Grenze zur Sowjetunion.

Ein wunderlicher Kauz, dieser Onkel. Klein und rundlich, mit grober Nase, aufgeworfenen Lippen und stechenden Augen. Aber Yunpeng hat mich vorgewarnt: Was auch immer chinesisch ist, scheint in Tiegangs Augen gut und besser, ja das beste zu sein: die hübschesten Mädchen, die köstlichsten Schweine, die saftigsten Melonen, die stärksten Spirituosen.

Tiegang kramt einen Globus aus der teakholzfurnierten Wohnwand hervor und stellt ihn vor mir auf. Dabei raucht er eine Zigarette, zieht aber nur immer kurz, dafür umso häufiger, es ist eher ein nervöses Nuckeln. Der Erdball muss aus den frühen neunziger Jahren stammen: Deutschland ist schon einig Vaterland und Jugoslawien noch nicht zerfetzt. Auf dieser handballgroßen Miniaturausgabe finden immerhin mehrere Hundert Städte Platz. Doch Tiegang deutet auf zwei Städte im Fernen Osten Russlands: auf Wladiwostok und Chabarowsk.

«Schau genau hin», fordert Tiegang mich auf, noch immer an der Zigarette nuckelnd, «nur bei diesen zwei Städten sind neben den offiziellen russischen die historischen chinesischen Namen in Klammern vermerkt.» Er spricht sie sogleich langsam aus: «Fuladiwosituoke, du weißt schon, wir Chinesen nennen die Stadt Haishenwai. Und Habaluofusike, also Boli.»

«Selbst das weite Russland bietet kaum Platz für so viele Zeichen», entgegne ich.

«Ja, eigentlich hätte man sich die russischen Namen sparen können. Echte Zungenbrecher!»

Ich muss unwillkürlich an die einst emotionalen Debatten um Städtenamen in Ostmitteleuropa denken. Ob man Breslau oder Wrocław sagte, war bis vor nicht allzu langer Zeit immer auch ein politisches Statement. Diese Diskussionen klangen jedoch spätestens mit der endgültigen Anerkennung der Oder-Neiße-Grenze als

Ostgrenze Deutschlands ab. Auch China und Russland haben ihre gemeinsame Staatsgrenze völkerrechtlich abschließend reguliert. Eigentlich sollte sich niemand länger an politisch unkorrekter Toponymik stören – nicht einmal Tiegang. Doch ob auf einem chinesischen Globus Wladiwostok – «Beherrsche den Osten» – oder Haishenwai – «Seegurkenbucht» – oder beide Namen stehen, gibt Auskunft über die Praxis jenseits der Verträge und der staatlich verordneten Freundschaftsrhetorik.

«Zhenbao kennt doch jeder Primaner», bellt Tiegang unvermittelt. Vergeblich sucht er auf dem Globus nach der Insel und schubst unseren Dialog nun in eine etwas andere Richtung. «Du ja sicher auch, oder?» Im Stimmengewirr der Familiengesellschaft scheint er erleichtert, endlich ein geduldiges Ohrenpaar gefunden zu haben. «Dabei ist sie so klein und unbedeutend», fährt Tiegang fort. Auf der chinesischen Seite reckt sich diese kleine Insel aus dem gewundenen Lauf des Ussuri. Abhängig von Jahreszeit und Wasserstand misst das unbewohnte Stück Sumpf im russisch-chinesischen Grenzfluss nicht einmal einen Quadratkilometer.

Vor 1969 kannte selbst in der Sowjetunion oder in der Volksrepublik China kaum jemand dieses verdammte Eiland. Nach dem 2. März 1969 war die Damanskij-Insel, wie Russen sie nennen, indes in aller Munde: Eine chinesische Eliteeinheit hatte in den Morgenstunden eine sowjetische Patrouille mit Mörsern und Maschinengewehren angegriffen. In einem kurzen Gefecht verloren laut offiziellen Quellen zweiunddreißig sowjetische Soldaten ihr Leben. Die Insel war über Nacht der Nabel der Weltgeschichte. Die einstigen kommunistischen Brüder, so fürchteten viele Beobachter seinerzeit, stünden unmittelbar vor einem großen Krieg. Knapp zwei Wochen später folgte Moskaus Revanche: Ein sowjetisches Artillerie-Regiment und ein Raketenbataillon führten einen Feuerschlag gegen Stellungen am chinesischen Ufer durch und schlugen die Truppen der Volksbefreiungsarmee über das dicke Eis des zugefrorenen Ussuri in die Flucht.

«Warum wählte man ausgerechnet diese Insel aus? Mao hätte

schließlich genauso gut den Angriff auf Chabarowsk befehlen können», wirft Onkel Tiegang eher rhetorisch in die verrauchte Stube. «Eine einfache Antwort darauf kann es nicht geben. Unserer Führung ging es um innenpolitischen Machterhalt. Die Kulturrevolution war in eine Sackgasse geraten. Sie brauchten einen äußeren Feind. Vielleicht ist aber auch einem ungeduldigen lokalen Kommandanten einfach die Sicherung durchgebrannt.» Tiegang sieht indes einen noch entscheidenderen Faktor: «Mit den Grenzscharmützeln signalisierte Mao den Amerikanern seine Bereitschaft zu einer Achsenverschiebung im Machtdreieck Washington-Moskau-Peking. Mit Erfolg: 1972 flog Nixon nach Peking, schon zuvor hatten wir den ständigen Sitz im Sicherheitsrat der Vereinten Nationen den Nationalisten in Taiwan weggeschnappt.»

Ich habe Tiegang unterschätzt. Er kennt die Materie besser als ich dachte. «Warum ließ Breschnew das zu?», will ich nun von ihm wissen.

«Die Sowjets machten sich doch in die Hosen. Zwar hatten sie die moderneren Waffen. Aber wir waren seit 1964 ebenfalls Atommacht. Und obwohl sie ein Drittel ihrer Divisionen im Osten zusammengezogen hatten, standen wir mit weit mehr Mann unter Waffen an den Grenzen.»

Schwerer als der Territorialkonflikt selbst wog jedoch die schrille, bis heute in der kollektiven Erinnerung beider Völker nachwirkende Propagandaschlacht. Es war der Kampf mit Bildern und Worten, der das Blutvergießen auf beiden Ufern des Ussuri rechtfertigen sollte. Die ersten Schüsse waren kaum verhallt, da bliesen die Redaktionen sowjetischer wie chinesischer Zeitungen bereits zum Halali. Chinas Volkszeitung *Renmin Ribao* hetzte mit Parolen wie «Nieder mit den neuen Zaren» gegen den Feind, die *Prawda* bejubelte dagegen die «Helden von Damanskij». Dass es keine Helden zu feiern gab, blieb ein Staatsgeheimnis.

Ein Konflikt an der frostigen Grenze zur Sowjetunion war für Chinas Führung ein probates Mittel, um einen innerchinesischen Irrweg durch eine populistisch-nationale Berauschung zu vernebeln. Das Sowjetregime wiederum griff für seine politischen Ziele auf antichinesische Rhetorik zurück. Das Schreckgespenst der «gelben Gefahr» zauberten Propaganda-Experten von Neuem aus der Mottenkiste. Die Insel Damanskij machte Karriere als Sinnbild der sinophoben Einstellung des Sowjetmenschen gegenüber China.

Ich muss daran denken, wie Wera mir im Kulturhaus von Sabaikalsk von ihren abenteuerlichen Expeditionen auf der Rangierlok über die Grenze nach Manzhouli erzählt hatte. Und an Sascha. Bei meinem Besuch in Tschita hatte er mir geschildert, wie der Damanskij-Mythos seine Kindheit prägte. Schon wenige Tage nach den Scharmützeln vom März 1969 hatte die Schulleitung die Erstklässler durch eine eilig aufgebaute Ausstellung im Militärmuseum des Transbaikalischen Wehrkreises führen lassen: «Ein ganzer Saal war den März-Ereignissen gewidmet: überdimensionierte Fotografien, auf denen Leichen sowjetischer Grenzschützer abgebildet waren. Der Tod auf den entstellten Gesichtern, die geschundenen Körper entblößt, damit wir die Wunden und das geronnene Blut besser sahen», erinnerte sich Sascha. Für den späteren Apparatschik und heutigen Bibliothekar war der Museumsbesuch zum Beginn einer vertrackten Liaison mit dem Nachbarland geraten: «Der Mythos Damanskij ist der Schlüssel zu uns selbst, zerrissen zwischen dem Wunsch, sich an den Helden der Kindheit zu erbauen, und dem schalen Gefühl des Wissens um die Täuschung durch die Obrigkeit.» Genau diesen Teil der Ausstellung, der Saschas Kindheitserinnerungen noch nach fünf Jahrzehnten wachhält, hatte ich bei meinem Museumsbesuch vor ein paar Monaten vergebens gesucht. Denn seit ein paar Jahren wird das Jahr 1969 nicht mehr erwähnt. Auch in den Kreml-Medien las, sah und hörte ich zum Jubiläum erstaunlich wenig, weniger noch als 2009.

Ich erzähle Tiegang von Sascha und von seiner Sicht auf den Konflikt, von den Versuchen des Kreml, die alten Wunden zu heilen. Hobbyhistoriker Tiegang schweigt. Je mehr ich mit ihm debattiere, desto mehr erscheint er mir als jemand, der die Daten und

Namen parat hat, einer Gegenmeinung aber wenig Aufmerksamkeit schenkt. Tiegangs Blick ruht wieder auf dem Globus. «Der ganze Norden – von Sachalin bis zum Baikalsee –, das sind doch historische Tributgebiete», grummelt er.

*

China vertrat lange die Position, dass diese Territorien durch «ungleiche Verträge» an Russland gefallen seien. Zugleich verzichtete man aber auf die Forderung nach Rückgabe. China ging es lediglich um das Eingeständnis der Sowjetunion, dass es einen Disput um Land gibt. Die Sowjetunion hingegen wollte nichts von dieser historischen Kontroverse wissen. Der Kreml fürchtete einen Präzedenzfall, der nicht zuletzt Japans Position im Streit um die südlichen Kurilen-Inseln gestärkt hätte.

Nach 1917 hatte Lenin zunächst noch antiimperiale Kreide gefressen, auf Sonderrechte und Ansprüche der ehemaligen zaristischen Regierung in China verzichtet. Bald aber sah sich die Sowjetführung nicht länger für historische Streitfälle aus der Zeit vor 1917 verantwortlich. Während China das historische Übereinkommen von Nertschinsk aus dem Jahr 1689 als einzig legitimen Grenzvertrag ansah und die später geschlossenen Abkommen als «ungleich» brandmarkte, war Moskaus Position faktisch umgekehrt.

Gewiss war Chinas neue Führung auf dem diplomatischen Parkett anfangs um eine diskrete Lösung bemüht. Während Mao mit Stalin im Winter 1950 in Moskau über die Bedingungen einer sowjetisch-chinesischen Allianz verhandelte, sprach er vorsichtig Grenzfragen an und hoffte vergebens auf eine «Rückgabe» der äußeren Mongolei – insgeheim erhob er wohl auch Anspruch auf sowjetisches Hoheitsgebiet. Stalin sagte «njet». Weitere stille Versuche Chinas, Territorialfragen zu diskutieren, wies die Sowjetunion in der Folge stets zurück. Erst als die politischen und ideologischen Spannungen zwischen den beiden kommunistischen Staaten eskalierten, erst als die Sowjetunion Berater und technisches Personal über Nacht aus China abzog, trug die Volksrepublik über ihre Lautsprecher den Disput nach außen. Mit Blick auf sowjetische Territorien östlich des Baikalsees behauptete Pekings Nomenklatura nun hörbar für alle Welt, durch «ungleiche Verträge» anderthalb Millionen Quadratkilometer Land an den nördlichen Nachbarn verloren zu haben. Schon in den Zwanzigern hatte Sun Yat-sen, der Vater der Republik China, den Verlust weiter Gebiete Zentralasiens bis zum Balchaschsee sowie der Territorien nördlich des Amur und östlich des Ussuri beklagt. Und 1964 polterte Mao ungeduldig: «Unsere Rechnung für diese Gebiete kommt noch!» Die verbale Zuspitzung provozierte immer häufiger Zusammenstöße an der Grenze. Das Rammen kleiner chinesischer «Fischerboote» durch sowjetische Patrouillenschiffe war bald eine übliche Abwehrstrategie gegen chinesische Provokateure auf sowjetischem Hoheitsgebiet. Es war das Vorspiel zum März 1969.

Erst der Tod der greisen Staatenlenker Mao und Breschnew ebnete den Weg zu einer Lösung. Ein Gipfel zwischen Gorbatschow und Deng in Peking im Mai 1989 brachte den Durchbruch. Zwei Jahre danach traf man eine Übereinkunft: China billigte den Verlauf der Staatsgrenze auf Grundlage historischer Resolutionen und bestand damit faktisch nicht länger darauf, dass die vor 1917 geschlossenen Abkommen «ungleiche Verträge» gewesen seien. Die Sowjetunion akzeptierte im Gegenzug, den Grenzverlauf an den internationalen Talweg-Standard anzupassen. Moskau machte damit zwar große Zugeständnisse, gewann aber wohl weit mehr: China begrub durch den endgültigen Verzicht auf weitere Territorialforderungen und durch die völkerrechtlich verbindliche Anerkennung der Staatsgrenze letztlich Ansprüche auf Territorien in einer Größenordnung von Frankreich und Deutschland zusammengenommen. Erstmals in ihrer mehr als dreihundertjährigen Beziehungsgeschichte bekundeten beide Seiten «das Fehlen von Gebietsansprüchen».

Die Demarkierung des östlichen Teils war im November 1997, die des kurzen westlichen Teilstücks ein Jahr später abgeschlossen.

Russland und China einigten sich über die Zugehörigkeit der 2444 Flussinseln in Argun, Amur und Ussuri: 1281 Inseln schlug die Grenzkommission China zu, 1163 Inseln Russland. Damanskij, das sumpfige, unbesiedelte Eiland im Ussuri, heißt heute Zhenbao.

Lediglich der Verbleib von zwei Inseln am Zusammenfluss von Amur und Ussuri und der Argun-Insel Abagajtuj zögerte eine endgültige Einigung hinaus. Russische und chinesische Unterhändler stritten bis 2004 darum, welcher der Flussarme um die drei Inseln der jeweils zentrale Strömungskanal sei. Ihre strategische Lage am Zusammenfluss von Amur und Ussuri – direkt gegenüber Russlands größter Stadt der Region, Chabarowsk – machte die Insel Bolschoj Ussurijskij, welche die Chinesen als Heixiazi, als Kragenbär-Insel, kennen, zu einer besonderen Trophäe. Im Jahr 2008 teilte man sie salomonisch, wobei der größere Teil bei der Russischen Föderation verblieb und der Rest zusammen mit der angrenzenden Insel Tarabarow (Yinlong) an die Volksrepublik fiel. In ganz China beworben, ist die zuvor für Zivilisten gesperrte chinesische Hälfte der Kragenbär-Insel heute ein Touristenmagnet. Besucher gelangen auf einer neuen Hängebrücke hinüber und spazieren auf Gehwegen, die sich durch Feuchtgebiete schlängeln, zu einer neunstöckigen Pagode. Auf der östlichen, bis heute für die meisten Zivilisten gesperrten russischen Inselseite markiert Moskau seine Souveränität lediglich mit einer kleinen Backsteinkapelle und ein paar Datschen.

*

Ich nehme den Bus zurück nach Jiamusi. Yunpeng begleitet mich, er muss nach Kunming zu seiner hochschwangeren Frau, die in einer der vier Eigentumswohnungen auf ihn wartet. Uns bleiben noch ein paar Stunden bis zur Abreise am Abend, und Yunpeng hat Karten für den «Roten Stern» besorgt – eine Errenzhuan-Bühne im Stadtzentrum. Weder Ballett noch westliche Oper, ist dies ein ohrenbetäubender, ulkiger Dialog zwischen einem Mann und einer Frau, eine Melange aus Tanzen, Singen, Sprechen und der Vorführung außergewöhnlicher Kunstfertigkeiten. Beliebt ist dieses Spektakel beim einfachen Volk wegen der Verspottung der Hochkultur und wegen seiner vulgären Witze. Wie bei einer Kastagnetten-Oper klacken bei den Vorführungen unentwegt die Holz-Klappern. Die Zuschauer sitzen Sardinen gleich dicht an dicht auf Plastikstühlen und schlagen vor Begeisterung aufblasbare Klatschstäbe gegeneinander. Am lautesten johlt das Publikum bei einer untypischen Szene:

«Liebe Führer, liebe Genossen! Ein ungewöhnliches Jahr geht zu Ende. Eine Rekorderte eingefahren, die Flut abgewehrt. Die Menschen leben und arbeiten in Ruhe und Zufriedenheit. Wir alle loben die unübertroffene Führung der Partei. Auf der Welt gibt es keine stärkere Armee als unsere Volksbefreiungsarmee. Andere Länder versinken im Chaos, verstricken sich in Fehden. Heute tritt das Kabinett zurück, morgen wird der Premierminister abgesägt. Finanzkrise, Amtsenthebung des Präsidenten, alles auf einmal. Wenn wir die Welt aus der Vogelperspektive betrachten, befindet sich das beste Land genau hier! Vielen Dank!»

Ich verstehe nur ein Viertel, Yunpeng biegt sich vor Lachen und übersetzt dann. Nicht wegen des Inhalts, sondern weil der Schauspieler die Passage aus einem Notizbuch vorliest, grölt das Publikum. Der Sketch, so erfahre ich, ist erstmals auf der Neujahrsgala des Staatsfernsehens in den späten Neunzigern gelaufen. Jahrein, jahraus – stets aktuell. Irgendeine Flut wird immer abgewehrt. Irgendeine Regierung tritt immer ab. China ist das Opfer irgendeiner Aggression. Und so weiter.

Es gehen keine direkten Züge nach Heihe ab, hoch zum Amur, zum Kamm des chinesischen Hahns. Auch wer fliegt, muss zweimal umsteigen. Ohnehin sind die Tickets um das Neujahrsfest herum ausgebucht. So nehme ich spätabends den unbequemen Überlandbus. Vor dem Terminal ein einziger großer Abschied: weinende Mütter und Großmütter. Ein scheues Küsschen hier, ein letzter guter Rat dort. Fotos. Bis nächstes Jahr. Wanderarbeiter, die Plastiktaschen schultern, junge Städter in Daunenjacken, mit Rollkoffern. China ist wieder unterwegs. Yunpengs Sippe zählte einst zu den Wanderarbeitern. Doch dank Sinohydro, dank Afrika besteigt mein Studienkamerad heute das Flugzeug.

16. Russische Gedächtnisschwächen

Aihui – Heihe – Blagoweschtschensk

Zum Abschied hatte Yunpengs Onkel mir noch geraten, wenn ich schon bis hoch nach Heihe gondele, solle ich unbedingt noch das Museum in Aihui (Aigun) aufsuchen. Die halbe Stunde Fahrt den Amur abwärts sei es absolut wert. «Dort lernst du etwas über das Pogrom von Hailanpao.» So nennen Chinesen Blagoweschtschensk, die Stadt am russischen Amurufer, gegenüber von Heihe. «Diese Demütigung verzeihen wir den Russen nie.»

Ein paar Tage später stehe ich also in Heihe an der Hailan-Straße und halte die Hand nach einem Taxi raus. Ich weiß genau, dass innerstädtisch feste Tarife gelten: zehn Yuan für Chinesen, das Doppelte für Russen. Statt eines gekennzeichneten Wagens hält ein Privatfahrzeug. Die Fahrerin kurbelt die Scheibe runter: «Keine Angst, für die dreißig Kilometer nach Aihui mache ich dir einen guten Preis», ruft sie gutgelaunt und drückt mit einem kräftigen Stoß die angefrorene Beifahrertür auf.

Die schmale Frau fährt einen Wagen der Marke «Rote Fahne». Zu Maos Zeiten produzierte die Changchuner Firma die Staatskarossen des Landes. Doch unsere Nuckelpinne ist ein in die Jahre gekommener Lizenznachbau eines eckigen Audi-Modells. Wir machen dennoch Strecke. Ein Schneepflug muss kurz vor uns die Landstraße geräumt haben. Trotz der hohen Geschwindigkeit donnern immer wieder eigenwillig anmutende Autos an uns vorbei, mit psychedelischen Kringeln auf dem Blech. Beim zweiten Wagen schaue ich genauer hin: überklebte Scheinwerfer, mit Schaumstoffpolstern kaschierte Konturen und unkenntlich gemachte Fensterlinien.

«Veranstalten die ein Autorennen?», brülle ich gegen den Singsang aus dem Kassettenradio an.

«Nein, keine Rallye. Die machen Testfahrten», antwortet meine Chauffeurin, die mich anschielt und sich als Frau Zhu vorgestellt hat. Ihr Silberblick ist schon auf die nächste Kurve gerichtet. Ohne merklich abzubremsen, schleudern wir durch kleine Ortschaften, die sich nicht wesentlich von Jiangchuan und all den Brigadedörfern am Songhua unterscheiden: eingeschossige Ziegelbauten, mit großen Fenstern nach Süden, schneebedeckte Strohmieten.

«Was zum Teufel testen die denn hier? Und warum all die ulkigen Kringel auf dem Blech?»

Meine Chauffeurin dreht die Lautstärke auf ein erträgliches Maß herunter und beginnt von den Versuchsfahrten der Erlkönige zu erzählen: «Diverse Hersteller doktern bei uns im Norden an ihren Prototypen herum.»

«Warum ausgerechnet in Heihe?», will ich von ihr wissen.

«Auf unseren Straßen herrscht immer freie Fahrt. Entscheidend aber ist der eisige Winter. Zwischen November und März prüfen Ingenieure ihre Testwagen hier unter arktischen Bedingungen.»

Dank Frau Zhus Fahrkünsten erreichen wir Aihui, ein unauffälliges Nest direkt am Amur, schneller als geplant. Ich hatte mich auf der Busfahrt nach Heihe eingelesen und weiß: Um das Jahr 1900 war Aihui eine kleine Garnisonsstadt von vielleicht siebentausend Seelen. Damals überragte im Zentrum eine mit Holzplanken und Wachtürmen umfriedete Festung die umliegenden Gehöfte. In der Garnison gab es einen Tempel, eine Schule, das Waffenarsenal und den Sitz des Generalleutnants, der über das Amur-Becken wachte. Wie einst der Stützpunkt, so ist heute das Museum ringsum gesichert, durch einen hohen Metallzaun. Frau Zhu reicht mir einen Zettel mit ihrer Rufnummer. «Die wirst du brauchen, hier gibt es keine Taxis.»

Noch ehe ich grüßen kann, herrscht mich der Pförtner am Eingang an: «Kein Zutritt für Russen!» Ich will dem Mann in seiner albernen Armeemontur mit den goldenen Manschettenknöpfen klarmachen, dass ich kein Russe bin. Trotz der Fellmütze, die mich vor dem Schneegestöber schützt. Doch beim Griff in meine Innentasche merke ich, dass mein Pass, mein Persilschein fürs Museum, noch in der Herberge liegt. Mist. Durch den Zaun klingt immerhin das Glockenspiel, von dem ich zuvor gelesen hatte: Diese «Klagemauer» mit ihren Bronzeglocken erinnert an die Unterzeichnung des russisch-chinesischen Abkommens von Aihui im Jahr 1858. Es war der erste «ungleiche Vertrag», den die Qing-Kaiser mit Russland schließen mussten. Mit jeder Böe trägt der Wind ein traurig an diese Schmach gemahnendes Geläut über den Zaun.

Nikolaj Murawjow, ein eigenwilliger Paladin des Zaren, wurde mit gerade achtunddreißig Lenzen als Generalgouverneur Ostsibiriens in Irkutsk eingesetzt, weil er sich zuvor schon in Chiwa und Buchara die Sporen verdient hatte. Kurz nach Dienstantritt trommelte er eine neue Armee aus den Reihen der Transbaikal-Kosaken zusammen. Der Zar gestattete Murawjow, mit diesem Korps das linksufrige Amur-Gebiet zu erkunden, jedoch mit der Maßgabe, keinesfalls Gewalt anzuwenden, sollten sie auf chinesischen Widerstand stoßen. In drei Expeditionen marschierten die Russen durch bis an den Pazifik: Die Taiping-Rebellion und die Opiumkriege hatten die Position Chinas geschwächt und seine Nordflanke offenstehen lassen. Murawjow schlug die Zurückhaltung des offiziellen Petersburg in den eisigen Wind und schnappte nach den riesigen Landstücken nördlich des Amur und östlich des Ussuri – jenem Gebiet, das einst als äußere Mandschurei oder äußere Tatarei bekannt war. Der ehrgeizige Generalgouverneur sprengte damit die Fesseln des Nertschinsker Vertrags von 1689 und machte Russland endgültig zu einer vollwertigen Pazifikmacht. Dem Petersburger Hof kam die Annexion durchaus gelegen, kompensierte sie doch die krachende Niederlage im Krimkrieg gegen das Osmanische Reich und seine Verbündeten.

Dann ging es Schlag auf Schlag: Blagoweschtschensk – «der Ort der Verkündigung» –, 1856 als Kosakenposten Ust-Sejskij gegründet, erhielt schon zwei Jahre darauf Stadtrechte und wurde Verwaltungssitz der neuen Amur-Provinz. In Albasin, wo das Zarenreich zwei Jahrhunderte zuvor bereits einen Außenposten errichtet hatte, gründeten Kosaken 1857 eine von insgesamt sechzehn Stationen – Russlands jähe Rückkehr an den Amur wurde deutlich markiert. Zwei für den Zaren äußerst vorteilhafte Verträge mit China – Aihui 1858 und Peking 1860 – besiegelten schließlich die neue Ostgrenze zwischen den beiden Reichen. Murawjows *fait accompli* war ein Vorbote des im Fernen Osten heraufziehenden Wettstreits der europäischen Großmächte und Japans.

Die Annexion dieser dünn besiedelten, kaum autarken Landstriche löste im autokratisch gelähmten Russland eine wahre nationalistische Amur-Euphorie aus. Das Amurland galt nun als ein russisches El Dorado, als zukünftige Kornkammer Ostsibiriens und Russisch-Amerikas. Vom Michail Bakunin bis Alexander Herzen waren viele Petersburger Intellektuelle von diesem imperialromantischen Eskapismus ergriffen. In ihren Fieberträumen galt der Strom als Zivilisationsträger, mit dem das Zarenreich in Ostasien über Europa hinauswachsen und zu einer Macht von Weltrang aufsteigen sollte.

Der Klang des 1858er Glockenspiels erinnert die chinesischen Besucher an den schmerzvollen Verlust ihrer Territorien, auch wenn diese nur locker mit dem Kaiserreich verbunden gewesen waren. Diese Niederlage ist der Grund, weshalb Boli heute Chabarowsk, Haishenwai heute Wladiwostok heißt. Doch Onkel Tiegang dachte wohl nicht zuerst an die russische Annexion, als er beim Neujahrsfamilientreffen vom Tiefpunkt in den Beziehungen zwischen Russland und China sprach. Er meinte das Pogrom des Jahres 1900, bei dem mehrere Tausend Chinesen im Amur ertranken. Zu gern hätte ich die chinesische Sicht auf diese Hetzjagd studiert, doch mein vergessener Pass ließ mich am Metallzaun scheitern.

In Blagoweschtschensk schien der sogenannte Boxer-Aufstand,

der eintausend Kilometer entfernt südlich der Großen Mauer tobte, über Monate weit weg. Er wandte sich ja in erster Linie gegen den westlichen und den japanischen Imperialismus. Erst Ende Juni 1900, als der russische Amur-Militärgouverneur die Bevölkerung von Blagoweschtschensk mit Plakaten über eine unmittelbar bevorstehende Generalmobilmachung informierte, kam so etwas wie ein Krisengefühl auf. Auslöser war die Durchsuchung des russischen Dampfschiffs *Michail* bei Aihui gewesen, das Waffen und Munition geladen hatte. Chinesische Soldaten setzten die Mannschaft fest und blockierten die russische Schifffahrt auf dem Amur. Schnell eskalierte der Konflikt, und binnen Tagen nahmen Qing-Truppen Blagoweschtschensk unter Beschuss: Einige Sonntagsflaneure und Schwimmer starben im Kugelhagel. Unter der russischen Bevölkerung brach Panik aus, Gerüchte über einen chinesischen Einmarsch machten die Runde.

Der Militärgouverneur ordnete die sofortige Deportation aller chinesischen Einwohner an, immerhin ein Viertel der Stadtbevölkerung. Uniformierte, unterstützt von wutschäumenden Zivilisten, hetzten Frauen, Kinder und Männer in einem langen Treck flussaufwärts bis nach Werchne-Blagoweschtschensk. Am Ufer standen nur wenige Boote bereit. Kaum einer der Chinesen konnte schwimmen. Diejenigen, die zögerten, wurden von den Kosaken unter den Hieben ihrer dicken, geflochtenen Riemenpeitschen ins Wasser getrieben. Mehr als dreitausend Chinesen sollen ertrunken sein, nur einhundertsechzig retteten sich ans andere Ufer. Nachdem auch der letzte Chinese aus Blagoweschtschensk vertrieben war, brandschatzten Kosaken die sogenannten Vierundsechzig Mandschu-Dörfer, eine chinesische Exklave auf russischem Territorium, und ermordeten die dort lebenden Chinesen und Mandschuren. Wie viele Menschen im Sommer 1900 insgesamt starben, weiß niemand. Doch bald nach dem Pogrom stellte sich heraus, dass das Leben in einer von Chinesen gesäuberten Stadt schwierig war: Die Lebensmittelpreise explodierten, die kommunalen Dienstleistungen brachen zusammen, die Wirtschaft der Region durchlebte eine schwere Krise.

Man ließ die Chinesen zurückkehren, und schon sieben Jahre später erreichte ihre Zahl in der Stadt das Vorkriegsniveau.

Am liebsten würde ich am hohen Zaun rütteln oder hinüberklettern. Doch da bekäme ich bestimmt Ärger mit dem manschettenbeknöpften chinesischen Wachmann. Also wähle ich Frau Zhus Nummer.

«Hallo.»

«Ah?»

«Ich bin's, dein Fahrgast.»

«Ah.»

«Sie lassen keine Ausländer ins Museum.»

«Ah.»

«Also, keine Russen, meine ich.»

«Ah.»

«Niemand glaubt mir hier, dass ich kein Russe bin.»

«Ah. Du bist kein Russe?»

«Kannst du da was machen?»

«Nein.»

«Ah.»

«Ah», dieses Allerweltswort hält hier im Nordosten für so ziemlich alles her, von «hallo» und «tschüss» über «ich höre» bis «ach so». Immerhin holt Frau Zhu mich in Nullkommanichts ab, weit kann sie nicht gewesen sein. Ich habe ohnehin schon zu viele chinesische Museen besichtigt, tröste ich mich. Sicher gibt es auch hinter diesem Zaun Wachsfiguren und ein Diorama, auf dem die chinesischen Bewohner von Blagoweschtschensk unter vorgehaltenem Bajonett im Amur ersaufen. Und ich sinniere über die Botschaft: Russen waren die Ersten, die in den Nordosten Chinas einmarschierten, die Ersten, die Chinesen in dieser Region massakrierten, und die Ersten, die chinesisches Territorium in großem Umfang eroberten.

Frau Zhu gibt vor, «ein Mensch ohne Kultur» zu sein. Sie habe nie studiert, erklärt sie, aber das hat ihren Horizont offenbar keineswegs verengt. Ich frage sie, warum ihrer Meinung nach Russen der Zutritt zum Museum verwehrt bleibt. Sie sieht aus dem Fenster und schielt ins weiße Nichts. «Wir brauchen sie, und sie brauchen uns», entgegnet sie mit einem Achselzucken. «Was macht es für einen Sinn, alte Wunden aufzureißen und sie an die Verbrechen des alten Russland zu erinnern? Wir sehnen uns doch alle nach Stabilität. Frieden an der Grenze, der ist Gold wert.» Zhu trennt in ihrer Antwort wie der geschulte Historiker beinahe chirurgisch das alte Russland vom neuen Russland. Auf der Betonpiste rasen wir zurück.

*

Ähnlich wie Manzhouli kommt Heihe als ein Schaufenster von Chinas Aufstieg daher. Noch vor vier Jahrzehnten kaum mehr als ein Dorf, beeindruckt die Zweihunderttausend-Einwohner-Grenzstadt mit einer manikürten Kulisse aus gepflegten Straßen, gesäumt von modernen Wohnhäusern und Hotels in pseudoeuropäischem Stil. Frau Zhu setzt mich an der Uferpromenade ab. «Schau dir unser Eisfest an. Das ist natürlich nicht so bombastisch wie das in Harbin, aber trotzdem einen Besuch wert.» Die Tradition der Eisskulpturen gehe auf einen Brauch mandschurischer Fischer zurück, erklärt sie, als wir schon am Ufer stehen. Fischer hätten Kerzen in Eisblöcke gestellt und so in den dunklen Wintermonaten für Licht gesorgt. «In Hailanpao haben sie diesen Brauch inzwischen abgekupfert», behauptet Zhu. «Drüben am anderen Ufer stellen sie seit ein paar Jahren auch Skulpturen auf.»

Vor einer Wand aus Hochhäusern säumen kahle Laubbäume und Plastikpalmen das Amurufer. Wie Blumen wachsen Eiskristalle an ihren Ästen und Wedeln und verzaubern die sonst eintönige Stadtlandschaft aus verwaschenen Farben irgendwo zwischen kaltem Grau und Blau. Nur die Skulpturen funkeln bunt. Gegen das Eisfest von Harbin nimmt sich das Areal am Amur tatsächlich bescheiden aus. Hier wie dort schneiden schon Wochen vor Beginn der alljährlichen Festivitäten Hunderte Arbeiter mit Schwingsägen

Eisblöcke aus dem zugefrorenen Fluss und bugsieren sie auf Lastwagen ans Ufer. Bildhauer schlagen mit Meißeln und Eispickeln aus den Rohlingen kunstvolle Skulpturen: Schwäne, Raketenwerfer, Mao-Büsten. Sie schichten Eisziegel zu Iglu-Palästen und gotischen Kathedralen auf. In manchen der Eis-Pavillons können die Besucher einkehren und auf rotem Teppichboden speisen. Untermalt von Walzermusik erstrahlt in der Abenddämmerung Heihes filigrane Eis- und Schneewelt in giftigen Neonfarben, die alles, aber keine Wärme verheißen. Anders als in Harbin fehlen hier die Touristen. Hier gibt es keine Südchinesen, die auf Besuch beim Eisfest ständig auf die Nase fallen, weil sie keine zugefrorenen Bürgersteige kennen und den mandschurischen Entengang nicht beherrschen.

Ich blicke wieder auf den mächtigen Strom. Geräuschlos und in Schneetarnanzügen fast konturlos schieben fünf Soldaten der Volksbefreiungsarmee auf dem Eis Wache. Nur ihr Schäferhund schlägt an. Jenseits meines dampfenden Atemnebels, jenseits der Eislandschaft mache ich im beißenden Frost die Silhouette von Blagoweschtschensk aus. Ein einmaliger Anblick. An keinem anderen Ort der über viertausend Kilometer messenden Grenze beschatten sich Russland und China derart nahe und auf Augenhöhe: Blagoweschtschensk und Heihe zählen ähnlich viele Einwohner, und seit Russland vor einigen Jahren mit dem Bau von ein paar Wohntürmen in Ufernähe nachgezogen hat, gleichen sich ihre Silhouetten sogar ein wenig, ohne dass sich beide Städte wirklich ähneln. Doch bei minus dreißig Grad bleibt kaum Zeit für genauere Betrachtungen.

Meine eiskalten Zehen fühlen sich an wie in zu kleinen Schuhen. Aus Angst vor Frostbrand flüchte ich mich ins Restaurant der Familie Li. Dort gibt es nur ein Gericht: gebrühtes Lammfleisch aus einem Kupfertopf mit Trichter, eine beliebte Spezialität mongolischen Ursprungs. Um mich herum schwitzen alte Männer in Feinripp. Trotz der Ufernähe bin ich der einzige auswärtige Gast. Kaum habe ich mich in einem Anflug von Akkulturation ebenfalls bis aufs Unterhemd ausgepellt, stapelt die Kellnerin um die Feuerstelle in der Mitte meines Tisches Gemüseplatten und Teller mit rohen Fleischscheibchen. Der Dampf aus dem Kupfersuppentopf steigt auf und bringt mein ohnehin schon schweißgebadetes Gesicht zum Glühen.

*

Am nächsten Tag überquere ich den Amur. Auf Groß-Heihe, einer vorgelagerten Insel, thront das chinesische Fährterminal. Daneben Achterbahnen, ein monströses Riesenrad und eine überdimensionierte Shopping Mall. «Yuan Dong» leuchtet in riesigen chinesischen und kyrillischen Schriftzeichen an der Fassade. Ich stutze bei dem Namen. Immerhin bedeutet das «Ferner Osten» und zeigt, wie sehr Chinas Weltsicht sich seit seinem erzwungenen Kontakt mit Russland und den anderen europäischen Mächten verrenkt und paradoxerweise selbstorientalisiert hat. Als ich das letzte Mal in Heihe war, gab es das Riesenrad noch nicht. Pelzmantel an Pelzmantel drängten sich die russischen Schnäppchenjäger in der Mall. Doch nun sind die Gänge fast menschenleer.

Die Überfahrt nach Blagoweschtschensk, sie könnte so einfach sein. Schon Ende der Achtziger spielten China und die Sowjetunion mit der Idee einer Brücke. Erst drei Jahrzehnte später begann ihr Bau. Nicht im Zentrum, sondern stromabwärts, schön außerhalb des Sichtfelds der Stadt gelegen, spannt sich inzwischen eine kilometerlange Schrägseilbrücke über den Fluss. Laut einem Plakat neben der Mall soll irgendwann einmal eine Seilbahn über den Amur beide Stadtzentren im Viertelstundentakt miteinander verbinden. Obwohl der Amur auf einer Länge von rund zweitausend Kilometern China von Russland trennt, ist die schmale Straßenquerung zwischen Heihe und Blagoweschtschensk eine von nur zwei Grenzbrücken über den Fluss. Genau genommen ist sie bisher die einzige. In der Nähe von Birobidschan, unweit der Einmündung des Songhua, ragt das chinesische Skelett einer Eisenbahnbrücke bis zur Hälfte in den Fluss und wartet geduldig auf seine russische Vollendung. Es waren Bürokraten in Moskau, die die Fertigstellung beider Brücken immer wieder hinauszögerten, vielleicht aus Angst, die Kontrolle über Menschen- und Warenströme vollends zu verlieren. Die alte Gretchenfrage trieb sie wohl um: Verbinden Brücken über Grenzen hinweg die Menschen oder schaffen sie neue Spannungen? Die Flussquerung zwischen Heihe und Blagoweschtschensk ist fertig, doch noch nicht in Betrieb. Dieses Nadelöhr schränkt die Zahl der Personen, die von Stadt zu Stadt reisen können, erheblich ein. So bleibt für den Grenzübertritt vorerst eine teure Fahrt mit dem Bus über die Pontonbrücke auf dem zugefrorenen Fluss. Im Sommer pendeln Fähren, in der Übergangsjahreszeit Luftkissenboote. Streng nach Nationalitäten getrennt passieren wir das Eis: Meine Mitreisenden sehen allesamt russisch aus. Nur mein Sitznachbar fällt auf: ein Chinese, der einen russischen Pass wie ein Juwel in seinem Schoß hält.

Wie Birobidschan oder Chabarowsk, so kauert Blagoweschtschensk gleichermaßen am Zusammenfluss zweier Flüsse. Die Seja, der größte linke Nebenfluss des Amur, kommt aus dem Norden, aus dem Stanowoj-Gebirge – so wie die ersten Kosaken. Die Stadt der Werften und Gießereien leidet noch heute unter der postsozialistischen Malaise. Gleich mehrfach sehe ich auf meinem Streifzug durch trist schlummernde Randbezirke «Russland den Russen»-Graffiti an Hauswänden. Obwohl «Blago», so nennen es seine Einwohner liebevoll, wie keine zweite Stadt entlang der Grenze in unmittelbarer Nähe zu China liegt, sieht man auffallend wenige Chinesen im Stadtbild. Auch fehlen chinesische Schriftzeichen in den Schaufenstern und auf den Wegweisern. Heihe strahlte so etwas wie Weltläufigkeit aus, Blagoweschtschensk wirkt in sich gekehrt. Doch so sehr sich die russische Stadt vom Amur und dem großen Nachbarn abwendet, so sehr zeigt das politische Moskau Blagoweschtschensk die kalte Schulter. Zwar versucht die Regierung seit einiger Zeit, das Amur-Gebiet durch inländische Großprojekte wiederzubeleben, etwa den von Schlamperei und Korruption gebeutelten Bau des Kosmodroms Wostotschny, der das kasachische Baikonur als Russlands Weltraumbahnhof ergänzen oder gar ersetzen soll. Aber was bedeutet das schon für den rauen Alltag hier? Für die Menschen in Blagoweschtschensk eigentlich nichts, das Kosmodrom ist einhundertfünfzig Kilometer weit entfernt.

Das Stadtzentrum wirkt tadellos. Sein architektonisches Erbe ist maßgeblich dem Goldrausch Ende des neunzehnten Jahrhunderts geschuldet, der die Bevölkerung binnen zwanzig Jahren vervierfachte und Blagoweschtschensk noch vor Chabarowsk und Wladiwostok zur größten Stadt von Russisch Fernost machte. Wie in Tschita legten die Planer die Straßen, amerikanischen Städten gleich, in Form eines Gitters an. Ich finde viele angenehme Aspekte einer russischen Provinzstadt wieder: ruhig, geräumig, freundlich, unprätentiös, baumgesäumte Straßen, schöne Stadthäuser und Kirchen. Am Ufer, unweit des Fährterminals, funkeln auch hier Eisskulpturen im Sonnenlicht. Statt Raketenwerfern und Tempelallegorien überwiegen die Kremlzitate. Hinter der Zauberlandschaft ragt ein Triumphbogen vor dem Amur auf, 1891 errichtet: Zarewitsch Nikolaj machte in Blagoweschtschensk Station auf seiner beschwerlichen Rückfahrt per Dampfer und Kutsche von Wladiwostok, wo er im Namen seines Vaters den Grundstein für den Bau der Transsibirischen Eisenbahn gelegt hatte. Von den Sowjets abgerissen, steht der Bogen heute wieder stolz am Ufer. Wenige Hundert Meter die seit einem Putin-Besuch auf Vordermann gebrachte Promenade hinab, vorbei an der ehemaligen Residenz des Militärgouverneurs, ragt ein altes sowjetisches Kanonenboot in den Winterhimmel. Es erinnert an den Krieg gegen Japan im Spätsommer 1945. Doch auf einem rampenartigen Sockel aufgebockt, steht der bis zum Kiel freigelegte Rumpf schräg, so als setze der Kahn zu einem Sprung über den Amur an, seine Waffen starr auf China gerichtet. Weiter die Promenade hinab die Seja-Mündung. Unter einem Meer aus russischen Flaggen bereiten sich dort die in Russland «Walrosse» genannten Winterbader in Umkleidezelten und an Feuerstellen auf dem Eis auf ihre Mutprobe vor. Ein hölzerner Steg führt zum kreuzförmigen Loch im Eis.

Ich schlendere zurück ins Zentrum. In einem schmucken Eckhaus, einem Klinkerbau mit Türmchen, hohen Decken, breiten Treppen und Marmorböden, residiert das Heimatkundemuseum. Die eingestaubten Exponate wirken etwas aus der Zeit gefallen: Mammutzähne, historische Werkzeuge, Musketen, dazu eine Galerie von Meister Petz, Reineke Fuchs, Isegrim und anderen ausgestopften Taigabewohnern. Gleich mehrere Säle räumt die Schau dem Großen Vaterländischen Krieg ein – wie überall in Russland.

Doch zwischen Saal sieben und Saal acht klafft eine große Erinnerungslücke: Die Ausstellung unterschlägt jene chinesischen Bewohner von Blagoweschtschensk, die die Russen im heißen Juli des Jahres 1900 in den Amur getrieben hatten. Stattdessen ist vage von «der Bombardierung Blagoweschtschensks durch die Mandschus im Kontext der Grenzsicherung zur Zeit des Boxer-Aufstands» die Rede. Schon die russischen Augenzeugen sprachen – falls sie nicht wie die Mehrzahl schwiegen – von «Panik», «Belagerung», «Ereignis» oder «Vorfall». Nur wenige wagten es, von einem «traurigen Vorfall» oder gar einer «Tragödie» zu sprechen. Das Wort «Pogrom» kam in ihrem Wortschatz nicht vor. Die Chronisten flüchteten sich in eine allgemeine, nicht wertende oder jedwede Verantwortung von sich weisende Terminologie. Während der Kurator das Pogrom im Museum sprachlich umschifft und ihm keine Vitrine zugestanden hat, stoße ich im Saal «Albasin – die alte Hauptstadt der Amur-Region (1665–1689)» auf eine phantasievolle Panoramakarte, auf der bärtig-furchtlose Kosaken am Amur dargestellt sind. Die Schlacht von Albasin mag man im späten siebzehnten Jahrhundert als chinesischen Sieg verbucht haben. Hier im Museum mutet sie an wie ein vorübergehender Rückschlag in Russlands unaufhaltsam heldenhaften Vorstoß nach Osten. Die unter den Bolschewiki verdammten Kosaken, sie sind längst rehabilitiert: Heute schützen sie wieder Seit an Seit mit den Grenztruppen (die dem Inlandsgeheimdienst unterstehen) die Staatsgrenzen Russlands. Ihre folkloristischen Uniformen, ihre Fellmützen mit hochgeschlagener Krempe und ihre Nagaikas, die Lederpeitschen, machen sie zu edlen Menschen, die die

Grenzen nicht nur aus ökonomischem Vorteil, sondern aus tiefer ideologischer Überzeugung sichern.

*

Auf meiner kurzen Fahrt über den Amur war ich mit dem Chinesen neben mir im Bus ins Gespräch gekommen. Er stellte sich als Jurij Iwanowitsch vor und hatte mir spontan seine Visitenkarte zugesteckt. Nun suche ich ihn tatsächlich auf, ich bin neugierig. Der Weg zu seinem Büro ist verwinkelt. Sein Kontor versteckt sich im zweiten Stock eines Hinterhauses in der Gasse des Heiligen Innokent, mitten im Stadtzentrum von Blagoweschtschensk, einen Steinwurf vom Heimatmuseum entfernt. Kein Türschild weist den Weg, aber zahlreiche Überwachungskameras.

Das Büro des Jurij Iwanowitsch alias Zhang Yongjin imponiert mit wuchtigen Sitzmöbeln aus Leder und einer Schrankwand mit Mahagoni-Furnier – dieser Mensch weiß sich zu präsentieren. Als ich eintrete, beugt er sich gerade über sein Aquarium. Die Augen folgen dem Fisch. «Ein echtes Vorbild. Der schwimmt immer hin und her. Schau doch, wie ruhig er seine Bahnen zieht!» Wie ein Kind über Stunden, vergisst der Geschäftsmann für ein paar Sekunden alles um sich herum. Die schmalen Augen begleiten aufmerksam das große Schuppentier. Die Pumpe surrt leise, blubbernd steigen Blasen auf.

Einen Augenblick später ist der Zierfisch vergessen. Jurij Iwanowitsch mimt wieder den Chef, der kindliche Blick ist einer ernsten Miene gewichen. Er nimmt an der Stirnseite des ausladenden Konferenztisches Platz. Das Telefon klingelt, auf der Tischplatte vibriert ein Handy. An beiden Apparaten gleichzeitig regelt er seine Geschäfte. Auf dem linken Ohr eine Lieferung aus Heihe. Sobald er Chinesisch redet, verwandelt sich Jurij Iwanowitsch in Herrn Zhang. Sein Bass dröhnt plötzlich impulsiv, beinahe laut. Sein rechtes Ohr erduldet derweil einen russischen Anrufer. Nun ist es wieder Jurij Iwanowitsch, der irgendein Angebot ablehnt. Die russischen Kon-

sonanten klingen selbst nach drei Jahrzehnten Russland weich wie
Seide. «Inzwischen bin ich eher Russe als Chinese. Hier kenne ich
die Spielregeln», sagt Zhang Yongjin. Sein chinesischer Vorname
bedeutet «ewiges Gold». «Ich bin zwar recht erfolgreich, aber es
gibt reichere Chinesen in der Amur-Region.» Zhang, Jahrgang
1960, macht auf bescheiden. Er war vieles in einem halben Jahrhundert Grenzgänger-Leben: Bauarbeiter, Dollar-Millionär, Knastbru-
der, Familienvater.

Jurij Iwanowitsch, ein Mann mit akkuratem Seitenscheitel und
Krawatte, ist freundlich, dennoch wahrt er skeptisch Distanz. Erst
nach und nach gibt er mehr von seinem Leben preis. Am nächsten
Nachmittag, ganz unverhofft, lädt er mich per SMS abends nach
Hause ein. «Ich schicke meinen Sohn Andrej. Warte um acht Uhr
vor dem Hauptpostamt.» Der Buick schaukelt uns in einen Vorort.
Hinter der getönten Fensterscheibe tun sich kleine Holzhäuschen
auf. Blagoweschtschensk zählt gut zweihunderttausend Einwohner,
doch diese niedrigen Vorstadtsiedlungen wollen kein Ende nehmen.
Die Limousine biegt ein in die Straße der Arbeit. Per Fernbedie-
nung öffnet Andrej das elektrische Tor. Eine hohe Mauer verschluckt
den Wagen. Wachhunde bellen. Das unverputzte Haus zählt drei
Stockwerke, überragt selbst die Kapelle nebenan.

Mitte der achtziger Jahre wurde aus Zhang Yongjin Jurij Iwanowitsch. Als einer der ersten Chinesen kam er in die Sowjetunion.
Seine erste Station hieß Magadan. In diese Stadt am Ochotskischen
Meer brach damals kein Sowjetmensch freiwillig auf. Stalin schickte
Abertausende zur Zwangsarbeit dorthin und weiter in die Lager an
der Kolyma. Wenige nur kehrten zurück «aufs Festland», wie es
damals hieß. In einer Brigade von fünfundzwanzig Mann, allesamt
Chinesen, arbeitete der Chinese Jurij in einer auf Hühnerzucht
spezialisierten Sowchose. «Wir waren die Vorhut und schufteten wie
Tiere, doch es gab gutes Geld.»

Jurij Iwanowitsch bittet ins Haus. Wir sitzen um den Küchen-
tisch. Wenn der Hausherr redet, erwartet er weder Mitleid noch
Anerkennung. Stattdessen erwartet er, dass ich von den riesigen

Grapefruits probiere. Anders als sein Büro wirkt das Haus überhaupt nicht wie ein repräsentativer Ort, im Gegenteil. Eine Energiesparlampe scheitert bei dem Versuch, die Küche auszuleuchten. Draußen im Flur stapeln sich Plastikschlappen, Straßenschuhe und Gummistiefel. Kindergrößen überwiegen. Wer wohnt bloß alles in diesem Haus?

Jurij Iwanowitsch traf Marina in Magadan. Ihr gemeinsamer Sohn Andrej erblickte dort das Licht der Welt. Bei der heute einunddreißig Jahre alten Tochter Mascha ist bereits Swerdlowsk als Geburtsort im Pass vermerkt. So hieß Jekaterinburg am Ural damals noch, Jurijs zweite Station auf seiner Tour durch Russland. Statt mit dem Hühnervieh arbeitete er nun auf dem Bau. Zwei Jahre später zog die Familie nach Blagoweschtschensk an den Amur. «Ich wollte meine Eltern in der Nähe wissen.» Vor ein paar Jahren hat Jurij für seine Mutter eine Eigentumswohnung in Heihe gekauft. Sein Vater, der Offizier der Volksbefreiungsarmee, hat das alles nicht mehr erlebt. Die Mutter wohnt nun gemeinsam mit seiner Schwester und einer Haushälterin am anderen Ufer, eine Zeitzone entfernt in einer noch immer anderen Welt.

Es herrschte Goldgräberstimmung am Amur – allerdings eine andere als Ende des neunzehnten Jahrhunderts. «Die wilden Neunziger, plötzlich konnte jeder mitmachen», erinnert Jurij sich, während er noch immer die Grapefruit pellt. Mit einigen chinesischen Partnern gründete er die Firma Heilongjiang. «Alles, wirklich alles, womit sich Geld verdienen ließ, verhökerten wir damals: Obst, Fernsehapparate, Präservative», erklärt Jurij. Bald kaufte er die Anteile der übrigen Miteigentümer auf. Einmal zu Geld gekommen, erwarb er in Blagoweschtschensk erste Immobilien.

Jurij Iwanowitsch führt mich durch sein Reich. Die Treppe hinauf geht es in den ersten Stock. Unsere Schritte hallen, so leer klingt das im Inneren konsequent in Pastellrot gehaltene Haus. Zimmer für Zimmer zeigt Jurij nun, zu wem all das Schuhwerk gehört. Neun Kinder, das jüngste hängt noch an der Brust. Nur die beiden Ältesten, Andrej und Mascha, sind das Ergebnis der russisch-chinesischen

Liaison. Die übrigen haben chinesische Mütter. Zwei Frauen Mitte dreißig sitzen in einem der Zimmer und grüßen schüchtern. «Sind sie ...?», frage ich, als die Zimmertüre bereits wieder geschlossen ist. Jurij schweigt. Viele Kinder bedeuten Glück, lautet ein Sprichwort in China. Die Ein-Kind-Politik gelte, Gott sei Dank, nicht einmal mehr jenseits des Amur.

Jurij Iwanowitsch, so scheint es, will leben ganz und gar. Er weiß, wie «ganz unten» sich anfühlt. 1995 wird er, der «reiche Chinese Jurij», verhaftet. In der Strafkolonie Tachtamygda im Nordwesten der Amur-Provinz sitzt er anderthalb Jahre lang als ein Chinese unter vielen Russen ein. Wofür? «Sie finden einen Grund, wenn du zu viel besitzt.» Jurij besaß zu viele Häuser in der Stadt. Die Firma ging bankrott, fast alles verlor er damals. Wie oft habe ich derartige Geschichten gehört, in Irkutsk, in Kultuk, in Tschita, wieder und wieder.

Frühjahr 1997. Andrej, Mascha und Marina erwarten Jurij vor dem Gefängnistor. Zwei Wohnungen waren alles, was der Familie blieb. Jurij Iwanowitsch fing von vorne an. Bald nach der Entlassung ging die Ehe in die Brüche. Die Wohnung im Zentrum überließ er seiner geschiedenen Frau. Die andere Immobilie verkaufte er und ließ eine neue Firma mit dem Namen Amid ins Handelsregister eintragen. Die wilden Jahre waren da schon vorbei. Der Handel mit chinesischen Artikeln lief nicht mehr so leicht. Die Menschen in Blagoweschtschensk waren inzwischen wählerischer beim Kauf der «Made in China»-Ware. Die Geschäfte der Stadt waren längst privatisiert und unter Russen aufgeteilt. Jurij Iwanowitsch, obwohl nach dem Gesetz Staatsbürger Russlands, war dennoch kein «Russe». Schlimmer noch, Schikanen gegen Chinesen nahmen zu. Miliz und Mafia vertrieben sie von den Märkten. Jurij begriff das Unglück als Chance. Er mietete ein altes Stadthaus im Zentrum an und ließ das Erdgeschoss zu einer Markthalle ausbauen.

An meinem letzten Tag führt mich Jurij Iwanowitsch durch seinen Einkaufstempel. Geruch von Plastik hängt in der Luft. Gleich neben dem Eingang der Schuhmacher. Gegenüber ein Kosmetikladen. Dahinter Dutzende Verkaufsstände für Mobiltelefone, saftlose Batterien, Plateauschuhe, Bomberjacken und unscharfe Feldstecher. Inzwischen betreibt er noch drei weitere Markthallen in der Amur-Provinz: in Swobodny, Magadatschi und Tynda, weit im Nordwesten. Doch die Firma Amid ist mehr als die Summe ihrer Markthallen. Draußen vor der Stadt betreibt Jurij Iwanowitsch im Sommer noch eine Ziegelei. Ein paar Gewächshäuser besitzt er außerdem in Tambowka. «Mit einem Auge kann ich ein chinesisches Feld von einem russischen Feld unterscheiden», behauptet Jurij, als wir über den Sinn und Unsinn von Treibhäusern fachsimpeln. «Russische Äcker haben immer etwas Halbherziges. Ist die Saat erst ausgebracht, siehst du keinen Bauern mehr. Sie kommen erst zur Ernte wieder. Auf chinesischen Feldern hingegen findest du keinen Halm Unkraut, Soja und Weizen wachsen dicht an dicht.»

«Das Geschäftsprinzip der Markthallen ist doch simpel», findet Jurij, als wir zum Thema Handel zurückkehren. Da die Chinesen nur maximal für die Dauer ihres Visums, also ein Jahr, draußen auf dem Stadtmarkt arbeiten können und ständig irgendwelchen Schikanen ausgesetzt sind, pachten sie im Amid einen Stand. «Bei mir fangen sie nicht jedes Jahr von vorne an.» Im Amid überwiegen Russinnen hinter den Tresen. Dennoch sei die Mehrzahl der Stände in der Hand chinesischer Subunternehmer, versichert Jurij. «Manche Pächter bezahlen russische Angestellte. Die Betreiber wohnen in Heihe und schauen nur ab und zu nach dem Rechten.» Die Ablauffrist des Arbeitsvisums sei damit kein Thema mehr. Die Geschäfte laufen so oft besser, urteilt Jurij, da russische Käufer russischen Händlern eher trauen und weniger feilschen.

Ein Stockwerk über der Markthalle betreibt Jurij ein Restaurant. Der Koch ist ein Chinese aus Harbin, das Essen eine Melange aus sibirischer und nordchinesischer Küche. Die Gäste speisen in den in China üblichen Séparées, doch grün getünchte Wände, glänzende Wachstuchdecken und die dunkle Stimme der Alla Pugatschowa erinnern daran, dass wir in Russland sind. Jurij Iwanowitsch ist hier mit einem Mann verabredet, der sich als Oleg Petrowitsch vorstellt.

Jurij nennt ihn scherzhaft «Boss». Denn offiziell ist Oleg der Besitzer der Markthalle von Blagoweschtschensk. Obwohl Jurij Iwanowitsch Zhang längst den Pass mit dem Doppeladler besitzt, stehen den Markthallen und Restaurants auf dem Papier jeweils russische Chefs vor. «Bis heute ist das die übliche Praxis hier», versichert Jurij. «Oleg ist das Gesicht der Firma. Der Mediator bin aber ich.» Immer wieder bin ich auf meiner Reise auf Typen wie Oleg gestoßen: russische Assistenten chinesischer Geschäftsleute, recht energisch und unendlich zynisch.

Wir essen kartoffel-mayonnaisigen Oliviersalat, löffeln Rassolnik – Salzgurkensuppe – mit Graubrot – sowjetisches Kantinenessen. «Die Leute hier mögen das.» Jurij drängt mich, vom teuren chinesischen Schnaps zu probieren. Er selbst bestellt eine Limonade, vor Jahren schon hat er dem Alkohol abgeschworen. «Wenn du nicht mehr trinkst, lebst du gesund. Du hast aber rasch keine Freunde mehr.»

Sein «Chef» Oleg Petrowitsch, der keine Brause trinkt, löse nur manche Probleme, erklärt Jurij mir später. «Sie legen mir nicht unbedingt Steine in den Weg, weil ich Chinese bin. Hier geborene Geschäftsleute klagen oft über dieselben Probleme.» Die gesamte politische Elite nutze ihre Macht, um die Konkurrenz auszustechen. Das Amt als Vehikel zur Sicherung der ökonomischen Position. Die dazu eingesetzten Mittel seien durchaus kreativ. Ein früherer Gouverneur etwa habe während seiner Regierungszeit eine «Stiftung» gegründet. «Alle Geschäftsleute der Provinz sollten spenden. Natürlich waren diese Abgaben ‹freiwillig›.» Doch säumige Zahler hätten Probleme bekommen. «Meist mit dem Brandschutz», sagt Jurij mit einem aufgesetzten Lächeln. Spätestens als die Inspekteure kamen, hätten fast alle gezahlt. Mit dem gesammelten Stiftungskapital habe der damalige Gouverneur sein eigenes Business zum Blühen gebracht.

Beim viel zu süßen Nachtisch berichte ich Jurij eher beiläufig von meinem Museumsbesuch und meiner vergeblichen Suche nach dem Pogrom. «Uns Chinesen treibt heute niemand mehr in den

Amur», erwidert Zhang trocken. «Kein Milizionär stoppt mich heute mehr auf der Straße, keine Kopeke Strafe muss ich mehr wegen angeblich fehlender Dokumente zahlen. Doch der Fluss, er trennt uns bis heute.»

17. Ein Hektar Sumpfland geschenkt

Birobidschan – Chabarowsk

Die auf Tabak trainierten Stimmbänder eines Chansonsängers kratzen meine Ohren aus dem Schlaf. Vor dem Waggonfenster zieht
eine weiße Moorlandschaft vorüber, während der Russe im Lautsprecher von enttäuschter Liebe brummt. Gut dreizehn Stunden
braucht der Nachtzug von Blagoweschtschensk den Amur entlang
bis nach Chabarowsk.

In den frühen Morgenstunden, nach dem Zähneputzen, zuckeln
wir durch Birobidschan, eine Ansammlung grauer Fünfgeschosser.
Heute mutet die Hauptstadt des Jüdischen Autonomen Gebiets
weder autonom noch jüdisch an. Anderthalbtausend Juden sollen
hier noch leben. Ende der zwanziger Jahre rief Stalin im Zuge seiner
Nationalitätenpolitik dieses vergessene Sumpfland von der Größe
Montenegros zwischen der Bira und dem Bidschan zum sowjetischen Palästina aus. Obwohl nur wenige russische Schtetl-Juden
mit Hacke und Pflug umzugehen wussten, wollte Stalin aus ihnen
produktive Kolchosbauern machen. Birobidschan selbst wuchs zu
einer Stadt heran, mit jiddischem Theater und einem Parteiblatt
namens *Birobidschaner Schtern*. Nach dem Zweiten Weltkrieg soll
immerhin jeder vierte Bewohner ein Jude gewesen sein. Doch dann
sagte Stalin den «wurzellosen Kosmopoliten» den Kampf an. Die
letzte Synagoge brannte 1950 nieder. Olga, meine Harbiner Kommilitonin, tat es so vielen anderen gleich und flüchtete aus dieser
postjüdisch-nachsowjetischen Tristesse. Nur ihr Bruder ist in Biro-

bidschan geblieben: auf dem städtischen Friedhof, irgendwo jenseits des Bahndamms, mit einer Kugel im Kopf.

Hinter Birobidschan, zwei Stunden vor Chabarowsk, läuft die transkontinentale Landstraße zwischen Wladiwostok und Moskau, die Tanja und Dmitrij mit ihrem japanischen Gebrauchtwagen entlanggezuckelt waren, in Sichtweite der Schiene. Ob meine Bahnhofsbekannten aus dem Sommer je in Omsk angekommen sind? Draußen nun dichtere Besiedlung, sogar ein wenig Landwirtschaft. Ein Mann mit kahlrasiertem Schädel tigert so ungeduldig wie ziellos den Gang auf und ab.

Die Mitte des neunzehnten Jahrhunderts gegründeten Kosakendörfer, lose am Amur aufgereiht und einst als verheißungsvolle Vorposten im Rausch des Goldes und der vollen Getreidespeicher gegründet, blieben eine herbe Enttäuschung: Die Wehrbauern beackerten nicht einmal ein Prozent ihrer Ländereien. Aus den Kosaken wurden keine Selbstversorger. Und heute stecken ihre Dörfer in einem depressiven Gürtel des Grenzgebietes fest.

Wie bringt man Menschen dazu, sich am östlichen Rand des Reiches niederzulassen? Diese Frage trieb die russischen Herrscher um, seit Kosaken 1647 in Ochotsk ihr Winterlager aufgeschlagen hatten. Die Amur- und die Pazifik-Provinzen standen seit Mitte des neunzehnten Jahrhunderts als untervölkerter Besitz im Schatten Chinas und seiner demographischen Übermacht. Jahrzehntelang blieb die Übersiedlungsquote praktisch bei null. Kosaken waren oft die einzigen Freiwilligen auf dem Treck der inneren Ost-Kolonisation. Dies änderte sich erst mit der Übersiedlung von meist bettelarmen Bauern aus den überbevölkerten ukrainischen Provinzen – auf Schiffen der Freiwilligen Flotte von Odessa über alle Ozeane hinweg bis Wladiwostok – und dem Bau der transkontinentalen Eisenbahn. Doch die Abhängigkeit des Fernen Ostens vom chinesischen Arbeiter, japanischen Krämer und koreanischen Bauern nahm um die Jahrhundertwende eher noch zu. Unter Hammer und Sichel wurden die Koreaner, Japaner und Chinesen abgelöst von «Sondersiedlern» aus dem Gulag und von Arbeitern, die mit hohen Subventionen in abgelegene Industriestandorte gelockt wurden. Seit dem Ende der Sowjetunion hat ein Viertel der Fernostler die Koffer gepackt. Geblieben sind gerade einmal so viele wie in einer chinesischen Provinzhauptstadt: sechs Millionen Menschen.

Beim Blick in die weiße Leere da draußen sieht die Zahl mit den sechs Nullen nach sehr viel aus. Doch führt man sich die Größe des Gebiets vor Augen, so erscheint sie unglaublich gering. Der Ferne Osten, das Land zwischen Baikalsee und Tschuktschen-Halbinsel, ist der größte der acht russischen Föderationskreise. Er ist beinahe so groß wie Australien und größer als China ohne Tibet und Xinjiang. Umschlossen ist er im Norden und Osten vom Ochotskischen Meer, von Beringsee und Laptewsee. Im Süden stößt er an China, Japan und Nordkorea und im Westen an Sibirien. Er stellt ein Drittel des russischen Territoriums dar, auf dem gerade vier Prozent von Russlands Bevölkerung leben. Subtrahieren wir die Einwohner von Wladiwostok und Chabarowsk und einem halben Dutzend anderer Städte, so bleiben jedem Einsiedler da draußen fünf Quadratkilometer für sich.

Wie schon unter den Zaren und Generalsekretären legt der Kreml heute in regelmäßigen Abständen Siedlungsprogramme auf. Zuletzt sagte Wladimir Putin dem Exodus den Kampf an. Vor fünf Jahren unterzeichnete er ein Gesetz, das jedem Russen, der in den Fernen Osten übersiedelt, einen Hektar Land ohne Pacht und Steuern überlässt. Wer seine Scholle fünf Jahre bewirtschaftet, dem schenkt der Kreml sie. Putins Heimstättengesetz ist die russische Version des amerikanischen Homestead Act von 1862. Doch Putin verschenkt einen einzigen Hektar, Lincoln gewährte seinen Landsleuten die sechzigfache Fläche. Die grandiosen Pläne der grauen Herren im Kreml sind weit weg von der sumpfigen Realität: Der «fernöstliche Hektar» reicht kaum, um nachhaltige Landwirtschaft zu betreiben. Zudem liegen die ausgewiesenen Flächen meist fernab jedweder Zivilisation, es fehlt selbst elementare Infrastruktur. Jene mutigen Russen, die sich auf der Webseite nachfernost.ru registrieren und einen Zuschlag auf «ihren» Hektar erhalten, stehen vor einem Birkenwald aus Regeln, der weiter als die Taiga ist: Den veterinärmedizinischen Kodex, die pflanzenschutzrechtlichen Bestimmungen, auch die Sonderregelungen in Grenzzonen und im Wasserhaushaltsgesetz muss man erst einmal verstehen. Und die begehrten Grundstücke an schönen Pazifikbuchten oder am Chankasee – auf diesen goldenen Hektaren saß schon die lokale Nomenklatura, noch bevor die Webseite online ging.

Der Zug schrammt hart am südlichen Rand des russischen Föderationsgebiets entlang. So viel Trübsinn. Kaum auszumalen, wie es noch weiter im Norden aussieht. Dort durchzieht die Baikal-Amur-Magistrale, die BAM, dieser über viertausend Kilometer lange Schienenstrang mit seinen Tausenden Brücken und Hunderten Stationen, von Taischet bis nach Sowjetskaja Gawan die fernöstliche Einsamkeit. Die Trasse sollte einmal bis nach Sachalin führen, den Tatarensund mit einem Tunnel querend, mit einem Anschluss an das Schmalspurnetz, das die Japaner dort verlegt hatten, als der Süden dieser Pazifikinsel noch zu ihrem Imperium gehörte. Erste Pläne für die BAM, für diese parallel zur Transsib geführte Bahn, gehen auf die Zeit des späten Zarenreichs zurück. Stalin ließ dann Gulag-Sträflinge bereits die ersten Nebenlinien durch die Taiga stoßen. Den eigentlichen Anlauf nahm in den siebziger Jahren der schon betagte Breschnew: Die BAM war eines der letzten sowjetischen Prestigeprojekte, ein schwaches Echo der Gigantomanie der dreißiger Jahre. Freiwillige kamen selbst aus den sozialistischen Bruderländern, um die von der Propaganda herbeigesungenen «industriellen Feuer» in der «Finsternis der Taiganacht» zu entfachen. Nach fünfzehn Jahren Bauzeit, zwei Jahre vor Zusammenbruch der Sowjetunion, ratterte der erste Zug um die Nordspitze des Baikalsees herum bis an die Küste des Pazifik.

Heute, nur drei Jahrzehnte nach ihrer Fertigstellung, versinken die Bahnschwellen wie die sie umgebende schier unendliche Weite, die die Magistrale kolonisieren und kultivieren sollte, im Morast. Aus der Traum von der lichten Zukunft. Nur ein Fernzug von Nirgendwo nach Nirgendwo ruckelt täglich die aus der Spur ge-

worfene Strecke auf und ab. Unter Jelzin machten Stationen und
Depots nacheinander dicht. Orte wie Seweromujsk, Nowaja
Tschara oder Fewralsk, diese Museen später sowjetischer Stadtplanung, büßten mindestens die Hälfte, wenn nicht gar alle ihrer Bewohner ein.

Komsomolsk am Amur. Keine Stadt hängt stärker an dieser
Schicksalsader – Sinnbild sowjetischer Industrialisierung im weiten
Osten und seiner zerstobenen Utopien. Im Jahr 1932 an der Stelle
des kleinen Dorfes Permskoje am Amurufer gegründet, strömten
Komsomolzen aus dem gesamten Unionsgebiet zusammen und
zimmerten die ersten Baracken in die Wildnis. Doch bald lösten
auch hier Strafgefangene die Freiwilligen ab, Kriminelle und «ehemalige Menschen», die die Agitprop jener Tage in Bestarbeiter
umschmiedete. Eine Viertelmillion Einwohner leben heute noch
auf den Knochen der Sträflinge in diesem äußerst gewissenhaft geplanten stalinistischen Monument. Prächtige Wohnhäuser im Stil
des sowjetischen Neoklassizismus säumten den Friedens- und
Leninprospekt. All jene, die stoisch hinter deren bröckelnden Fassaden der Dinge harren, die da noch kommen sollten, malochen im
Hüttenwerk «Amurstahl», in den «Gagarin»-Flugzeugwerken, auf
der Werft, die nach der *Leninskij Komsomol*, dem ersten sowjetischen Atom-U-Boot, benannt ist, oder in einer der anderen Fabriken des militärisch-industriellen Komplexes. Einst aus strategischen Gründen an den unwegsamen Rand des Sowjetimperiums
gebaut, gerät diese Abgeschiedenheit heute zu einem Standortnachteil: In den Augen japanischer oder koreanischer Investoren
liegt die vergreiste «Stadt der Jugend» schlicht ab vom Schuss.

Im ratternden Nachtzug stehen nun immer mehr unausgeschla-
fene Menschen auf dem Gang und schauen aus den milchig-rüschen-
verhangenen Fenstern auf den Amur. Auch der junge Mann in meinem Abteil blickt geistesabwesend hinaus in die weiße Weite. Er
scheint durch das Flusspanorama hindurchzustarren. Verloren wirkt
er in seiner schwarzen Marineuniform, wie ein Konfirmand in seinem ersten Anzug. Seine Gesichtszüge sind die eines Knaben, seine

Schulterklappen indes weisen ihn als Leutnant aus. Grigorij, Grischa, heißt er. Später, wenn der Zug in Chabarowsk-1, dem Hauptbahnhof der Sechshunderttausend-Einwohner-Stadt, einfährt, wird Grischa vom Vorplatz aus den Bus zu einem Militärflughafen nehmen. Von dort geht die letzte Etappe seiner langen Reise zu einer Kaserne auf den Kurilen.

Im Kriegsjahr 1916 war mit der Fertigstellung der über zweieinhalb Kilometer langen, vielbogigen Eisenbahnbrücke bei Chabarowsk die letzte Lücke der komplett auf russischem Territorium verlaufenden Transsibirischen Eisenbahn geschlossen. Seit Ende der neunziger Jahre, jener ökonomisch äußerst schwierigen Dekade unter Boris Jelzin, steht an ihrer Stelle eine doppelgeschossige Stahlfachwerkbrücke. Der Nachtzug aus Blagoweschtschensk schiebt sich träge über das stöhnende Eisen des unteren Geschosses. Über uns die Fernstraße R-297, unter uns der hier schon meeresarmbreite Amur. Minuten vergehen, ehe wir das andere Ufer erreichen. Wenig später laufen wir in den Bahnhof mit seinem palastartigen Empfangsgebäude ein, der kurioserweise ein sowjetischer Nachbau eines noch zaristischen Projekts ist.

*

Die Stadtanlage von Chabarowsk suggeriert, dass ihre Bewohner das große Wasser nicht scheuen. Amur und Ussuri sind die bestimmenden kompositorischen Elemente, alle bedeutenden Sichtachsen führen aufs Wasser zu. Das hohe Stadtufer gibt den Blick auf ein betörendes Flusspanorama frei, das Mitte des neunzehnten Jahrhunderts bereits als Projektionsfläche für Träume von einem «russischen Mississippi» taugte.

Vor dem Eisenbahnzeitalter näherten Fremde sich der Stadt nicht aus der Fast-Vogelperspektive einer Brücke, sondern auf Höhe des Wasserspiegels. Reisende aus dem Westen stampften damals auf einem Raddampfer den Amur hinab bis in die Stadt hinein. Ein echtes Abenteuer, denn der Pegel schwankte beträchtlich, und die großen Dampfboote liefen häufig auf Grund. Vom hohen Ufer blitzten zwischen Holzhütten rote Ziegelsteinfassaden der Stadthäuser auf. Auf Ansichtskarten aus den Gründerjahren schmiegen sich Fischerboote an die sandige Uferkante. Die Besatzungen verkauften ihren Tagesfang direkt von Bord. Nikolaj Garin, im August 1898 aus Petersburg kommend, war schockiert, als er sich dem idyllischen Uferbild näherte: «Überall Chinesen: am Pier, an ihren Verkaufsständen, die sich, in Doppelreihen aus Brettern zusammengeschustert, den steilen Hang zur Stadt hinaufziehen.» Der weltgereiste russische Schriftsteller fand in den Auslagen den ganzen Garten der Natur: Kohl, Möhren, Wasser- und Honigmelonen, Birnen, Äpfel, Auberginen und Tomaten. Doch er klagt enttäuscht, dass die Amur-Chinesen hier ungenügende Ware überteuert feilböten: «Das Obst und Gemüse heißt zwar hier wie in unserem Süden, doch der Glanz des Südens fehlt, wie man sein Wesen vermisst. Es ist eher Ausschuss des Südens − blass, dörr, gar bemitleidenswert sind diese wenig schmackhaften Früchte.»

Auf dem hohen Ufer gibt es heute kein lautes Markttreiben mehr, auch kein buntes Völkergemisch. Aber es ist noch immer steil, fast schon wie eine Klippe. Von oben läuft der Blick frei auf den froststarren Fluss. Im Hintergrund die Silhouette des modernen Chabarowsk: hohe neue Wohnhäuser, Hafenkräne, das alte Heizkraftwerk. Davor, wie auf einer Kommandoposition, überragt ein Denkmalheld den Uferpark. Zu seinen Füßen bin ich mit der Heimathistorikerin Maria Fjodorowna verabredet. Die Falten und Fältchen in ihrem Gesicht machen sie höchst lebendig, ebenso ihr rot gefärbtes Haar. Von dem hohen Sockel des von Zarewitsch Nikolaj enthüllten Standbilds blickt Graf Nikolaj Nikolajewitsch Murawjow-Amurskij voller Stolz in kraftvoller Pose mit verschränkten Armen hinüber nach China. Doch der offiziell als Held gefeierte Generalgouverneur, dem die mit China 1858 vertraglich vereinbarte Grenzziehung den Beinamen Amurskij einbrachte, starb im Pariser Exil, vom Zaren verstoßen. Den Bolschewiki passte der Graf überhaupt nicht in ihr vorgeblich antiimperiales Geschichtsbild. Sie zerstörten sein Denkmal und schraubten eine nur lebensgroße Beton-skulptur Lenins auf den hohen Sockel.

Der politische Ikonoklasmus der Bolschewiki war allumfassend. Fiktionale Helden der sowjetischen Literatur füllten die klaffende Lücke im roten Geschichtsbild des Fernen Ostens. An Murawjows Stelle traten Figuren wie Egor Kusnezow. In seinem sozrealistischen Epos *Väterchen Amur* ließ Nikolaj Sadornow seinen Protagonisten gen Osten wandern und vom harten Leben der ersten russischen Siedler am großen Strom, von den Gefahren der Wildnis und dem friedvollen Zusammenleben mit den Ureinwohnern erzählen. Das Werk wurde mit dem Stalin-Preis ausgezeichnet. Doch die Menschen in Chabarowsk vergaßen «ihren» Grafen nicht. Und Lenin schaffte das noch weniger. «Diese kleine Plastik wirkte grotesk auf dem hohen Sockel. Früher fragten uns ausländische Besucher immer wieder süffisant, seit wann dieser Lenin den Platz schmücke. Wir Stadtführer konnten damals nur peinlich berührt den Kopf schütteln. Aber über diese Schmach zu reden, war unmöglich», erinnert sich Maria Fjodorowna. 1983 musste Lenin gehen. Kurz darauf, schon während der Perestroika, sammelte eine Bürgerinitiative Geld für die Rekonstruktion der Murawjow-Skulptur. Nach einem in Sankt Petersburg lagernden Modell geschaffen, strahlt der große Nationalheld seit 1992 wieder an der alten Stelle. «Es war so, als kehre der Geist der Stadt zurück. Murawjow hat viel für unser Land getan», sagt Maria Fjodorowna.

Längst ist der Graf rehabilitiert: Seit 2006 ziert seine Skulptur den Fünftausend-Rubel-Schein. Ganz im Geist der patriotischen Rückbesinnung ruft man mit dem Wiederaufbau von Denkmälern, der Rekonstruktion von Kirchen und der Rückbenennung von Straßennamen die Zeugnisse der Zarenzeit in Erinnerung, die von der Sowjetmacht aus dem nationalen Gedächtnis gelöscht worden waren.

Wir treten an die zum einhundertfünfzigjährigen Stadtjubiläum herausgeputzte Freitreppe heran. Einst, als die Chinesen noch ihr minderwertiges Obst verkauften, führte lediglich ein Sandweg das

Steilufer hinauf. Mit etwas Phantasie erinnert das heutige Panorama an den Blick von den Tschkalow-Treppen über die Wolga in Nischnij Nowgorod. Vorsichtig, Stufe für Stufe, steigen wir zur penibel vom Schnee gereinigten Steiluferpromenade hinab. Unten verbeugt sich eine alte Frau vor einer Gedenktafel für die Eroberer von 1858 und murmelt Worte des Dankes für den Schutz. Dahinter, die Promenade entlang, der Sportpalast und das an einen griechischen Tempel erinnernde Freibad aus den fünfziger Jahren. Darüber schwebt Dampf in der frostigen Luft.

Der Fluss liegt zugefroren unter einem blaugrauen Winterhimmel. Die Kälte hat das Wasser gebändigt, der Schnee auf dem Eispanzer verschluckt die Stadtgeräusche, doch bei jedem unserer Schritte knirscht das Weiß unter den Füßen. Kein einziges Boot weit und breit. Selbst im Sommer, wenn Badende das Ufer dicht belagern, seien Schiffe eine Attraktion, sagt Maria Fjodorowna, die Hände in ihrem Muff: «Keine Raddampfer oder Dschunken wie früher, kein Kahn, der unter chinesischer Flagge steht.» Natürlich liegen dann hier Ausflugsdampfer, den Bug auf den Sand geschoben, unter laufendem Diesel und plärrender Schlagermusik. Die Treppen sind heruntergelassen, die Kapitäne werben startklar um Laufkundschaft für ihre Rundfahrten. Die übrigen Schiffe hinten am Flusshafen, erzählt Maria, stünden im Liniendienst nach Nowokamenka, Pobeda oder zu einem der anderen Datschen-Vororte. «Der gesamte Flussverkehr spielt sich im Radius von ein paar Dutzend Kilometern ab.»

Jetzt, am frühen Winternachmittag, harren Eisangler, über die Weite des starren Flusses verteilt, regungslos vor ihren handtellergroßen, ins Eis gebohrten Löchern. Geduldig hängen sie die dünnen Schnüre ihrer Ruten ins dunkle Wasser. Wie in einer monotonen Winterlandschaft aus Öl auf Leinwand, wirken die Gestalten eingefroren. Hier, im Mündungsdelta von Ussuri und Amur, am Beginn des fischreichen Unterlaufs, treffen nördliche Arten wie die Quappe oder der Taimen auf Graskarpfen und andere südliche Fische. Wir gehen dicht an einem Alten mit eisverkrusteten Wimpern und Bart vorbei. Sein Chow-Chow bewacht zwei ellenlange Lachse. «Ich esse keinen hier gefangenen Fisch mehr, seit die Chinesen den Amur vergiftet haben», verkündet Maria Fjodorowna, als wir schon außer Hörweite des Anglers sind. Vor fünfzehn Jahren waren bei einer Explosion in einem Chemiewerk in der Stadt Jilin Benzol und Nitrobenzol in den Songhua gelangt. Ich selbst studierte damals noch in Harbin und erinnere mich an die Hamsterkäufe von abgefülltem Wasser. Es gab Engpässe in der Trinkwasserversorgung, weil die Stadtwerke aus Angst vor Vergiftungen die Leitungen abgedreht hatten. Nach Wochen erreichte der Giftteppich Chabarowsk. Als im Jahr darauf das Eis taute, trieben die Fische bäuchlings im Wasser. Die Umweltkatastrophe verstärkte unter den russischen Grenzbewohnern das gruselige Bild von einem Nachbarn, der die Rosen aus dem Vorgarten stiehlt, den Zwingerhund isst und den Brunnen im Hof vergiftet.

Vereinzelt schlittern Spaziergänger über das Eis. Ihre winzigen schwarzgrauen Silhouetten verlieren sich irgendwo am Horizont. Dahinter die inzwischen nur noch halb zu Russland gehörende Bolschoj Ussurijskij-Insel. Fast wirkt der Fluss tot, das Nachbarland, das jenseits der Insel beginnt, vergessen. Die unmittelbare Nähe zu China spüre ich, abgesehen von Marias Vorbehalten gegen Fischgerichte, hier kaum, anders als in Blagoweschtschensk. Keine chinesischen Obsthändler mehr an der Uferböschung. Keine Hochhauskulisse wie beim Blick auf Heihe. Hin und wieder stolpere ich über Bruchkanten im Eis, an denen mächtige, bereits wieder zusammengefrorene Schollen aufragen.

Hier auf dieser Eisfläche wird mir wieder klar, warum der Amur auf meiner langen Reise eine Art Richtschnur war, an der ich mich langsam, mäandernd wie der Fluss selbst, von West nach Ost, teils seine Nebenarme hinauf, entlanggehangelt habe. Die großen sibirischen Ströme – Ob, Jenissej, Lena, Kolyma – scheiden als Verkehrsadern weitgehend aus. Als einziger russischer Strom jenseits des Uralgebirges strebt der Amur in der fruchtbaren Expansionsrichtung: nach Osten in den Pazifik, nicht wie die anderen nach Norden in den Arktischen Ozean. Die Russen adoptierten den tungusischen Namen, der so viel wie «Großer Fluss» bedeutet. Die Mandschus hingegen nannten ihn Sahaliyan Ula, «Schwarzen Fluss», und sahen dabei seine schlangenartige Form, sein dunkles Wasser, die Basaltfelsen an seinen Ufern und seinen unkontrollierbaren, unberechenbaren Charakter.

Von seiner entferntesten Quelle aus gemessen, reicht der Amur in seiner Länge an den Mekong heran. Beeindruckender noch ist das Becken, das er entwässert und das größer als das des Jangtse ist. Doch der Amur wird selten von der Quelle aus gemessen und in seinem gesamten Einzugsgebiet gedacht. Stattdessen zählt man die Kilometer erst ab halber Höhe, wo Schilka und Argun, die beide für sich jeweils imposante Ströme sind, sich vereinigen. Selbst von diesem Zusammenfluss aus bleiben noch 2824 Kilometer bis zum Pazifik.

So wie der Fluss zu beiden Ufern verschiedene Namen trägt, so stritten Chinesen und Russen sich lange um seinen Ursprung. Den Chinesen galt der Songhua, der aus dem Changbai-Gebirge sprudelnde, durch Harbin hindurch und an Yunpengs Elternhaus vorbeifließende längste Nebenfluss des Amur, als sein einzig wahrer Ausgangspunkt. In Russland indes beharrte die Wissenschaft auf dem östlich des Baikalsees entspringenden Ingoda als wahrem Ursprung des Amur. Irgendwann steckten russische und chinesische Geographen ihre Köpfe zusammen und kamen zu einem unerwarteten Ergebnis: Der Ursprung des Amur, die weiteste Entfernung zwischen Quelle und Mündung in den Ozean, liegt weder in China noch in Russland, sondern im in der Nordmongolei entspringenden Onon: 4416 Kilometer bis zur Mündung

Zurück auf der Promenade, frage ich Maria Fjodorowna noch nach dem Ursprung der Stadt. Ich möchte ihre Version hören, auch wenn ich ihn inzwischen zu kennen meine. Wie das kleine Transsib-Depot Jerofej Pawlowitsch, so verdankt Chabarowsk dem Kosaken-Ataman Jerofej Chabarow, jenem ersten russischen Entdecker des Amur-Gebiets, seinen Namen. «1865 zählte der Posten

Chabarowka, so hieß der Ort in den Gründerjahren, gerade mal eine Kirche, zweihundert Gebäude und fünfzehn Geschäfte», fährt Maria Fjodorowna fort, die Schultern in der eisigen Kälte hochgezogen. «Dabei war die Lage an der Ussuri-Mündung ideal: keine Anfälligkeit für Seeangriffe wie in Wladiwostok. Auch möglichen chinesischen Feindseligkeiten war der Ort weit weniger ausgesetzt als Blagoweschtschensk.» Zur Jahrhundertwende lebten fünfzehntausend Einwohner in der Garnisonsstadt, die nun die neuen Gebiete des russischen Fernen Ostens bewachte und verwaltete. Ein Witz aus jenen Tagen, den ich schon zuvor irgendwo aufgeschnappt hatte, beschrieb Chabarowsk als einen gottverlassenen Ort mit drei Hügeln, zwei Schornsteinen und zehntausend Portfolios – ein Seitenhieb auf die zivile wie militärische Bürokratie und den bitteren Mangel an russischem Geschäftssinn.

«Die Kälte kriecht von unten hoch», warnt mich Maria Fjodorowna und stampft demonstrativ mit den Füßen auf. Als wir die eisige Freitreppe wieder hinauf zum Kathedralen-Platz steigen, hakt sie sich bei mir unter. Der Platz lädt im Sommer gewiss zum Promenieren ein, heute wirkt er leer und abweisend: Die 1930 zerstörte Uspenskij-Kathedrale, einst architektonische Dominante der Stadt und Namensgeberin des Platzes, schuf ein Vakuum, das die aus nachsowjetischer Zeit stammende Gedenkkapelle mit ihren blauen Zeltdachtürmen kaum füllen kann.

Doch immerhin bietet die Kapelle den Spaziergängern Orientierungshilfe. Sie weist den Weg über Kilometer hinweg zu den Amur-Uferanlagen. Denn in der geradlinig angelegten Stadt führen die Hauptmagistralen rechtwinklig vom Ufer Richtung Bahnhof. Wir nehmen die mittlere der drei großen Straßen, den seit 1992 wieder nach Murawjow-Amurskij benannten Boulevard, stadteinwärts hinunter bis zum Leninplatz. Von hier an ist der Boulevard noch immer nach Karl Marx benannt.

Die Straßen, die von den Kreuzungen dieses äußerst langen und breiten Boulevards abgehen, laufen wie auf einer Achterbahn auf und ab über die Hügel hinweg. In den dazwischenliegenden Tälern stehen breite Baumgürtel. An jeder dieser Kreuzungen bieten sich immer neue Ausblicke auf architektonische Juwele. Bald nach der Stadtbibliothek kommt linker Hand das «Haus der Stadt», eines der prächtigsten Gebäude der Straße, vielleicht von Chabarowsk überhaupt. 1909 eingeweiht und im sogenannten russischen Stil gebaut, verkörpert der ehemalige Pionierpalast – wie sein Pendant in Irkutsk – alles, was Architekturkenner mit dieser Spielart assoziieren: die auffällige Silhouette mit dem steilen Dach, unzählige Türmchen und Zinnen und ein üppiges Dekor zu den beiden Straßenfassaden.

Doch Maria Fjodorowna legt jetzt einen Zahn zu, sie will mir gar nicht den Protz der letzten Romanow-Dekade, sondern die schlichte Formensprache der ganz frühen Sowjetunion zeigen. Mitte der Zwanziger erklärte die kommunistische Führung in Moskau Chabarowsk wieder zum administrativen Zentrum des Fernöstlichen Gebiets, erklärt mir meine Stadtführerin. Mit dieser politischen Aufwertung habe eine neue Architektursprache Einzug gehalten, die bis heute das politische Gewicht der Stadt und den radikalen Bruch mit der Vergangenheit unterstreiche. «Schau doch, die meisten Häuser entlang des Boulevards zeigen statt ausschweifender Stuckatur eher den radikalen Bruch mit allem Alten oder eine gepflegte sowjetische Eleganz.» Maria Fjodorowna führt mich nun noch zu drei Gebäuden: zu den beiden Häusern der Räte und der Kommune sowie zur Fernöstlichen Bank. Drei Beispiele, die ihrer Ansicht nach beweisen, dass Chabarowsk trotz der Entfernung zum politischen Zentrum ein sowjetisches Laboratorium der Moderne war: «Binnen eines Jahres zogen sie die Bank hoch. Es war das erste konstruktivistische Gebäude östlich des Baikalsees überhaupt. 1929 zeichnete die Jury es mit dem Allunions-Architekturpreis aus.» Seine strengen Linien, die quadratische Formensprache und seine großen Fensterflächen machen das dreigeschossige Gebäude bis heute zu einem Blickfang. Aus Stahlbeton, nach neuesten Methoden und von US-amerikanisch geschulten Fachleuten gebaut, avancierte es rasch zum Vorbild für das nur ein Jahr später fertiggestellte Haus der Räte, das Anfang der Dreißiger gebaute Haus der Kommune und viele andere Projekte in der Stadt und über sie hinaus.

Die Pracht, die Vielfalt, der Mut, die sich auf dieser Straße ballen, machen schnell vergessen, dass aus dem Amur-Gebiet kein zweites Kalifornien wurde.

«Warum eigentlich nicht?», frage ich Maria

«Viel zu komplex für einen Nachmittagsspaziergang», winkt sie ab. Geographie, Demographie, Wirtschaft, vor allem aber die Politik seien die entscheidenden Faktoren. «Die Erde unter uns ist übrigens erst gut anderthalb Jahrhunderte russisch, obwohl ich das wahrscheinlich nicht so laut sagen sollte.»

«Viel länger gehört doch Kalifornien auch nicht zu den USA», werfe ich ein.

«Die Ukraine, das Baltikum und selbst Finnland standen wesentlich länger unter dem Zepter des Zaren als wir», entgegnet Maria und findet, dass ihre Heimat in mancher Hinsicht eher mit einer Siedlerkolonie wie Australien vergleichbar sei.

Für Moskowiter wie Petersburger war und ist der Ferne Osten ganz weit weg. Das barg mitunter auch Vorteile: «Wir waren schon immer eine Art Testgelände für neue Formen der sozialen Organisation, Regierungsführung, Kolonialisierung, Stadtplanung. Für die Bürokraten in Sankt Petersburg war die Region tatsächlich eine Art russisches Amerika, in dem die Beschränkungen des alten Russland nicht galten. Hier gab es keinen fest verwurzelten Adel mit Landbesitz, keine alteingesessenen Bauerngemeinschaften mit ihren komplizierten Beziehungen zu den Gutsherren. Hier schien es möglich, eine Gesellschaft von Grund auf neu aufzubauen.»

Wir kommen nicht mehr dazu, über die Zeit nach 1917 oder gar über Putins «fernöstlichen Hektar» zu sprechen. Maria muss noch die Wochenendeinkäufe erledigen. Unterdrückung im Namen von Fortschritt, Militarisierung im Namen von Sicherheit, ökologischer Raubbau im Namen von Wachstum, denke ich auf dem Weg zurück ins Hotel, auch wenn diese Formel wohl zu kurz greift und sich gewiss auch auf andere sowjetische Regionen anwenden ließe. Doch bei einem bin ich mir sicher: Das hier ist eine doppelte Peripherie: gleichermaßen abgeschnitten vom europäischen Russland wie von seinen asiatischen Nachbarn.

18. Kein russisches San Francisco

Wladiwostok

Was für eine Ankunft war das vor ein paar Tagen am südöstlichen Zipfel Russlands, mit dem Transsibirien-Express aus Chabarowsk: Wladiwostok, die Stadt am zerklüfteten Ende der Murawjow-Amurskij-Halbinsel zwischen der Amur- und Ussuribucht zog vorbei, immer wieder sah ich Eisschollen auf dem Wasser treiben. Dann ein langer Tunnel und schließlich die Meilenstein-Stele am Fernbahnsteig: 9288 Kilometer steht darauf, 9288 Kilometer bis Moskau. Eine historische Dampflokomotive, dahinter die prächtige Empfangshalle im neorussischen Stil, die wie der kleine Bruder des Jaroslawler Bahnhofs in Moskau aussieht. Salzluft und Möwenkreischen. Endet an diesem Schlussstein, auf diesem letzten Etappenhalt meiner langen Reise, Europa? Oder hat Asien hier längst begonnen?

Iwan hatte mich vom Bahnhof abgeholt. Nicht der Iwan aus Wladiwostok, mit dem ich mir das Abteil im Expertenzug auf unserer vergeblichen Suche nach der Seidenstraße geteilt hatte. Sondern der andere Iwan: mein Altersgenosse und Historikerfreund, der zum Russlandbild in China forscht. Dieser Iwan, dunkelblondes Haar, pragmatischer russischer Männerhaarschnitt, lud mich zu einem gediegenen Frühstück ein, mit Haferbrei, Syrniki – den russischen Quarkpfannkuchen – und starkem Tee. Danach bestellte er mir ein Maxim, eine Art fernöstliches Uber, das mich durch Nebenstraßen einmal um die Bucht herum in mein Quartier kutschierte. Und dann tauchte ich für zwei Wochen im Historischen Archiv des Fernen Ostens ab, das gleich hinter Bahnhof und Überseekai liegt.

Auf meinem täglichen Weg zu den Akten stolperte ich immer wieder über Reisegruppen: Fotos vor der Lenin-Statue, Fotos vor der Fregatte der chinesischen Marine, die wohl auf Freundschaftsbesuch an der Kaimauer liegt, Fotos vor der alten Dampflok und ein Einkaufsbummel am Hafen. Nur einmal wöchentlich pendelt die *Eastern Dream* zwischen Wladiwostok, dem japanischen Sakaiminato und dem südkoreanischen Donghae. Dass im Sommer auch zwei- bis dreimal im Monat Kreuzfahrtschiffe anlegen, merkt man immer daran, dass dann amerikanische Rentner mit ihrem Perlweißlächeln unter lässigen Basecaps die Innenstadt fluten. Doch an den allermeisten Tagen ist der Pier vor der Seebrücke verwaist. Weil der Passagierverkehr so überschaubar ist, dient das Terminalgebäude des Passagierhafens als Shopping Mall für chinesische Touristen. Auch hier gibt es Flachmänner, Putin-T-Shirts, Aljonka-Schokolade, Russkij Standart und den schwarzen, bittersüßen Likör namens Ussurijskij Balsam, den ich mit dem anderen Iwan schon auf der Transsib getrunken habe. Russische Verkäuferinnen sprechen die Besucher in Pidgin-Chinesisch an: «Kuai lai!» – «Komm schnell!» Wie sich die Zeiten geändert haben! Auch wenn manche Einheimische darin den Untergang des Abendlandes sehen, ist es letztlich eine Normalisierung.

Doch die Landungsbrücken, sie taugen nicht als Gradmesser. Denn der Flughafen von Wladiwostok ist längst ein innerrussisches Drehkreuz für die Verbindungen aus Sibirien und dem europäischen Teil des Landes nach Petropawlowsk-Kamtschatskij oder nach Magadan. Noch wichtiger aber sind die internationalen Ziele: Changchun, Pusan, Seoul, Pjöngjang, Phú Quốc, Bangkok, Hongkong, Harbin, Qiqihar, Chengdu, Peking, Schanghai, Nanjing, Sapporo, Tokio. Ich kann sie gar nicht alle aufzählen. Drei Millionen Passagiere letztes Jahr. Doch die meisten Besucher kommen nicht aus China, sie kommen aus Südkorea und seit Kurzem auch aus Japan. Waren Südkoreaner und Japaner im Straßenbild bei meinem letzten Besuch vor drei Jahren noch eine absolute Seltenheit, so wird die Stadt heute geradezu überschwemmt, ähnlich wie Tallin durch die Ryanair-Flieger an Wochenenden. 2019 sollen dreihunderttausend Südkoreaner Wladiwostok besucht haben. Iwan erzählte mir von einem chinesischen Kollegen, den die vielen Touristen aus den asiatischen Nachbarländern in Russlands Osten nerven. «Gestern wollten wir mit einer Übernachtung nach Ussurijsk fahren. Doch alle Hotels waren von Koreanern ausgebucht. Heute wollten wir den Zweimaster *Krasny Wympel* unten am Hafenkai besichtigen. Du hättest die Warteschlange japanischer Touristen vor dem Museumsschiff sehen sollen. Danach wollten wir essen gehen. Überall standen schon Koreaner an!»

Das elektronische Visum erleichtert Japanern den Besuch. Südkoreaner dürfen Russland ohnehin zwei Monate visumfrei besuchen. Russlands asiatische Nachbarn haben gemerkt, welch eine unbekannte und für ihre Portemonnaies erschwingliche Welt sich da nur zwei Stunden von Tokio und Seoul entfernt auftut. Selbst japanische Frauenmagazine werben für die Freuden des Tourismus in «der europäischen Stadt, die Japan am nächsten liegt»: Lebensmittel, aber nicht die Meeresfrüchte, sondern postsowjetische Exotik, Theaterbesuche, sibirische Kosmetika, russische Männer am Strand.

Mit anderthalb Millionen Besuchern übertrumpfen Chinesen in Russland noch immer Koreaner und Japaner. Dabei machen sie nur ein Prozent aller chinesischen Auslandsreisen aus. Das Potenzial bleibt riesig. Sie reisen meist in Gruppen organisiert und lassen ihr Geld im chinesischen Wirtschaftskreislauf, so wie ich es schon auf der Baikalinsel Olchon erlebt hatte. So stehen nur noch die Eintrittsgelder für Museen oder der Bordellbesuch in Rubel an. Iwan, der sein Wissenschaftlergehalt als Reiseleiter aufbessert, hat mir bei unserem Frühstück von solchen Orten erzählt. Gegenüber der Juristischen Fakultät, mitten im Zentrum, versteckt und ohne Schild, klingelt die Kasse in der *Pujing Jiuba* – der «Putin-Bar». Das Prinzip sei das Gleiche wie in Manzhouli oder Harbin: Borschtsch und «Katjuscha». Russen ist der Zutritt verboten. «Im Speisesaal hängt ein großes Poster an der Wand, auf dem unser Präsident im Raumanzug von Jim Raynor, dem Helden des berühmten Computerspiels StarCraft 2, abgebildet ist. Chinesen mögen diesen Quatsch.» Und die Polizei verdiene mit. Die Mädchen, kaum volljährig, tiefe Augenringe, leere Gesichter, Veilchenparfüm, einigen sich mit den Chinesen auf den Preis und verschwinden dann mit ihnen im Hotel. «Wenn ich's nicht mache, machen's andere», verteidigt Iwan seinen Nebenjob.

Jetzt, zwei Wochen später, sitzen wir alleine in der blauen Gondel, die eher an einen Omnibus mit Treppenstufen erinnert. Die zweite, rote Gondel kommt uns leer entgegen. Das hier sei die einzige Standseilbahn Russlands, sagt Iwan, Baujahr 1962. Er reckt seinen Hals und deutet aus dem Fenster, als sich die Kabine langsam über die kahlen Baumkronen hinweg den Berg hoch schiebt. «Nicht ein Nachbar, drei Nachbarn: Japan dort drüben jenseits der Brücke, da hinten, hinter dem Leuchtturm, Nordkorea, und China irgendwo jenseits der Amurbucht. Die geographische Lage, sie könnte besser nicht sein: knapp dreihundert Kilometer mit dem Auto bis zur nordkoreanischen Grenze. Nach Hunchun und Suifenhe in China ist es wesentlich kürzer. Japan und Südkorea erreichst du in einem Tag mit der Fähre.» Je höher die polternde Bahn kriecht, desto spektakulärer der Blick auf das Goldene Horn.

Unsere Schritte schmatzen im tauenden Schnee. Eine Möwe taumelt über den Hang hinweg und landet rutschend vor unseren Füßen im grauen Matsch der letzten Monate. Ich starre fasziniert auf die beinahe geologischen Formationen von Hundekot darin. Von hier oben fliegt der Blick frei über die Stadt. Ich schirme meine Augen mit einer Hand gegen den eintönig hellen Himmel ab. Eine gewölbte, fast schon knubbelige Landschaft diesseits und jenseits des Goldenen Horns, dieses Nebenarms der Peter-der-Große-Bucht, der einen gut geschützten Hafen bietet. Welch ein großartiger Blick über die schneeweiße Schrägseilbrücke hinweg auf das Häusermeer, den Hafen, die sich malerisch erhebenden Terrassen, die Insel am Horizont. Ganz weit draußen, im Südosten, erahne ich einen mattblauen Streifen. Das muss der Pazifik sein, den ich jetzt zum ersten Mal sehe. Verstreut ragen Betonquader auf, wie willkürlich über die Hügel der Stadt verteilt. Was für ein Kontrast zur strengen Symmetrie Chabarowsks. Hinter uns eine Landschaft aus Metallgaragen mit teils abgedeckten Dächern. Den norwegischen Forscher und Diplomaten Fridtjof Nansen erinnerte der Anblick an Neapel, freilich ohne den Vesuv im Hintergrund.

«Und wo fischten die Chinesen ihre Seegurken?», frage ich Iwan und blicke auf seine durchnässten Lederschuhe mit ihren schneeversunkenen eckigen Spitzen hinab. «Sie nannten die Stadt doch Haishenwai, Seegurkenbucht.»

«Keine Ahnung, ob sie hier jemals Seegurken gekeschert haben, wenngleich sie unser schönes Wladik bis heute so nennen», erwidert Iwan sichtlich stolz auf seine Heimatstadt. «Jedenfalls landen die hässlichen Cousins von Seesternen und Seeigeln bis heute auf ihren Tellern. Sie lieben unsere wilden Seegurken. In ihrer Heimat gibt es nur die in Meerwasser-Teichen gezüchteten. Das Kilo russischer Seegurken soll in Peking bis zu eintausend Dollar kosten. Kaviarpreise.» Dabei schätzen Chinesen die Stachelhäuter wegen ihres Nährwerts und ihrer Textur, weniger wegen ihres Geschmacks, ergänzt Iwan. «Und zur Behandlung von Arthritis oder Impotenz – was sie sich nicht alles erhoffen. Aber sie essen ja auch Bärentatzen, Frösche und das Samtgeweih des Sikahirschs. Wenn's nur hilft!»

Dann kehrt Iwan den Historiker raus, aber sein Lachen klingt bitter, als es um die im zwölften Jahrhundert von einem mandschurischen Volksstamm gegründete Jin-Dynastie geht. Iwan spricht «Jin» wie «Dsin» aus, und ich muss an Wacholderschnaps denken. Ja, bei ihrer Behauptung, dass Russlands Ferner Osten eigentlich chinesisch sei, bezögen sich Chinesen immer auf die Gin-Dynastie. Überhaupt habe es schon unter früheren chinesischen Kaiserhäusern mittelbaren Einfluss auf die Region gegeben. Doch Iwan wiegelt ab: alles Tributbeziehungen. In China sehen manche das freilich anders, das weiß auch Iwan. Er balanciert auf Zehenspitzen an einer Matschpfütze entlang und erzählt von einem Shitstorm, dem sich die russische Botschaft in Peking unlängst ausgesetzt sah, als sie mit einem Post in chinesischen sozialen Medien an den russischen Gründungstag Wladiwostoks erinnerte. Chinesische Nationalisten hätten millionenfach den Post geteilt und die russischen Diplomaten als imperialistische Geschichtsleugner beschimpft.

Wir nehmen nicht die Bahn zurück, sondern stolpern in unseren durchweichten Schuhen eine marode Straße hinab. «Auch wenn ein paar ultranationalistische Trolle in China das anders sehen: Vor dem neunzehnten Jahrhundert war hier nicht viel los», versichert Iwan noch einmal, die armlangen Eiszapfen an den Regenrinnen der alten Mietskasernen immer im Blick. «Während des Krimkriegs, auf der Suche nach einem russischen Geschwader, ankerte die britische Fregatte *Winchester* unten in der Bucht. Die Seeleute tauften den Hafen auf den Namen Port May.» Wir passieren die evangelisch-lutherische Pauluskirche, ein Paradebeispiel norddeutscher Backsteingotik. «Alexej Schefner, der Kapitän der *Mandschur*, war Protestant. Die Besatzung dieses Schiffs rammte sozusagen die russische Flagge in den Boden hier.»

«Was für ein Kahn?», frage ich.

«Eine Dreimastbark. 1860 gründeten die Matrosen im Auftrag des Zaren Alexander II. die Stadt und gaben ihr den programmatischen Namen ‹Wladi wostok!›, Beherrsche den Osten!» Schon 1865 soll es eine protestantische Gemeinde gegeben haben. Die Hafenkirche ist der älteste erhaltene Sakralbau der Stadt, aus dem Jahr 1907, weiß Iwan. Damals lebten bereits mehr als dreitausend Protestanten in der Stadt. «Nicht nur der Kapitän, viele Leute von Rang und Namen waren Protestanten: einer der Generalgouverneure und der Leutnant der russischen Walfangflotte, Unterberger und Keyserling meine ich, die kennst du sicher beide, und und und. Viele, ja die Allermeisten waren Baltendeutsche.» 1935 schickten Stalins Schergen den Pastor ins Arbeitslager, er tauchte nie wieder auf. Die Kirche wurde erst zum Clubhaus für Matrosen, ein paar Jahre später flimmerten Filme vor dem Altar, und schließlich standen, von Geschützen umgeben, im Kirchenschiff die Vitrinen und Panzerkreuzermodelle des Museums der Pazifikflotte. Im September 1997, in Anwesenheit des deutschen Botschafters, wurde sie wieder zum Gotteshaus. «Doch trotz eines umtriebigen Hamburger Pastors bleibt die Gemeinde mit ihren vielleicht zweihundert Mitgliedern ein Schatten ihrer selbst», meint Iwan, als wir die hohe Brücke unterqueren und die Kirche längst aus den Augen verloren haben.

Wir laufen zurück ins Zentrum, immer die Swetlanskaja-Straße hinauf. Im Kielwasser der Matrosen kamen die Kaufleute. Der Militärhafen mit ein paar Holzhütten am Goldenen Horn erlangte bereits 1862 den Status eines Freihafens. Vom ökonomischen Tigersprung um die Jahrhundertwende zeugen die prächtigen Hotels, Banken und anderen Gründerzeitbauten, die die Hauptachse der Stadt bis heute säumen. Sie zieht sich an der Hafenbucht entlang bis zu den Bahngleisen und wirkt trotz der Trolleybusse und des unendlichen Stroms japanischer Gebrauchtwagen, die jetzt im graubraunen Schneematsch noch uniformer aussehen, wie ein europäischer Boulevard. Japanische und koreanische Filmproduzenten nutzen sie mitunter als Kulisse, erzählt mir Iwan.

«Das Eckhaus dort ist das Kaufhaus von Gustav Kunst und Gustav Albers. Zwei Hamburger, die sich in Schanghai kennengelernt hatten. Und noch zwei Protestanten mehr», erklärt Iwan, als wir vor der üppig verzierten Fassade des Jugendstilpalais stehenbleiben, in dessen Schaufenstern der rote Schriftzug einer weltbekannten spanischen Textilkaufhauskette prangt. «1907 vom Leipziger Architekten Georg Junghändel entworfen, von dem auch die Pauluskirche stammt.» Mich beschleicht der Verdacht, dass Iwan mir schmeicheln und vor allem das Wladiwostok der Deutschen und Baltendeutschen zeigen will, doch allmählich wird mir klar, wie wichtig ihr Einfluss war. Nachdem der Kaufmann Gustav Albers 1864 angekommen war, gründete er mit dem anderen Gustav eine erste Gemischtwarenhandlung. Es war die Wiege ihres Handelsimperiums im russischen Fernen Osten und darüber hinaus, mit über dreißig Filialen und mit Büros von Warschau bis Kobe. Das Gebäude des Heimatkundemuseums von Blagoweschtschensk, wo ich in den Ausstellungssälen

vergebens nach dem Pogrom von 1900 gesucht hatte, war ursprünglich eine Niederlassung ihrer Handelsfirma. In Harbin bin ich
Kunst & Albers auch schon begegnet. Wie verflochten Nordostasien
in sich und mit der Welt früher einmal war! Der Anschluss an die
Transsibirische Eisenbahn 1903 bescherte Wladiwostok weiteren
wirtschaftlichen Aufschwung und Zuwachs an Bevölkerung. Auch
das deutsche Kaufhaus prosperierte. Ab dem Ersten Weltkrieg ging
es bergab, 1930 wurde die Filiale an der Swetlanskaja verstaatlicht
und firmierte fortan als das «Hauptwarenhaus» GUM.

Die Pazifikstadt war lange vor der Ankunft des ersten Zugs aus
Europa international: Neben Russen und Deutschen lebten Briten,
Japaner, Amerikaner und Norweger in der Stadt – vor allem jedoch
Koreaner und Chinesen. 1897, im Jahr des ersten großen Zensus,
war fast jeder zweite Bewohner der «Festung Europa» ein Ausländer. Odessa, die Hafenstadt am Schwarzen Meer, die gemeinhin als
der Schmelztiegel der Kulturen und Nationalitäten im Russischen
Imperium galt, kam damals auf einen Ausländeranteil von gut
einem Drittel.

Zwei Blocks nördlich der Swetlanskaja, hinter der Admiral Fokin-
Straße, die einmal Peking-Straße hieß, stehen eingezwängt zwischen
Eisenbahnschienen und dem Fußballstadion Dinamo die Reste eines
Labyrinths aus Hinterhöfen. Einen Steinwurf entfernt vom legen-
dären Nachtclub der Rockband *Mumij Troll*, Wladiwostoks berühm-
testem Musikexport, versteckt sich ein schmaler Hof mit Lauben-
gängen – das letzte Zeugnis von «Millionka». So nannten die
Einwohner Wladiwostoks früher aus Furcht vor den vermeintlichen
Millionen von Chinesen die Chinatown ihrer Stadt. Hinter den
Fenstern vieler winziger Ein-Zimmer-Wohnungen verbarg sich einst
eine Opiumhöhle, ein Bordell mit ein bis zwei Prostituierten oder
ein Nachtasyl. Mit seiner Segregation von anderen Stadtbewohnern,
der engen räumlichen Ballung und den prekären Wohnverhältnissen
galt das chinesische Viertel als Brutstätte von Pest und Cholera. Der
russische Diplomat Wladimir Grawe, der die dortigen Lebensbedingungen anprangerte, lamentierte am Vorabend des Ersten Welt-

kriegs, «der Chinese versteht weder die Notwendigkeit, elementare Hygienevorschriften einzuhalten, noch hat er ein Gefühl des Ekels entwickelt, etwa die Angst, krank zu werden».

Der Hinterhof ist heute vergammelt, die Wohnungen stehen leer. Engagierte Bürger haben andere Höfe dieser einstigen Schattenwelt längst aus dem Dornröschenschlaf geholt: Jungs mit Hipster-Bärten nippen dort an Espressotassen, fotografieren sich vor einer der Wandmalereien, fachsimpeln über die neueste Ausstellung in einer der Galerien oder begleiten ihre Ladies in Boutiquen. Mancherorts sprudelt Wladiwostok vor Energie. Das Kinofestvial *Pazifischer Meridian* ist weit über die Stadt hinaus bekannt. Und im Satelliten des Petersburger Marinskij-Theaters, in diesem Hightech-Bühnenhaus, das vor allem ostasiatische Touristen anzieht, scheint alles größer, die Geräusche dröhnender, die Farben satter, die Tickets billiger. Iwan und ich sind auch in eines der angesagten Hinterhof-Cafés gestolpert. Unauffällig stelle ich meine Schuhe gegen die bollernde Heizung, in der Hoffnung, dass die Socken trocknen und niemand sie sieht.

Während der Bürgerkriegsjahre schallten aus den Tavernen und Cafés der umliegenden Straßen die Märsche der Amerikaner, Franzosen, Italiener, Griechen und Kanadier, die zur Rettung der Weißen Armeen gelandet waren, erklangen die Walzer der Kriegsgefangenen der Donaumonarchie, die auf ihre Rückkehr nach Europa warteten. Länger als irgendwo sonst hielt sich hier das alte, das bürgerliche Russland. Als 1922 die Bolschewiki in Wladiwostok einmarschierten, ging es von hier aus in die Emigration. Wladiwostok war für viele die letzte Station auf russischem Boden. Der stalinistische Terror Mitte der dreißiger Jahre löschte die letzten Spuren der chinesischen, koreanischen und japanischen Diaspora aus. Wladiwostok war nun Transitstation der Gulag-Häftlinge: Hier schifften die Volksfeinde ein auf ihrem Weg zur Kolyma. Es folgte die totale Abschottung. Als Heimathafen der sowjetischen Pazifikflotte war Wladiwostok über drei Generationen eine streng gesicherte Militärzone – für Ausländer und die meisten Sowjetbürger tabu. An der

Station Ugolnaja war Schluss. Wer weiter in die Heldenstadt wollte, brauchte eine Sondererlaubnis. Mit dem Zusammenbruch der Sowjetunion war der Flottenstützpunkt plötzlich wieder für alle zugänglich. Wladiwostok, gebeutelt von Massenarbeitslosigkeit, gekappter Fernwärmeversorgung und Gehaltsrückständen, verkam in dieser rechtsfreien Zeit zusehends und galt bald als die kriminelle Hauptstadt an Russlands pazifischer Peripherie. Mitte der Neunziger tobten Kriege zwischen rivalisierenden Banden. Sergej Baulo, der als «der Pate» des Fernen Osten galt, hatte in so ziemlich jedem lukrativen Wirtschaftssektor seine Finger im Spiel, vom Glücksspiel über Fischerei bis in die Ölindustrie, vor allem aber im lukrativen Gebrauchtwagenhandel. Seine Beisetzung 1995, «Baul» starb angeblich durch einen Tauchunfall, kam einem Staatsbegräbnis gleich.

*

Niemand hat diesen ganz eigenen Neuanfang besser beschrieben als Wasilij Awtschenko. In seinem Doku-Roman *Rechtes Steuer* zeichnet er witzig den Aufstieg und Niedergang der Gebrauchtwagenindustrie nach, die nach dem Zusammenbruch der Sowjetunion die vom Zentrum vergessene Region Primorje rettete. Offiziere, Apotheker, Hochschullehrer, jeder, der etwas Gespür für Ökonomie bewies und über die nötigen Kontakte verfügte, wechselte damals in die Autobranche. Der Seehafen von Wladiwostok machte es möglich. Anfangs kam die japanische Importware noch in den Bäuchen der Holzfrachter oder Fischkutter. Matrosen waren die ersten Besitzer japanischer Autos. Später schipperten spezielle Autofähren nach Japan, der Siegeszug der Nissans, Hondas und Toyotas begann. Die Wagen standen überall, selbst im Swimmingpool und auf dem Sonnendeck. Bis zu einhunderttausend Menschen im Süden der Provinz sollen zeitweise im Gebrauchtwagenhandel tätig gewesen sein. Eine Armee aus Händlern, Monteuren und Spezialisten für Tuning-Bedarf. Die einst geschlossene Stadt lebte nicht mehr von der Kriegsmarine und dem Fisch, sondern vom Automobil – ohne einen einzigen Wagen selbst herzustellen. Der Satz «Für ein Auto musst du nach Wladik» wurde zum geflügelten Wort. Schon bald rollten auf den Straßen der Pazifikstadt mehr private Wagen pro Kopf als in der russischen Hauptstadt.

Das japanische Automobil war für die Menschen im Fernen Osten ein Symbol für die Unabhängigkeit vom politischen Zentrum, für den besonderen Weg und Eigensinn. Selbst die Streifenwagen der Miliz, die wie einst im alten Russland heute wieder «Polizei» heißt, hatten das Steuer auf der «falschen» Seite. Ein Positionsstab an der linken Kotflügelspitze und zusätzliche Außenspiegel erleichtern im Übrigen den Russen das Manövrieren mit rechtem Steuer im Rechtsverkehr. Awtschenkos literarisches Debüt, eine Liebeserklärung an Wladiwostok, handelt weniger von der regionalen Autokultur. Das Lenkrad rechts war ein kulturelles Phänomen, eine ganze Lebensweise, fast schon eine Ideologie. Symbolisch war das Lenkrad auf dem falschen Fleck ein Sinnbild der Gedankenfreiheit, der Überzeugung, dass es andere Denkweisen als die offizielle gibt.

Als Putin im November 2008 ankündigte, die Einfuhrzölle auf Gebrauchtwagen drastisch anzuheben, um die Nachfrage nach Wagen aus der verschmähten heimischen Produktion der Ladas und Wolgas zu stärken, protestierten Hunderte, mitunter Tausende Menschen in Wladiwostok. Aber es waren keine politischen Aktivisten, Bürgerrechtler oder Idealisten, die aufbegehrten, sondern Mechaniker, Rentner und Lehrerinnen. Manch einer hielt wütend ein Lenkrad in die Luft. Durch die Innenstadt fuhren hupende Autokorsos. Der Protest war Ausdruck der Entfremdung des Fernen Ostens vom europäischen Russland.

Lokale Sicherheitskräfte, oft selbst Halter japanischer Gebrauchtwagen, weigerten sich, die Protestierenden auseinanderzutreiben. Um Mitte Dezember 2008 eine Großdemonstration mit Gewalt aufzulösen, flog die Regierung aus Moskau behelmte Spezialkräfte ein und ließ die Demonstranten niederknüppeln.

Ab 2009 brach der Autoimport aus Japan drastisch ein. Die Wirtschafts- und Finanzkrise verschärfte die Not der Händler und Käufer zusätzlich. Ein Meer aus Blech rostete in der salzigen Pazifikluft vor sich hin. Die gesamte Handelskette litt: vom Verkäufer in Japan über den Zwischenhändler in Wladiwostok bis hin zu den Hoteliers und Versicherungsmaklern und natürlich den professionellen *gonschiki*, die über holprige Pisten die Autos ins Landesinnere überführten.

Wer drei Jahrzehnte nach dem Ende der UdSSR die Reste des einstigen Herzstücks der postsowjetischen Ökonomie Wladiwostoks sehen möchte, muss die einzige Straßenbahntrasse queren und den östlichen Stadtrand hinauffahren. Oben zwischen den letzten Wohnblocks und den ersten kahlen Hügeln im Lenin-Bezirk, wo ein eisiger Wind pfeift, reihen sich noch heute japanische Gebrauchtwagen Stoßstange an Stoßstange – eine Art moderner Pferdemarkt. Die «Grüne Ecke», so heißt der größte Gebrauchtwagenmarkt östlich des Urals, stand lange Zeit für schicke Fahrzeuge jedes möglichen Typs, aller Farben und jeder erdenklichen Ausstattung, für hektisches Markttreiben und für so manche Schlägerei. Doch Lack und Chrom glänzen nicht mehr in der kalten Sonne. Gerüchte, nach denen die «Grüne Ecke» neuen Wohnsiedlungen weichen soll, machen seit einiger Zeit die Runde.

*

Ich hätte doch wieder ein Maxim bestellen sollen. Statt abgedunkelter Scheiben, lauter Musik und Duftbaum nun die unbequeme Rückbank des Linienbusses, der eine halbe Ewigkeit hinaus zur Insel Russkij braucht. Immerhin habe ich Gesellschaft. Leonid, lichtes Stoppelhaar, eingefallene Wangen und Lachfalten, sitzt neben mir. Seine Schwester lebt in Kassel, er spricht fließend Deutsch. Und er spielt Rugby. Viel mehr weiß ich über ihn nicht. Die Blechlawine schiebt sich zäh und hupend durch den Perwomaijskij-Bezirk hindurch. Unser Weg hinaus zur Insel Russkij, zu Leonids Arbeitsstelle, der Universität, zieht sich in die Länge. Vorbei an der Werft und Marinebasis, vorbei an den eingewinterten, in Plastikfolie verpackten Yachten, vorbei am Meeresfriedhof, wo kitschige Grabsteine in einem recht eigenen Totenkult an die ehemaligen Bosse des organisierten Verbrechens erinnern.

Erst jetzt dünnt der Strom der Nissans, Toyotas und Mitsubishis allmählich aus. Über eine gewaltige Rampe quält sich der alte Bus die Brücke zur Insel Russkij hoch. An der Betonwand der Schleife, die zur Brücke hinaufführt, leuchten die Konturen der Halbinsel Krim in den Farben Russlands. «Die Krim gehört uns» steht verblasst daneben. Jemand hat noch hinzugefügt: «Wir lassen die Unseren nicht im Stich.» Doch mein Blick ist auf das gerichtet, was sich vor uns auftut: die Insel Russkij, immerhin fast einhundert Quadratkilometer groß und damit dreimal größer als die Stadt selbst. Von der Brücke mit ihren bis in den Wolkenhimmel reichenden weiß-rot-blau leuchtenden Seilen wirkt sie wie eine bloße Hügelkette mit graubraunen Eichen- und Buchenwäldern. Während auf der Solotoj Most, der Goldenen Brücke, die zwei Stadtteile verbindet, der Verkehr Stoßstange an Stoßstange rollt, erinnert unsere Überfahrt zur Insel hier eher an einen autofreien Sonntag während der Ölkrise. Jenseits der Brücke, längs der Schnellstraße, zeugt nichts, aber auch gar nichts von Erschließung.

Natürlich seien die beiden 2012 eingeweihten Schrägseilbrücken, die zwei Kilometer lange Solotoj Most und die über drei Kilometer lange Russkij Most, zwei Ikonen, erklärt Leonid, die neuen Wahrzeichen der Stadt. «Wir fahren gerade über die längste Schrägseilbrücke der Welt. Und sie ist hoch: exakt siebzig Meter zwischen Straße und Meeresspiegel.» Das klingt stolz, doch es schwingt Verachtung über den Größenwahn mit. Es hätte eine weitere mögliche Querung auf die Insel gegeben, drüben im Westen, von Egerscheld aus, wesentlich kürzer und günstiger. «Sie versenken unsere Steuern in dieser Jahrhundertbaustelle», schimpft Leonid nun, während unser Bus jetzt vor Geschwindigkeit singt. Ein großer Teil des Waldes, der Wladiwostok vor dem Nebel schützte, wurde gerodet. Man hätte doch die Universität irgendwo an der Amurbucht zwischen Wladiwostok und Artjom auf die grüne Wiese pflanzen können. Wo das Klima milder, der Bau von Straßen viel einfacher wäre. «Warum war es überhaupt notwendig, eine Brücke und ein Ghetto für Studenten in einer von kalten Winden verwehten Inselbucht zu bauen?»

Bis vor wenigen Jahren noch war die Insel militärisches Sperrgebiet. Als ich 2008 zum ersten Mal übersetzte, gab es noch keine Brücke. Stattdessen tuckerte dreimal täglich eine kleine Fähre, die die Bewohner der paar Inseldörfer mit der Stadt verband, vorwiegend Servicepersonal der ehemaligen Militärbasis. An der Reling standen Einheimische, die sich die lange Überfahrt mit einer Flasche Bier schöntranken.

Heute, nach ein paar Kurven, ein ganz anderes Bild: Linker Hand, Richtung Pazifik beziehungsweise Japanisches Meer, taucht unvermittelt ein gleichförmiger, im Halbkreis angelegter Beton-Glas-Komplex auf, der nicht organisch gewachsen sein kann, sondern am Stück in die Wildnis gepurzelt sein muss. Das muss der Campus der Fernöstlichen Universität sein.

Putins Ankündigung, dass Wladiwostok Gastgeber des Gipfels der Asiatisch-Pazifischen Wirtschaftsgemeinschaft werde, war der Startschuss für diese potemkinsche Gigantomanie in der Inselwildnis und für ein massives Entwicklungsprogramm für den Fernen Osten insgesamt. Das Gipfeltreffen im Jahr 2012 geriet zur symbolischen Demonstration, gerichtet an das Ausland, an Russland, vor allem aber an die Bewohner des Fernen Ostens: Die politische Elite Russlands hat den Willen und die Ressourcen, die Region zu entwickeln. Mir kommt wieder Putins Weckruf in den Sinn, mit dem er schon im Sommer 2000, kurz nach seinem Regierungsantritt, das Land wachzurütteln suchte: «Wenn wir nicht bald reale Anstrengungen zur Entwicklung des Fernen Ostens machen, so wird die alteingesessene russische Bevölkerung in einigen Jahrzehnten hauptsächlich japanisch, chinesisch und koreanisch sprechen.» Mir fallen die «Kuai lai, kuai lai»-Verkäuferinnen vom Hafenterminal wieder ein. Ist es schon zu spät? Insgesamt investierte der Kreml schon im Vorfeld des Gipfels über zwanzig Milliarden Dollar in diese Leuchtturmpolitik und die Entwicklung der Infrastruktur der Stadt: das Kongresszentrum, die Brücken, Luxushotels, einhundertfünfzig Kilometer neue Straßen und die Erweiterung des Flughafens mit einer zweiten Landebahn und mit Bahnanschluss. Am letzten Tag des Gipfels hatte das Kongresszentrum seine Schuldigkeit getan. Putin übergab den Studierenden der Universität den symbolischen Schlüssel zu ihrem Campus der Superlative.

Die moderne Fassade der Lehrgebäude verstellt den Blick auf die lange Tradition der Universität: Ihr Nukleus war das 1899 gegründete und von den beiden Pozdnejew-Brüdern geleitete Orientalische Institut. In kürzester Zeit machte es sich einen Namen als Kaderschmiede für Militärs, Beamte und Wirtschaftsleute, da es die dringend notwendigen Kompetenzen in ostasiatischen Sprachen und Landeskunde vermittelte. Während des Bürgerkriegs ging das Institut in einer Universität auf, die 1930 schloss. Die Handlanger Stalins verhafteten zahlreiche Professoren, sie waren wegen ihrer Außenkontakte besonders anfällig für die damals weit verbreiteten Spionagevorwürfe. «Expertise ging verloren, die bis heute nicht wieder das Niveau von damals erreicht hat», seufzt Leonid, als wir die leere Straße hinter dem Bus überqueren, ohne auf das grüne Ampelmännchen zu warten. Mit der Neueröffnung 1956 als Fernöstliche Staatliche Universität begann der Wiederaufbau verloren gegangener Kompetenz, vor allem zur Feindbeobachtung. Die Fernöstliche Föderale Universität, so ihr heutiger Name, entstand aus einer Fusion von vier Hochschulen. Die Zusammenlegung habe der altehrwürdigen Institution eher geschadet, urteilt mein Insider. «Das war einmal ein wichtiges akademisches Zentrum – auf gleichem Rang wie Moskau und Leningrad.» Immerhin: Rund dreißigtausend Studenten seien an der Universität eingeschrieben, darunter zweitausend Chinesen, Hunderte Südkoreaner und Japaner. «Im Sommer ist es hier beinahe wie in San Diego», behauptet Leonid, «selbst Ende September kannst du noch baden.» Ich muss lachen. Nein, so viel Phantasie habe ich nicht, mir den dick eingepackten Leonid in Flipflops die Uferpromenade entlangspazierend vorzustellen.

Vom Foyer des Hauptgebäudes fällt der Blick durch die sich über ein Dutzend Stockwerke ziehende Glasfassade auf die taubenblaue Bucht. Doch schon an der Eingangskontrolle holt mich die russische Realität ein: Drei grimmige Wachleute scannen meinen Pass. Von der ersten bis zur letzten Seite. Selbst hinter der Sicherheitsschleuse, die der eines Flughafens ähnelt, lässt uns einer der penetrant nach Moschus duftenden Männer in seinem hellblau schimmernden Anzug nicht aus den Augen. «Niemand scherte sich darum, als ich vor ein paar Wochen eine Gruppe nordkoreanischer Komsomolzen über den Campus führte», echauffiert sich Leonid kopfschüttelnd. «Was für ein Aufstand wegen eines Deutschen.» Der Mann im schimmernden Anzug gibt sich keine Mühe, sich zu verstecken, seine animalisch-süße Parfümwolke eilt ihm ohnehin voraus. «Bei uns am Institut machen sie es wenigstens dezenter», flüstert Leonid. «Da muss ich dann nach oben berichten, wer du bist und was du so treibst.»

Zu beiden Seiten des Haupttrakts reihen sich Lehrgebäude, Studentenwohnheime und Gästehäuser am Uferbereich entlang. So imposant das Areal wirkt, seine graugewürfelte Architektur bleibt mutlos. Die Fassaden erinnern an eine Melange aus Karstadt und Strandhotel. Anders als China nimmt der russische Staat selten Geld für kühne Entwürfe in die Hand. Trotzdem: Treppenhäuser, Sanitäranlagen, Vorlesungssäle, alles in tadellosem Zustand, nichts, was an heruntergekommene, mitunter übel riechende Räumlichkeiten alter sowjetischer Universitäten erinnert. Doch all die Wächter und Kontrolleure, die Passierscheine ausstellen, Buch führen, nach Moschus riechen und ansonsten in die Leere starren, sind Boten der alten Zeit.

Die Anfangseuphorie sei verflogen, gibt Leonid zu, während er mich ein wenig im Labyrinth des weitläufigen Komplexes herumführt. Schlechte Gehälter, viel Bürokratie, häufig wechselnde Präsidenten, von denen einer gar unter Hausarrest steht. Der Campus ist viel zu groß für die Universität, doch mit irgendetwas mussten sie die leeren Gebäude füllen. So viele Abiturienten produzieren die Schulen der Region gar nicht, wie die Universität Studienplätze bietet. Der bombastische Campus, das futuristische Flughafenterminal, die neue Kanalisation, das noch immer nicht fertig gebaute Hyatt-Hotel im Stadtzentrum mit Blick auf die Amurbucht – das kann die Stadt nicht alles verdauen.

Wir spazieren über das fast menschenleere, leicht abfallende Gelände hinunter zur Bucht. Plätze für alle erdenklichen Ballsportarten von Fußball über Beachvolleyball bis zu Leonids Rugbyfeld reihen sich hier auf. Eine Schneefräse lärmt bei siebzig Dezibel, und ein paar Mann mit Handbesen reinigen die Plätze und die Aschenbahn penibel vom Schnee.

Die Entscheidung, 2012 den APEC-Gipfel in Wladiwostok abzuhalten, sei Teil einer breiteren «Wende nach Asien» gewesen, erzählt Leonid und blinzelt in die Sonne, die sich jetzt durch die Wolken schiebt. Das spiegele die enge Verflechtung von innen- und geopolitischen Interessen wider. Ziel war es, Investitionen in die Region zu holen, ihren Niedergang aufzuhalten und Menschen aus den westlichen Landesteilen in den Fernen Osten zu locken.

Am Vorabend des APEC-Gipfels sollte ein eigens gegründetes Ministerium die Infrastruktur und das Investitionsklima verbessern. Im Jahr 2015 verabschiedete die föderale Regierung die Ausweisung sogenannter «Gebiete mit vorrangiger Entwicklung», russisch abgekürzt «TOR». In denen gelten Steuerprivilegien, Subventionen und spezielle Zolltarife, vereinfachte Genehmigungsverfahren und weniger Bürokratie. Deregulierung sollte private Investitionen anlocken. Mitunter sprachen russische Beamte gar von einem «chinesischen Weg». Inzwischen soll es mehr als ein Dutzend dieser Zonen geben.

Auch Wladiwostok sei Teil einer solchen Zone. «Der gesamte Süden von Primorje gehört dazu, die Grenzgebiete zu China und Nordkorea, die Südküste inklusive aller Häfen, insgesamt eine Fläche von dreißigtausend Quadratkilometern», klärt mich Leonid auf und kickt einen Eisbrocken wie einen Puck über die glatte Promenade. Wladiwostok sei als maritimes Tor am Pazifik zusätzlich noch Freihafen. «Es ist in gewisser Weise eine Rückkehr zum Freihafen-Regime des späten neunzehnten Jahrhunderts, zu einer Zeit, als der Staat zu schwach war, seine Zollrechte an der fernöstlichen Peripherie geltend zu machen.»

«Und? Funktioniert es?» Ich kicke den Eisbrocken weiter den Weg entlang.

«Ach, in den Zeitungen liest man immer wieder Klagen von Investoren: komplizierte Formulare, unklare Kriterien und so weiter. Ein Südkoreaner hat es mal auf den Punkt gebracht. ‹Die Bürokratie schadet Russland mehr als alle Sanktionen, sie erstickt jede Initiative im Keim.›» Aber auch ein zu kleiner Markt, die begrenzte Wirtschaftskraft von gerade sechs Millionen Einwohnern und eine trotz spektakulärer Brücken schlechte Verkehrsinfrastruktur gehörten zu den Mankos, meint Leonid unumwunden.

«Keine Ahnung, wovon Wladiwostok einmal leben soll. Die Stadt könnte ein Fenster nach Osten sein, ist es aber bis heute nicht.» Insgesamt sei die Situation natürlich dennoch besser als in Blagoweschtschensk oder Chabarowsk. Wir sind hier weniger abhängig von China als die übrigen Grenzregionen, ist sich Leonid sicher. «Der Anteil des Außenhandels mit der Volksrepublik beträgt bei uns lediglich fünfzig Prozent.»

«Lediglich?», erwidere ich.

Wladiwostok hat seinen Platz in der Wertschöpfungskette bis heute nicht wirklich finden können. Als Marinebasis hatte es seine Funktion verloren, zu einem Handelshafen entwickelte es sich nicht. Es fehlt bis heute eine Spezialisierung. Der postsowjetische Gebrauchtwagenhandel brach ein, doch die staatlich subventionierte Neuwagenproduktion stockt bis heute. Toyota schraubte zwei Jahre lang seinen Land Cruiser in einer Montagefabrik vor Wladiwostok zusammen, dann gaben die Japaner auf. Jetzt versucht dort Mazda sein Glück. Als administratives Zentrum tauge die Stadt auch nicht, urteilt Leonid, selbst wenn sie jetzt Zentrum des Föderationskreises

Ferner Osten ist. «Das sind doch alles bürokratische Spielchen. Das ferne Moskau hat Chabarowsk bestraft und Wladiwostok politisch aufgewertet. Vielleicht war Chabarowsk dem Kreml zu renitent, ich weiß es nicht», vermutet Leonid und grüßt einen Kollegen, der hechelnd an uns vorbeijoggt. «Moskau blickt jetzt wieder nach Asien. Welche Wahl bleibt Putin schon? Außer nach Osten haben wir doch alle Brücken abgerissen. Aber ist Asien für uns offen? Das sind Chimären. Seit dem Krimkrieg steht Russland erstmals ohne Verbündete da. Wir leben in totaler Isolation.»

Von der Weltläufigkeit des Gipfels ist nur wenig geblieben. Jedes Jahr Anfang September tagt auf dem Universitätscampus das «Östliche Ökonomische Forum», weshalb das akademische Jahr hier immer zwei Wochen später beginnt. Mitunter kommen die Staatsoberhäupter der asiatischen Nachbarn, auch Minister, Wirtschaftsvertreter, Botschafter, Wissenschaftler und Journalisten. Immer geht es um Investitionen aus dem Ausland in den Fernen Osten Russlands. Offiziell sind die Resultate fantastisch, doch tatsächlich eher bescheiden.

Es wird allmählich dämmrig. Ein Kollege von Leonid, ebenfalls brotloser Dozent bei den Politikwissenschaftlern, nimmt uns in seinem Nissan mit, der von der Größe her an einen Messerschmitt-Kabinenroller erinnert. Er will mir, dem fremden Besucher, unbedingt noch etwas zeigen. Nach einem weiteren autoleeren Kilometer auf der vierspurigen Asphaltpiste biegen wir rechts ab auf einen Schotterweg. Plötzlich tauchen im Wald gräuliche Rohbauten auf, wie Zombie-Klone sehen sie aus. Seit 2012 entsteht hier der Wohnkomplex «Insel», eine Professoren- und Akademiker-Kolonie. Rund hundert Villen, schätze ich im Vorbeifahren, ein paar Dutzend Mehrfamilienhäuser. «Waldluft, Blick auf die Bucht. Meine Frau und ich, wir haben uns schon hierher geträumt. Wahrscheinlich war es zu schön, um wahr zu sein», klagt der zornige Fahrer, während der Keilriemen des Wagens hysterisch kreischt. «Erst durften die Bäume nicht gefällt werden. Dann brachte das Militär Bedenken vor, schließlich kam noch Pfusch am Bau hinzu. Wir haben Eingaben gemacht, demonstriert, uns an Putin gewandt. Selbst nach acht Jahren ist keines der Wohnhäuser bezugsfertig.»

Zurück auf der verwaisten Schnellstraße rollen wir weiter einsam durch den kahlen Wald nach Süden, sehen irgendwann linker Hand einen Hinweis auf das neue Ozeaneum, biegen ab. «Noch so ein Skandalbau», raunt Leonid vom Beifahrersitz und zeigt auf das futuristische Gebäude mit dem wellengeschwungenen Dach am Ufer. «Die Walrosse, Seeotter, Delphine, Baikalrobben und Belugawale waren schon da. Nur die Besucher nicht. Wegen unhaltbarer hygienischer Zustände verendeten gleich mehrere Meeressäuger.» Durch das kahle Baumwerk am Ufer schimmern immer wieder alte Batterien und Bunkerruinen einer der weltweit größten, jedoch nie vollendeten Festungsanlagen durch, ein Zeichen für die militärische Bedeutung der Stadt. Unvermittelt endet die vierspurige Straße im Nirgendwo. «Wildnis wie bei Dersu Ursala», Leonid zuckt mit den Schultern. «Größenwahn gab es schon immer. Jedenfalls sind Universitäten besser als Zitadellen.» Die gleißenden Lichter der geschwungenen LED-Straßenlaternen gehen an. Wir wenden und sausen zurück in die abendlich glitzernde Stadt.

*

Der legendäre Dersu Ursala. Wer war er und wie lebte er? Das erhoffe ich am nächsten Tag im Arsenjew-Museum zu erfahren. Ich muss eine Weile suchen, bis ich den unscheinbaren Klinkerbau in einer Nebenstraße unweit des Bahnhofs finde. Wie kein zweiter hat Wladimir Arsenjew, Schriftsteller, Geograph und Offizier des Zaren, jene Welt zwischen dem Ussuri und dem Pazifik erforscht, die schon Anfang des zwanzigsten Jahrhunderts dem Untergang geweiht war. Auf seinen Expeditionen arbeitete er mit verschiedenen einheimischen Führern zusammen, von denen er dem alten «Taigajäger» Dersu Usala, der sein treuester Gefährte wurde, ein literarisches, mehrfach verfilmtes Denkmal setzte. Der Jäger vom Volk der Golden beherrschte die Sprache der Tiger und des Waldes, die Arsenjew mit verblüffender Beobachtungsgabe für ein Weltpublikum über-setzte. Als der politisch unliebsam gewordene Schriftsteller 1930 auf einer letzten Taigareise an einer Lungenentzündung starb, war der Haftbefehl gegen ihn bereits ausgestellt. Erst nach dem Krieg wurde er offiziell rehabilitiert, sogar eine kleine Stadt in Primorje erhielt seinen Namen. Die letzten zwei Lebensjahre hatte Arsenjew in diesem zweistöckigen Ziegelbau mitten in Wladiwostok gewohnt. Mich beeindruckt nicht das Arbeitszimmer mit dem riesigen Tiger-fell an der Wand, nicht die Wohnstube mit Samowar, Häkeldecke und Grammophon, auch nicht der Museumsdirektor, der mich per-sönlich durch die drei Säle begleitet, und schon gar nicht die Wärte-rin, die mich misstrauisch im Blick behält, vermutlich besorgt, dass ich durch zu langes Verweilen ihre Mittagspause gefährde. Mich beeindruckt der Wolkenkratzer neben Arsenjews winzigem Wohn-haus. Einhundertfünfzig Meter ragt der noch fensterlose Wohn-turm «Akwamarin» in den Himmel. Im Sommer soll er bezugsfertig sein. Luxusapartments auf vierundvierzig Etagen, Supermarkt, Apotheke, Fitnesscenter, Schönheitssalon – chinesische Verhältnisse.

Vor dem Museum wartet mein Historikerkollege Iwan auf mich. Er hat sich vor einiger Zeit eine neue Wohnung gekauft und will sie mir unbedingt zeigen. Mit einem alten koreanischen Stadtbus ruckeln wir von Arsenjews Häuschen aus quer durch Egerscheld hindurch. Wie in Zeitlupe quält sich die Schiebetüre an jeder Halte-stelle auf und wieder zu. Jedes Mal sinkt die Temperatur im Bus um gefühlt zehn Grad, obwohl die Passagiere dicht gedrängt stehen. Der Stadtteil Egerscheld verteilt sich über die Halbinsel Schkot, südwestlich des historischen Zentrums. Hier, am Seehafen, war schon früher die Endstation für Güterzüge, nachdem Russland im Krieg gegen Japan den Südarm der mandschurischen Eisenbahn nach Dalian und Lüshunkou verloren hatte. Heute stapeln sich Container am Kai. Am Wendehammer, zwischen einem neuen Super-markt, einem Speditionshof und Altmetalllagern, die Endstation.

Zu Fuß schlittern wir die in Serpentinen geführte schmale Straße hinab, vorbei an plastik- und metallverkleideten Villen, die so schräg aussehen, dass sie kein Architekt entworfen haben kann. Ein Fuchs kreuzt unseren Weg. Unten marschieren wir die flache, lange «Tokarewskij-Katze» genannte Landzunge und den aufgeschütteten Damm entlang am riesenhaften Hochspannungsmast vorbei bis zum kurzen, weißen Leuchtturm mit seinem roten Dach, der die Öffnung der Bucht markiert. Rechts von uns bahnt sich ein Eisbrecher den Weg durch die noch zugefrorene Amurbucht. Von Anfang Dezember bis Ende März ist sie ganz mit Eis bedeckt, dicht genug, um Segelschiffe und kleine Frachter von der Durchfahrt abzuhalten. Links der «Östliche Bosporus», die Einfahrt nach Wladiwostok, schon eisfrei. Auf den letzten noch umherirrenden Schollen tanzen ein paar Möwen, auf einer parkt ein Auto. Kaum zu glauben, dass Wladiwostok auf gleicher Höhe wie die Krim und auf gleicher Länge wie die Kolyma liegt. Vor dem Leuchtturm sonnen sich ein paar Robben. Im Sommer drängen sich hier die Autos, sie parken wie in Amerika direkt auf dem Strand. Speed-Boote, Paddler, Schwimmer, laute Musik. Im Winter nur die Robben und Möwen. Selbst das «Crab House» hat geschlossen. Der Blick geht frei auf beide Brücken, die «Russische» und die «Goldene», die in der Nachmittagssonne tatsächlich Assoziationen an die Golden Gate Bridge weckt.

Ist Wladiwostok das russische San Francisco, so wie Nikita Chruschtschow es einst erträumte?

Ich erinnere mich an futuristische Postkarten aus dem frühen zwanzigsten Jahrhundert mit kühnen Zukunftsvisionen, mit einer grandiosen Hängebrücke über die Bucht, mit Schwebebahnen und Zeppelinen. Bereits in den Zwanzigern hatte der schwedische Diplomat Rütger Essén Parallelen von der Stadt am Goldenen Horn zur Stadt an der Golden Bay gezogen – wenn nur ihr Winterklima nicht so kalt und windig und wenn sie «nicht eben eine russische Stadt wäre». Im Oktober 1959 kam der sowjetische Regierungschef zu Besuch. Auf dem Rückweg von seiner Reise an die Westküste der Vereinigten Staaten legte Chruschtschow in Wladiwostok einen Zwischenstopp ein und sah hier tatsächlich das Potenzial für ein sowjetisches San Francisco. Die Stadt erinnert ob der pittoresken Bucht und der steilen Hügel, auf denen sich die Trolleybusse hochwinden und in den Nebelbänken verschwinden, durchaus an das kalifornische Vorbild. Beide Städte sind zudem erst gut anderthalb Jahrhunderte jung. Doch während San Francisco strukturiert wirkt, nach dem großen Erdbeben 1906 in rechtwinkligen Straßenblocks wieder aufgebaut wurde, fehlt Wladiwostok alles Planerische. Und trotz Chruschtschows Traum baute man neben der zweigondeligen Standseilbahn eine Silhouette des real existierenden Sozialismus, deren Plattenbauriegel bis heute das Stadtbild jenseits des Zentrums zwischen neogotischer Pauluskirche und neorussischem Bahnhof prägen.

«Ach, dieser Vergleich mit San Francisco, so viele haben ihn schon angestellt», wiegelt Iwan ab. «Hier wie dort prägt der Toyota Prius das Stadtbild, bei uns allerdings nur als Gebrauchtwagen. Das war es dann auch schon mit den Gemeinsamkeiten: «Dort Airbnb, Apple, Tesla, Twitter, Berkeley, Stanford. Reichtum, Multikulti, Offenheit, Innovation. Und bei uns?»

Wir marschieren zurück, den Buckel der braunscheckigen Halbinsel hinauf.

Seit zwei Jahren lebt Iwan mit Frau und fast erwachsenem Sohn in einem der drei neuen Hochhäuser von Egerscheld. Ich frage mich, wie die Familie von einem Akademikergehalt und dem Lohn einer Bankkauffrau die fünf Millionen Rubel oder rund sechzigtausend Euro für die Zwei-Zimmer-Wohnung aufbringen konnte. Rohbaupreis versteht sich. Schweigend sausen wir im engen Aufzug, der beständig an einer Seite des Schachts kratzt, in den zweiundzwanzigsten Stock hoch. Unsere Mitfahrerin, die noch weiter nach oben will, starrt beklommen wegen der unnatürlichen physischen Nähe auf die Anzeige.

Die Fenster reichen bis zum Boden. Leuchtturmblick. Tanja, Iwans Frau, ist eine blasse, fast durchsichtige Gestalt. Das Essen steht schon auf dem Tisch, und Tanja verschwindet wieder an den Computer. Auf dem Bildschirm Tabellen mit Zahlenkolonnen. Tanjuschka arbeite häufig an Wochenenden und Feiertagen, sagt Iwan und legt die Beine hoch. Telefonisch gibt sie durch, welche Geldautomaten nachgefüllt werden müssen. An Feiertagen prassen die Leute nun mal mehr.

Wir nippen eher am guten Wodka, statt ihn hinunterzustürzen. Dazu gibt es das komplette Menü mit Gurken, Salami, Ucha-Fischsuppe und Bœuf Stroganoff, Servietten auf dem Schoß. Nach einer guten Tasse Kaffee stehlen wir uns auf den Balkon im Treppenhaus.

«Die Politiker in Moskau faseln gerne vom russischen Fernen Osten als einer Brücke nach Asien und zum Pazifik», sagt Iwan und schaut über die Bucht. «Aber wer kann schon von einer Brücke allein leben? Die Menschen leben eher unter der Brücke.» Wieder dieses etwas bittere Lächeln. Erst im Januar habe die Gebietsverwaltung von Primorje den regionalen Koeffizienten um Faktor 0,1 auf 1,2 reduziert. Will heißen: Lohnkürzung. Noch unter Stalin eingeführt, ist diese Zahl die magische Formel für Gehaltszulagen in Regionen mit schwierigen klimatischen Bedingungen, um diese für Menschen attraktiver zu machen.

Ohnehin hätten die hochnäsigen Hauptstädter keine Ahnung, wie die Menschen hier sind und wie sie leben. «Sie rufen dich mitten in der Nacht an und wundern sich, dass du schon schläfst. Sie glauben, man könne den Trolleybus von Wladiwostok nach Chabarowsk nehmen. Quasi drei Haltestellen. Wir Fernöstler sind ein eigener Menschenschlag. Nur weil wir reineres Russisch sprechen als die Moskowiter, heißt das noch nicht, dass wir wie der Rest des Landes ticken.» *Rechtes Steuer*, denke ich, und wir schauen beide schweigend auf den Dreimaster, der am Horizont die Russkij Most unterquert. Für einen Moment glaube ich, dass die Matrosen der *Mandschur* die Trikolore wieder eingeholt haben und jetzt unter vollen Segeln den russischen Hafen für immer verlassen. «Der russische Firnis ist dünner als anderswo», unterbricht Iwan meinen absurden Gedanken. «Entlang der Küste und der Eisenbahn tragen die Ortschaften slawische Namen, aber sobald du in die kaum besiedelte Bergregion von Sichote-Alin fährst, klingen die Namen exotisch. Doch seit Stalin all die Asiaten vertrieben hat, sind wir unter uns. Mit unseren Vorfahren teilen wir einzig die ukrainischen Nachnamen. Und dennoch sind wir Patrioten, als letzter Vorposten im Osten gegen die Chinesen, Japaner, Amerikaner.»

Prestigeprojekte allein reichen nicht, meint Iwan. Die gesamte Region müsse profitieren. Das Zentrum habe aber keine Idee, wie sie die Region wirklich entwickeln kann. Vielleicht ist es den Moskauern auch schlicht egal. Ich muss an den geschenkten sumpfigen Hektar denken und daran, dass manche Politiker schon von dreißig Millionen Einwohnern im Fernen Osten phantasierten, fünfmal so viele wie heute. «Putin soll gefälligst Geld in die Menschen investieren, die schon in der Region leben, nicht Geld in Menschen, die am Sankt-Nimmerleins-Tag hierher ziehen sollen. Selbst die Einwohnerzahl Wladiwostoks sinkt wieder, nachdem sie sich um den Gipfel herum stabilisiert hatte.» Iwan hat sich in Rage geredet.

«Dabei gibt es doch echt smarte Typen in der jüngeren Generation, die zeigen, dass es hier Unternehmergeist und Produktivität gibt! Die Kinder vom alten Wiktor Lawrentjewitsch zum Beispiel, den kennst du doch auch?»

«Ja, den will ich morgen noch besuchen, Pflichttermin», antworte ich grinsend.

Da erzählt Iwan mir, als wir schon wieder auf den kratzenden Fahrstuhl warten, von Elena, der Älteren, die zunächst eine Laufbahn beim Zoll einschlug, und von Jewgenij, der in Wladiwostok Sinologie studierte. Gemeinsam mit einem Kommilitonen gründeten sie 2012 die Firma Fancy Armor. Sie stellt Hartschalenkoffer mit hippen Designmustern her. Die Rohmaterialien kommen aus China, produziert wird im Moskauer Umland. Elena hat dem Zollwesen längst den Rücken gekehrt und managt die Logistik. Auf dem Markt Fuß zu fassen war schwierig, der Verkauf über die eigene Internetfirma lief schleppend. Doch inzwischen findet man ihre Koffer bei den großen russischen Handelsketten, endlich unabhängig von den saisonalen Nachfrageschwankungen. Eine echte russisch-fernöstliche Erfolgsstory.

An meinem letzten Tag, bevor ich zurück nach Washington fliege, besuche ich also Wiktor Lawrentjewitsch. Eine Institution, ein Ein-Mann-Think-Tank für alle östlichen Fragen. Ich schlendere vorbei am alten Gebäude, in dem einst das Orientalische Institut saß. Heute erinnern nur noch die mächtigen steinernen Wächterlöwen am Eingang an die goldenen Jahre unter den Pozdnejews. Weiter auf der Puschkin-Straße, unter den hohen Pfeilern der Solotoj Most hindurch, vorbei am amerikanischen Konsulat in einem hässlichen rohen Backsteinbau bis zum Institut für Geschichte, Archäologie und Ethnologie, das in einem noch hässlicheren rohen Backstein-bau untergebracht ist. Es ist eine Außenstelle der Russischen Aka-demie der Wissenschaften, Anfang der siebziger Jahre gegründet, als die Sowjetunion und China über Kreuz lagen. Ihr Forschungs-auftrag: Studien zu den Beziehungen des russischen Fernen Ostens mit Korea, Japan und China. Immer wenn ich in der Stadt bin, komme ich auf einen Kaffee und etwas Konfekt vorbei. Bis vor ein paar Jahren gab es am Institut eine Art Magazin, in dem sich kisten-weise alle Institutspublikationen stapelten. Bei meinem ersten Buch sperrte der Direktor, Wiktor Lawrentjewitsch, persönlich die Türe auf und sagte: «Nimm mit, was du gebrauchen kannst.» Ich kam mir vor wie ein Kind in einem Spielwarenladen und schleppte einen halben Zentner Bücher aufs Postamt, und drei Monate später moserte der Berliner Schalterbeamte herum, als er mir das Ostpaket über den Tresen hievte.

Ich stiefele hoch in den dritten Stock. Auf dem Treppenabsatz gießt eine beschürzte Frau Blumenstecklinge, die in Töpfen zwi-schen dem inneren und dem äußeren Fenster stehen und sich in der überhitzten Atmosphäre wohlzufühlen scheinen. Wiktor Lawrent-jewitsch, längst pensioniert, treibt sich immer noch am Institut herum. Ich höre sein sonores Lachen, bevor ich ihn sehe. Wiktor Lawrentjewitsch ist jemand, der nicht loslassen kann. Irgendwann wird man ihn mit den Füßen zuerst hier heraustragen.

«Schön, dich zu sehen! Was suchst du denn schon wieder bei uns?», will der ehemalige Direktor von mir wissen und streicht seinen Schnauzbart. «Die Akten für deine Chinesen hast du doch längst zusammen.»

«Nein, ich war nochmal im Archiv. Das wissenschaftliche Buch über die Chinesen muss aber noch warten. Ich versuche mich gerade an einem anderen Genre. Frei schwebend, Schreiben ohne Geländer. Ein Buch über Nordostasien und den russischen Fernen Osten.»

Wiktor Lawrentjewitsch hebt neugierig seine buschigen Brauen und schiebt mir die Konfektschale herüber. «Für ein Buch ohne Fußnoten bist du doch noch viel zu jung», entgegnet er brummend und hebt dann zu einem belehrenden Exkurs an: «Den Begriff ‹russischer Ferner Osten› musst du streichen! Der ist irreführend, ähnlich wie all die anderen Namen für unsere Region», führt er, eine Praline lutschend, aus, «Dalnjaja Rossija etwa oder Zakitajschtschina». Das heißt «Hinter-China» und klingt nach Hinterindien. «Warum sagst du nicht einfach Pazifisches Russland, das trifft es doch viel besser!»

Die meisten Menschen hier sähen sich, weit stärker als die Moskowiter, durchaus als Europäer, meint Wiktor Lawrentjewitsch. Als Europäer mitten in Asien. Insofern bedeute der Begriff «Ferner Osten» doch eine Art Orientalisierung, die von der Bevölkerung Primorjes und selbst noch am Amur abgelehnt werde. Er raschelt mit dem Bonbonpapier. Bis heute seien beide Köpfe des russischen Adlers immer noch nach Westen ausgerichtet, und insofern sei sein Eintreten für «Pazifisches Russland» gerade aus psychologischer Sicht von grundlegender Bedeutung, unterstreicht Wiktor Lawrentjewitsch. Es geht ihm darum, das Bewusstsein der politischen und wirtschaftlichen Elite, ja der gesamten Bevölkerung zu schärfen, die Heimat als einen Teil Russlands und nicht als einen von Gott und Zar vergessenen Rand zu begreifen. «Weißt du, wie viele Menschen in eintausend Kilometer Umkreis von Wladiwostok leben?», fragt Wiktor mich und faltet sorgfältig das knisternde Papier. Meine Antwort wartet er nicht ab: «Dreihundert Millionen sind es, fünfmal mehr als um Moskau herum.»

Wiktor Lawrentjewitsch will dann aber doch von mir wissen, was es mit dem Buch ohne Fußnoten auf sich hat. Ich berichte ihm von meinem Projekt, von den Etappen meiner erzählten Reise: von Irkutsk über die Mongolei, den Argun hinab, mit der Transsib zurück nach Tschita, kreuz und quer durch die Mandschurei mit einem flüchtigen Schulterblick nach Korea, schließlich den Amur hinabgeschlittert, puh, bis nach Wladiwostok. Und wie könne ich ein Buch über Nordostasien und das fernöstliche, äh pardon, pazifische Russland schreiben, ohne bei ihm in Wladiwostok vorbeizuschauen?

*

Der Rucksack ist gepackt, die Mitbringsel für die Familie sind besorgt. Im Aeroexpress zum schicken Flughafen hinaus, als linker Hand die Amurbucht langsam aus meinem Blickfeld verschwindet, geht mir das Gespräch mit Wiktor Lawrentjewitsch weiter durch den Kopf. Terminologie hin oder her, die Russen dieser Grenzregion werden von den Chinesen, Japanern und Koreanern doch immer noch als Gäste wahrgenommen, nicht als alteingesessene Nachbarn, die hier seit Jahrhunderten leben. Dies liegt nicht in erster Linie an den Menschen hier, sondern am außenpolitischen Gefüge – und am Eigensinn in Moskau. Beim Wort «Nachbarn» läuten an der Moskwa doch schnell die Kremlglocken. Diffuse Ängste, die Chinesen könnten den Baikalsee vereinnahmen, so wie die Amerikaner Russland einst Alaska abgekauft haben und die Europäer es angeblich mit der Ukraine versuchen. Ähnliche Phantomängste und Ressentiments herrschen freilich auch in den anderen Hauptstädten.

Angesichts kollidierender Ambitionen liegt eine Integration der Region Nordostasien in weiter Ferne. Noch immer gibt es keinen Friedensvertrag zwischen Russland und Japan. Da steht der Territorialstreit um die südlichen Kurilen-Inseln im Weg. Der heutige Konflikt um die vier Inseln basiert auf der unterschiedlichen Auslegung der Verträge, die im und nach dem Zweiten Weltkrieg geschlossen wurden, und die russische Kompromissbereitschaft hat inzwischen massiv abgenommen. Mit China hat sich eher eine Zweckgemeinschaft gebildet, in der es zwar geostrategische Partnerschaft und wirtschaftliche Abhängigkeiten gibt, es aber an gegenseitigem Vertrauen fehlt. Weitere Konfliktlinien beherrschen die Region: China und Japan verschärfen ihre Rivalität immer weiter. Die Mongolen verfluchen noch immer ihre Sandwich-Lage. Und Nordkorea, der unbeliebteste Anrainer, bleibt auch in Zukunft für eine Überraschung gut. Wenn überhaupt in dieser Region Integration geschieht, dann als Ergebnis der Globalisierung oder als persönliches Einzelschicksal wie das Doppelleben des Jurij Iwanowitsch Zhang zwischen Heihe und Blagoweschtschensk, selten aus Interesse an wirklicher Gemeinschaft. Die Menschen an beiden Ufern des Amur und darüber hinaus, sie haben sich ihre Nachbarn nicht ausgesucht.

Anhang

Dank

Meinen Eltern Sonja und Wolfgang danke ich dafür, dass sie mich in diese und andere unbekannte Welten haben ziehen lassen – ihnen widme ich dieses Buch. Ich danke all den Menschen, denen ich auf dieser Odyssee begegnet bin, sei es, dass sie mir Obdach oder eine Mitfahrgelegenheit gewährten oder mich ein Stück weit an ihrem Leben teilhaben ließen. Ein besonderer Dank gebührt meinem Lektor Ulrich Nolte und seiner Mitarbeiterin Gisela Muhn-Sorge für die hervorragende Betreuung sowie Petra Rehder für ihre äußerst sorgfältige Redaktion des Manuskripts und die Erstellung des Registers. Peter Palm hat die wunderbare Karte erstellt, die auch noch den letzten Schlenker meiner Reise nachzeichnet. Ohne meine Agentin Hanna Leitgeb, die meine Idee dem Verlag C.H.Beck vorstellte, würde das Buch bis heute nur in meinem Kopf existieren. Simone Lässig hat mir den Freiraum gewährt, mich neben dem akademischen *second book* an einem anderen Textgenre zu versuchen. Felix Ackermann, Kevin Thurley und Joseph Wälzholz hatten jeder auf seine Weise großen Anteil am Gelingen dieses Projekts. Henrik und Kendra sowieso. Danke! Das Grenzgänger-Programm der Robert Bosch Stiftung und des Literarischen Colloquiums Berlin förderte die Recherche wichtiger Etappen dieser langen Reise. Erste Skizzen erschienen in der *Neuen Zürcher Zeitung*. Die Pandemie hat das Buch verzögert, aber nicht verhindert: Für die Streifzüge durch Kalorama danke ich meiner Frau Jingru. Alma und Golo bin ich von Herzen dankbar für den Blick aus «unserem»

Magnolienbaum im Dumbarton Oaks Park in den fast immer strahlend blauen Himmel über der amerikanischen Hauptstadt, selbst in bewölkten Zeiten.

Washington, D. C., im November 2020   *Sören Urbansky*

Zeittafel

1582	Beginn der russischen Eroberung weiter Teile Nordasiens unter Kosaken-Ataman Jermak.
1613	Michail Romanow wird von einem Bojarenrat zum Zaren von Russland proklamiert; Beginn der Romanow-Dynastie.
1618	Iwan Petlin reist als erster Russe in offizieller Mission nach China.
1643	Wasilij Porjakow unternimmt eine Expedition an den Amur.
1644	Mandschu-Herrscher erobern Peking; Beginn der Qing-Herrschaft über China.
1651	Gründung von Irkurtsk.
1656	Mission Fjodor Bajkows in Peking.
1674	Qiqihar wird Garnisonsstadt.
1689	Der Vertrag von Nertschinsk besiegelt Russlands Rückzug vom Amur und demarkiert die Grenze zwischen Russland und China. Beginn des regen Karawanenhandels zwischen beiden Reichen.

1727	Der Vertrag von Kjachta regelt den Grenzhandel zwischen Russland und China.
1740	Verbot der Immigration von Han-Chinesen in die Mandschurei.
1812	Russlandfeldzug Napoleons I.
1825	Dekabristen-Aufstand, Verbannung zahlreicher Adliger nach Sibirien.
1839–1842	Erster anglo-chinesischer Opiumkrieg, der mit Vertrag von Nanjing endet, dem ersten «ungleichen Vertrag».
1853–1856	Krimkrieg endet mit russischer Niederlage und erneuter Orientierung nach Osten.
1850–1864	Taiping-Aufstand.
1854–1860	Russische Eroberung der Gebiete nördlich des Amur und östlich des Ussuri, besiegelt mit den Verträgen von Aihui (1858) und Peking (1860).
1856–1860	Zweiter Opiumkrieg.
1860	Gründung von Wladiwostok.
1861	Bauernbefreiung in Russland.
1891	Baubeginn der Transsibirischen Eisenbahn.
1894–1895	Der Erste Japanisch-Chinesische Krieg endet mit chinesischer Niederlage und der Unabhängigkeit Koreas.
1898–1903	Russland baut die Chinesische Ostbahn durch die Mandschurei.

1898	Russland pachtet den Kriegshafen Lüshun von China und nennt den Ort «Port Arthur» (heute Lüshunkou); Gründung Harbins.
1900	Boxer-Aufstand; Russland okkupiert die Mandschurei zum Schutz seiner Eisenbahnkonzession; Pogrom an Chinesen in Blagoweschtschensk.
1902–1911	«Neue Politik»-Reformen der Qing-Dynastie.
1904–1905	Der Russisch-Japanische Krieg im Nordosten Chinas endet mit russischer Niederlage.
1905	Erste russische Revolution.
1905	Korea wird japanisches Protektorat und ab 1910 japanische Kolonie.
1906	Japan übernimmt von Russland das Pachtgebiet auf der Liaodong-Halbinsel mit den Städten Port Arthur und Dalnij und gründet die Südmandschurische Eisenbahngesellschaft (Strecke Changchun–Port Arthur).
1906	Stolypinsche Agrarreformen in Russland.
1911	Xinhai-Revolution, Sturz der Qing-Dynastie; Unabhängigkeit der Mongolei von China.
1912	Ausrufung der Republik China.
1914–1918	Erster Weltkrieg.
1916	China zerfällt in regionale Herrschaftsbereiche einer Vielzahl von Warlords.
1916	Fertigstellung der Amur-Eisenbahn.

1917	Russische Revolution, Abdankung der Romanow-Dynastie.
1918–1920	Bürgerkrieg in Russland; «Weiße» übernehmen Herrschaft in Russisch Fernost; Sibirische Intervention Japans, der Vereinigten Staaten und verbündeter Mächte; Exodus Tausender Russen nach China; Harbin wird Zentrum der russischen Emigration.
1920–1922	Fernöstliche Republik, gegründet von den Bolschewiki.
1921	Gründung der Kommunistischen Partei Chinas.
1922	Gründung der Sowjetunion.
1924	Sowjetisch-chinesischer Vertrag über das gemeinsame Management der Chinesischen Ostbahn.
1924	Gründung der Volksrepublik Mongolei unter starkem Einfluss der Sowjetunion.
1926–1928	Nordfeldzug in China, Ende der Herrschaft der Kriegsherren.
1929	Chinesisch-sowjetischer Konflikt um die Chinesische Ostbahn.
1929	Beginn der Kollektivierung der Landwirtschaft in der Sowjetunion.
1931	Nach dem «Mandschurischen Zwischenfall» bei Mukden (Shenyang) besetzt Japan den gesamten Nordosten Chinas.

1932	Proklamation des Marionettenstaats Mandschukuo; der Nordosten Chinas wird faktisch zu einer japanischen Kolonie und erfährt einen Industrialisierungsschub.
1935	Die Sowjetunion verkauft die Chinesische Ostbahn an Japan.
1936	Einrichtung der Versuchsanstalt und Biowaffenfabrik von Pingfang bei Harbin.
1937	Beginn des Zweiten Japanisch-Chinesischen Kriegs.
1937	Deportation der im sowjetischen Fernen Osten lebenden Koreaner nach Zentralasien, Repatriierung der noch verbliebenen Chinesen.
1939	Japanisch-sowjetischer Grenzkrieg am Fluss Chalch.
1939–1945	Zweiter Weltkrieg.
1941	Japan und die Sowjetunion unterzeichnen Neutralitätspakt.
1945	«Befreiung» der Mandschurei, der Kurilen-Inseln und Südsachalins durch die Rote Armee; Kapitulation Japans; Teilung Koreas; Beginn des erneuten sowjetischen Einflusses in Nordostchina.
1946–1949	Bürgerkrieg zwischen Nationalisten und Kommunisten in China.
1949	Gründung der Volksrepublik China; Flucht der Nationalisten nach Taiwan.
1950	Sowjetisch-chinesischer Freundschafts- und Beistandsvertrag markiert den Beginn der Allianz beider Staaten.

1950–1953	Koreakrieg unter chinesischer Beteiligung.
1953	Tod Josef Stalins.
1955	Ende der sowjetischen Verwaltung Port Arthurs (Lüshunkous).
1955	Eröffnung der Bahnlinie durch die Mongolei.
1956	Geheimrede Nikita Chruschtschows; Beginn der chinesisch-sowjetischen Spannungen.
1958–1961	«Großer Sprung nach vorn» in China; endet in größter bekannter Hungerkatastrophe der Geschichte.
1960	Die Sowjetunion zieht Berater und Spezialisten aus China ab.
1960	Beginn der Ölförderung in Daqing.
1966	Beginn der «Großen Proletarischen Kulturrevolution».
1969	Schwere Zwischenfälle an der chinesisch-sowjetischen Grenze.
1974–1989	Bau der Baikal-Amur-Magistrale.
1976	Tod Mao Zedongs.
1989	Blutige Niederschlagung der Protestbewegung in Peking; Michail Gorbatschow auf Staatsbesuch bei Deng Xiaoping, Normalisierung der chinesisch-sowjetischen Beziehungen.
1991	Auflösung der Sowjetunion.
1992	Neue Verfassung und freie Wahlen in der Mongolei.

1992	Beginn des «Volkshandels» zwischen China und Russland.
2001	Russisch-chinesischer Vertrag über gute Nachbarschaft, Freundschaft und Zusammenarbeit.
2006–2011	Bau der «Ostsibirien-Pazifik»-Pipeline.
2008	Abschluss der Demarkation der russisch-chinesischen Grenze.
2010	Fertigstellung der Fernstraße R-297 zwischen Tschita und Chabarowsk.
2012	APEC-Gipfel in Wladiwostok.
2013	China verkündet die Initiative der «Neuen Seidenstraße».
2014	Beginn des Ukraine-Konflikts; Baubeginn der Pipeline «Kraft Sibiriens».
2020	Einweihung der ersten Grenzbrücke über den Amur bei Heihe und Blagoweschtschensk.

Literaturhinweise

Hier folgt eine knappe Auswahl der wichtigsten deutsch- und englischsprachigen Literatur, besonders aus den letzten beiden Jahrzehnten. Umfangreiche Bibliographien finden sich in meinen unten angeführten wissenschaftlichen Monographien. Auf die Nennung allgemeiner Einführungen in die Geschichte Russlands, Chinas usw. wurde verzichtet.

Afinogenov, Gregory: *Spies and Scholars. Chinese Secrets and Imperial Russia's Quest for World Power*, Cambridge, MA 2020.

Arsenjew, Wladimir: *Der Taigajäger. Dersu Usala*, Zürich 2003 [1923].

Bassin, Mark: *Imperial Visions. Nationalist Imagination and Geographical Expansion in the Russian Far East, 1840–1865.* Cambridge 1999.

Billé, Franck, Grégory Delaplace und Caroline Humphrey (Hg.): *Frontier Encounters. Knowledge and Practice at the Russian, Chinese and Mongolian Border*, Cambridge 2012.

Carter, James Hugh: *Creating a Chinese Harbin. Nationalism in an International City, 1916–1932*, Ithaca, NY 2002.

Chuang, Hsin-Mei und Matthias Messmer: *China an seinen Grenzen. Erkundungen am Rand eines Weltreichs*, Stuttgart 2019.

Dahlmann, Dittmar: *Sibirien. Vom 16. Jahrhundert bis zur Gegenwart*, Paderborn 2009.

Deeg, Lothar: *Kunst & Albers Wladiwostok. Die Geschichte eines deutschen Handelshauses im russischen Fernen Osten (1864–1924)*, Essen 1996.

Duara, Prasenjit: *Sovereignty and Authenticity. Manchukuo and the East Asian Modern*, Lanham, MD 2003.

Fatland, Erika: *Die Grenze. Eine Reise rund um Russland, durch Nord-korea, China, die Mongolei, Kasachstan, Aserbaidschan, Georgien, die Ukraine, Weißrussland, Litauen, Polen, Lettland, Estland, Finnland, Norwegen sowie die Nordostpassage*, Berlin 2019.

Foust, Clifford M.: *Muscovite and Mandarin. Russia's Trade with China and its Setting, 1727–1805*, Chapel Hill 1969.

Fraser, John Foster: *The Real Siberia. Together with an Account of a Dash through Manchuria*, New York 1902.

Gottschang, Thomas R. und Diana Lary: *Swallows and Settlers. The Great Migration from North China to Manchuria*, Ann Arbor 2000.

Hoetzsch, Otto: *Russland in Asien. Geschichte einer Expansion*, Stuttgart 1966.

Hosie, Alexander: *Manchuria. Its People, Resources and Recent History*, London 1901.

Iwashita, Akihiro: *A 4,000 Kilometer Journey along the Sino-Russian Border*, Sapporo 2004.

Kisch, Egon Erwin: *Zaren, Popen, Bolschewiken. Asien gründlich verändert. China geheim*, 1977 [1927].

Kotkin, Stephen und Bruce A. Elleman (Hg.): *Mongolia in the Twentieth Century. Landlocked Cosmopolitan*, Armonk, NY 1999.

Krahmer, Gustav: *Sibirien und die Grosse Sibirische Eisenbahn*, Leipzig 1900.

Lattimore, Owen: *Manchuria. Cradle of Conflict*, New York 1932.

Lukin, Alexander: *The Bear Watches the Dragon. Russia's Perceptions of China and the Evolution of Russian-Chinese Relations since the Eighteenth Century*, Armonk, NY 2003.

Lüthi, Lorenz M.: *The Sino-Soviet Split. Cold War in the Communist World*, Princeton 2008.

Mancall, Mark: *Russia and China. Their Diplomatic Relations to 1728*, Cambridge, MA 1971.

Marks, Steven G.: *Road to Power. The Trans-Siberian Railroad and the Colonization of Asian Russia, 1850–1917*, New York 1991.

Matsusaka, Yoshihisa Tak: *The Making of Japanese Manchuria, 1904–1932*, Cambridge, MA 2001.

Nansen, Fridtjof: *Through Siberia. The Land of the Future*, New York 1914.

Narangoa, Li und Robert Cribb: *Historical Atlas of Northeast Asia, 1590–2010. Korea, Manchuria, Mongolia, Eastern Siberia*, New York 2014.

Paine, Sarah C. M.: *Imperial Rivals. China, Russia, and Their Disputed Frontier*, Armonk, NY 1996.

Park, Alyssa: *Sovereignty Experiments. Korean Migrants and the Building of Borders in Northeast Asia, 1860–1945*, Ithaca, NY 2019.

Pasternak, Burton und Janet W. Salaff: *Cowboys and Cultivators. The Chinese of Inner Mongolia*, Boulder, CO 1993.

Patrikeeff, Felix: *Russian Politics in Exile. The Northeast Asian Balance of Power, 1924–1931*, Basingstoke 2002.

Pu Yi: *Ich war Kaiser von China. Vom Himmelssohn zum Neuen Menschen*, München 2004.

Pulford, Ed.: *Mirrorlands. Russia, China, and Journeys in Between*, London 2019.

Quested, R. K. I.: *«Matey» Imperialists? The Tsarist Russians in Manchuria, 1895–1917*, Hongkong 1982.

Quested, R. K. I.: *Sino-Russian Relations. A Short History*, Sydney 1984.

Reardon-Anderson, James: *Reluctant Pioneers. China's Expansion Northward, 1644–1937*, Stanford 2005.

Rozman, Gilbert: *Northeast Asia's Stunted Regionalism. Bilateral Distrust in the Shadow of Globalization*, Cambridge 2004.

Schnee, Heinrich: *Völker und Mächte im Fernen Osten. Eindrücke von der Reise mit der Mandschurei-Kommission*, Berlin 1933.

Shan, Patrick Fuliang: *Taming China's Wilderness. Immigration, Settlement and the Shaping of the Heilongjiang Frontier, 1900–1931*, London 2014.

Shao, Dan: *Remote Homeland, Recovered Borderland. Manchus, Manchoukuo, and Manchuria, 1907–1985*, Honolulu 2011.

Sneath, David: *Changing Inner Mongolia. Pastoral Mongolian Society and the Chinese State*, Oxford 2000.

Song, Nianshen: *Making Borders in Modern East Asia. The Tumen River Demarcation, 1881–1919*, Cambridge 2018.

Stephan, John J.: *The Russian Far East. A History*, Stanford 1994.

Summers, William C.: *The Great Manchurian Plague of 1910–1911. The Geopolitics of an Epidemic Disease*, New Haven, CT 2012.

Sunderland, Willard: *The Baron's Cloak. A History of the Russian Empire in War and Revolution*, Ithaca, NY 2014.

Taft, Marcus Lorenzo: *Strange Siberia. Along the Trans-Siberian Railway. A Journey from the Great Wall of China to the Skyscrapers of Manhattan*, New York 1911.

Tschechow (Čechov), Anton, *Die Insel Sachalin*, Zürich 1987 [1895].

Urbansky, Sören: *Beyond the Steppe Frontier. A History of the Sino-Russian Border*, Princeton 2020.

Urbansky, Sören: *Kolonialer Wettstreit. Russland, China, Japan und die Ostchinesische Eisenbahn*, Frankfurt a. M. 2008.

Westad, Odd Arne (Hg.): *In Brothers in Arms. The Rise and Fall of the Sino-Soviet Alliance, 1945–1963*, Washington, D. C. 1998.

Wishnick, Elizabeth: *Mending Fences. The Evolution of Moscow's China Policy from Brezhnev to Yeltsin*, Seattle 2001.

Wolff, David: *To the Harbin Station. The Liberal Alternative in Russian Manchuria, 1898–1914*, Stanford 1999.

Zabel, Eugen: *Auf der sibirischen Bahn nach China*, Berlin 1904.

Zatsepine, Victor: *Beyond the Amur. Frontier Encounters between China and Russia, 1850–1930*, Vancouver 2017.

Ziegler, Dominic: *Black Dragon River. A Journey down the Amur River at the Borderlands of Empires*, New York 2015.

Geographisches Register

Aus dem Verlagsprogramm

Historische Bibliothek der Gerda Henkel Stiftung

Verlag C.H.Beck München

China und Ostasien

Theo Sommer
China First
Die Welt auf dem Weg ins chinesische Jahrhundert
2020. 496 Seiten mit 12 Abbildungen,
6 Grafiken und 8 Karten. Broschiert
C.H.Beck Paperback

Matthias Naß
Drachentanz
Chinas Aufstieg zur Weltmacht und was er für uns bedeutet
2021. 320 Seiten mit 20 Abbildungen und 2 Karten. Gebunden

Helwig Schmidt-Glintzer
Das neue China
Vom Untergang des Kaiserreichs bis zur Gegenwart
8., aktualisierte Auflage. 2021. 128 Seiten mit 4 Karten. Broschiert
C.H.Beck Wissen

Florian Coulmas
Die Kultur Japans
Tradition und Moderne
4., aktualisierte Auflage. 2020. 334 Seiten mit 31 Abbildungen und 7 Tabellen.
Broschiert
C.H.Beck Paperback

Marion Eggert, Jörg Plassen
Kleine Geschichte Koreas
2., aktualisierte Auflage. 2018. 206 Seiten mit 5 Karten. Broschiert
C.H.Beck Paperback

Verlag C.H.Beck München

Russland und die Sowjetunion

Karl Schlögel
Das sowjetische Jahrhundert
Archäologie einer untergegangenen Welt
2020. 912 Seiten mit 86 Abbildungen. Klappenbroschur
C.H.Beck Paperback

Gerd Koenen
Die Farbe Rot
Ursprünge und Geschichte des Kommunismus
2. Auflage. 2017. 1133 Seiten mit 42 Abbildungen. Gebunden

Navid Kermani
Entlang den Gräben
Eine Reise durch das östliche Europa bis nach Isfahan
2. Auflage. 2020. 447 Seiten mit 1 Karte. Broschiert
C.H.Beck Paperback

Alexander von Humboldt
Die Russland-Expedition
Von der Newa bis zum Altai
Herausgegeben von Oliver Lubrich. Mit einem Nachwort von Karl Schlögel
2. Auflage. 2019. 220 Seiten mit 1 Karte. Klappenbroschur

Joseph Roth
Reisen in die Ukraine und nach Russland
Herausgegeben und mit einem Nachwort von Jan Bürger
2015. 136 Seiten mit 2 Karten. Klappenbroschur

Verlag C.H.Beck München